国家社科基金重大项目（22ZDA050）成果

国家宏观调控导论

陈创练 著

GUOJIA HONGGUAN TIAOKONG DAOLUN

中国财经出版传媒集团
中国财政经济出版社
北京

图书在版编目（CIP）数据

国家宏观调控导论 / 陈创练著. --北京：中国财政经济出版社，2023.11

ISBN 978-7-5223-2534-7

Ⅰ.①国… Ⅱ.①陈… Ⅲ.①宏观调控-研究-中国 Ⅳ.①F123.16

中国国家版本馆 CIP 数据核字（2023）第 192228 号

责任编辑：王　芳　　　　责任校对：徐艳丽
封面设计：卜建辰　　　　责任印制：张　健

国家宏观调控导论
GUOJIA HONGGUAN TIAOKONG DAOLUN

中国财政经济出版社 出版
URL：http：//www. cfeph. cn
E-mail：cfeph@ cfeph. cn

社址：北京市海淀区阜成路甲 28 号　邮政编码：100142
营销中心电话：010-88191522
天猫网店：中国财政经济出版社旗舰店
网址：https：//zgczjjcbs. tmall. com
北京财经印刷厂印刷　各地新华书店经销
成品尺寸：170mm×240mm　16 开　19.25 印张　296 000 字
2023 年 11 月第 1 版　2023 年 11 月北京第 1 次印刷
定价：80.00 元
ISBN 978-7-5223-2534-7
（图书出现印装问题，本社负责调换，电话：010-88190548）
本社质量投诉电话：010-88190744
打击盗版举报热线：010-88191661　QQ：2242791300

目　录

第一章

国家宏观调控概论

一个国家应当由既有专业知识又有道德的人去治理，统治者不是有王笏的人，不是偶然选中的人，不是攫取财富的人，不是使用强术骗术的人，而是有统治知识的人。

——古希腊哲学家苏格拉底

第一节　国家宏观调控发展简史

国家宏观调控的发展历史可以追溯到16—17世纪盛行的重商主义思想，产生的背景主要是在资本主义萌芽阶段，当时资产阶级经济实力还比较薄弱，需要依靠国家扶持才能快速发展，由此产生了主张国家积极干预的重商主义，其重要思想为国家应采取保护主义，实施鼓励商品出口和货币输入的干预政策，增加本国货币财富。其代表人物包括英国的托马斯·曼（1571—1611年）、法国的安尼·蒙克莱田（1575—1621年）和柯尔培尼（1619—1683年）以及意大利的斯卡鲁非（1519—1584年）。18世纪，诞生了古典经济学理论，初期魁奈（1758）对大规模租地农业经济分析认为，简单再生产和商品流通构成经济运行的基础，各环节循环流动是关键所在，倡导自由经济。亚当·斯密（1776）在其著作《国富论》中也主张自由化经济，强调政府应明确职责，建立“最单纯的自然自由的制度”，由此开创了具有里程碑式的“大市场、小政府”自由经济思想。这一时期，李嘉图还倡导建立银行货币体系来稳定物价和货币稳定，并尽可能地减少税赋对生产发展和资本积累的影响；马尔萨斯认为国家通过调整财政支出、非生产阶级与生产阶级的比例，可以影响宏观经济需求；萨伊则提出“供给能创造需求”的“萨伊定律”，并首次提出国家应利用税收作为调控工具，降低税率以降低其对再生产的影响。古典经济学着重关注经济总量，研究经济增长、货币经济等问题，强调个人利益与社会利益相协调，认为国家大事比个人要求更重要。因此，他们大多主张支持自由市场经济，坚持个人是理性选择的，反对政府过度干预。

20 世纪初出现的“英国病”及之后出现的世界性经济危机使得资本主义国家的经济状况不断恶化，众学者也重新审视起早期占据主导思想的古典经济学所宣扬的自由放任经济主张。学术界历经了张伯伦革命、凯恩斯革命和理性预期革命等三大变革，形成了包括微观、宏观经济学的基本理论框架，即新古典经济学。张伯伦（E. H. Chamberlin）革命认为古典经济学只研究竞争，并把垄断看作个别案例，这是不正确的。他指出，现实经济体更多是处于垄断竞争或不完全竞争市场，而很少处于完全竞争与完全垄断两种极端情况，于是他通过边际分析法研究垄断竞争的成因、均衡及福利效应等系列问题，完成了微观经济的革命。凯恩斯（John Maynard Keynes）则开创了现代宏观经济学研究的先河，从有效需求入手，系统地阐述了国家干预经济的理论观点和政策主张。“有效需求”包含消费需求和投资需求，由于边际消费倾向规律、资本边际效率递减规律以及流动偏好规律等因素，人们的“有效需求”是不足的，此时如果任由市场自发调节经济，肯定不可避免地会出现失业问题，要想实现充分就业，只能依靠国家实行宏观政策来干预经济。特别是，政府通过反经济周期，运用宏观管理政策维持宏观经济平衡，从而保持经济增长和充分就业，逐步形成了政府“相机”地运用财政、金融政策这些宏观调控手段，以此来调节社会总需求，以实现各种宏观经济目标。凯恩斯的理论体系创立了以需求为基础的宏观经济模型，为国家如何采取宏观调控政策干预经济运行提供了理论基础和重要的分析框架。凯恩斯主义在战后全球经济复苏中扮演重要角色，因此，这一时期他的许多追随者包括希克斯（John Hicks）、汉森（Alvin Hansen）、莫迪利安尼（Franco Modigliani）、托宾（James Tobin）和索罗（Robert Solow）等都极大发展了凯恩斯主义宏观经济学科。特别地，需要指出的是，萨缪尔森（Paul A. Samuelson，1948）综合了马歇尔自由竞争的微观基础与凯恩斯政府干预的宏观理论，主张经济自由与国家干预相结合，由此开创新古典综合派，政策目标是消除危机、实现充分就业，并且确保经济增长与通胀保持适度平衡，在政策主张上强调管理总需求，认为应综合权衡使用“固定规则”与“相机抉择”熨平经济周期和经济波动。

20世纪五六十年代，以弗里德曼（Milton Friedman）为代表，逐步兴起货币主义。与凯恩斯主义强调政府干预的思想不同，货币主义认为政府干预过多会扰乱自由市场，其强调自由主义，认为应充分发挥市场机制作用。到了20世纪70年代，随着传统的Phillips曲线无法解释美国失业率与通货膨胀变化关系以及货币政策主义的兴起开始挑战凯恩斯主义，主要反驳的问题是货币政策是否有效、宏观经济管理的方式是否妥当。他们反对凯恩斯相机抉择策略，而是主张实行“单一规则”，即将货币供应量作为唯一政策工具，适应经济增长率情况，按一定比例增长“货币供应量”。其认为货币政策实施是有时滞性的，且人们对政策会有预期、提前采取预防措施，这使得相机抉择货币政策影响有限且持续时间短暂；对菲利普斯曲线的看法是货币政策只是在短期有效，而在长期无效，认为货币当局不应通过货币政策刺激通货膨胀来降低失业率，相反保持物价稳定才更利于促进产出和就业。特别是，卢卡斯（Robert Lucas）指出凯恩斯主义经济学忽略了预期因素影响经济活动主体行为的真实含义，并由此提出了“卢卡斯批判”，即政策当局基于历史数据设定了某一个干预经济行为主体的政策集，但是，经济行为主体可能发生变化，由此采取基于历史数据构建的模型参数来调控宏观经济运行就不甚妥当，因为模型参数发生变化了，而模型参数往往又难以度量，因此，经济学者用经济模型很难评价经济政策的效果，故此需要引入理性预期因素。该学派主要是以卢卡斯（Robert Lucas）、萨金特（Thomas J. Sargent）、巴罗（Robert J. Barro）为代表，形成了新古典经济学流派。该学派提出经济主体是具有理性预期的，即人们会有效利用所得信息形成对政策的理性预期，进而主动采取预防措施调整经济行为。他们指出凯恩斯理论中的政策抉择并没有考虑人们的理性预期因素，而这一因素会导致政府逆周期的财政政策或货币政策失效，因此他们反对凯恩斯主义主张的逆经济周期调节策略。其认为菲利普斯曲线中通货膨胀与失业之间的替代关系在短期也无效，且逆周期扩张性财政政策会使得利率上升，挤出私人投资，使得财政政策无效；虽然政府可以通过增加公共债务来刺激总需求，但是根据李嘉图等价定理可知，当政府利用赤字或债务扩大总需求、刺激经济时，公众清楚未来政府会以增税的形式来偿还债务，因此他们会调整当前的预算约束，增加当期储蓄，致使公众消费和私人投资降低，即政府调控是无效的。其核心思想是经济本身能自我调节，认为政府干预越少，经济效率越高，政府应起的职责是注重保持政策的稳定性和信誉度。然而消费者“理性预期”的假设要求太高与现实不符，即使如此，新古典经济学派的很多理论仍然具有重要的影响力。

20 世纪 70 年代，面对经济持续滞胀，拉弗（Arthur Betz Laffer）等从供给端研究经济增长，供给学派逐渐形成。该学派批评凯恩斯主义只强调需求而忽视供给效应，他们认为实施扩张性的需求管理政策最终只会促使通货膨胀，对供给端不利，不能使经济持续增长。拉弗从税收与供给关系说明，政府不应过多干预私人经济，而应充分发挥市场作用。随后，霍尔（Robert Hall）、泰勒（John Taylor）、费希尔（Stanley Fischer）等相继把理性预期引入研究消费者行为，创建了消费随机游走假说，同时也发现在理性预期假说下，工资与价格会相继缓慢调整。费里德曼的货币主义自由学派也强调自由市场经济的优点，并反对政府干预。可以这么说，理学预期学派和自由意志主义开始动摇凯恩斯主义的根基。

20 世纪 80 年代，斯蒂格里茨（Joseph Eugene Stiglitz）、曼昆（Gregory Mankiw）、萨默斯（Lawrence Henry Summers）等经济学家在坚持原凯恩斯主义基本信条的基础上，吸收借鉴各经济流派分析方法，并结合历史实践成效，突破了原凯恩斯主义的旧框架，建立起有微观基础的新凯恩斯主义。该学派认为市场机制并不是完全有效的，认为政府可进行适度干预来调节经济波动；他们认为尽管政策实施存在时滞性，但任一政策实施都会对经济产生短期或长期影响；其在继承凯恩斯主义进行需求管理的同时，也关注供给管理，认为工资、价格是黏性而不是刚性的，因此宏观政策可从供给角度干预经济，且可通过搭配组合财政政策与货币政策以实现最佳政策效果。他们承认凯恩斯主义相机抉择策略是有必要的，但不主张过于频繁调整经济政策；认为财政政策应从预算平衡出发，运用自动稳定器刺激总需求；认为货币政策应追求单一的物价稳定政策目标，保持长期稳定。新凯恩斯主义，将学者们对凯恩斯主义提出的一些质疑囊括在内，在凯恩斯主义与新古典综合派的基础上发展而来，更具有微观经济基础。并承认存在“时滞”会影响政府干预效果，然而认为政府宏观调控仍然是必要的。并赞成货币政策应该长期稳定，追求单一规则。

从上述国家宏观调控发展简史可以发现，古典经济学着重经济总量研究；新古典综合派认为财政政策与货币政策同等重要；货币主义主张“单一规则”货币政策，反对“相机抉择”；而供给学派认为财政和货币政策应共同注重供给管理；新古典经济学派则认为政府应该减少干预，不应该采用逆周期调节经济。新凯恩斯主义承认存在“时滞”会影响政府干预效果，认为政府宏观调控仍然是必要的，追求单一规则。其主要的流派观点、基本原理、主张的政府职能和代表人物及著作可见表 1 - 1。事实上，就国家宏观调控思想演变历史看，从 20 世纪 70 年代至 2007 年爆发次贷危机前，新古典主义学派和理性预期学派崇尚自由主义，并且构建了坚实具有理论基础的模型分析框架，在争论中一直处于上风，但 2008 年次贷危机的爆发直接宣告新自由主义思想和市场有效性理论破灭。当下，不论是理论界还是政策当局都重新认识到在市场失灵时刻，政府推出适当的干预政策是很有必要的。纵观整个宏观调控学科的发展，可以发现自由主义学派和凯恩斯主义学派并不存在谁能处于统治地位，两者在历史中交错登上时代的舞台，而理论中存在的分歧也能够进一步优化学科的发展。

表 1 - 1　　宏观调控流派演进历史

时间	主流宏观调控流派	主张政府职能	原理	代表人物、著作
16—17 世纪	重商主义	国家应积极干预经济，实行国家保护主义	国家的经济政策的核心就是通过对外贸易扩大财富	托马斯·曼 安尼·蒙克莱田 柯尔培尼 斯卡鲁非

续表

时间	主流宏观调控流派	主张政府职能	原理	代表人物、著作
1750—1875 年	古典经学阶段	政府不必过多干预经济，仅维护司法等秩序	自由市场机制即“看不见的手”理论	大卫·休谟 亚当·斯密 《国富论》
19 世纪中叶开始	马克思主义	国家对经济运行直接控制，行政手段同经济手段并重	社会再生产理论，宏观经济调控的目标是实现社会总供给和社会总需求之间的平衡	卡尔·马克思 恩格斯 《资本论》
20 世纪 30 年代开始	凯恩斯主义	政府应通过财政政策、货币政策刺激消费、投资和出口等有效需求；主张政府采用“相机抉择”方式	由于有效三大心理规律导致的需求不足，小于社会供给	凯恩斯 《就业、利息和货币通论》
1948 年开始	形成新古典综合派和后凯恩斯主义学派	财政政策与货币政策同等重要，应综合权衡使用“固规则”与“相机抉择”	主张经济自由主义与国家干预主义相结合。强调需求管理	萨缪尔森 1948 年 《经济学》
20 世纪五六十年代	货币主义	反对政府干预太强，强调自由主义。货币政策最重要	“货币量变动”是影响实际变量变动的主要因素	弗里德曼
20 世纪 70 年代	供给学派	财政政策和货币政策应共同注重供给管理，促增长和就业，减少通胀和经济停滞	坚持“萨伊定律”，认为供给可以创造需求。强调供给管理	拉弗
20 世纪 70 年代	新古典经济学派	反对政府干预，政府应该注重保持政策的稳定性；逆周期宏观调控无效	假设市场能出清、实现一般均衡，理性预期假说与货币主义自然失业率等理论结合	卢卡斯 萨金特 巴罗
20 世纪 80 年代	新凯恩斯主义经济学	财政政策从预算平衡出发，运用自动稳定器刺激总需求；货币政策应追求单一物价稳定政策目标，保持长期稳定	市场的不完全性；强调需求管理，关注供给管理，价格具有黏性；承认理性预期，认为适当相机抉择有必要性	斯蒂格里茨 曼昆 萨默斯

第二节 国家宏观调控的理论基础

传统国家宏观调控的政策工具可以归类为财政政策和货币政策两类，次贷危机的爆发，也让政策当局逐步开启采用宏观审慎政策调控宏观经济运行和危机经济金融系统风险，因此，从理论上看，国家宏观调控的主要政策工具包括：财政政策、货币政策和宏观审慎政策。

一、宏观调控思想的诞生

宏观调控理论诞生的根基是为了调节经济周期波动，可见经济周期是进行宏观调控的重要原因。经济周期指经济活动沿着总体趋势会有规律地出现扩张与紧缩状态，简单来说可分为繁荣、衰退、萧条、复苏四阶段。经济周期理论分类如表 1－2 所示。

表 1－2　　经济周期理论类别

<table>
<tr><td rowspan="12">经济周期理论类别</td><td rowspan="7">传统经济周期理论</td><td colspan="2">朱格拉周期、库兹涅茨周期、康德拉季耶夫周期、中周期（尤格拉周期）、短周期（基钦周期）</td></tr>
<tr><td rowspan="3">外因论</td><td>太阳黑子理论</td></tr>
<tr><td>（生产技术）创新理论</td></tr>
<tr><td>政治性周期理论</td></tr>
<tr><td rowspan="3">内因论</td><td>纯货币理论</td></tr>
<tr><td>过度投资理论</td></tr>
<tr><td>消费不足理论</td></tr>
<tr><td rowspan="3">现代经济周期理论</td><td colspan="2">凯恩斯主义经济周期理论</td></tr>
<tr><td colspan="2">卢卡斯均衡经济周期理论</td></tr>
<tr><td colspan="2">基德兰德和普雷斯科特真实经济周期理论</td></tr>
<tr><td rowspan="2">金融经济周期理论</td><td>核心观点</td><td>金融变量对经济周期影响重大，分析经济周期应纳入金融因素</td></tr>
<tr><td>代表人物</td><td>Bemanke、Bagehot、Claessens、Mishkin 等</td></tr>
</table>

部分宏观调控理论则主要立足于维护经济增长，其中，经济增长通常指在较长的时间跨度上，一个国家或地区的总体经济实力持续增长，常用

国内生产总值 GDP 这个指标来衡量。各主流经济增长理论如表 1－3 所示。

表 1－3　　经济增长理论类别

经济周期理论类别	古典经济学	主要从一国财富增长和就业增加等方面研究经济增长
	新古典经济学	哈罗－多马模型把凯恩斯短期比较静态分析理论应用在经济增长的长期、动态分析上，认为储蓄率与资本—产出比决定经济增长率
	新制度经济学	认为制度及制度创新是决定经济增长的重要因素

事实上，20 世纪 30 年代发生“大萧条”后，过去信奉“自由放任”的新古典经济学面临严峻挑战，美国实行罗斯福新政应对萧条后逐步兴起凯恩斯革命。凯恩斯主义从总供给和总需求分析宏观经济。其认为总供给在短期不变，总需求等于国民收入，当总供求均衡即实现充分就业时，国民收入与就业之间存在唯一的关系，因此其主张政府应干预需求侧以提高国民收入。但 20 世纪 80 年代，斯蒂格里茨、曼昆等经济学家在坚持原凯恩斯主义基本信条的基础上，吸收借鉴各经济流派分析方法，并结合历史实践成效，突破了原凯恩斯主义的旧框架，建立起有微观基础的新凯恩斯主义。其在继承凯恩斯主义进行需求管理的同时，也关注供给管理，认为工资、价格是黏性而不是刚性的，因此宏观政策可从供给角度干预经济，且可通过搭配组合财政政策与货币政策以实现最佳政策效果。认为财政政策应从预算平衡出发，运用自动稳定器刺激总需求；认为货币政策应追求单一的物价稳定政策目标，保持长期稳定。故此，后凯恩斯主义学者认为，宏观经济政策干预需要适当适度。

经济理论的发展遵从理论与实践不断循环的规律，并随着经济发展形势不断完善并服务、指导经济实践。国内外已有许多关于两大政策间协调配合进行宏观调控的研究，但现有理论却仍存在以下问题：(1) 短期与长期的关系问题；(2) 需求管理与供给管理的关系问题，这是影响跨周期调节政策效果的关键问题；(3) 总量与结构的关系问题；(4) 速度与质量的关系问题。

二、世界主要国家宏观调控方式

美国宏观调控制度中重视政府干预。英国用通货膨胀目标制和建立新“双峰”金融监管体系，并且把“减赤”设定为财政目标的第一要务。法国政府注重财政政策刺激经济。德国的财政政策制定以稳定货币为出发点，坚持严格的财政收支平衡政策。德意志联邦银行运用货币政策与欧央行货币政策基本保持一致。日本是最重视宏观调控政策中产业政策的国家之一，然而应对经济危机时，日本还是趋向于着重实施传统的宽松财政、货币政策以刺激经济。具体详见表1-4。

表1-4　世界主要国家宏观调控方式

国家	宏观调控方	宏观调控政策
美国	自由经济基础上的宏观调控	1. 不采用直接调控方式 2. 主要采用财政和货币政策进行间接调控
英国	微观基础变化中的宏观调控	1. 货币政策：沿用通胀目标制和建立新“双峰”金融监管体系 2. 财政政策：把“减赤”设定为财政目标的第一要务
法国	混合经济基础上的宏观调控	1. 欧盟货币政策：货币政策的目标是稳定物价以保持价格稳定，避免通胀 2. 法国财政预算制度：法国财政预算实行分级预算管理体制
德国	社会市场经济基础上的宏观调控	1. 货币政策：德国遵循欧洲中央银行制定的货币政策规则 2. 财政政策：（1）进行税收改革，减轻税收负担；（2）控制财政支出的增长幅度，降低政府支出占GNP的比重；（3）减少财政赤字
日本	重视产业政策	1. 日本通过财政政策来调整经济：表现为有限分权财政体制 2. 灵活的货币政策：日本银行对商业银行实行窗口指导来调整经济

三、宏观调控搭配的理论模型

（一）IS-LM曲线——封闭经济下两大政策效果

该模型于1937年由约翰·希克斯和阿尔文·汉森在凯恩斯理论基础上提出，并成为宏观经济分析的重要工具。该模型反映了货币非中性，即货币量会影响实际变量。其中，IS曲线代表投资和储蓄相等的点，反映财政政策对经济总产出的影响；LM曲线代表货币供应和货币需求相等的点，反映货币政策对经济总产出的影响。通过分析IS-LM曲线的移动，可实现两大政策该如何配合实施以达到既定目标。因此，财政政策和货币政策是实现经济增长和稳定的两大核心政策工具。需要注意的是，该模型是基于封闭经济的，即不存在国际贸易。

（二）米德冲突——单一政策无法兼顾内外均衡

1951年，詹姆斯·米德提出，在开放经济下，一国通过实行一种政策难以同时实现内部均衡和外部均衡，被称为“米德冲突”。他认为只有运用政策搭配才能将一国经济尽可能地趋于内外均衡。

（三）丁伯根法则——不同经济目标需要不同的政策工具

丁伯根论证了有效运用“政策工具”与实现“经济目标”之间的联系。他的研究结果显示政府若能配合实行两种独立的政策工具，就能实现两个理想的经济目标。

（四）蒙代尔—弗莱明模型——开放经济下两大政策效果

在20世纪60年代，罗伯特·蒙代尔和马库斯·弗莱明在IS－LM模型的基础上提出了蒙代尔－弗莱明模型，用于分析开放经济下两大政策的效应以及固定汇率制度下如何解决“米德冲突”的问题。蒙代尔－弗莱明模型阐述了在开放经济中不同的汇率制度下，财政和货币政策对于一个国家宏观经济的效果是不同的。

具体表现为在固定汇率制度下，财政政策更加有效，货币政策的影响相对较弱，因为在固定汇率下，货币政策不能独立调整汇率水平，而财政政策可以通过调整政府支出和税收来影响经济；而在浮动汇率制度下，则是货币政策更加有效，财政政策的影响相对较弱，因为在浮动汇率下，货币政策可以通过改变货币供应量来调整汇率水平，而财政政策对汇率的影响较小。这一模型表明，开放经济中财政政策和货币政策具有不同的优势和特点，它们在不同时间段的作用效力也不同。因此，财政政策和货币政策必须进行协调配合，才能实现更优的政策效果，但具体关于两大政策如何协调配合，包括如何组合、使用何种工具以及建立何种协调机制等问题，仍需要进一步地研究探讨。

四、多重政策目标平衡兼顾的宏观调控政策效果

当前学界关于财政货币政策效应及调控转型的单独研究俯拾皆是（Bian和Yang，2017），但将两者置于同一框架系统探讨的文献较为匮乏。

我们将从对多重政策目标的兼顾性，现有政策组合的宏观调控效果进行梳理总结。

（一）财政政策和货币政策的关系研究

首先，财政政策和货币政策的相互作用。大量文献研究了货币政策和财政政策之间的相关作用（Sims，1994；Dixit 和 Lambertini，2003；Bianchi 和 Ilut，2017；Algozhina，2022；Kim 和 Choi，2023）。Sargent（1981）认为财政政策与货币政策受统一政府预算约束，它们并不完全独立，而是存在相互影响的联系，如果财政赤字无法持续，中央银行则会被迫增发货币为财政融资。Woodford 和 Xie（2022）发现在零利率下限约束下财政转移支付仍可作为强有力的工具来减少危机期间增加的金融楔子的紧缩性影响，但政策力度取决于货币政策的宽松程度。杨源源和于津平（2017）从三种不同的财政货币政策相互作用的视角出发，深度探讨了最优货币政策范式选择问题，其研究结果发现对财政变量没有反应的“独立型”货币调控范式具有最高效性。其次，财政政策和货币政策效应对比。早期的研究主要是集中于新古典经济条件下来考察政府最优财政货币政策选择（Lucas 和 Stokey，1983；Chari 等，1991）。Bi 和 Kumhof（2011）的研究深入探讨了货币和财政政策的福利损失特征，从而揭示了它们之间的差异。他们的研究结果显示，最优财政规则相比最优货币规则具有更大的福利收益。换言之，通过采用恰当的财政政策，可以实现更为显著的经济福利。此外，研究还揭示了最优财政政策的另一个重要特征，即其具备强大的自动稳定器功能。这意味着财政政策在经济波动期间能够自动调整，起到稳定经济的作用。相比之下，最优货币政策则表现出超惯性和对通胀反应的相对弱势，这暗示着货币政策在应对经济波动方面可能面临一些挑战。Kocherlakota（2022）使用一个参数化的可分析处理的异质性新凯恩斯模型研究发现，当实际利率小于但接近增长率时，使用货币政策稳定宏观经济会产生不可持续的不断增长的货币刺激链，而在存在公共债务泡沫的情况下，宏观经济稳定最好通过实施财政政策来实现。李倩和李明磊（2019）认为货币政策相较于财政政策对本国物价波动的影响程度更大，因此在制定稳定本国物价政策时除重点关注供给管理政策，还应该重点关注货币政策的实施。王义中等（2023）基于中国典型事实构建多个部门的DSGE模型，探讨不确定性冲击对信贷资源分配的机制，其研究结果显示在不确定性冲击环境下，政府通过财政政策对高风险企业进行担保和援助的手段来直接支持实体经济，比宽松的货币政策能够更有效地缓解信贷资源错配问题。

（二）关于财政政策和货币政策协调配合的必要性

Blinder（1982）主张实现具有显著效果的宏观经济政策，而这要求财政政策与货币政策协调配合。Evans等（2008）、Honkapohja（2010）利用新凯恩斯主义模型，以适应性预期替代理性预期，其研究结果表明在面对严重消极预期冲击时，为了将经济带回稳定的目标状态，采取扩张性财政政策成为必要之举，作为货币政策的有力补充措施。尤其在短期内，增加政府支出水平显得尤为重要。这样的扩张性财政政策有助于刺激经济活动、提升需求，从而缓解消极预期对经济造成的负面影响。Liu等（2021）使用新凯恩斯DSGE模型估计了中国货币财政政策组合机制，研究表明中国倾向于被动的货币搭配积极的财政政策机制（PM/AF），强调在新兴经济体货币财政政策组合机制对宏观经济动态的重要性。闫先东和张炎涛（2016）表明混合型政策工具优于单一型政策工具，混合型政策工具的优势在于其综合运用了多种政策手段，以应对经济多样化的挑战和目标需求。此外，最优的政策组合并不是一成不变的，而是因目标的不同而有所差异。在不同的经济状况和政策目标下，最佳政策组合需要根据具体情况进行调整和优化。李艳军和华民（2018）归纳了改革开放以来中国财政—货币政策的演变及影响，表明财政—货币政策协调时的集中化改革有效地改善了宏观经济政策的调控效果、降低了宏观经济的波动性。马勇和吕琳（2022）通过构建包含多个部门和多元宏观政策的一般随机均衡模型，其研究指出与单一政策工具相比，合理的宏观经济政策搭配和组合使用具有更好的经济金融稳定效应，而政策之间的不协调将显著削弱彼此的调控效果。关帅等（2023）通过在DSGE模型中嵌入具有马尔可夫区制转换特征的货币、财政政策规则，表明中国财政政策、货币政策具有内在统一性，可通过发挥各自优势来实现宏观调控整体政策效果。

（三）宏观调控政策效果。诸多学者认为混合型规则效果要优于单一政策规则

Liu 和 Zhang（2007）等认为，将货币供应量纳入泰勒规则中的混合规则效果要优于单一数量规则或利率规则。特别是，可以根据当局关注的政策目标，采取单一政策规则或者多重目标政策规则调控宏观经济运行。

1. 单一政策目标下的宏观调控政策效果。根据不同的政策目标，我们将分析财政政策和货币政策对通货膨胀、经济波动、股票市场以及其他单方面目标的宏观调控效果。（1）对于通货膨胀政策目标，Leeper 和 Leith（2016）通过设置 AM/PF 和 PM/AF 两种区制模型，利用特定政策规则及其“联合最优”的货币－财政政策重新分析了物价水平的决定理论。Albonico 和 Rossi（2017）研究发现，在占主导地位的纳什博弈和财政政策的情况下，由于流动性约束，最优货币政策存在通胀偏差，并且受到流动性约束的消费者相比于遵循李嘉图消费模式的消费者获得更多福利。Kliem 等（2016）通过 DSGE 模型认为，货币政策、财政政策互动的转变以及伴随的结构性冲击传播的变化能很好地解释财政立场与通胀之间低频关系的变化。（2）对于经济波动政策目标，根据 Bénassy（2003）的研究，发现在面对不同的经济状态时，无论是景气或衰退，当财政政策采取消极措施时，最优的货币政策规则应该是积极的。这意味着当财政政策的作用有限或者受限时，货币政策需要发挥更大的积极作用来稳定经济。运用 DSGE 模型研究了货币政策与财政政策不同组合范式对经济波动的调控效应，Davig 等（2011）证明了采取“主动”货币政策与“被动”财政政策的组合模式可最小化引发经济波动的程度；而主动财政配合被动货币政策的政策框架会导致更大的经济波动。Angeloni 和 Faia（2013）基于一种考虑银行部门的 RBC 模型，研究了多种货币规则和宏观审慎政策的组合，并发现激进型的泰勒规则配合逆周期资本缓冲的宏观审慎政策可引发的产出波动最小。Rodríguez 等（2023）通过带有时变参数及随机波动率的 VAR 模型研究表明逆周期性的货币政策减弱了外部冲击的传导，从而提高了太平洋联盟经济体的外部韧性，提出加强实施逆周期政策是在面临不利外部冲击时缓解宏观经济波动的主要工具。（3）对于金融稳定政策目标，Chatziantoniou 等（2013）指出财政政策和货币政策都会直接或间接地影响德国、英国和美国股市，且这两种政策之间的相互作用对于解释股市的波动非常重要。Lei 等（2018）发现中国财政政策与股票市场绩效存在显著的负相关关系，而货币政策对股票市场绩效的影响因财政政策的不同而不同。Handoyo 等（2015）发现印度尼西亚总体和各行业股票价格对货币政策冲击的反应都是正的，而财政政策挤出了市场中的私营部门活动，因此，财政政策在经济中的作用将是无效的，他们也认为货币政策和财政政策之间的相互作用对解释股票市场的表现很重要。Andrew 等（2022）研究强调了货币政策反应函数参数对金融稳定影响的重要性，当货币政策对金融状况不太敏感时，金融失衡往往会加剧，可能会加剧金融繁荣—萧条周期；同时货币政策对市场过热采取更多反周期反应时，有利于金融稳定。Ahmed（2023）构建了一个全球金融避险（FTS）指数，多国 VAR 估计表明，FTS 会导致主权利差扩大、货币贬值以及新兴市场经济增长放缓，而美国货币政策同步扩张抵消了约 30% 的 FTS 溢出效应。

2. 多重政策目标下的宏观调控政策效果。多重政策目标中两种政策目标最为常见，物价稳定和经济增长，以及经济增长和债务。（1）对于物价稳定和经济增长双重政策目标，Ćorić（2015）表明财政和货币当局可以在不危及价格稳定的情况下刺激经济增长。假设家庭厌恶未偿还的政府债务，FÃ¶rster 和 Hayo（2018）发现扩张性货币政策和紧缩性财政政策相结合，在产出和通货膨胀方面能更好地稳定国内外经济。Le 等（2021）构建了影子银行部门的 DSGE 模型来评估中国各种银行政策工具的效果，其研究发现弗里德曼规则在稳定产出和避免衰退方面并不比泰勒通胀目标规则更好，同时以名义 GDP 目标和较小程度的物价水平目标为基础的利率规则将有力地稳定中国经济。黄雯（2015）对财政政策工具变量与包含经济增长、物价稳定以及对外平衡在内的目标变量之间的关系进行实证检验，研究发现财政政策工具变量对物价水平、经济增长具有显著影响。（2）对于经济增长和债务双重政策目标，在混合型政策规则中探索最优政策组合的文献，最佳政策组合将逐渐降低债务，但政策组合将发生根本变化：高债务下，央行偏向依赖宽松的货币政策，通过扩大税基和降低偿债成本以削减债务，而税率则用于缓和经济增长；而随着债务水平的下降，货币发行当局会转向使用财政政策削减债务。这种政策组合中的内生转变发生在平均债务期限较长且债务水平较高的情况下（Leeper 等，2016）。Patrick 等（2019）通过将影子银行纳入 DSGE 模型，发现同时作用于表内和表外资产的宽口径监管对影子银行规模和金融杠杆率的抑制效果最优。提高政府支出增速和减税能实现去杠杆与稳增长双目标，但前者去杠杆的效果更明显（陈达飞等，2018）。赵扶扬等（2021）建立了一个考虑宏观调控、地方政府、土地市场和地方政府债务的 DSGE 模型。该模型指出，放松地方政府本地债务的限制和激励房地产市场等宏观调控政策，虽然能够稳定经济增长，但同时也扩大了地方政府行为对宏观经济的影响。考虑到货币政策的调控，负向冲击下的产出波动得到了进一步缓解，但这样也增加了房价和地方政府债务。

3. 多重政策目标的兼顾性。有的学者认为货币政策能够实现“保增长”和“降杠杆”的平衡。比如，Kalemli – Ozcan 等（2012）的研究验证了银行负债杠杆与经济增长之间呈反向联动关系，货币政策可以同时实现“降杠杆”和“保增长”的双重调控效果。Ćorić（2015）以克罗地亚为例，发现货币和财政政策的协调措施可以实现价格稳定和经济增长这两个目标。稳增长与防风险的长期动态均衡可以通过跨周期调节来实现（张晓晶，2021）。然而，国内学者大多还是认为“稳增长”和“降杠杆”是难以兼得的两大目标。比如，刘晓光等（2016）利用修正的 DSGE 模型分析了货币政策的“稳增长”与“降杠杆”调控效应，其研究结果显示，货币供应的减少将导致产出大幅下降，提高经济杠杆率，货币政策会陷入“稳增长”与“降杠杆”调控的两难境地。刘金全等（2017）通过时变参数向量自回归模型分析负债杠杆率、国内生产总值（GDP）与货币政策之间的关联机制，结果也显示货币政策存在“降杠杆”与“稳增长”的矛盾。陈创练等（2022）基于反事实方法评估了动态平衡上述两大目标的最优财政货币政策组合，其认为从反事实结果看，宏观调控的最优政策搭配抉择取决于政策当局在动态平衡不同目标中的政策取向，特别是，依赖于精准调控“稳增长”与“防风险”目标的偏好强度。方意等（2022）建立纳入六类宏观审慎政策的 DSGE 模型，并考虑总贷款、房价、资本金三类金融稳定目标，其认为信贷需求类政策的力度和效果优于信贷供给类，且“双支柱”调控框架的有效性显然优于专注于金融稳定的货币政策调控框架。

4. 宏观审慎的降杠杆效应及其对经济增长的影响。Akinci 等（2015）指出，在宏观审慎政策很少独立使用的情况下，倘若利率可根据宏观审慎冲击随意调整，信贷与 GDP 之比和财务比率将会大大减少。Nier 和 Kang

(2016) 探讨货币政策和宏观审慎政策的相互影响，认为两种政策被积极使用时的政策效果比一种政策时更强。Jose 等 (2022) 提出了宏观审慎政策和货币政策之间存在潜在的冲突，特别是在投资效率和银行资本冲击方面。孟宪春等 (2018) 认为盯住广义信贷偏离的宏观审慎政策通过逆周期调控信贷市场抑制了房价涨幅，削弱房地产市场对实体投资和挤出效应，显著降低了宏观杠杆率。在难以精准识别减税降费力度时，货币政策、宏观审慎和降低税收负担等结构性措施构成的次优政策组合能相对较好地平衡经济增长、抑制房价上涨，推动产业转型升级，以及提升社会福祉（黄志刚和许伟，2017）。陈彦斌等 (2018) 表明，虽然“双紧”的货币政策和宏观审慎政策组合能够有效抑制传统资产泡沫，但不适用于衰退式资产泡沫，且“稳健偏宽松的货币政策 + 偏紧的宏观政策”是更为有效的政策组合。

5. 货币政策与宏观审慎政策的双支柱房地产市场调控相关研究。2008 年全球金融危机爆发后，由于金融系统的顺周期性，人们认识到单独依靠货币政策还远不能达到金融稳定目标，货币政策也因此而饱受批评，许多学者提出使用宏观审慎政策用于维护金融稳定（Gelain，2011；Catte 等，2011；Sungmin 等，2023）。在金融监管框架中，Brunnermeier 等人 (2009) 认为，金融机构关联程度和逆周期调节的“宏观审慎政策”正受到越来越多学者的关注。该房地产在基于宏观审慎框架的研究中变得越发关键。Kannan 等人 (2012) 构建了包含房地产部门的动态随机一般均衡模型，验证了房价上涨，可以通过实施逆周期宏观审慎政策来进行调节，其可以保证经济良好的稳定运行（蔡明超等，2011；Funke 和 Paetz，2013；Funke 等，2018）。同时，研究指出在应对抵押率冲击和房产偏好冲击时，宏观审慎政策发挥着平稳波动的积极作用（何青等人，2015）。当前的研究关注点主要集中在货币政策和宏观审慎政策之间的协调问题上，以及探索在“双支柱”框架下这两种政策的合作效应，以维护金融稳定并了解其作用机制（Gelain，2014）。研究发现，有效的货币政策和宏观审慎政策的协同配合有助于减缓房价波动，并被认为是最佳的政策组合。这些研究成果对于指导政策制定者在保持金融稳定方面具有重要意义。Christina (2022) 分析了对贷款价值比率 (LTV) 实行宏观审慎限制对爱尔兰首次购房者借贷行为的影响。对高于和低于固定房价的房产设置不同的贷款价值限额后，发现 LTV 下降了约 1.4 个百分点，其中高收入借款人的下降幅度更大，同时借款人根据规定增加了首付，但支付的房价没有变化。罗娜和程方楠（2017）在双支柱框架下，引入了基于贷款价值比（LTV）的动态规则。根据基于动态随机一般均衡（DSGE）模型的研究，政策协调不仅可以有效控制房产价格，还能最小化社会福利损失。蔡明超等（2011）对房地产市场反周期宏观调控政策绩效进行了综合分析，结果发现居民对贷款首付比例的政策变化最为敏感，其次为利率政策、税收政策（马草原和李宇淼，2020）。马理等（2022）建立了包含异质性家庭和异质性企业的动态随机一般均衡模型，其研究发现单独使用货币政策或者宏观审慎政策难以在"稳增长与降风险"之间找到一个平衡点；而"双支柱"调控不仅能够控制房地产价格过快上涨和降低金融风险，而且有利于实体经济发展，有效实现宏观调控政策互补。

当前国内外关于财政政策和货币政策相互影响的研究逐步展开，现有研究结果表明财政政策和货币政策的确能够相互影响，但二者对宏观经济变量，如产出、通货膨胀等在不同时期又有不同的影响效应。因为财政政策和货币政策对不同宏观经济变量有不同程度的影响和侧重，因此恰当的政策协调搭配至关重要，需要更加广泛和深入地研究：（1）已有文献对于政策目标兼顾性问题的探究尚未得到统一结论，仍需讨论。（2）现有对"稳增长"和"降杠杆"或"控杠杆"双重目标兼顾性的研究，较少文献拓展至多重性目标的权衡研究，仍需做一定的理论及方法突破。而在 2008 年全球金融危机爆发后，人们深刻认识到，单纯依赖货币政策难以实现金融稳定的目标，因为金融系统存在顺周期性的变化。这一现象引发了对货币政策的批评声音。因此，在金融监管框架下，宏观审慎政策成为广泛关注焦点。宏观审慎政策要求综合考虑金融机构的相关性以及逆周期调节的需要，以促进金融系统的稳定。目前针对房价与宏观经济政策的研究大部分集中在房价与货币政策，或者房价与宏观审慎政策，鲜有关于宏观审慎政策与货币政策协调的研究文献。现有研究还表明，宏观审慎政策与货币政策之间的有效协调能够相互推动，同时有助于实现资产价格和物价的双重稳定目标。

第三节 中国宏观调控实践历史

一、中国宏观调控历史演进过程

第一阶段：1978—1997 年，抑制经济过热和通货膨胀。其中，1979—1981 年，“计划式”宏观调控：该轮调控发生在经济改革之初，是以计划和行政性政策为主的宏观调控的初步尝试，在这个时期具有浓厚的计划经济时代国家干预的色彩，并且以财政政策为主。1984—1986 年，“双紧式”宏观调控：该轮调控的特点：（1）控制通胀成为调控的主要目标。（2）本轮调控仍然是通过行政干预，但经济性调控政策的力度迅速增强。（3）初步建立中央银行体制和形成金融市场雏形。（4）本次调控不仅采用了凯恩斯主义的经济调控政策，而且结合了传统的计划手段和行政手段。1987—1991 年采取“硬着陆式”宏观调控：该轮调控明显具有与以往不同的几个特点：（1）政府主要采用行政性调控政策和直接调控措施，但调控政策的使用方式发生了显著变化，财政和货币政策的运用力度明显增强。（2）除此之外，不仅调控的对象发生了变化，而且其背景条件与以往相比也发生了重大变化。（3）在该轮调控期间，建立起了符合中国国情宏观调控体系框架。1993—1997 年采取“软着陆式”宏观调控：该轮宏观调控与过去的宏观经济治理具有本质上的区别：（1）中央在经济调控方面综合运用了以财政和货币政策为核心的政策，逐步推进并分阶段进行调整。（2）尽管宏观调控主要采取了紧缩性政策来调整总需求，但也采取了增加总供给的措施。（3）调控时间比较长，中间目标和操作工具多，中央遵循适度从紧的原则，成功实现“软着陆”。

第二阶段：在 1998—2008 年，我国采取了有效措施来扩大内需。其中，1998—2002 年实行了被称为“激励或扩张式”的宏观调控政策，旨在通过扩大内需来促进经济增长。尽管我国市场经济的微观基础尚未完善，而且调控政策的效果可能存在一定的滞后性，但是这次的调控取得了显著的成效，从调控的方式和方向上都验证了我国宏观调控的正确性。2003—2008 年年中采取“结构式”宏观调控：该轮宏观调控体现出的特点：

（1）调控的阶段递进性；（2）针对性强，抑制过热行业保障薄弱环节；（3）政策上具有综合性；（4）土地政策首次成为宏观调控政策工具之一。

第三阶段：2009—2012 年，应对外部冲击。其中，2008 年年中—2011 年，积极财政政策与宽松货币政策协调配合：2008—2011 年，中国采用积极的财政政策与宽松的货币政策以应对国际金融危机。在世界经济萎靡的时期，中国经济保持平稳增长。然而，在政策传导过程中，地方债务的上升和信贷规模的迅速扩张，会给经济稳定运行带来潜在风险。从 2011 年至今，积极的财政政策与谨慎的货币政策相互协调，保持一致。积极的财政政策：（1）结构性减税；（2）以惠民生、调结构、补短板、增动力、防风险为主；（3）财政赤字稳步提高，并维持在可控范围内；（4）财税体制改革不断深化。稳健的货币政策：（1）严控狭义以及广义货币供给量增速；（2）灵活调整利率、准备金率、进一步完善利率调控机制；（3）创新运用货币政策工具。

第四阶段：2013 年至今，经济发展进入新常态和供给侧结构性改革。其中，主要的宏观调控政策手段包括以下四点。（1）实施稳健的财政政策，包括：实施中期财政政策，确保合理的政策空间；实施积极的财政政策，支持实体经济发展和促进收入分配改善。（2）坚持适当宽松的货币政策，即以完善金融监管为准，坚持适当宽松的货币政策和审慎的信贷政策。（3）改善供给侧结构性改革，完善宏观审慎的管理，增强对实体经济的改革力度；同时，加快深化改革，推动改善市场机制。（4）创新宏观调控治理体系，即加快构建开放型经济体制，提升经济整体体量，加大科技创新力度，促进全面、深度发展；并且引进新能源技术，注重和大力发展绿色经济。

中国的宏观经济调控大致分为以上四个阶段。总体上，我国经济波动保持在较低的状态，中国的 CPI 较稳定，即使中间有起伏，但是几个月内就会恢复正常。政府收支维持着一定的平衡。然而，目前仍然存在一些问题，社会杠杆率尤其是企业杠杆率高企，房地产价格长期处于高位以及局部地区地方债务过高，为中国宏观调控在新时期提出了新的要求。

二、中国财政政策工具应用的历史演变过程

第一阶段：1979—1993 年。其中，1979—1982 年实施的是紧缩财政政策，1982—1985 年转为宽松，而 1985—1993 年则因经济转型财政政策由宽松为紧缩。1979 年中央对国民经济的调控方针是“调整、改革、整顿、

提高”，采取的财政政策包括减少政府购买和转移性支付，压缩各项开支，促进各级财政收支平衡。1982年起开始深化财税体制改革，但由于物价上涨，1985年起开始实施提高税率和减少政府购买及转移性政府的紧缩财政政策抑制通货膨胀。1993年起开始调整中央与地方的财政分配，采取税收工具逐步开始实行税利分流，规范政府与企业的分配关系。

第二阶段：1994—1996年。在此时期实施的是控制赤字、减少发债、压缩政府支出等紧缩性财政政策。此外，不仅可以进行分税制改革，加强消费、增值税所起的作用，合理缩减财政支出，也可以发行国债引导社会资金流向。

第三阶段：1997—2002年。财政政策由适度从紧转为宽松，主要是通过增发长期国债等方式筹集资金用于基础设施建设。采取的政策工具包括增发国债、调整税收政策和增加政府转移支付等。

第四阶段：2003—2015年。2003年起实行的是“稳中适度从紧”的财政政策，而2007年起为了抑制经济过热，转为实行“稳健财政政策”，财政政策开始逐步转型紧缩。采取的政策工具包括国债规模调减、控制总量进行结构性调整，并深化税制改革。但随着次贷危机的爆发，2008年起国家层面开始通过“四万亿”投资计划、增发国债和结构性减税等多重方式实施积极的财政政策，以期保证国民经济的平稳快速发展。2010年又开始通过优化财政支出结构，加强政府性债务管理、实施结构性减税以及保持适度的财政赤字和国债规模等方式实施积极的财政政策。

第五阶段：2016年至今，随着中国经济发展进入新常态，为了抑制经济增速下滑，财政政策需要提质增效，故此，在此时期国家实行的是积极财政政策。其中，采取的政策工具包括提高财政赤字率、合理安排收入预算和盘活存量资金使用力度，降低企业税费负担以及特殊债券发行（如契税专项债券、绿色信用债券）等，以此推动供给侧结构性改革，注重解决经济体中的供需结构性失衡问题。

三、中国货币政策工具应用的历史演变过程

第一阶段：1979年之前。中国实行的是高度集中的计划经济，金融系统也是由计划性所统筹。因此在当时的背景下，中国的宏观政策主要是以财政政策为主，不存在真正意义上的货币政策。

第二阶段：1979—1997年。改革开放之后，中国人民银行从财政部脱离

出来。1984年中国人民银行真正成为了中国的中央银行，开始使用货币政策进行宏观调控。此阶段的货币政策工具分为中央银行贷款和利率政策两种。

第三阶段：1998—2013年。1998年之后央行慢慢从直接调控往间接调控过渡。此外，1998年5月26日中国中央银行的公开市场操作（OMO）恢复交易，同时逐步收回再贷款，标志着公开市场操作成为中国的主要货币政策操作工具。

第四阶段：2013年至今。2008年美国次贷危机进而引发的世界范围的经济危机，中国经济增速也因此大幅下降。为了使经济平稳运行，央行陆续推出多种货币政策工具。在2013年初推出了常备借贷便利（SLF）、2014年9月央行创设了新的货币政策工具，中期借贷便利（MLF）以及抵押补充贷款（PSL）。2020年之后陆续推出一系列创新型工具，普惠小微贷款支持工具、碳减排支持工具和其他专项再贷款投放，涉及生态友好发展、科技创新、普惠老龄化、交通运输等重点领域，为金融机构提供专项再融资款项和激励资助。具体见表1-5。

表1-5　　中国宏观调控货币政策工具选择

<table>
<tr><td rowspan="11">中国货币政策工具</td><td rowspan="2">中央银行贷款</td><td>再贷款</td><td>目标是“三农”、小微以及扶贫，期限小于一年</td><td></td></tr>
<tr><td>再贴现</td><td>商业银行将商业票据向央行贴现，期限一般小于6个月</td><td>1995年</td></tr>
<tr><td rowspan="2">利率政策</td><td>再贴现、再贷款等工具利率</td><td>影响货币供应量</td><td></td></tr>
<tr><td>存贷款基准利率</td><td>通过货币乘数影响M2货币供给</td><td></td></tr>
<tr><td>存款准备金率RRR</td><td colspan="2">通过货币乘数影响派生货币的数量</td><td></td></tr>
<tr><td rowspan="2">公开市场业务OMO</td><td>正回购</td><td>央行抵押债券回收流动性分为7/14/21/28天期限</td><td rowspan="2">1998年5月26日</td></tr>
<tr><td>逆回购</td><td>央行回收债券释放流动性，分为7/14/21/28天期限</td></tr>
<tr><td>常备借贷便利SLF</td><td colspan="2">贴现窗口，可以由商业银行主动发起，分为隔夜/7/1—3月期限</td><td>2013年</td></tr>
<tr><td>中期借贷便利MLF</td><td colspan="2">目标是“三农”以及“小微”，3/6/12月期限</td><td>2014年9月</td></tr>
<tr><td>抵押补充贷款PSL</td><td colspan="2">通过政策性银行实施，3—5年期限</td><td>2014年</td></tr>
<tr><td>创新型贷款</td><td colspan="2">惠小微贷款支持工具、碳减排支持工具和其他专项再贷款投放</td><td>2020年</td></tr>
</table>

从上述文献梳理可以发现关于数量型和价格型货币政策有效性的分析仍然没得到统一定论，并且很少有文献研究不同类型货币政策对不同经济领域的有效性问题。此外，几乎没有文献提及货币政策的跨周期调节。从中国货币政策发展历程来看，可以发现中国的货币政策工具是随着中国经济的发展而不断改进。然而，由于新时期中国政策目标不再局限于传统的经济发展和通胀稳定，金融稳定也成为了货币政策的重点调控目标。

四、宏观审慎政策工具应用历史演变过程

以贷款价值比为代表的我国宏观审慎政策的渐进式改革可以划分为三个阶段。

第一阶段：2004 年 9 月以前。在此阶段，抵押贷款价值比为 100%。

第二阶段：2004 年 9 月—2010 年 12 月 31 日。在此阶段，国家相关部门围绕房地产市场价格走势及活跃程度实施了松紧不同的 LTV 政策，但总体上使这一阶段中国的贷款价值比呈现渐进式下降趋势。其中，具体的重要政策如下：（1）2004 年 9 月 3 日，银行监管机构（银监会）规定购房贷款的最高贷款价值比为 80%；（2）2005 年 3 月 17 日，中央银行将房产价格上涨过快的城市和地区的最高贷款价值比从 80% 降至 70%，商业银行可根据当地房地产价格的增长率决定调整；（3）2006 年 6 月 1 日，国务院将商业银行发放的住房贷款的最高 LTV 比率从 80% 降至 70%，适用于购买自住住房和建筑面积低于 90 平方米的住房贷款的最高 LTV 比率保持在 80%；（4）2007 年 9 月 27 日，国家相关部门对申请二次抵押贷款的借款人规定最高贷款价值比为 60%；（5）2008 年 10 月 27 日，国家相关部门将最高贷款价值比（LTV）提高至 80%；（6）2010 年 4 月，国家相关部门将首套住房（90 平方米以上的公寓）的最高 LTV 比率从 80% 降至 70%，同时将第二套住房的 LTV 比率也从 60% 降至 50%；（7）2010 年 9 月，银行监管机构（银监会）建议商业银行停止向全国范围内的第三方购房者贷款（禁止贷款），如果不遵守建议，将首付款比例提高至 60%（即最高贷款价值比 40%）；（8）2010 年 9 月，银监会暂停了对非本地居民的抵押贷款（禁止贷款）；（9）2010 年 9 月，银监会将所有首次购房者的最高贷款价值比降至 70%。

第三阶段：2011 年 1 月 1 日—2020 年 12 月 31 日。在此阶段，国家依

旧采取保持相对稳定的贷款价值比政策，但是，对不同区域的贷款价值比实施了区别对待政策，由此也使此阶段中国家庭部门的贷款价值比走势相对稳定。具体的重要政策如下：（1）2015 年 3 月 30 日宣布，2015 年 4 月，二次抵押贷款的 LTV 比率上限提高至 60%；（2）2015 年 9 月 30 日宣布，在还未实施住房“限购”政策的城市，对于初次购买一般住房的居民家庭商业性个人住房贷款，调整了首次住房抵押贷款的最低首付比例为 25%，即在没有限制的城市，买家的 LTV 限制从 70% 放宽至 75%；（3）2016 年 2 月 2 日宣布，在尚未实施住房“限购”的城市，首次抵押贷款的 LTV 比率限制从 75% 放宽至 80%，第二次抵押贷款比率从 60% 放宽至 70%；（4）自 2017 年 3 月 17 日起，中国人民银行和中国证监会对在自己名下没有住房且没有商业住房贷款或公积金住房贷款本地记录的北京居民家庭，根据现行首套房政策，要求最低首付为 35%；当他们购买非普通住宅的住房时，最低首付要求为 40%（除自用商品住房和“两限”住房等政策性住房外）；在当地已经拥有一套住房的居民家庭以及在当地没有住房但有商业住房贷款或公积金住房贷款记录的居民家庭，购买非普通住宅住房的最低首付要求为 80%。

通过梳理国家有关贷款价值比（LTV）政策的制定与实施并实际模拟家庭 LTV 走势（见图 1－1），可以发现，自 2004 年起中国的家庭以贷款价值比为代表的宏观审慎政策实行的是渐进式改革，其主要目的除了调控

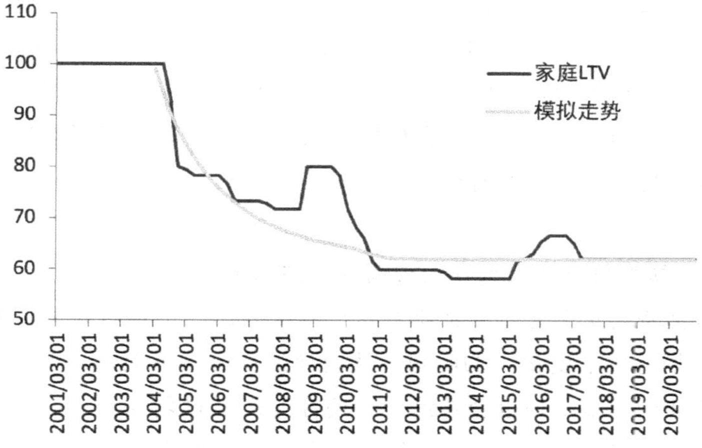

图 1－1　中国贷款价值比走势

资料来源：国际货币基金组织（IMF）。

房地产市场周期性波动外，还使得贷款价值比（LTV）数值呈现一个渐进式的永久性下降，并自2011年第三阶段起逐渐收敛于62.2%。故此，本章是通过上述的政策文件和LTV数值走势可见中国的贷款价值比呈现渐进式收紧的迹象。

五、宏观调控面临的挑战

结合上述中国财政政策、货币政策和宏观审慎的实践历史和经验教训，可以清晰认识到中国的宏观调控面临诸多挑战，总结起来有如下三点。

（一）宏观调控中各种政策之间的协调问题

中国宏观调控实施主体多元化，虽然有协调机制，但效果不理想。有时调控力度过猛，恢复起来很困难，人为加剧波动，所以经济容易大起大落。特别是，货币政策当局和宏观审慎当局需要建立一种有效的协调机制，其目的在于分析货币政策和宏观审慎政策所产生的“溢出效应”，并且不断加强这种分析能力。

（二）政策的连续性与稳定性有待提高

在金融危机后期，中国的宏观调控通过多种方式实现了不同的目标，并取得了预期的成效。然而，当多个政策手段在同一方向上同时进行时，可能会出现叠加效应，导致出现所谓的“超调”现象，这反而会加剧经济波动。同时，当多个政策手段在松紧或反向上进行时，可能会出现抵消效应，从而错失最佳的调控时机。

（三）协调好产业政策在宏观调控中的比重

随着消费需求多元化和企业差异化程度的增加，现阶段的产业政策出现了“计划赶不上变化”的问题，从而导致产能政策无效，市场失灵；而政府对企业的过多干预也会导致非周期性的产能过剩问题。同时，现有产业政策缺乏市场长效机制，处于被动根据市场短期出现的问题制定对策的阶段。

目前有关宏观调控协调方面的研究主要有财政政策与货币政策的协调

配合和货币政策与宏观审慎调控协调等方面。根据中外研究可知，产业政策是宏观调控体系中的重要组成部分。新发展格局视阈宏观调控应注重调控的有效性和合理性，提高设定目标值的科学性，锚定目标，加强对宏观经济中长期趋势的预判，保持政策的严肃性和稳定性，避免政府陷入“塔西佗陷阱”。

第四节 中国宏观调控的研究意义

从党的十九届五中全会和历年中央经济工作会议看，宏观调控治理的目标逐年均发生微弱变化，特别是，2015 年突出宏观调控“防范化解金融风险”的紧迫性，2017 年习近平总书记更是强调“守住不发生系统性金融风险的底线”，虽然 2019 年中国金融风险得到有效遏制，但由于经济面临着较大的下行压力，宏观调控逐步从“防风险”转向“稳增长”。2020 年为了应对突发疫情，宏观调控治理目标转向“恢复经济增长”。经济运行突出问题的不断更换和演变，要求国家层面发展规划战略的宏观调控治理需动态平衡多目标政策，即通过优化治理目标、政策的分工和协同来处理经济运行中的显著矛盾和平衡多重政策目标。在此，以国家发展规划为战略导向，及时抓住宏观经济运行中最关切的问题，确立和完善具备防范和化解危机能力的宏观调控治理体系，成为国家顶层制度设计的至关重要之处。

一、健全国家宏观调控制度体系的现实意义

（一）健全有效的宏观调控治理体系是深化中国经济体制改革的最核心内容

党的十八届三中全会对全面深化改革作了战略安排，其中，全面深化改革的重点是经济体制改革，全面改革的核心问题是处理好政府与市场的关系，使市场在资源配置中起到关键作用和更好发挥政府作用。“经济体制改革”是“社会主义经济改革”的核心内容，而处理好“政府与市场”关系也是建立和健全经济体制改革的重中之重；研究和构建有效的宏观治

理体系，明确政府宏观调控治理政策的有效范围，发挥市场在资源配置中的决策作用，更是深化中国经济体制改革的最核心要素。因此，深化经济体制改革，实现国家治理经济能力现代化，就需要加强和完善宏观调控治理动态协调的体系构建。

（二）完善财政政策和货币政策主导的宏观调控治理体系是确保经济稳定发展的关键手段

深刻认识到中国还将长期处于社会主义初级阶段，发展社会主义市场经济是当前最主要的工作任务。长期以来，中国经济的发展是依赖于财政政策为主和货币政策为辅的宏观调控制度体系，特别是，“债务推动型”发展模式又造成中国宏观杠杆率过高，容易引发系统性金融风险（吴敬琏，2019）。此时，如果宏观经济治理致力于降低杠杆率，则经济增速可能会下滑；反之，继续保持较高经济增长速度，则宏观杠杆势必继续攀升，并由此导致金融系统蕴含着较大风险。因此，近年来中国采取相对“稳健”或者“略微紧缩”的货币政策，由此在降低宏观杠杆的同时，也造成经济面临较大的下行压力；2019 年国家才适时推出“减税”的财政政策以期刺激经济回升。宏观调控治理的“财政政策和货币政策”也就成为保证经济稳定发展的两大抓手，而如何建立和健全两者的有效搭配以及在何时两者存在最优组合，成为宏观调控治理体系构建的最核心任务。

（三）健全多政策工具与财政政策和货币政策高效协同发力是完善宏观调控体系的重要补充

长久以来，在防范和化解金融风险方面，逐步形成了宏观审慎与货币政策双支柱调控框架；在稳定经济增长方面，建立了以财政政策为主、货币政策为辅的宏观调控模式。宏观调控框架和调控模式在一定程度上确保了中国自改革开放以来宏观经济的稳定发展。然而，当前中国正面临着经济增长动力转换、寻求新的经济增长点以及产业结构优化和经济发展方式转变的关键时期。在经济发展中，各种隐患问题逐渐显现，解决这些问题变得十分复杂。从宏观经济理论的角度来看，单一政策工具无法实现所有部门的均衡，很容易导致不同部门之间的均衡冲突。正如前面所说，去杠杆目标容易与稳定经济增长的政策目标发生冲突。根据宏观经济治理的不同政策目标和反事实政策效果，可决定是采取单一的财政政策或货币政策还是采取财政政策和货币政策组合来调控宏观经济（陈创练、林玉婷，2019）。因此，宏观调控治理政策在实现某种均衡的同时，容易导致另外一个宏观经济治理政策目标的失衡；这就需要健全多政策工具与财政政策和货币政策协同发力，而建立和健全这些政策的协调配合也是完善宏观调控治理体系的重要补充。

（四）发展完善宏观调控管理体制是实现多重政策目标动态平衡的核心要求和重要政策措施

从党的十九大、十九届五中全会和近五年的中央经济工作会议看，每年政府宏观调控的政策目标均会发生一定转变，特别是，2020 年宏观调控治理的任务从前过去三四年的“去杠杆”“抑泡沫”“防风险”“稳增长”转向“恢复经济增长”，其中，“恢复经济增长”已成为当前宏观调控的最主要政策目标；近期通胀回升，“防通胀”的重要性也逐渐呈现。事实上，“去杠杆”“恢复经济增长”“抑泡沫”“防风险”和“防通胀”均是宏观调控治理的五大主要政策目标之一，国家政策制定的偏向性主要是考虑这几个政策目标在当下的紧迫程度，即宏观调控治理的本质是通过优化治理目标、政策的合理分工和高效协同来处理经济运行中的最突出矛盾问题以及平衡上述五大目标，实现对多重政策目标的动态平衡。因此，建立和健全动态平衡多重政策目标的宏观调控治理体系就成为国家发展经济的主要方略；如何针对不同政策目标，从顶层设计的角度提出具有针对性、兼顾性、统一性、科学性的政策举措，以及在动态平衡多重目标的政策抉择中有效消除 Meade 冲突，就成为健全宏观调控治理体系的最本质要求。

二、中国宏观调控理论与实践的经验启示意义

本书撰写的主要目的是展现长时期以来中国宏观调控的经验教训，同时也是作者对近年来研究的一个学术回顾。自 2016 年以来，作者的研究集中在货币政策、财政政策和宏观调控政策，思考的一个问题是中国的财政货币政策执行规则、政策效果测算以及纳入宏观审慎政策后三支柱政策如何协调配合问题。特别是，围绕着近年来中国的宏观调控目标逐渐发生演变，从最初的稳增长和防通胀逐步转向稳增长和防风险，因此，陈创练

（第一作者）与合作者（姚树洁、郑挺国、蒋海、单敬群、王浩楠、刘晓彬、林玉婷、徐锦辉）以此为中心，拓宽开发了时变参数模型方法，对长时期以来的中国宏观调控政策规则和政策效果进行动态识别和测度，并形成了系列高水平论文。这些论文是作者近年来研究的一个缩影，也是作者针对中国宏观调控理论与实践的经验总结。其中，（1）货币政策调控理论与规则包括四篇，主要着重点是研究时变参数泰勒规则及中国央行的货币政策取向、中国央行货币政策非对称性偏好调控模式及其演变、数据修订对中国实时货币政策规则操作的影响、美联储政策溢出效应与货币政策国际协调机制，这些章节对中国货币政策规则以及如何应对美联储政策冲击的影响进行了全面的研究和刻画，有助于为后续央行货币政策规则的制定、改革与执行提供重要的决策参考依据。（2）财政政策调控理论与实践包括两篇，主要是设计和提出新的时变参数乘数效应测定方法、研究财政政策立场及其演变和财政政策效果的主要影响因素，这些章节探讨了如何科学有效测度财政政策乘数，时变方法的提出更有助于从长时期角度考察财政政策效果的历史演变及其影响因素，有助于为后续财政政策的提质增效提供重要的理论基础和决策依据。（3）宏观调控理论与实践包括两篇，通过构建动态一般均衡模型和动态随机一般均衡模型，并纳入宏观慎重政策和财政货币政策三支柱，重点刻画和研究了政策工具如何有效搭配将有助于实现"稳增长"和"防风险"双重政策目标以及提高财政政策效果或者实现经济结构的内外均衡，本部分的内容是对如何健全中国宏观调控治理体系的深度思考。事实上，上述研究成果体现了作者近年来学术研究的心路历程，主要的学术心得及研究成果对中国宏观调控理论与实践的贡献如下。

（一）中国逆周期货币政策正向"规则型"转变，具有显著厌恶通胀和规避经济收缩偏好

作者提出了时变参数泰勒规则测度方法，通过对中国 1996 年以来的货币政策规则实证结果表明，我国货币政策正逐渐朝"规则型"转变，同时，具有较强的盯住通胀和产出缺口目标，而且盯住前者尤为明显，反映货币政策取向具有明显治理通胀偏好。但必须认识到，虽然近年来盯住通胀和产出缺口参数呈增长态势，但盯住产出缺口目标参数已从 2015 年一季度的 1.398 显著下降至 2015 年三季度的 0.928，可见我国货币政策有掉入逆经济周期的潜在风险，依靠货币政策刺激经济较快发展的操作空间也随之变小（第二章，陈创练、姚树洁、郑挺国）。进一步的研究，还发现中国货币政策规则具有厌恶通胀和规避经济收缩的时变非对称性偏好，由此也使得央行表现出较强维护实际通胀低于目标通胀以及实际经济增速高于经济增长目标的政策偏好。特别是，央行在厌恶通胀和规避经济衰退上的非对称性偏好表现出较强的此消彼长关系。此外，近年来央行厌恶通胀的非对称偏好持续走强，而规避经济收缩的非对称性偏好却逆向走弱，表明我国货币政策具有较强治理通胀偏好，但在维持经济增长速度上的政策取向有所减弱。作者的这一系列研究深度解读了中国的货币政策规则和货币政策取向（第三章，陈创练、蒋海、单敬群）。但也就在此期间，作者也认识到自从我国在 1985 年建立 GDP 核算制度以来，每年都实时公布年度国内生产总值水平。特别是，自 1992 年起，我国还建立季度 GDP 核算机制，同时为了提高 GDP 核算数据的可靠性，国家统计局自 2003 年起还对年度和季度 GDP 实施初步核算、初步审核以及最终审核三个环节，不断定期修订和矫正宏观 GDP 核算数据，那么，这些数据修订是否影响对货币政策规则的识别？作者通过拓展构建了后顾、同期和前瞻三种类型的货币政策规则，并基于实时数据和最终数据实证分析数据修订和实时估计对货币政策参数的影响效应。研究表明，数据修订对泰勒规则的影响取决于不同模型，而且在三种模型设定中，盯住产出缺口和通胀目标的时变参数均在不同程度上受数据修订的影响。特别是，对于最终数据，采用同期性货币政策规则展开估计最为有效；而对于实时数据，则基于后顾性货币政策规则模型估计是最佳的。至此，作者建立了一套能够消除内生性对模型系统影响，而且能够准确识别时变参数货币政策取向和非对称性偏好的技术方法（第四章，陈创练、郑挺国）。

此外，美国货币政策是全球宏观经济波动的重要扰动因素之一，同时也对各国货币政策的制定与执行产生显著影响，故此，作者构建了国际政策协调或非协调模型，同时通过逆推的方式识别在协调或非协调情形下的各经济体货币政策规则，并以此为基础测算各经济体货币政策规则协调与否的福利损失。研究认为，美国紧缩货币政策并不能有效降低全球通货膨胀，但却导致部分经济体产出缺口下降和宏观杠杆周期上升，美国货币政策向受其货币政策牵引更大的经济体输出金融风险，而当受美国货币政策牵引更大的经济体采取国际货币政策协调时，美国货币政策对该经济体经济周期的负面影响以及货币政策福利损失都得到较大改善。同时鉴于中国属于受美国货币政策牵引较弱的经济体，因此，后续针对美国货币政策走向的主要着眼点在于防范美国货币政策对中国通胀和产出缺口产生的负面冲击，而非关注美国货币政策对中国宏观杠杆的冲击影响。这为我国对外部货币政策冲击的政策制定提供有益的决策参考（第五章，陈创练、王浩楠、单敬群）。

（二）财政政策具有较强盯住经济增长目标，但财政政策效果呈现下降趋势

在中国研究货币政策规则问题，必不可少需要考虑财政政策执行情况，一个主要原因是在中国的制度体系下，中国的货币政策规则是从属于财政政策，相比较而言缺乏一定的独立性。作者首次构建财政政策时变反应函数模型，并通过推导得到时变政策效果函数。研究表明，近年来我国财政政策表现出更强灵活性，而且存在明显盯住经济增长目标的政策取向；同时，在财政赤字高企和攀升时期，政府被动负债削弱其盯住债务杠杆目标的政策取向；反之，一旦财政赤字处于低位或下降时期，政府倾向于采取反周期的策略主动降低债务杠杆。特别是，后次贷危机期间，财政政策表现出较强盯住房价目标的政策取向。从反事实政策效果看，究竟是采取单一的财政政策或货币政策来调控宏观经济有效，还是采取货币政策与财政政策组合更为合适，并没有统一定论，这取决于宏观政策调控的不同政策目标（第六章，陈创练、林玉婷）。为了进一步刻画长时期以来中国财政效果，作者构建了时变参数乘数效应测算方法，研究结果表明，政府投资乘数呈减弱趋势；政府消费乘数亦呈小幅下降态势。政府税收乘数显著为负且相对较为稳定；但债务发行乘数呈明显下降趋势，并于2006年起转正为负。基于模型校准和经验分析可知，目前政策当局依然可通过增加消费性支出促进经济增长，不必担心政府消费乘数下滑；却需要管控政府投资规模，因为随政府投资产出弹性下降和规模扩大，政府投资乘数急速下滑势必削弱财政政策效果。同时，由于我国税收并未引发大规模挤占效应，因此目前税收格局相对合理。通过构建一般均衡模型的模拟研究发现，政府投资乘数为正，且是政府投资产出弹性的增函数，但随政府投资规模增加而迅速下滑，可见规模效应对乘数具有很强的抑制作用。政府消费乘数效应取决于政府消费与居民消费的互补（替代）关系，当两者存在替代关系时，政府消费乘数为负；反之则为正，即具有经济增长效应。同时，政府消费规模对其乘数的影响并不十分显著，且随规模增加其产出乘数最终收敛于0.5，此外，政府税收乘数显著为负，而且随着政府税收规模扩大，乘数效应减小，表明税负对经济增长具有更强抑制效应。债务发行对产出的影响并不明显，特别是，当政府消费与居民消费的互补关系超过门槛值时，债务发行乘数为正；反之债务发行才对产出具有负效应（第七章，陈创练、姚树洁、郑挺国）。

（三）宏观审慎政策极大影响财政货币政策效果，宏观调控需注重“三支柱政策”的有机搭配

有效动态平衡稳增长与降杠杆以及提高财政政策效果和实现宏观经济的内外均衡运行是近年来我国宏观调控的主要政策任务。作者通过构建一个嵌入家庭、企业、政府和央行的动态一般均衡模型，研究了“宏观审慎+货币政策”双支柱的宏观调控政策效果。研究结果表明，永久性信贷约束在长期上能达到不影响产出且有效降低杠杆的目的；而暂时性信贷约束长期上造成产出损失，且降杠杆的政策效果也较弱，在面临技术进步或政府支出冲击时亦是如此。特别是，永久性强信贷约束的宏观经济效果优于永久性弱信贷约束，但长期看，信贷约束强弱在稳增长和降杠杆上并不存在显著差异。基于反事实模拟分析表明，实施永久性信贷约束能够增强货币政策调控经济增长目标的弹性空间，但同时需要搭配较强盯住杠杆目标的货币政策才能起到更好的稳增长和降杠杆作用。如果当下我国在经历长时期的信贷约束紧缩后逐渐放松，转而实施了暂时性信贷约束，则容易引发杠杆规模的快速反弹，而且这些政策组合长期上并未能起到促进经济增长的效果（第八章，陈创练、单敬群、刘晓彬）。此外，在实现内外均衡上，基于中美两国的开放DSGE模型研究表明，基于利率调控的货币政策对产出具有较强的短期效应，可有效刺激信贷市场与维护住房市场稳定，尤其是低利率区间内货币政策的调控效应更强，引发的风险变量波动亦更大。而依靠需求端推动经济的财政政策可能造成了私人支出的挤占效应，对房

价稳健性产生不利影响，基于供给端作用的政府投资更有助于推动产出与房价上涨。同时，财政政策的作用效果具有规模递减特征，特别是，国际风险冲击对我国经济造成不同程度扰动，引发汇率市场、信贷市场与住房市场三者的风险共振，而货币政策过度关注汇率波动可能进一步加剧房价不稳定性。国家相关部门需要适时调整政策规则并协调政策间的搭配，以期更好地平衡金融防风险与经济稳增长的双重目标，实现中国经济内外均衡（第九章，陈创练、徐锦辉）。

第二章

中国货币政策泰勒规则的理论与实践①

引言：货币理论中的泰勒规则历来备受推崇，也是近年来政策当局政策制定与实施的重要政策工具。该规则自从1993年被Taylor提出后，在学术界得到广泛认可，也被包括美联储在内的央行所采用，它很好地刻画了央行的名义利率如何根据经济周期和通胀率的变化采取逆周期的调整规则。本章将在介绍泰勒规则基础上，阐述该理论的应用前景，并对中国的实际数据进行实证考察，进一步阐述中国近年来央行的货币政策取向及其调控规则的历史演变规律。

第一节　泰勒规则研究的理论背景

泰勒规则指一国货币政策根据实际经验而确定的一种短期利率调整规

① 本章核心内容见于：陈创练、郑挺国、姚树洁，《时变参数泰勒规则及央行货币政策取向研究》，《经济研究》2016年第8期。

则，即在保持实际短期利率稳定和中性政策立场的前提下，当产出缺口为正（负）和通胀率超过（低于）目标值时，应提高（降低）名义短期利率。通过简单线性模型，该规则很好地描述了美国1984—1992年货币政策操作（Taylor，1993）。后续许多研究倾向于改进泰勒规则，并考虑可能存在的非线性。例如，Judd和Rudebusch（1998）、Clarida等（2000）以及Orphanides（2004）等对分时段样本的实证分析发现，美国利率规则在1979年后发生了结构性转变。Cogley和Sargent（2001、2005）及Boivin（2001）基于时变参数模型框架的研究表明，在不同宏观经济状态下货币政策调整具有明显的时变特征。Kim和Nelson（2006）发现，20世纪70年代以来美国的货币政策规则在70年代、80年代和90年代均发生较大转变。Gerlach和Lewis（2014）同样发现，在金融危机期间，欧洲央行货币政策的反应参数变化较大。

可见，传统泰勒规则在估计短期名义利率对通胀和产出缺口的调整机制上存在一定缺陷。究其原因，传统的流动性陷阱和信贷约束模型以及非对称性工资指数化等均可能导致货币政策传导机制发生非线性转换（Morgan，1993；Kandil，1995），特别是，当财政政策逆周期调整时，为了消除预期通胀和产出波动，货币政策的适时调整和配合将导致盯住产出和通胀目标参数发生改变，从而使得货币政策在逆经济周期中不再遵循线性调整规则（Amano等，1999）。而且，更为重要的是，宏观经济形势变化（如产出和通胀周期性变化）、个体行为偏好转变以及制度和政策改革（如央行政策取向）等都可能改变宏观变量之间的结构性参数关系，由此使得宏观变量之间的关系不再保持一成不变的常系数关系。因此，运用非线性模型或者时变参数模型，对泰勒规则展开时变参数估计和分析将显得十分必要。近年来，随着时变参数估计等现代计量方法的不断完善，涌现了一批有关货币政策时变泰勒规则估计的相关文献。但同时由于泰勒规则中包含利率、通胀和产出等内生变量，使得传统的卡尔曼滤波等方法在货币政策估计中并不再适用（Kim和Nelson，2006；Edilean和Gabriela，2015）。鉴于此，Primiceri（2005）提出了时变参数向量自回归（TVP-VAR）模型。该方法不仅允许宏观经济结构参数发生持久性突变或渐进演变，而且能够同时有效消除模型系统的内生性问题，因此，在近期有关货币政策传导机制的非线性研究中得以广泛应用，并取得显著成效，包括代表性的

Primiceri（2005）、Boivin（2006）、Sims 和 Zha（2006）；Nakajima（2011）、Kagraoka 和 Moussa（2013）以及 Edilean 和 Gabriela（2015）等人的研究。但上述文献仍只停留在实证分析货币政策结构性冲击对宏观内生变量的影响效应，尚未发挥 TVP－VAR 在解决模型系统内生性方面的优势，譬如可用来获取时变参数泰勒规则的有效估计。事实上，对该方法和领域的拓展研究，不仅具有重要的理论价值，而且对于货币政策的历史演进估计和未来政策制定安排均具有重要的启发意义。

在我国，现有研究也相继表明货币政策规则存在较强的非线性调整特征（赵进文和闵捷，2005），而且在不同区制下，我国货币政策名义利率对通胀和实际产出有不同的政策反应（郑挺国和刘金全，2010）。最近许多研究从不同角度对我国货币政策可能呈现的非线性特征和原因展开了深入研究。例如，赵进文和黄彦（2006）、张屹山和张代强（2008）、欧阳志刚和王世杰（2009）、中国人民银行营业管理部课题组（2009）、张小宇和刘金全（2013）、王去非等（2015）以及王晋斌和刘婧蓉（2015）等研究分别从“央行盯住产出缺口和通胀偏离的非对称性偏好”“预期通胀率和经济增长率变化”“货币增长高低速区制”“通胀高低区制”“经济扩张和收缩周期”“经济周期和产业结构调整冲击”以及“非对称损失偏好”等不同角度论证了货币政策非线性调整的影响因素。最近，刘金全和张小宇（2012）以及张小宇和刘金全（2013）更是采用贝叶斯技术对我国时变参数“泰勒规则”展开实证估计，结果表明我国名义利率对实际产出和通胀的调整存在时变特征和门槛效应。

虽然上述文献讨论了各种形式的货币政策反应关系，得到了许多有益的结论，但是他们主要关注利率针对通货膨胀、实际产出作出的调整反应，在很大程度上忽略了这些宏观经济变量之间的影响关系和反馈关系（即内生性），如总需求曲线、菲利普斯曲线等，由此可能引起经验研究严重偏离宏观经济因素间内生关联的现实，并产生对时变参数泰勒规则的估计结果有偏。而且，由于宏观经济变量常常带有趋势和随机波动特征，采用带常系数波动的时变参数 VAR 模型对经济系统展开估计的结果仍不具可靠性（Nakajima，2011）。更重要的是，宏观变量之间的内生性是影响货币政策估计是否有效的重要因素。因此，与刘金全和张小宇（2012）以及张小宇和刘金全（2013）采用单方程估计相比，本章尝试在宏观经济系统结构下构建一种关于利率、通胀和产出的时变参数结构向量自回归（TVP－SVAR）模型，在两方面做了拓展分析，首先，我们将总需求曲线、菲利普斯曲线和货币政策置于一般均衡框架内，从而能够有效地消除内生性对模型估计的影响，并利用马尔科夫链蒙特卡洛（Markov Chain Monte Carlo，简称 MCMC）方法估计简化式的时变向量自回归随机波动（TVP－VAR－SV）模型，同时可以通过反推实现时变参数泰勒规则的估计，该方法也可视为本章对当前货币政策研究的一个重要补充；其次，运用随机游走（即实时变化）的时变参数模型来刻画泰勒规则及其相关联的总供给与总需求方程，在非线性和时变参数框架下，本章进一步考察了我国 1996 年一季度至 2015 年三季度样本期内的时变参数泰勒规则和货币政策传导效应，并探讨了我国货币政策在此期间的历史演变特征和政策取向。

第二节　货币政策泰勒规则的理论及其识别

一、基本理论模型

首先，总需求曲线。参照 Fuhrer 和 Moore（1995）、Rudebusch 和 Svensson（1999）理论模型，设定经济体参数的总需求（*IS* 曲线）方程[①]为：

$$y_t = \alpha_0 + \alpha_1 y_{t-1} + \alpha_2(i_t - \pi_t) + \eta_t,\ \alpha_2 < 0 \qquad (式 2-1)$$

其中，y_t 表示产出缺口水平；i_t 表示名义利率；π_t 表示通货膨胀。式(2－1)表明，产出缺口与前期产出缺口相关；而与实际利率（$i_t - \pi_t$）存在

① 该假定基本符合中国的实际，魏巍贤（2006）采用 CGE 模型模拟发现，人民币实际汇率升值 2.5%、5%、10%、15% 和 20% 分别导致实际产出下降 0.08%、0.29%、0.73%、1.79% 和 2.18%，可见随着人民币升值幅度加大，对实际的负面 GDP 影响也在快速上升。为简单起见，本章假设产出缺口与汇率存在线性关系。实际利率，由名义利率和预期通货膨胀率之差决定 $r_t = i_t - \pi_t$，其中，$\alpha_2 < 0$。这也是容易理解的：根据传统凯恩斯理论，利率提高引起投资减少，从而降低实际产出水平；反之则导致实际产出增加。盛朝晖（2004）分析了 1994—2004 年中国货币政策主要传导渠道效应表明，利率传导的作用主要表现在对产出的影响上，利率变化对产出的影响最大效应出现在一个季度后，产出的利率弹性为 0.26，且方向相反，表明提高利率，能够在一定程度上抑制经济增长。同时，经济增长具有一定的惯性，因此在需求函数中我们设定 $\alpha_1 \neq 0$。

负相关关系，这主要是由于实际利率提高挤出了实际投资，从而导致实际产出水平下降；反之实际利率下降则导致实际产出增加，因此，$\alpha_2 < 0$。此外，η_t 表示产出缺口的其他冲击影响因素。

其次，新凯恩斯菲利普斯曲线。借鉴 Calvo（1983）提出的交错价格调整模型，设定考虑价格黏性的新凯恩斯菲利普斯曲线（NKPC）① 为：

$$\pi_t = \beta_0 + \beta_1\pi_{t-1} + \beta_2 y_t + \beta_3 E_t\pi_{t+1} + \mu_t,\ \beta_2 > 0 \qquad (式 2-2)$$

其中，β_1 表示通胀惯性（Inflation Inertia），即滞后通胀对当期通胀的影响效应；$\beta_2 > 0$ 表示当产出缺口为正时，通常伴随着总需求大于总供给，因而价格水平上涨（通货膨胀）；反之，产出缺口为负，则价格下跌（通货紧缩）。μ_t 表示通胀的其他冲击影响因素。

最后，泰勒规则。它描绘了在给定通胀目标和潜在产出水平下，央行的短期名义利率如何针对产出缺口和通胀进行调整，其政策含义在于，只有当实际利率与均衡利率相等以及产出缺口为零时，宏观经济才会处于稳定的持续增长状态。参照 Taylor（1993），设定一般化的"泰勒规则"货币政策形式如下：

$$i_t^* = \bar{i}_0 + \gamma_1(\pi_t - \pi^*) + \gamma_2 y_t \qquad (式 2-3)$$

其中，i_t^* 表示泰勒规则建议的利率值，即目标利率，而非名义利率的实际值；$\bar{i}_0$ 为长期时变均衡利率。γ_1 和 γ_2 为参数②。考虑利率平滑性（如 Woodford，1999；Clarida 等，2000；Kim 和 Nelson，2006；谢平和罗雄，2002；郑挺国和刘金全，2010），设定利率的动态调整过程如下：

$$i_t = (1-\rho)i_t^* + \rho i_{t-1} + e_t \qquad (式 2-4)$$

其中，$\rho \in [0,1]$ 表示名义利率的平滑参数，意味着央行并非将短期名义利率设定为目标利率值，而是根据目标利率和前期利率水平值进行部分调整，以消除与目标利率的偏差。由此，ρ 也刻画出名义利率调整的时变平

---

① 陈彦斌（2008）提出了包含需求拉动、成本推动、通胀惯性和通胀预期四种因素的新凯恩斯菲利普斯曲线模型，并使用中国数据对所提出的模型进行了检验，其中采用基于微观调查数据预测了通胀预期。分析结果表明，在四个决定因素中，通胀预期对当前通胀的影响最显著，通胀惯性次之，需求拉动排第三，而成本推动的影响不显著。为了简化需要，本章考虑了预期通胀、通胀惯性和需求拉动三个因素构建拓展开放经济条件下的斯菲利普斯曲线。

② Taylor（1993）研究发现，美国实际均衡利率和目标通胀率均为 2%，并且还设定通胀缺口和产出缺口相对于美国联邦基金利率的权重均等于 0.5。

滑特征。此外，e_t 为其他冲击影响的随机扰动项。

故此，将式（2－3）代入式（2－4）可得考虑名义利率调整平滑特征的央行货币政策反应函数：

$$i_t = (1-\rho)[\bar{i}_0 + \gamma_1(\pi_t - \pi_t^*) + \gamma_2 y_t] + \rho i_{t-1} + e_t \quad \text{（式 2－5）}$$

短期名义利率对通胀缺口和产出缺口的反应取决于 γ_1 和 γ_2 的大小和符号。若 γ_1 和 γ_2 大于零，产出和通胀伴随利率变化作顺周期调整，从而维持经济稳定增长；若 γ_1 和 γ_2 小于零，产出和通胀伴随利率变化作逆周期调整，加剧经济波动；只有当利率与长期均衡利率相等，并且产出与潜在产出相等（产出缺口为零）时，宏观经济才能保持稳定的持续增长。

方程（2－1）、方程（2－2）和方程（2－5）构成的模型系统考虑了总需求、新菲利普斯曲线和泰勒规则之间存在的内生性，能够有效反映利率规则与产出和通胀之间的互动关系和反馈关系，我们将其记为“常系数模型”。实际上，该模型也是一种常系数的结构向量自回归（SVAR）模型。

二、时变参数 SVAR 模型

基于上述货币政策行为系统或常系数 SVAR 模型，通过引入时变参数、时变通胀目标和时变长期均衡利率，我们考虑如下时变参数结构向量自回归（TVP－SVAR）模型。

$$i_t = (1-\rho_t)[\bar{i}_{0,t} + \gamma_{1,t}(\pi_t - \pi_t^*) + \gamma_{2,t} y_t] + \rho_t i_{t-1} + e_t \quad \text{（式 2－6）}$$

$$y_t = \alpha_{0,t} + \alpha_{1,t} y_{t-1} + \alpha_{2,t}(i_t - \pi_t) + \eta_t \quad \text{（式 2－7）}$$

$$\pi_t = \beta_{0,t} + \beta_{1,t}\pi_{t-1} + \beta_{2,t} y_t + \beta_{3,t} E_t \pi_{t+1} + \mu_t \beta_{2,t} > 0 \quad \text{（式 2－8）}$$

其中，$\alpha_{i,t}$、$\beta_{i,t}$、$\gamma_{i,t}$、ρ_t，$i = 0,1,2$ 均表示时变参数；π_t^* 表示时变通胀目标；$\bar{i}_{0,t}$ 为时变长期均衡利率。由费雪定理可知，$r_t = i_t - E_t\pi_{t+1}$，同时假定央行维持将实际利率保持在一定的水平 $\bar{r}_t$。定义向量：$Y_t = (i_t, y_t, \pi_t)'$，式（2－6）、式（2－7）和式（2－8）组成的 TVP－SVAR 模型可重新表示为如下矩阵形式：

$$\Phi_{0,t} Y_t = \delta_t + \Phi_{1,t} Y_{t-1} + \upsilon_t \quad \text{（式 2－9）}$$

其中，$\delta_t = ((1-\rho_t)\bar{i}_{0,t}, \alpha_{0,t}, \beta_{0,t} - \beta_{3,t}\bar{r}_t)'$，$\upsilon_t = (e_t, \eta_t, \mu_t)'$，

$$\Phi_{0,t}=\begin{bmatrix}1 & -(1-\rho_t)\gamma_{2,t} & -(1-\rho_t)\gamma_{1,t}\\ -\alpha_{2,t} & 1 & \alpha_{2,t}\\ -\beta_{3,t} & -\beta_{2,t} & 1\end{bmatrix}，且\ \Phi_{1,t}=\begin{bmatrix}\rho_t & 0 & 0\\ 0 & \alpha_{1,t} & 0\\ 0 & 0 & \beta_{1,t}\end{bmatrix}。$$

基于上述定义，各变量的结构性关系取决于非单位矩阵 $\Phi_{0,t}$。由于 $\Phi_{0,t}$ 行列式非零或可逆，我们可将结构式 *VAR* 等价表示成如下简化式模型：

$$Y_t = A_t + B_t Y_{t-1} + u_t \qquad （式2-10）$$

其中，$A_t = \Phi_{0,t}^{-1}\delta_t, B_t = \Phi_{0,t}^{-1}\Phi_{1,t}, u_t = \Phi_{0,t}^{-1}v_t$，且 A_t 为 3×1 的矩阵，B_t 为 3×3 的矩阵。由此可见，向量 $Y_t=(i_t, y_t, \pi_t)'$ 构成一阶自回归简化式的时变参数向量自回归（TVP－VAR）模型，其中名义利率 i_t、通胀率 π_t 和产出缺口 y_t 为内生变量。我们将其记为“时变参数模型”。

三、估计方法

对于式（2－6）至式（2－8）构成的模型系统，即式（2－10），我们可采用时变参数向量自回归模型（TVP－VAR）对产出缺口、通胀率和名义利率之间的动态关系展开实证分析。考虑传统的 SVAR 模型为：

$$AY_t = G_0 + G_1 Y_{t-1} + \cdots + G_p Y_{t-p} + u_t, t = p+1, \cdots, n \qquad （式2-11）$$

其中，Y_t 为 $k\times1$ 的向量矩阵，G_0 为 $k\times1$ 的参数矩阵，A 和 $G_1\cdots G_p$ 均为 $k\times k$ 的参数矩阵，而 u_t 为 $k\times1$ 的结构冲击，且同时假定 $u_t \sim N(0,\Sigma\Sigma)$，其中，主对角阵 $\Sigma = diag(\sigma_1,\cdots,\sigma_k)$。同时设定 A 为主对角线为 1 的下三角矩阵。

由此式（2－11）可进一步改写为如下简化式 VAR 模型：

$$Y_t = B_0 + B_1 Y_{t-1} + \cdots + B_p Y_{t-p} = X_t\beta + A^{-1}\Sigma\varepsilon_t, \varepsilon_t : N(0, I_k) \qquad （式2-12）$$

其中 $B_i = A^{-1}G_i, i = 0,1,\cdots,p, X_t = I_k \otimes (1, Y_{t-1},\cdots,Y_{t-p})$，且 β 为将 B_i 矩阵中的元素重组成 $((k^2p+k)\times1)$ 维的列向量。

参照 Cogley 和 Sargent（2005）、Primiceri（2005）以及 Nakajima（2011），我们将模型（2－12）式扩展为所有待估参数均随时间变化的 TVP－VAR 模型：

$$Y_t = X_t\beta_t + A_t^{-1}\sum\nolimits_t \varepsilon_t, \varepsilon_t \sim N(0, I_k) \qquad （式2-13）$$

同时假设 a_t 为下三角矩阵 A_t 中元素的堆积向量，即 $a_t = (a_{21,t}, a_{31,t}, a_{32,t}, a_{41,t},\cdots,\alpha_{kk-1,t})'$；$\Sigma_t = \mathrm{diag}\{\sigma_{1t}^2,\cdots,\sigma_{kt}^2\}$ 为对角矩阵，其随机波动率

向量 $h_t = (h_{1t}, \cdots, h_{kt})'$，且满足 $h_{jt} = \log\sigma_{jt}^2$。我们设定所有时变参数均服从一阶随机游走过程：

$$\begin{aligned} \beta_{t+1} &= \beta_t + u_{\beta t} \\ a_{t+1} &= a_t + u_{at}, \text{且} \\ h_{t+1} &= h_t + u_{ht} \end{aligned} \begin{pmatrix} u_{\beta t} \\ u_{at} \\ u_{ht} \end{pmatrix} \sim N\left(0, \begin{pmatrix} \Sigma_\beta & 0 & 0 \\ 0 & \Sigma_a & 0 \\ 0 & 0 & \Sigma_h \end{pmatrix}\right) \quad \text{（式 2-14）}$$

其中 Σ_β、Σ_α 和 Σ_h 都为对角矩阵，且扰动项 $u_{\beta t}$、u_{at} 和 u_{ht} 均与 ε_t 不相关。同时，与 Nakajima 等（2011）以及 Nakajima（2011）相一致，设定对于 $t = p+1$，时变参数服从正态分布 $\beta_{p+1} \sim N(\mu_{\beta_0}, \Sigma_{\beta_0})$、$a_{p+1} \sim N(\mu_{a_0}, \Sigma_{a_0})$、$h_{p+1} \sim N(\mu_{h_0}, \Sigma_{h_0})$，而且在实际估计中，我们令先验初始值为 $\mu_{\beta_0} = \mu_{a_0} = \mu_{h_0} = 0$，$\Sigma_{\beta_0} = \Sigma_{a_0} = \Sigma_{h_0} = 10 \times I$。

接着，我们采用马尔可夫链蒙特卡洛（MCMC）方法对 TVP - VAR - SV 模型展开估计，其基本思想是利用 MCMC 算法对参数的条件后验概率实施重复随机抽样，获取参数的联合后验分布和递归估计，从而能够有效地处理参数空间的高维和模型的非线性特征。在贝叶斯推断过程中，我们令 $Y = \{Y\}_{t=1}^n$，$\omega = \{\Sigma_\beta, \Sigma_\alpha, \Sigma_h\}$，同时，设置先验概率密度为 $\pi(\omega)$，并且在已知样本 Y 的基础上，我们可以估计得到后验分布 $\pi(\beta, a, h, \omega | Y)$。其估计步骤可概述如下：第一步，先设定 β, a, h, ω 的先验分布；第二步，从后验分布 $p(\beta | a, h, \Sigma_\beta, Y)$ 中抽样 β；第三步，从后验分布 $p(\Sigma_\beta | \beta)$ 中抽样 Σ_β；第四步，从后验分布 $p(a | \beta, h, \Sigma_\alpha, Y)$ 中抽样 a；第五步，从后验分布 $p(\Sigma_a | a)$ 中抽样 Σ_a；第六步，从后验分布 $p(h | \beta, a, \Sigma_h, Y)$ 中抽样 h；第七步，从后验分布 $p(\Sigma_h | h)$ 中抽样 Σ_h；第八步，返回第二步继续迭代估计，直至满足条件结束。具体的估计程序，有兴趣的读者可向作者索取。

四、时变参数泰勒规则的估计

考虑总需求、总供给曲线和泰勒规则之间存在的内生性结构，本章采用时变参数向量自回归随机波动（TVP - VAR - SV）模型对利率、通胀与产出缺口构成的一阶 VAR 模型（即式（2 - 10））展开实证估计。由此，可进一步反推得到基于 TVP - VAR 模型的时变参数泰勒规则为①：

① 推导过程和证明详见附录。时变参数总需求曲线和时变参数非利普斯曲线的证明以及估计结果详见附录。

$$i_t = (1-\hat{\rho}_t)(\hat{i}_{0,t} + \hat{\gamma}_{1,t}\pi_t + \hat{\gamma}_{2,t}y_t) + \hat{\rho}_t i_{t-1} + \hat{\zeta}_{1t} \qquad (式2-15)$$

其中，$\hat{\zeta}_{1t}$ 为残差项，

$$\hat{\rho}_t = \hat{B}_{11,t} + \frac{\hat{B}_{12,t}}{D_t}\begin{vmatrix} \hat{B}_{21,t} & \hat{B}_{23,t} \\ \hat{B}_{31,t} & \hat{B}_{33,t} \end{vmatrix} - \frac{\hat{B}_{13,t}}{D_t}\begin{vmatrix} \hat{B}_{21,t} & \hat{B}_{22,t} \\ \hat{B}_{31,t} & \hat{B}_{32,t} \end{vmatrix},$$

$$\hat{\gamma}_{1,t} = \frac{1}{D_t(1-\hat{\rho}_t)}\begin{vmatrix} \hat{B}_{12,t} & \hat{B}_{22,t} \\ \hat{B}_{13,t} & \hat{B}_{23,t} \end{vmatrix}, \hat{\gamma}_{2,t} = \frac{1}{D_t(1-\hat{\rho}_t)}\begin{vmatrix} \hat{B}_{13,t} & \hat{B}_{33,t} \\ \hat{B}_{12,t} & \hat{B}_{32,t} \end{vmatrix},$$

$$\hat{i}_{0,t} = \frac{\hat{A}_{11,t}}{(1-\hat{\rho}_t)} + \frac{\hat{B}_{12,t}}{D_t(1-\hat{\rho}_t)}\begin{vmatrix} \hat{A}_{21,t} & \hat{B}_{23,t} \\ \hat{A}_{31,t} & \hat{B}_{33,t} \end{vmatrix} - \frac{\hat{B}_{13,t}}{D_t(1-\hat{\rho}_t)}\begin{vmatrix} \hat{A}_{21,t} & \hat{B}_{22,t} \\ \hat{A}_{31,t} & \hat{B}_{32,t} \end{vmatrix},$$

$$D_t = \begin{vmatrix} \hat{B}_{23,t} & \hat{B}_{22,t} \\ \hat{B}_{33,t} & \hat{B}_{32,t} \end{vmatrix},$$

且 $\hat{A}_{ij,t}$ 和 $\hat{B}_{ij,t}$ 分别表示 t 时刻待估参数矩阵 $\hat{A}_t$ 和 $\hat{B}_t$ 第 i 行第 j 列的观察值。

对式（2－15）的时变参数泰勒规则，其经济含义可概括两点：一是模型允许政策参数时变，可以有效捕捉宏观经济结构的持久性突变或渐进演变特征；二是时变参数走势可以展现出我国货币政策规则的演变特征和政策取向。例如，时变的 $\hat{\rho}_t$ 不仅能够给出货币政策的平滑特征，而且能够反映出货币政策规则的平滑惯性（Smoothing Inertia）和历史演变过程（Evolution Process）；$\hat{\gamma}_{1,t}$ 和 $\hat{\gamma}_{2,t}$ 分别表示央行盯住通胀目标和产出缺口的强度，其正负方向揭示了我国通胀和产出伴随着货币政策利率变化的调整方向和周期，而且其数值大小也反映出我国货币政策盯住通胀或盯住产出缺口的偏好。

第三节　中国数据的选取及描述

本章选取产出缺口、通胀率和短期利率季度数据展开建模分析，样本

时间跨度为 1996 年第一季度至 2015 年第三季度。各指标的选取和说明如下。

1. 利率。利率是衡量金融市场货币成本的主要指标，也是利率价格体系的基础，而且相比较其他利率指标如债券回购利率或银行借贷利率，同业拆借利率更能体现资金的真实价格走势，并能够较为迅速地反映货币市场资金供需状况，因此国内相关研究均选取 7 天同业拆借利率作为货币政策的工具变量。数据来源于《中国人民银行统计季报》各期。图 2－1 给出了 1996—2015 年名义利率走势。

2. 产出缺口。为了估计产出缺口，我们需要先测算出潜在产出水平。现有的研究归纳起来可以划分为两类潜在产出估计方法：一是生产函数法，即假定在充分就业条件下，基于柯布道格拉斯函数估计在资本存量和劳动力给定时的潜在产出水平（如 McCallum 和 Nelson，1999）；二是较为常见的时间序列分解法，即基于不同的计量方法把实际产出分解为潜在产出和周期性成分，其中，周期性成分即为产出缺口（如 Hodrick－Prescott 滤波方法、QT 滤波方法、CF 滤波方法、BW 滤波方法和 FD 滤波方法以及状态空间—卡尔曼滤波方法等）。现有研究表明，采用 HP 滤波估计潜在产出水平，以消除实际产出的趋势性成分获取产出缺口与生产法估计得出的我国产出缺口较为一致，由此我们也选取 HP 滤波估计方法。首先，计算得出季度 GDP 名义值，并采用 Tramo－Seats 方法对 GDP 数据做季节性调整，进而采用序列为百分比 $y_t = 100 \times \log GDP_t$ 计算实际产出值，最后我们采用 HP 滤波对产出缺口（$y_t - y^*$）展开估算。图 2－2 描绘了本章估计的产出缺口走势。

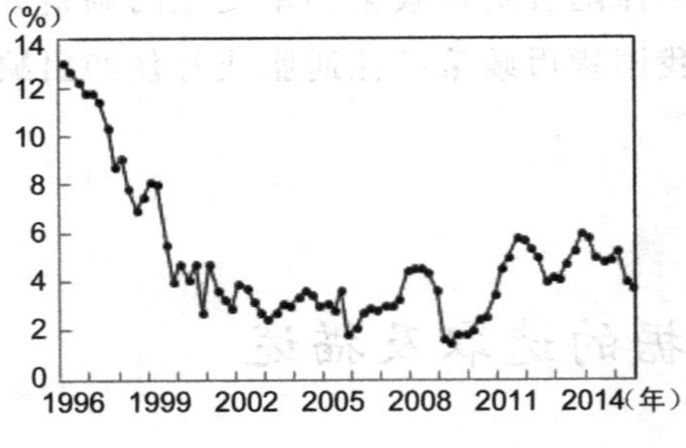

图 2－1 名义利率走势

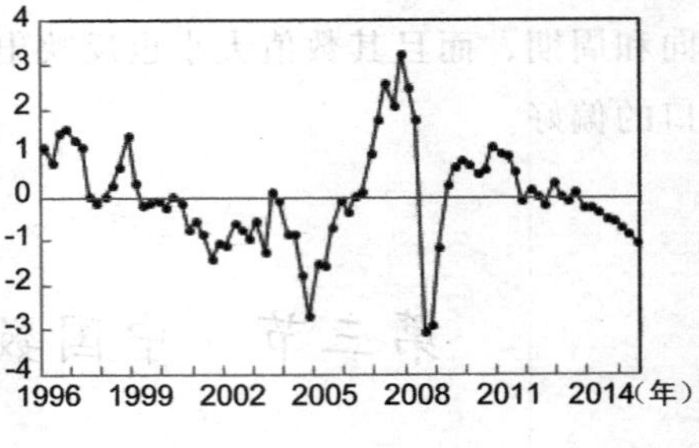

图 2－2 产出缺口走势

3. 通胀率。通过对消费者价格的月度同比数据计算出通胀率，数据来源于《中国经济景气月报》和《中国统计月报》。由于这些月报只提供官方 CPI 的月度数据，我们采用三项移动平均求出中国季度 CPI 数据，并通过公式计算得出通胀率（π_t）= 季度 CPI - 100。图 2 - 3 给出通胀率走势。

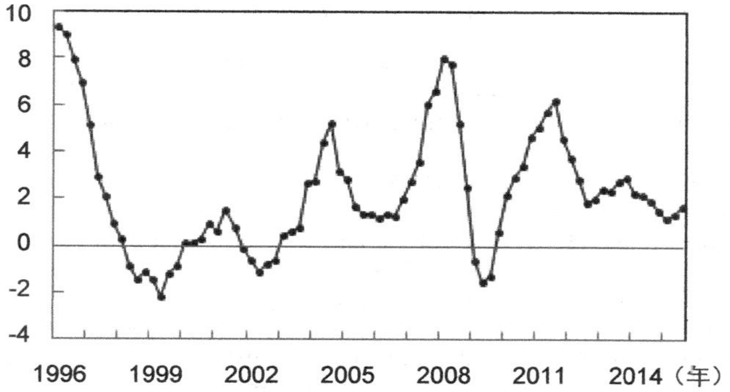

图 2 - 3　通胀率走势

第四节　中国泰勒规则的实证结果及分析

一、基于常系数模型的估计结果

考虑总需求、总供给曲线和泰勒规则之间存在的内生性结构，我们首先采用 MCMC 方法估计模型系统式（2 - 1）、式（2 - 2）和式（2 - 5）（即常系数模型）得出货币政策反应方程，其中 MCMC 抽样次数设定为 20000 次，并舍去前 2000 次抽取的预烧抽样。表 2 - 1 报告了常系数模型泰勒规则的参数估计结果。利率平滑参数 $\hat{\rho}$ 的 95% 后验估计值均大于 0.87，说明我国货币政策的利率调整对滞后一期存在较强的依存性。盯住通胀目标政策参数 $\hat{\gamma}_1$、盯住产出缺口的政策参数 $\hat{\gamma}_2$ 以及基于模型估计的长期均衡利率 $\hat{i}_0$ 的后验估计结果不明确，三者对应的标准差相对较大，从而使得参数估计结果不稳定，这同时也表明基于传统“常系数模型”估计得到的政策规则是一种较为不稳定的泰勒规则，它无法正确揭示我国的货币政策规则。

表 2-1　模型估计结果

参数	常系数模型			时变参数模型		
	均值	标准差	95%可信区间	均值	标准差	95%可信区间
时变参数泰勒规则方差						
$\hat{\rho}$	0.8724	0.2755	[0.332,1.412]	0.5427	0.0195	[0.505,0.581]
$\hat{\gamma}_1$	0.5515	0.7936	[-1.019,2.091]	0.5220	0.0550	[0.444,0.659]
$\hat{\gamma}_2$	1.7001	1.7898	[-1.807,5.209]	0.4829	0.1241	[0.239,0.726]
$\hat{i}_0$	2.7611	3.9157	[-4.914,10.436]	3.0676	0.2716	[2.535,3.599]
时变参数总需求方程						
$\hat{\alpha}_{0,t}$	0.1491	0.1516	[-0.148,0.446]	1.0151	0.1656	[0.691,1.340]
$\hat{\alpha}_{1,t}$	0.8367	0.0728	[0.694,0.979]	0.7956	0.0795	[0.640,0.951]
$\hat{\alpha}_{2,t}(i_t)$	-0.0103	0.0275	[-0.064,0.044]	-0.1687	0.0300	[-0.228,-0.110]
$\hat{\alpha}_{2,t}(\pi_t)$	-0.0571	0.0312	[-0.118,0.004]	-0.0680	0.0341	[-0.135,-0.001]
时变参数菲利普斯曲线						
$\hat{\beta}^*_{0,t}$	1.1320	1.4433	[-1.697,3.961]	1.0966	0.1162	[0.869,1.324]
$\hat{\beta}_{1,t}$	0.8959	0.2793	[0.349,1.443]	0.9219	0.0225	[0.878,0.966]
$\hat{\beta}_{2,t}$	0.7285	0.6362	[-0.519,1.976]	0.9996	0.0512	[0.899,1.101]
$\hat{\beta}_{3,t}$	1.2181	0.2922	[0.645,1.791]	1.8350	0.0235	[1.789,1.881]

注：参数采用 MCMC 方法估计，其中，MCMC 抽样次数设定为 20000 次；并舍去前 2000 次抽取的预烧抽样。

在常系数模型框架下，对于时变参数总需求方程，产出缺口惯性 $\hat{\alpha}_{1,t}$ 后验估计值的 95% 可信区间为 [0.694，0.979]，均值为 0.8367，说明我国产出缺口与上一期具有较强相关性，而其他三个估计参数的后验估计值都不明确，表明系数估计不稳定。同时，对于菲利普斯曲线，通胀惯性 $\hat{\beta}_{1,t}$ 后验估计值在 95% 水平下显著为正，均值为 0.8959，说明我国通胀具有较强的惯性；而产出缺口对通胀率的影响后验估计值的 95% 可信区间为 [-0.519,1.976]，表明模型的系数估计不稳定。

基于传统VAR模型的MCMC估计，我们同时可以得到名义利率、产出缺口和通胀率之间的脉冲响应函数。由图2－4可知，除通胀冲击对产出缺口影响以及利率冲击对通胀率和产出缺口影响显著外，其他三类冲击对内生变量的影响在统计上并不显著，其中，货币政策的利率冲击对产出缺口和通胀率影响均显著为正，也因此表明如果采用传统的VAR模型估计，我们可能得出我国货币政策名义利率增长会导致产出缺口增加和通胀率增加的结论，由此可以认为我国货币政策在降低产出缺口和通胀目标上是无效的。

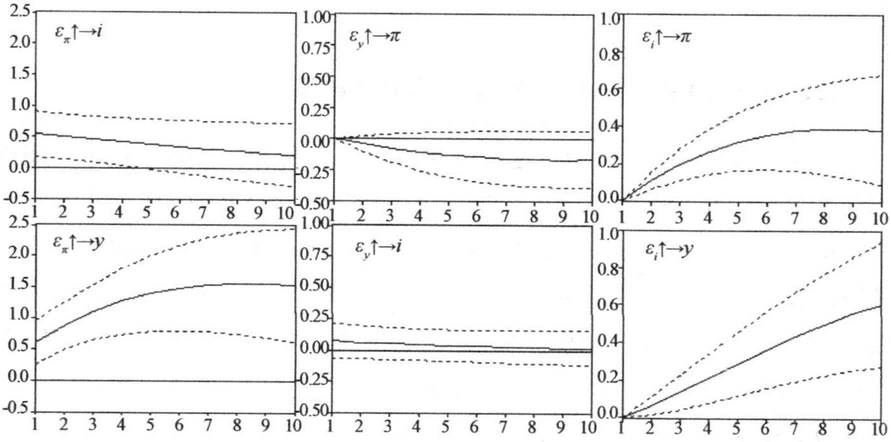

图2－4　基于传统VAR的脉冲响应函数

进一步地，我们对模型进行非线性检验，以考察名义利率、产出缺口和通胀率之间是否可能存在非线性关系。在实际检验过程中，为了保持检验结论的可靠性，我们分别采用主流的参数和非参数方法展开检验分析，其中，参数方法为RESET检验（Ramsey，1969）；非参数方法则包括平方残差的Ljung－Box检验（Mcleod和Li，1983）和BDS检验（Brock等，1996）。与现有研究相一致（Mougoue，2008），我们第一步采用最优的VAR模型估计，以过滤掉变量之间相互影响的线性成分，第二步对过滤掉线性成分后剩下的残差展开非线性检验。如表2－2所示，检验结果表明，除产出缺口方程残差的Ljung－Box检验以及利率回归残差和通胀率回归残差的RESET检验外，不论是非参数的Ljung－Box检验和BDS检验，还是采用参数RESET检验，均显著拒绝存在线性关系的原假设，由此可以断定短期名义利率、产出缺口和通胀率之间存在非线性的互动关系。

表 2-2　　基于传统 VAR 模型回归残差的非线性检验

检验方法	利率回归残差	产出缺口回归残差	通胀率回归残差
Ljung-Box 检验	17.042** [0.0044]	5.872[0.3189]	13.422*** [0.0197]
BDS 检验	1.818* [0.0691]	4.483*** [0.0000]	2.715*** [0.0000]
RESET 检验	1.960[0.1272]	3.646** [0.0163]	1.038[0.3807]

注：** 和 *** 分别表示在 5% 和 1% 显著水平上拒绝存在线性关系的原假设；方括号内的数值为对应统计量的 p 值。

二、基于 TVP-VAR-SV 模型的估计结果

依据前面的非线性检验，这部分对短期名义利率、产出缺口和通胀率建立 TVP-VAR-SV 模型，并依据理论模型选取滞后阶数为 1。模型估计中，MCMC 抽样次数设定为 20000 次，并舍去前 2000 次抽取的预烧抽样。此外，依据样本特征和 Primiceri（2005）以及 Nakajima（2011）等人研究，设定 $\Sigma_\beta \sim IW(25, 0.01 \cdot I)$，$(\Sigma_a)_i^2 \sim IG(2, 0.01)$，$(\Sigma_h)_i^2 \sim IG(2, 0.01)$，其中 $(\Sigma_a)_i^2$ 和 $(\Sigma_h)_i^2$ 分别为矩阵 $(\Sigma_a)^2$ 和 $(\Sigma_h)^2$ 对角线第 i 个数值，IW 和 IG 则分别表示逆 Wishart 和逆 Gamma 分布。

表 2-3 给出了 MCMC 实证抽样参数估计的后验均值、标准差、95% 可信区间、收敛概率 Geweke 检验（CD 统计量）以及无效影响因子。其中，收敛概率 Geweke 检验的原假设为收敛后验分布，同时如果 MCMC 抽样的序列是平稳的，则 CD 统计量收敛于标准正态分布；而无效率影响因子数值的大小用于判断 MCMC 随机抽取样本的有效性。结果表明，基于先验 MCMC 估计的收敛概率 Geweke 检验的 CD 统计量均小于 1，远低于标准正态分布 5% 显著性水平的临界值 1.96，由此说明所有参数均无法拒绝收敛于后验分布的原假设，表明在迭代周期中预烧期已经能够有效使得马尔科夫链趋于集中；参数无效影响因子普遍较低，其中最大值仅为 67.39，由于实证过程中 MCMC 随机抽样次数为 20000，则至少可以获得 20000/67.39≈297 个不相关样本，满足后验统计推断的需要，也表明后验均值接近于参数的真实值，可见模型参数估计的模拟结果是比较有效的。

表 2－3　　TVP－VAR－SV 模型参数估计结果及检验

参数	均值	标准差	95%置信区间	Geweke 检验	无效影响因子
sb_1	0.0287	0.0062	[0.0196, 0.0439]	0.240	15.48
sb_2	0.0303	0.0063	[0.0206, 0.0450]	0.566	15.43
sb_3	0.0284	0.0058	[0.0196, 0.0423]	0.713	14.13
sb_4	0.0278	0.0052	[0.0198, 0.0399]	0.832	14.25
sb_5	0.0290	0.0062	[0.0198, 0.0439]	0.466	15.00
sb_6	0.0309	0.0058	[0.0215, 0.0440]	0.992	18.32
sb_7	0.0284	0.0059	[0.0196, 0.0424]	0.155	14.11
sb_8	0.0290	0.0058	[0.0200, 0.0426]	0.592	13.12
sb_9	0.0283	0.0059	[0.0197, 0.0425]	0.622	15.81
sb_{10}	0.0291	0.0059	[0.0201, 0.0431]	0.080	17.18
sb_{11}	0.0285	0.0060	[0.0196, 0.0430]	0.882	14.67
sb_{12}	0.0285	0.0058	[0.0196, 0.0422]	0.722	13.74
sa_1	0.0755	0.0277	[0.0398, 0.1479]	0.002	31.65
sa_2	0.0844	0.0329	[0.0422, 0.1681]	0.890	33.60
sa_3	0.0769	0.0294	[0.0415, 0.1523]	0.586	37.71
sh_1	0.2368	0.1231	[0.0805, 0.5493]	0.979	67.39
sh_2	0.6076	0.1966	[0.3017, 1.0710]	0.762	52.66
sh_3	0.2125	0.1092	[0.0707, 0.4733]	0.763	67.31

注：sb_i、sa_j、sh_k（$i=1,2,\cdots,12;j=1,2,3;k=1,2,3$）分别表示 Σ_β、Σ_a 和 Σ_h 的第 i、j、k 个对角元素，且 Σ_β 和 Σ_a 的估计值和标准差都乘以 100；MCMC 抽样次数设定为 20000 次，并舍去前 2000 次抽取的预烧抽样。

为了刻画经济系统政策参数的时变特征，我们基于 TVP－VAR－SV 模型估计结果反推得出时变参数泰勒规则的估计结果，见表 2－1 中第 6—8 列。各参数的样本均值、样本标准差和95%样本可信区间的计算如下：基于 TVP－VAR－SV 模型系统的参数估计值，代入反推得到式（2－15）各参数估计值 $\hat{\rho}_t$、$\hat{\gamma}_{1,t}$、$\hat{\gamma}_{2,t}$ 和 $\hat{i}_{0,t}$，最后求出样本期间内各参数的均值、标准差和95%显著性水平下的可信区间。从平滑参数 $\hat{\rho}_t$ 估计结果看，在95%概率下我国货币政策的平滑系数依然高于 0.543，说明我国货币政策存在较强的惯性和持续性。从其他参数结果看，通胀参数 $\hat{\gamma}_{1,t}$ 和产出缺口参数 $\hat{\gamma}_{2,t}$ 的估计结果较显著。其中，盯住通胀率参数在 95% 的可信区间均大于

0.444，均值为0.522；而盯住产出缺口参数在95%的可信区间均大于0.239，均值为0.483。以上结果说明我国货币政策存在较强的盯住通胀率和产出缺口目标的泰勒规则，而且在95%可信区间内均为顺周期。长期均衡利率估计值 $\hat{i}_{0,t}$ 也非常稳定，均值约为3.07。此外，时变参数总需求方程和时变参数菲利普斯曲线的所有参数在95%水平下均是显著的，表明基于名义利率、产出缺口和通胀率构成的一般均衡框架下同期时变参数模型的系数估计是稳定的，可见本章反推得到的TVP－SVAR模型系统是合理的、可靠的。

三、时变脉冲响应分析

基于TVP－VAR－SV模型估计结果，我们接着利用广义脉冲响应函数分析各信息冲击对内生变量的影响效应。其中，脉冲响应函数可设定如下：

$$IRF_{Y,k}(u_{it},\omega_{t-1}) = E[Y_{t+h}|u_{it},\omega_{t-1}] - E[Y_{t+h}|\omega_{t-1}] \quad \text{（式2－16）}$$

其中，$E[\cdot]$ 表示期望算子，h 为预测长度，且 $h=1,2,3,\cdots$，$IRF_{Y,k}$ 表示变量 Y 的冲击响应函数，u_{it} 为任意信息冲击，ω_{t-1} 表示预测 Y 的历史信息集。由于本章采用时变参数估计模型，样本期内每一时刻的脉冲响应函数各异，因此，我们选取亚洲金融危机（1997Q3）和“四万亿刺激政策”出台（2008Q3）两个不同时刻的信息冲击。同时，从1996年第一季度起计算出该时刻冲击下的内生变量的脉冲响应，紧接着展开分析估计1996年第二季度起计算出该时刻冲击下的内生变量的脉冲响应，依次类推，直至计算获取2015年第三季度时刻冲击下的内生变量的脉冲响应，在此基础上，我们计算出内生变量对所有时刻下信息冲击脉冲响应的平均值（Average）。

图2－5给出了基于式（2－16）的脉冲响应函数结果。在时变参数向量自回归模型框架下，估计结果表明三类冲击对三个内生变量的影响存在较大的时变特征。首先，产出对利率冲击和通胀冲击的反应。利率冲击在短期对产出缺口（$\varepsilon_i \to y$）影响为正，但很快转为负效应（1997Q3冲击除外），紧接着在长期上的冲击反应趋于零，通胀冲击在短期对产出缺口（$\varepsilon_\pi \to y$）的影响效应为负，对于平均冲击在两年半后转负为正，而在长期上的冲击反应收敛于零，两者均表现出先降后升的逆“驼峰状”。这主要是由于影响我国产出的因素较为复杂，除利率等货币政策外，还受到包括财政

政策以及国内外经济形势等外部因素的影响。其次，通胀对利率冲击和产出缺口冲击的反应。利率冲击在长短期上对通胀（$\varepsilon_i \rightarrow \pi$）的影响效应均为负（2008Q3 冲击除外），表明央行的利率政策在短期上能够有效抑制通胀，而产出缺口冲击在短期趋于提高通胀（$\varepsilon_y \rightarrow \pi$），长期影响为零。最后，利率对通胀和产出缺口冲击的响应。通胀冲击在短期导致利率增加（$\varepsilon_\pi \rightarrow i$），但随着时间推移，在五年后趋于稳定（为零），呈现出明显先升后降的“驼峰状”。这与理论相符，即通胀一般表现为流动性过剩，因此要求央行提高利率以降低市场流动性。利率对产出缺口冲击的脉冲响应（$\varepsilon_y \rightarrow i$）在短期为正，但随着时间推移，大概在五年后该影响效应也收敛于零，表现出显著的“驼峰状”，这主要是因为当产出缺口为正时，表现为产能过剩，而央行可通过提高利率，降低过度投资的方式消除产能过剩，以此降低产出缺口，但同时也伴随着利率增加。

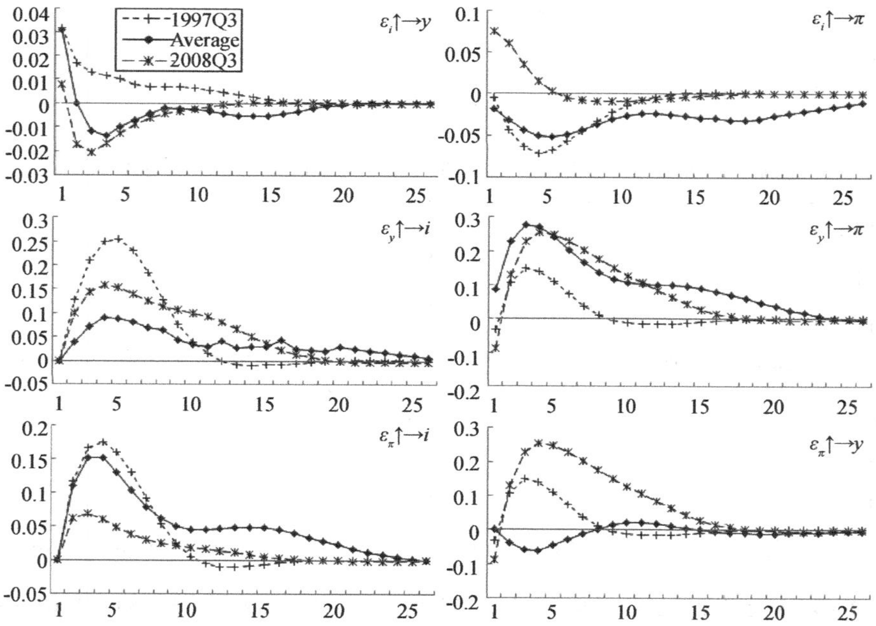

图 2－5　不同时点冲击的脉冲响应函数：基于 TVP－VAR－SV

此外，与“常系数模型”的实证结论不同，在时变参数模型下，通胀率和产出缺口对利率冲击的响应在短期上为负效应，并且大约在五年之后收敛于零，显然后者更符合我国货币政策现实。同时也说明货币政策对产出的影响不具有长期持久性。究其原因，（正）利率冲击导致名义货币供给（M）下降以及投资和短期超额需求减少，则供给平衡将促使价格水平（P）缓慢下调，在此过程中实际货币余额（M/P）呈增长趋势，并最终恢复初始稳态水平，长期上，价格水平与名义货币供给同比例下降，而实际产出则保持不变。由此可见，长期上货币是中性的。这与经典理论以及Christiano 等（1999）的研究结论相一致。

在上述估计基础上，我们分别令预测长度 $h = 2,4,8$，并基于 TVP - VAR 模型每一时刻各变量的时变参数，通过式（2 - 16）估计得出提前半年、一年和两年下外生冲击的脉冲响应函数（见图 2 - 6）。如图所示，三个不同提前期冲击的脉冲响应函数走势基本相似。我们可以观察得到以下两点重要结果。

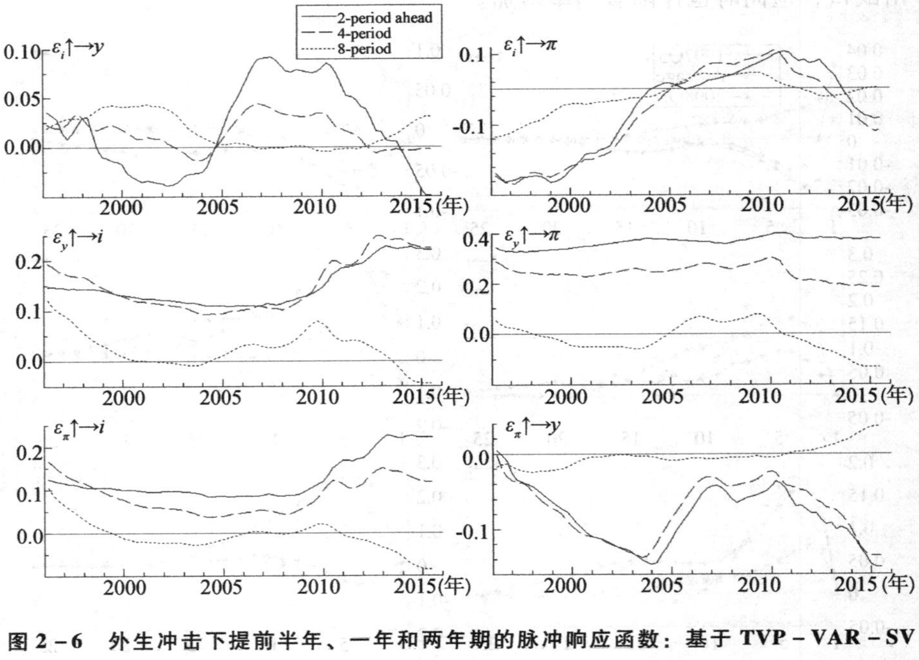

图 2 - 6 外生冲击下提前半年、一年和两年期的脉冲响应函数：基于 TVP - VAR - SV

第一，产出缺口冲击和通胀冲击均显著导致利率上涨。不论是短期（2 - period ahead）、中期（4 - period ahead）或长期（8 - period ahead），利率对产出缺口和通胀冲击（$\varepsilon_y \rightarrow i$，$\varepsilon_\pi \rightarrow i$）的响应 1996—2004 年呈缓慢下降趋势，且长期响应在 2004 年处于谷底接近于零；2004 年后至 2007 年

短中长期响应均有温和回升迹象，但长期响应在2008年出现小幅下降；同时中短长期响应在2009—2011年则有短期增长，但长期响应从2012年开始呈现缓慢下降态势。这很好地刻画出我国货币政策盯住通胀目标和产出缺口的利率走势。事实上，1990—1996年通胀居高不下，央行通过调高利率等从紧货币政策稳住物价，最终在1996年实现经济“软着陆”①。1997—2007年，产出缺口和通胀相对较小（见图2-2、图2-3），央行则通过六次调低存贷款利率以应对通货紧缩②；并针对2004年前后出现温和通胀转而小幅度调高利率③。2008年为了规避次贷危机对我国经济的不良影响央行连续四次降息④；但随着扩张性财政政策，特别是“四万亿刺激政策”的实施，我国产出缺口转负为正较为明显（见图2-2），从而导致产能过剩、资产价格（特别是房价）飞涨和通胀，在此背景下，央行被迫五次调高利率予以控制⑤。但2012年起，随着我国经济步入新常态且通货膨胀率处于低位，央行则通过多八降息刺激经济发展⑥。

从上述分析可知，时变参数的脉冲响应很好地刻画出我国名义利率调

---

① 1991年起，央行在1991年4月21日、1993年5月15日和1993年7月11日，三次分别将半年和一年期存款利率从5.4%和7.56%提高到9%和10.98%；半年和一年期贷款利率则分别从8.1%和8.64%上调至9%和10.98%。

② 1997年起，央行在1997年10月23日、1998年3月25日、1998年7月1日、1998年12月7日、1999年6月10日和2002年2月21日，六次分别将半年和一年期存款利率从5.4%和7.47%下调至1.89%和1.98%；半年和一年期贷款利率则分别从9.18%和10.08%调低至5.04%和5.31%。

③ 2002年2月21日至2004年10月29日央行保持原有利率不变。2004年起，则在2004年10月29日、2006年4月28日、2006年8月19日、2007年3月18日、2007年5月19日、2007年7月21日、2007年8月22日、2007年9月15日和2007年12月21日，九次分别温和地将半年和一年期存款利率从1.89%和1.98%提高到3.78%和4.14%；半年和一年期贷款利率则分别从5.04%和5.31%上调至6.57%和7.47%。

④ 2008年，我国央行在2008年10月9日、2008年10月30日、2008年11月27日和2008年12月23日，四次分别将半年和一年期存款利率从3.78%和4.14%下调至1.98%和2.25%；半年和一年期贷款利率则分别从6.57%和7.47%调低至4.86%和5.31%。

⑤ 2010年起，我国央行在2010年10月20日、2010年12月26日、2011年2月9日、2011年4月6日和2011年7月7日，五次分别将半年和一年期存款利率从1.98%和2.25%调高至3.3%和3.5%；半年和一年期贷款利率则分别从4.86%和5.31%上调至6.1%和6.56%。

⑥ 2012年起，我国央行在2012年6月8日、2012年7月6日、2014年11月22日、2015年3月1日、2015年5月11日、2015年6月28日、2015年8月26日和2015年10月24日，八次分别将半年和一年期存款利率从3.3%和3.5%下调到1.3%和1.5%；半年和一年期贷款利率则分别从6.1%和6.56%下调至4.35%和4.35%。

整的历史演变过程，即利率下调期（1996—2002 年）→利率保持不变（2002—2004 年）→利率温和上调期（2004—2007 年）→利率下调期（2008 年）→利率保持不变（2008—2010 年）→利率上调期（2010—2011 年）→利率下调期（2012—2015 年）。由此可见，我国货币政策具有明显的盯住产出缺口和通胀率特征，符合短期利率调整的泰勒规则，即保持实际短期利率稳定和中性政策立场的前提下，当产出缺口为正（负）和通胀率超过（低于）目标值时，应提高（降低）名义利率。

第二，与长期效应相比（两年），短期和中期（半年和一年）利率冲击对产出和通胀的影响更为明显，这与前文研究的结论是相一致的。脉冲响应的结果显示，20 世纪 90 年代以来，除 2006—2012 年我国财政扩张期间外，利率冲击对通货膨胀（$\varepsilon_i \rightarrow \pi$）的长期影响有明显的抑制效应，并且在 2000 年左右达到最大值。由此也表明，在一定时期内我国利率政策能够有效降低通胀，以稳定物价水平。而利率冲击对产出缺口（$\varepsilon_i \rightarrow y$）的短期影响自 2005 起也由负转为正，并 2007 年达到峰值。可见，在 1999—2005 年，我国利率政策能够有效缩小产出缺口，以稳定经济增长的目的；但此后大规模财政扩张接踵而来，导致我国产能长期过剩和产出缺口扩大，货币政策的作用也随之减弱。此外，脉冲响应的结果还显示，在短期和中期效应上，自 1996 年起产出缺口对通胀冲击的响应（$\varepsilon_\pi \rightarrow y$）均显著为负；而通胀率对产出缺口新息的脉冲响应（$\varepsilon_y \rightarrow \pi$）则长期为正，而且相对较为稳定，说明产出缺口增加对我国通货膨胀的影响有拉动效应，而且这种影响效应呈增长态势。

四、时变政策参数分析

为进一步分析泰勒规则特征，我们在上述估计基础上，基于 TVP－VAR－SV 模型反推式（2－15）估计出我国时变泰勒规则的政策参数。图 2－7至图 2－10 给出了 1996—2015 年的时变利率平滑参数 $\hat{\rho}_t$、时变盯住通胀目标参数 $\hat{\gamma}_{1,t}$、时变盯住产出缺口目标参数 $\hat{\gamma}_{2,t}$ 和时变长期均衡利率参数 $\hat{i}_{0,t}$ 走势（实线），同时基于 MCMC 得到其 95% 的可信区间（阴影）。

首先，时变平滑利率参数。与传统的 VAR 模型估计常系数平滑参数（0.8724，见表 2－1）相比，图 2－7 显示时变平滑利率参数相对较小，其

95%的可信区间为［0.505，0.581］。值得注意的是，自1996年起，我国货币政策的利率平滑参数逐渐下滑，而且95%概率水平下均为显著，表明我国货币政策正逐渐朝“规则型”转变，利率调控空间也逐步转向调整产出缺口和通胀目标，但2011—2014年利率平滑系数则逆向上升，此后则掉头急速下滑，说明货币政策向规则型转变速度变缓甚至有逆转迹象，但总体方向不变。可见，由于传统常系数模型估计的平滑参数较大，在一定程度上影响对我国货币政策规则的刻画，相反，时变参数模型的利率平滑参数相对灵活，能够较好捕捉我国央行不断调整的货币政策规则。

其次，时变长期均衡利率参数。图2－8表明，1996—2015年我国长期均衡利率也具有较强的时变特征，而且95%概率水平下参数估计均是显著的。特别地，从1996年起，长期名义利率呈显著的下降趋势，从1996年第一季度的6.02下降至2015年第三季度的2.06，下降幅度十分明显。其主要原因在于，自20世纪90年代以来，特别是1996年起，我国五年期长期贷款利率多次下调，已从1996年5月1日的15.12%下调至2015年10月24日的4.9%，下降幅度高达67.59%；更重要的是，近年来我国推行积极的财政政策，特别是加大政府投资来推动经济发展，从而使资本劳动比呈增长态势，而资本的边际报酬率则呈下降趋势，这势必促使我国的长期均衡利率不断下降。

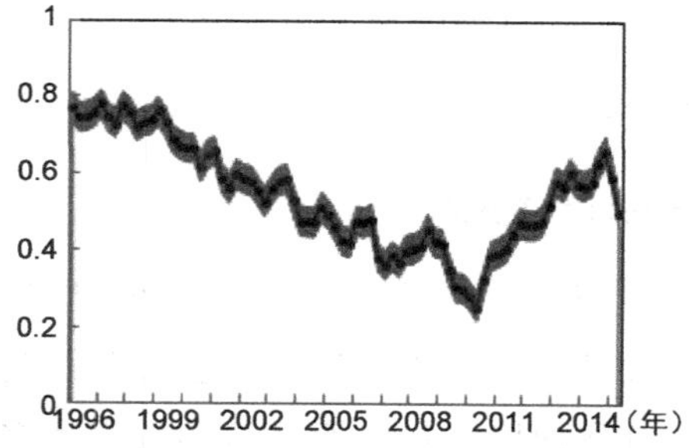

图2－7 时变利率平滑参数

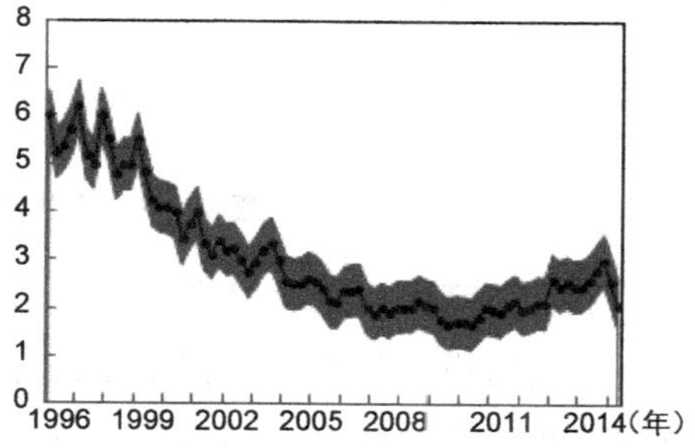

图2－8 时变长期均衡利率参数

再次，盯住产出缺口时变参数。从历史走势看，1996年起，盯住产出缺口的时变参数呈短期递增态势，而且在95%概率下高度显著（见图2－9）。这意味着1996年统一了全国同业拆借市场，而且近年来利率市场化改革的稳步推进，有效地激发了货币政策对产出影响的利率渠道。盯住产出缺口时变参数大于零表明，现阶段我国盯住产出缺口的货币政策是顺周期的，即在保持通货膨胀给定的情况下，如果实际产出高于（低于）潜在产出，则名义利率增加（减小），从而导致投资下降（上升），实际产出下滑（上升）和产出缺口缩小，从而起到稳定宏观经济的目的。但同时我们也不能对此过度乐观，自1999年以来，该参数呈下降趋势，说明我国货币政策在调控产出缺口中的作用和效果有下降态势。特别是，随着我国经济增长开始步入新常态，盯住产出缺口的时变参数在2013年第三季度至2014年第三季度转为负值，究其原因，除了我国大环境经济增长放缓外，央行在此期间主要采取盯住通胀率为目标也使得我国货币政策掉入逆经济周期。虽然此后在2014年第四季度起该值又从负转正至2015年的0.295，但依然显著小于1，可见近期我国货币政策仍然有掉入逆经济周期的潜在风险，依靠货币政策刺激经济较快发展的操作空间也随之变小。

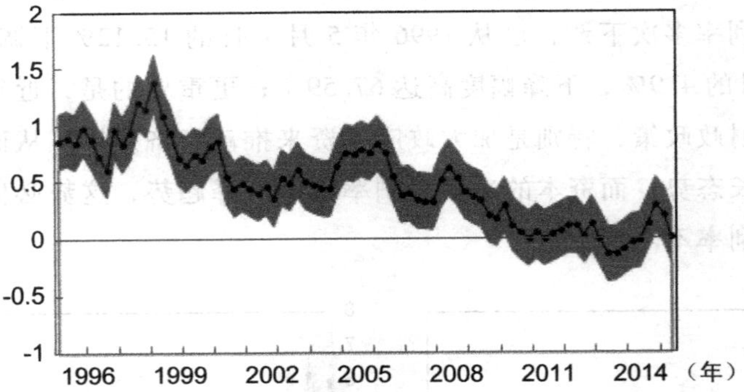

图2-9 盯住产出缺口时变参数

最后，盯住通胀率时变参数。我们可以观察得到以下三点重要结果。第一，从历史走势看，盯住通胀目标参数呈现出显著的适时调整过程，这意味着我国货币政策近年来存在较强的盯住通胀目标，而且该参数在大多数时期（除2006年第一季度外）都大于零，在95%概率水平下也是显著的，表明我国盯住通胀的货币政策是顺周期的。第二，就数值而言，盯住通胀目标参数2013年以前长期低于1，表明货币政策对通胀反应不足①，

① 谢平和罗雄（2002）以及郑挺国和刘金全（2010）关于线性泰勒规则的估计结果也得出类似结论。

从而削弱了货币政策在此期间治理通胀的效果。其中，2000—2006 年盯住通胀目标参数下降迅速，特别是 2006 年第一季度该数值竟然为负值，主要可能原因在于，2000—2006 年我国长期处于通货紧缩（见图 2 -3），由费雪定理可知，实际利率不降反升，则实际投资和总需求减少，最终恶化通货紧缩，也即名义利率下调并不足以抵消通货紧缩导致的物价下滑，这同时与脉冲效应得出 1996—2005 年名义利率冲击导致通胀显著下降的结论相一致（见图 2 -6）。此外，2013 年以来盯住通胀目标参数大于 1 也正好解释了在此期间利率冲击对通胀的抑制效果最为明显（见图 2 -6）。第三，2008 年起，盯住通胀目标参数快速回升，表明货币政策又重回较强的盯住通胀目标锚阶段。但必须特别关注的是，最近盯住通胀目标参数已从 2015 年第一季度的 1.398 显著下降至 2015 年第三季度的 0.928，下降幅度高达 33.6%，盯住通胀目标时变参数又小于 1。可见，2013 年以前以及近期，我国货币政策在调控通货膨胀上均面临一定压力，表现出较强的适时调整过程，这同时也反映出我国货币政策取向具有明显治理通胀偏好。

此外，比较图 2 -9 和图 2 -10 近期时变参数走势可以发现，盯住产出缺口和通胀目标的时变参数都从 2014 年起呈下降趋势，可见目前我国货币政策对通货膨胀反应不足，且有掉入逆经济周期的潜在风险。因此，在当前我国宏观经济正面临进入新常态的时代背景下，我国政策当局应该适时减少对货币政策的依赖，转而采用积极财政政策或通过配套措施刺激内需等有效政策以带动和促进宏观经济增长。

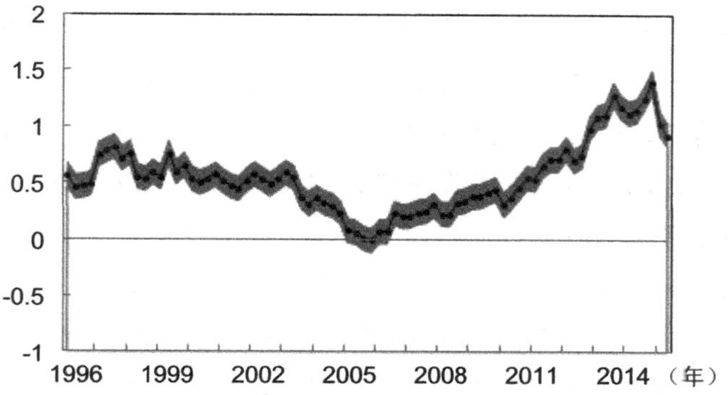

图 2 -10 盯住通胀率时变参数

第五节 研究结论与政策启示

随着宏观经济形势和国内外环境变化以及行为个体政策偏好的转变，我国货币政策并未遵循线性的泰勒规则过程，呈现某种较为明显的时变特征。鉴于此，本章放宽常系数的线性泰勒规则模型，构建了产出缺口、通胀率和名义利率的时变参数结构向量自回归（TVP - SVAR）模型，进一步通过运用 MCMC 方法估计 TVP - VAR - SV 模型并反推实现时变泰勒规则参数的估计研究考察了我国 1985 年第一季度至 2015 年第三季度样本期内的时变参数泰勒规则和货币政策传导效应，旨在回答近年来我国货币政策时变泰勒规则在盯住通胀和产出偏好的政策取向。

通过对时变参数泰勒规则的实证分析，我们得到三个主要结论。其一，与传统“常系数模型”估计得到的不稳定政策规则相比，时变参数模型的利率平滑参数相对较小，也正好能够捕捉我国货币政策大体上正逐渐朝“规则型”转变，利率规则也逐步转向调控产出缺口和通胀目标。其二，我国货币政策具有明显的盯住产出缺口和通胀特征，符合短期利率调整的泰勒规则，即在保持实际短期利率稳定和中性政策立场前提下，当产出缺口为正（负）和通胀率超过（低于）目标值时，应提高（降低）名义利率。其中，通胀和产出缺口冲击均导致名义利率短期增加，但长期上该影响效应逐渐消失，呈现出先升后降的“驼峰状”；利率冲击短期上能降低通胀和产出缺口，但长期上该影响效应也趋于零，呈显著“*J* 曲线”状，这也表明长期上货币政策是中性的。此外，产出缺口增加对我国通货膨胀的影响有拉动效应，但这种效应正呈递增趋势。其三，我国长期均衡利率和利率惯性均呈显著的下降态势；同时我国货币政策具有明显盯住产出缺口和通胀目标的时变特征，而且近年来均处于顺周期。其中，盯住产出缺口参数相对较为稳定，大约为 0.483，且 2000 年以来间总体上呈稳定下降态势；而盯住通胀目标参数则随通胀率变化呈现显著的适时调整过程，大约在 0.422 与 0.659 之间，且 2006—2014 年呈显著增长趋势；这也进一步表明我国货币政策正向“规则型”转变。

基于以上的研究结论，我们提出如下三点启示。第一，我国货币政策存在较强的盯住通胀和产出缺口目标，而且盯住前者尤为明显，反映货币政策取向具有明显治理通胀偏好。第二，虽然近年来盯住通胀和产出缺口参数呈增长态势，但盯住产出缺口目标参数已从 2015 年第一季度的 1.398 显著下降至 2015 年第三季度的 0.928，可见我国货币政策有掉入逆经济周期的潜在风险，依靠货币政策刺激经济较快发展的操作空间也随之变小。第三，时变参数模型的估计结果显示，搜集和统计分析我国宏观经济的实时数据，在模型估计中进一步测度出货币政策的实时工具目标，将显得十分重要。特别是，实时预警系统构建和货币政策时变目标的实时估计，也能够为央行货币政策制定和时变目标调整提供重要的决策依据。

附　录

第一，基于联立方程的时变参数泰勒规则求解过程。

由式（2－10）可得 TVP－VAR 估计方程：

$$\begin{cases} i_t = \hat{A}_{11,t} + \hat{B}_{11,t} i_{t-1} + \hat{B}_{12,t} y_{t-1} + \hat{B}_{13,t} \pi_{t-1} + \hat{u}_{11,t} & ① \\ y_t = \hat{A}_{21,t} + \hat{B}_{21,t} i_{t-1} + \hat{B}_{22,t} y_{t-1} + \hat{B}_{23,t} \pi_{t-1} + \hat{u}_{21,t} & ② \\ \pi_t = \hat{A}_{31,t} + \hat{B}_{31,t} i_{t-1} + \hat{B}_{32,t} y_{t-1} + \hat{B}_{33,t} \pi_{t-1} + \hat{u}_{31,t} & ③ \end{cases}$$

联立②和③式可得 TVP－SVAR 方程：

$$\frac{1}{\hat{B}_{22,t}} y_t - \frac{1}{\hat{B}_{32,t}} \pi_t = \frac{\hat{A}_{21,t}}{\hat{B}_{22,t}} - \frac{\hat{A}_{31,t}}{\hat{B}_{32,t}} + \left(\frac{\hat{B}_{23,t}}{\hat{B}_{22,t}} - \frac{\hat{B}_{33,t}}{\hat{B}_{32,t}}\right) \pi_{t-1} + \left(\frac{\hat{B}_{21,t}}{\hat{B}_{22,t}} - \frac{\hat{B}_{31,t}}{\hat{B}_{32,t}}\right) i_{t-1} + \frac{1}{\hat{B}_{22,t}} \hat{u}_{21,t} - \frac{1}{\hat{B}_{32,t}} \hat{u}_{31,t} \quad ④$$

$$\frac{1}{\hat{B}_{23,t}} y_t - \frac{1}{\hat{B}_{33,t}} \pi_t = \frac{\hat{A}_{21,t}}{\hat{B}_{23,t}} - \frac{\hat{A}_{31,t}}{\hat{B}_{33,t}} + \left(\frac{\hat{B}_{22,t}}{\hat{B}_{23,t}} - \frac{\hat{B}_{32,t}}{\hat{B}_{33,t}}\right) y_{t-1} + \left(\frac{\hat{B}_{21,t}}{\hat{B}_{23,t}} - \frac{\hat{B}_{31,t}}{\hat{B}_{33,t}}\right) i_{t-1} + \frac{1}{\hat{B}_{23,t}} \hat{u}_{21,t} - \frac{1}{\hat{B}_{33,t}} \hat{u}_{31,t} \quad ⑤$$

将④和⑤式代入①式，可得 TVP－SVAR 方程：

$$i_t = \hat{A}_{11,t} + \frac{\hat{B}_{12,t}\begin{vmatrix}\hat{A}_{21,t} & \hat{B}_{23,t}\\ \hat{A}_{31,t} & \hat{B}_{33,t}\end{vmatrix} - \hat{B}_{13,t}\begin{vmatrix}\hat{A}_{21,t} & \hat{B}_{22,t}\\ \hat{A}_{31,t} & \hat{B}_{32,t}\end{vmatrix}}{\begin{vmatrix}\hat{B}_{23,t} & \hat{B}_{22,t}\\ \hat{B}_{33,t} & \hat{B}_{32,t}\end{vmatrix}} + \frac{\begin{vmatrix}\hat{B}_{12,t} & \hat{B}_{22,t}\\ \hat{B}_{13,t} & \hat{B}_{23,t}\end{vmatrix}}{\begin{vmatrix}\hat{B}_{32,t} & \hat{B}_{22,t}\\ \hat{B}_{33,t} & \hat{B}_{23,t}\end{vmatrix}}\pi_t +$$

$$\frac{\begin{vmatrix}\hat{B}_{13,t} & \hat{B}_{33,t}\\ \hat{B}_{12,t} & \hat{B}_{32,t}\end{vmatrix}}{\begin{vmatrix}\hat{B}_{23,t} & \hat{B}_{33,t}\\ \hat{B}_{22,t} & \hat{B}_{32,t}\end{vmatrix}}y_t + \left(\hat{B}_{11,t} + \frac{\hat{B}_{12,t}\begin{vmatrix}\hat{B}_{21,t} & \hat{B}_{23,t}\\ \hat{B}_{31,t} & \hat{B}_{33,t}\end{vmatrix} - \hat{B}_{13,t}\begin{vmatrix}\hat{B}_{21,t} & \hat{B}_{22,t}\\ \hat{B}_{31,t} & \hat{B}_{32,t}\end{vmatrix}}{\begin{vmatrix}\hat{B}_{23,t} & \hat{B}_{22,t}\\ \hat{B}_{33,t} & \hat{B}_{32,t}\end{vmatrix}}\right)i_{t-1} + \hat{\varsigma}_{1t} \quad ⑥$$

其中，$\hat{\varsigma}_{1t} = \frac{\begin{vmatrix}\hat{B}_{13,t} & \hat{B}_{33,t}\\ \hat{B}_{12,t} & \hat{B}_{32,t}\end{vmatrix}\hat{u}_{21,t} + \begin{vmatrix}\hat{B}_{12,t} & \hat{B}_{22,t}\\ \hat{B}_{13,t} & \hat{B}_{23,t}\end{vmatrix}\hat{u}_{31,t}}{\begin{vmatrix}\hat{B}_{23,t} & \hat{B}_{22,t}\\ \hat{B}_{33,t} & \hat{B}_{32,t}\end{vmatrix}} + \hat{u}_{11,t}$，改写上式即可得到式（2－15）。

同理，可得 TVP－SVAR 方程组：

$$y_t = \hat{A}_{21,t} + \frac{\hat{B}_{21,t}\begin{vmatrix}\hat{A}_{11,t} & \hat{B}_{13,t}\\ \hat{A}_{31,t} & \hat{B}_{33,t}\end{vmatrix} - \hat{B}_{23,t}\begin{vmatrix}\hat{A}_{11,t} & \hat{B}_{11,t}\\ \hat{A}_{31,t} & \hat{B}_{31,t}\end{vmatrix}}{\begin{vmatrix}\hat{B}_{11,t} & \hat{B}_{31,t}\\ \hat{B}_{13,t} & \hat{B}_{33,t}\end{vmatrix}} + \frac{\begin{vmatrix}\hat{B}_{21,t} & \hat{B}_{23,t}\\ \hat{B}_{31,t} & \hat{B}_{33,t}\end{vmatrix}}{\begin{vmatrix}\hat{B}_{11,t} & \hat{B}_{31,t}\\ \hat{B}_{13,t} & \hat{B}_{33,t}\end{vmatrix}}i_t +$$

$$\frac{\begin{vmatrix}\hat{B}_{11,t} & \hat{B}_{21,t}\\ \hat{B}_{13,t} & \hat{B}_{23,t}\end{vmatrix}}{\begin{vmatrix}\hat{B}_{11,t} & \hat{B}_{31,t}\\ \hat{B}_{13,t} & \hat{B}_{33,t}\end{vmatrix}}\pi_t + \left(\hat{B}_{22,t} + \frac{\hat{B}_{21,t}\begin{vmatrix}\hat{B}_{12,t} & \hat{B}_{32,t}\\ \hat{B}_{13,t} & \hat{B}_{33,t}\end{vmatrix} - \hat{B}_{23,t}\begin{vmatrix}\hat{B}_{12,t} & \hat{B}_{32,t}\\ \hat{B}_{11,t} & \hat{B}_{31,t}\end{vmatrix}}{\begin{vmatrix}\hat{B}_{11,t} & \hat{B}_{31,t}\\ \hat{B}_{13,t} & \hat{B}_{33,t}\end{vmatrix}}\right)y_{t-1} + \hat{\varsigma}_{2t} \text{ ⑦}$$

$$\pi_t = \hat{A}_{31,t} + \frac{\hat{B}_{32,t}\begin{vmatrix}\hat{A}_{11,t} & \hat{B}_{11,t}\\ \hat{A}_{21,t} & \hat{B}_{21,t}\end{vmatrix} - \hat{B}_{31,t}\begin{vmatrix}\hat{A}_{11,t} & \hat{B}_{12,t}\\ \hat{A}_{21,t} & \hat{B}_{22,t}\end{vmatrix}}{\begin{vmatrix}\hat{B}_{11,t} & \hat{B}_{21,t}\\ \hat{B}_{12,t} & \hat{B}_{22,t}\end{vmatrix}} + \frac{\begin{vmatrix}\hat{B}_{31,t} & \hat{B}_{21,t}\\ \hat{B}_{32,t} & \hat{B}_{22,t}\end{vmatrix}}{\begin{vmatrix}\hat{B}_{11,t} & \hat{B}_{21,t}\\ \hat{B}_{12,t} & \hat{B}_{22,t}\end{vmatrix}}i_t +$$

$$\frac{\begin{vmatrix}\hat{B}_{11,t} & \hat{B}_{31,t}\\ \hat{B}_{12,t} & \hat{B}_{32,t}\end{vmatrix}}{\begin{vmatrix}\hat{B}_{11,t} & \hat{B}_{21,t}\\ \hat{B}_{12,t} & \hat{B}_{22,t}\end{vmatrix}}y_t + \left(\hat{B}_{33,t} + \frac{\hat{B}_{32,t}\begin{vmatrix}\hat{B}_{13,t} & \hat{B}_{23,t}\\ \hat{B}_{11,t} & \hat{B}_{21,t}\end{vmatrix} - \hat{B}_{31,t}\begin{vmatrix}\hat{B}_{13,t} & \hat{B}_{23,t}\\ \hat{B}_{12,t} & \hat{B}_{22,t}\end{vmatrix}}{\begin{vmatrix}\hat{B}_{11,t} & \hat{B}_{21,t}\\ \hat{B}_{12,t} & \hat{B}_{22,t}\end{vmatrix}}\right)\pi_{t-1} + \hat{\varsigma}_{3t} \text{ ⑧}$$

其中，$\hat{\varsigma}_{2t} = \dfrac{\begin{vmatrix}\hat{B}_{23,t} & \hat{B}_{33,t}\\ \hat{B}_{21,t} & \hat{B}_{31,t}\end{vmatrix}\hat{u}_{11,t} + \begin{vmatrix}\hat{B}_{13,t} & \hat{B}_{23,t}\\ \hat{B}_{11,t} & \hat{B}_{21,t}\end{vmatrix}\hat{u}_{31,t}}{\begin{vmatrix}\hat{B}_{11,t} & \hat{B}_{31,t}\\ \hat{B}_{13,t} & \hat{B}_{33,t}\end{vmatrix}} + \hat{u}_{22,t}$；

$$\hat{\varsigma}_{3t} = \frac{\begin{vmatrix}\hat{B}_{21,t} & \hat{B}_{22,t}\\ \hat{B}_{31,t} & \hat{B}_{32,t}\end{vmatrix}\hat{u}_{11,t} + \begin{vmatrix}\hat{B}_{12,t} & \hat{B}_{32,t}\\ \hat{B}_{11,t} & \hat{B}_{31,t}\end{vmatrix}\hat{u}_{21,t}}{\begin{vmatrix}\hat{B}_{11,t} & \hat{B}_{21,t}\\ \hat{B}_{12,t} & \hat{B}_{22,t}\end{vmatrix}} + \hat{u}_{31,t}\text{。}$$

第二，菲利普斯曲线方程和总需求方程的时变参数值估计结果。

菲利普斯曲线

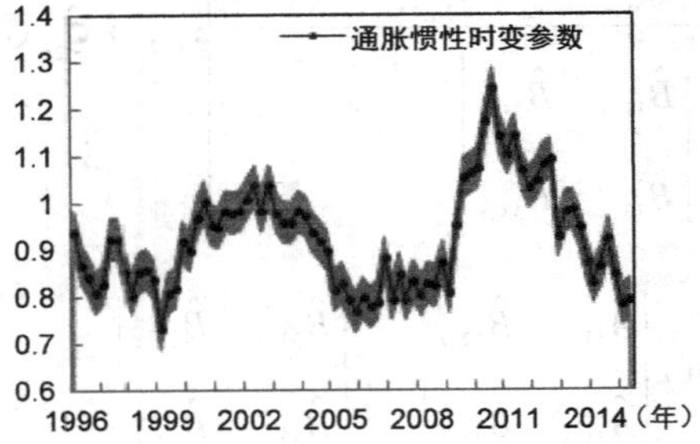

附图 2－1　时变系数 $\hat{\beta}_{1,t}$

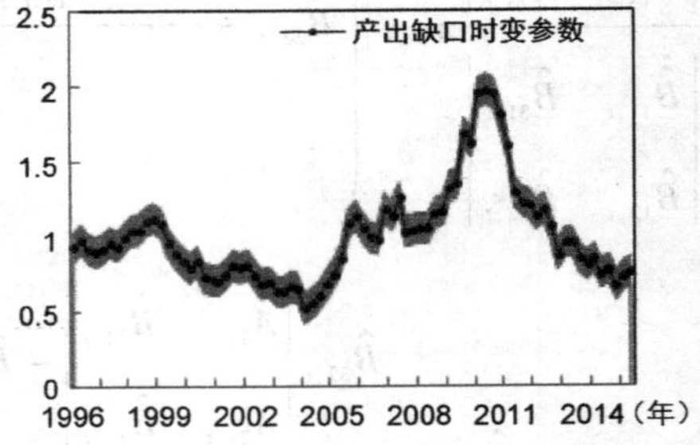

附图 2－2　时变系数 $\hat{\beta}_{2,t}$

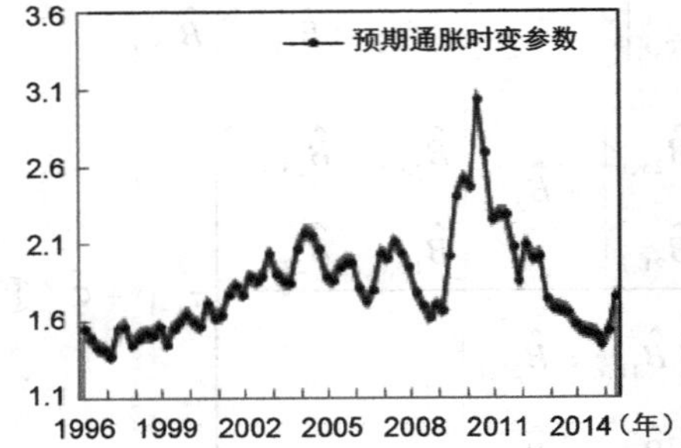

附图 2－3　时变系数 $\hat{\beta}_{3,t}$

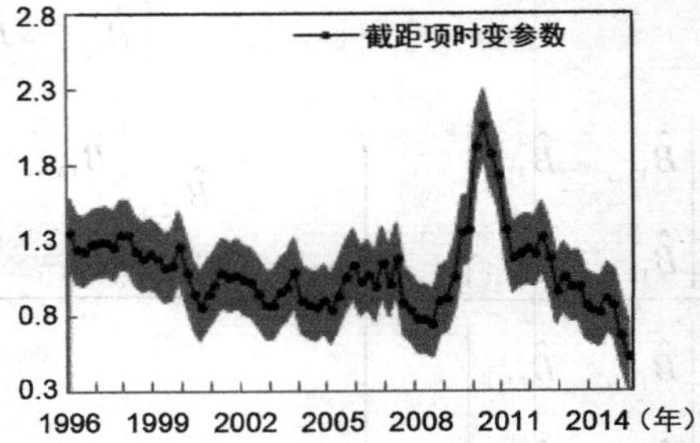

附图 2－4　时变系数 $\hat{\beta}_{0,t}$

总需求方程

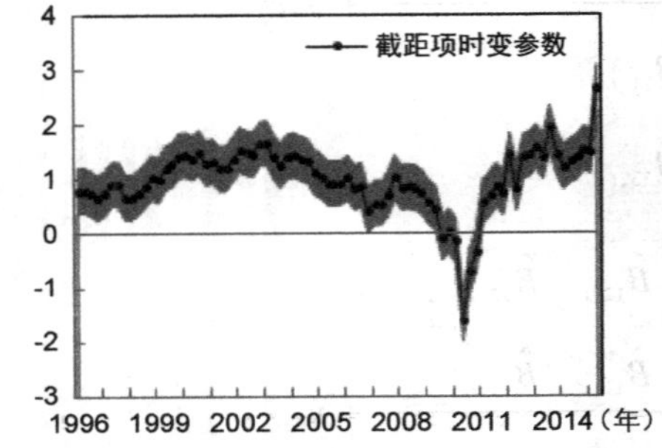

附图 2－5　时变系数 $\hat{\alpha}_{0,t}$

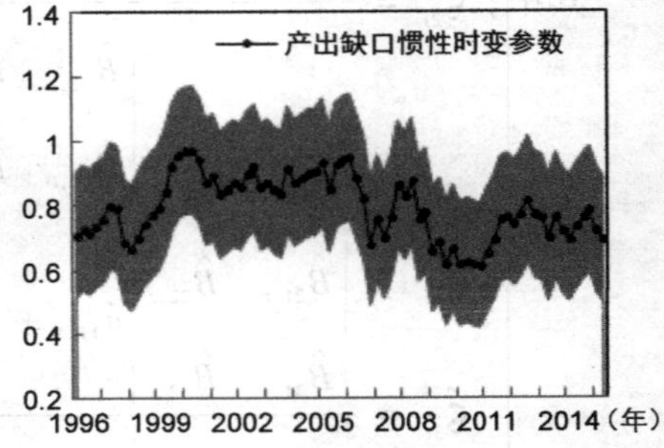

附图 2－6　时变系数 $\hat{\alpha}_{1,t}$

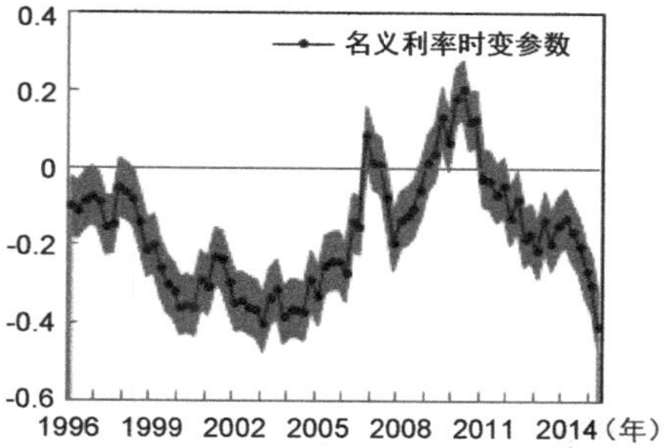

附图 2－7　时变系数 $\hat{\alpha}_{2,t}(i_t)$

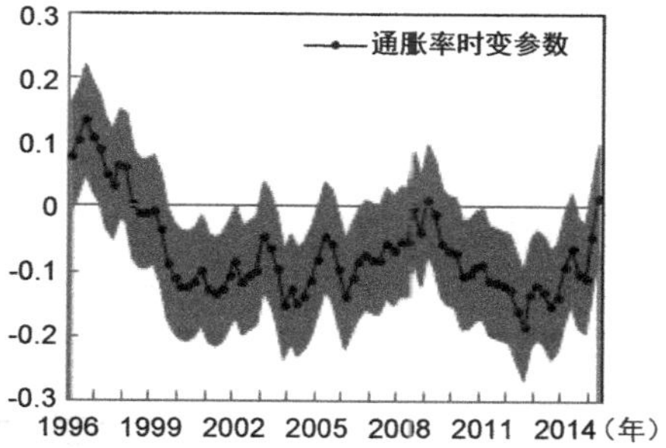

附图 2－8　时变系数 $\hat{\alpha}_{2,t}(\pi_t)$

第三章

中国央行非对称性偏好调控模式与实践①

引言：非对称性实现物价稳定和经济增长是央行调控宏观经济的普遍策略，也是政策当局调控宏观经济运行采取的基本方略之一。本章将在第二章时变参数泰勒规则基础上，拓展构建时变参数非对称泰勒规则，研究央行的货币政策取向是否具有非对称性偏好，即具有厌恶经济萧条或者厌恶经济过度繁荣，抑或厌恶高通胀或者是厌恶通缩，以此阐述长时期以来中国央行的非对称性偏好调控模式与实践，有助于为未来央行货币政策的制定与执行提供重要的决策参考依据。

第一节　央行非对称性偏好调控模式的理论背景

经济增长和物价稳定一直以来均是央行宏观调控的两个重要政策目

① 本章核心内容见于：陈创练、蒋海、单敬群，《中国货币政策的非对称性偏好调控模式及其演变研究》，《统计研究》2019 年第 7 期。

标，1995 年的《中华人民共和国中国人民银行法》明确我国货币政策的目标是“保持货币币值的稳定，并以此促进经济增长”的多目标制。利率是中央银行调控经济和物价的重要手段，从政策实践来看，长期以来的利率政策主要是以刺激经济增长为最终目标。例如，为进一步推进市场化法治化“债转股”，央行宣布加大对小微企业的支持力度，从 2018 年 7 月 5 日起，下调国有大型商业银行、股份制商业银行等人民币存款准备金率 0.5 个百分点。随着经济规模的持续扩大，传统货币政策的调控效果弱化，经济增速也受到了边际效应递减规律的制约，宏观经济增速从 2010 年的 10.64% 下滑至 2017 年的 6.9%。同时，CPI 同比增速由 2011 年的 5.39% 下降至 2015 年的 1.44%，在 2016 年上升 0.56% 后又下降至 2%[①]。这些新现象意味着利率、产出和物价等宏观经济变量间的关系会出现新变化，政府对经济增速和物价水平等宏观经济指标的量化预期也将有所调整，其宏观调控模式也将转变。由于经济增速和物价受货币政策调控影响显著，所以货币政策的特征成为国内外学者主要研究的对象之一。

货币政策非对称性偏好是对传统经典理论的重要拓展，亦是理解和识别央行政策制定依据的理论基础。在传统的货币政策理论中，央行对经济繁荣或衰退以及通胀或通缩具有一致的偏好，在通货膨胀和经济增长之间权衡抉择表现出相机抉择的货币政策取向，货币政策体现出多目标的特征（Shawn 和 Jeffrey，2006；王晋斌和李南，2013；王晋斌和刘婧蓉，2015）。Taylor（1993）早在 20 世纪 80 年代和 90 年代初期描述了美国的货币政策规则。但后来的研究（Clarida 等，1998；Svensson，1999；Shortland 和 Stasavage，2004；Ghatak 和 Moore，2011）进一步扩展了原始的线性泰勒规则，强调央行反应函数存在非线性特征（Komlan，2013；Caglayan 等，2016；Caporale 等，2018），可能由于非线性宏观经济关系（Robert - Nobay 和 Peel，2003；Dolado 等，2005）或由于政策制定者的不对称偏好或目标（Martin 和 Milas，2004；Surico，2007；Castro，2011；Ahmad，2016）。

货币政策的非对称性一方面表现在扩张性和紧缩性货币政策不对称。首先，有学者研究表明央行的货币政策在通货膨胀上存在显著的非对称性损失偏好。如 Ruge - Murcia（2001）、Nofaay 和 Peel（2003）、Ruge - Mur-

---

① 数据来源：同花顺 iFinD。

cia（2003）、Ikeda（2010）和 Scott（2016）以加拿大、美国、捷克等国家的中央银行为例证实了货币政策的非对称性的结论。Naraidoo 和 Rangan（2010）利用一个简单的经验非线性框架分析了在 1983—2007 年南非的货币政策，结论发现当通货膨胀远离目标时，利率的反应会更强烈。William 和 Samuel（2014）通过对四个拉丁美洲国家的货币政策进行量化回归，结果也表明所有国家都表现出非线性，且其中智利、墨西哥和波恩这三个国家随着通货膨胀程度加深，政策会系统性收紧。Kurmas（2015）、Tawadros（2016）也均发现央行对通货膨胀的反映非对称。在国内的研究中也有类似结论（赵进文和黄彦，2006），货币政策对通货膨胀的调整存在明显的惰性区域（张小宇和刘金全，2012），但刘金全、刘达禹、徐宁（2015）的研究否定了这一观点。张小宇和刘金全（2013）又发现货币当局针对通货膨胀缺口和产出缺口调整名义利率存在明显的门限效应，在经济收缩期，货币当局主要针对产出缺口调整名义利率，而在经济扩张期则主要针对通胀缺口调整名义利率。货币政策在产出或失业上也可能存在非对称损失偏好。如 Ruge - Murcia（2002、2003），Cukierman 和 Gerlach（2003）、Rodrigode 和 Portugal（2015）基于通货膨胀或产出缺口非线性的通胀率反应函数，发现一些国家支持非对称性目标的假设。Cassou 等（2012）也发现中央银行对产出缺口波动的不对称政策反应的证据。Zakir 和 Malik（2013）表明货币政策在高增长时期似乎没有反应，在低增长时期对产出有强烈影响，而且在经济处于低增长阶段时，紧缩的货币政策行动对产出的反应更强烈。Ruge - Murcia（2004）的研究发现，美国和法国央行在失业率上存在显著的非对称损失偏好，但英国和日本央行不存在这种非对称损失偏好。此外，也有研究表明央行对利率政策的调整也具有非对称性的偏好。Taylor（1993）提出了泰勒规则，短期利率对通货膨胀和产出缺口的反应一般存在明显的平滑行为。泰勒规则中考虑利率平滑的设定在国外研究中普遍存在（Amato 和 Laubach，1999；Clarida 等，2000；Rudebusch，2002；Dennis，2006；Castelnuovo，2007；Olivier 和 Yuriy，2012；Ghulam 和 Malik，2017），央行损失函数中考虑利率平滑能体现央行对利率平滑的非对称偏好，Florio（2009）研究分析发现防通胀时期央行对利率下调比利率上调更谨慎，在价格稳定时期存在相反的惯性操作。Cukierman 和 Mus-catel li（2003），Martin 和 Milas（2004）相继利用一些国际上的证据支持了利率规则的非线性特征。在我国的相关研究中，如熊海芳和王志强（2013）也经验研究发现我国泰勒规则中存在很明显的利率平滑行为。最后，还有些研究表明央行货币政策的非对称损失偏好具有时变反映特征（Boivin，2006；Kim 等，2006；Zhu 和 Chen，2017）。Martin 等（2004）和 Petersen（2009）采用非线性平滑迁移回归模型估计英国中央银行的泰勒规则，发现其货币政策非线性调整的特征，但并未给出非线性模型的有效性检验。Cukierman 和 Muscatelli（2007）、Florio（2009）研究表明在通胀时期央行对通胀存在非对称损失偏好，而在物价稳定时期则显示对产出缺口的非对称损失偏好。刘达禹、刘金全和赵婷婷（2017）采用 LT - TVP - VAR 模型对新凯恩斯理性预期框架下的时变系数货币政策规则进行再估计，结果发现货币当局根据经济周期更迭进行的政策规则调整具有明显的渐变性特征。

货币政策的非对称性另一方面表现为货币政策在不同经济周期下非对称，各国货币当局通常会根据经济周期的更替改变政策的松紧力度（Nobay 和 Peel，2003；Santoro 等，2014）。货币当局所面临的损失函数在经济扩张与经济收缩时期可能不同，货币当局在经济收缩期面临因经济衰退和就业率降低等带来的政治压力会进而影响货币政策的制订和执行（Gerlach，2000；Nobay 和 Peel，2003；Cukierman 和 Gerlach，2003）。Furceri 等（2018）基于 32 个发达国家和新兴市场国家在 1990—2013 年的数据，发现紧缩的货币政策冲击对收入不平等的影响是不对称的：收紧政策带来的不平等程度大于宽松政策的效果，而且这取决于商业周期的状态。通过对欧元区七国货币供给冲击的研究和对美联储的货币政策规则的门限效应检验，Rabanal（2004）发现美联储对名义利率的调控在经济收缩期主要针对实际产出调整。Bec 等（2002）、Orphanides（2004）、Taylor（2009）的研究也均发现在经济紧缩期，利率对通货膨胀的调整力度减弱，货币当局的利率调控将会向产出缺口倾斜。Chesang 和 Naraidoo（2016）发现南非货币当局似乎对商业周期衰退的厌恶大于扩张，因此更热衷于避免衰退而非扩张。Liu 等（2018）使用多重门槛模型发现中国和美国的货币当局在经济周期的不同阶段有着明显的不对称偏好。名义利率调整更有可能被用于抑制扩张期间的通货膨胀，以及在紧缩期间刺激产出增长。国内的经验研究中亦有类似的结论，如张小宇和刘金全（2013）发现在经济周期的不同阶段，实际产出和通货膨胀对货币政策的反应存在明显的非对称性。在经济扩张期，紧缩性的货币政策对实际产出和通货膨胀的抑制效应高于在经济收缩期扩张性货币政策对实际产出和通货膨胀的拉动效应。

尽管上述学者对我国的非线性货币政策规则进行检验，但并未考察货币政策的时变非对称偏好取向及其政策效应。长期以来，我国实际经济增速远高于经济增长目标，但通胀率却远低于通胀目标，为解释该现象以及探索央行货币政策对物价稳定和经济增长的时变非对称性偏好和政策效果，本章将构建非对称性偏好取向常系数和时变参数模型，并选取1996—2017年产出缺口、通胀率和名义利率季度数据进行经验分析。本章贡献主要体现在如下三个方面。第一，基于非对称性福利损失函数，本章在常系数模型中推导得到央行非对称性偏好取向的模型框架，并基于GMM方法消除内生性对模型估计的影响，以此为基础对我国央行的货币政策取向展开测度。第二，在充分考虑常系数模型缺陷基础上，本章基于时变参数向量自回归模型，拓展包括了各内生变量，并采用TVP-VAR模型估计逆推得到央行货币政策时变政策取向参数和时变非对称性偏好模型框架，该理论模型不仅能够有效通过消除变量之间相互反馈和相互影响内生关系对变量估计影响的历史难题，而且也能够更为有效地捕捉货币政策规则时变结构性转换或渐进时变演变特征，特别是，时变参数变化还能够很好地刻画货币政策应对宏观经济形势的政策取向。第三，构建时变参数政策取向、时变非对称性偏好、时变福利损失函数和区制脉冲响应函数等多种方法，在时变和分区制的角度下识别和估计央行锚定通胀目标和经济增速缺口的政策取向，以期为未来央行货币政策的制定与执行提供重要的决策参考依据。

第二节　央行非对称性偏好取向的理论模型及检验

一、央行非对称性偏好取向的理论模型

本章借鉴Surico（2007）的研究，采用Linex损失方程设定为央行更一

般化的主观效用函数，并基于此推导得到央行非对称性偏好取向的理论模型框架，其中，央行的非对称性偏好不仅存在于锚定通胀目标（π^*），亦取决于产出缺口目标的政策取向。故此，设定央行非对称性偏好损失函数为：

$$L_t = E_{t-1}\left\{\begin{array}{l}\omega_\pi\left[\dfrac{e^{\phi(\pi_t-\pi^*)}-\phi(\pi_t-\pi^*)-1}{\phi^2}\right]+\left[\dfrac{e^{\varphi y_t}-\varphi y_t-1}{\varphi^2}\right]+\\ \dfrac{\omega_{\Delta i}}{2}(i_t-i_{t-1})^2+\dfrac{\omega_{i^*}}{2}(i_t-i^*)^2\end{array}\right\}$$

（式 3 - 1）

其中，i_t、π_t 和 y_t 分别表示名义利率、通胀率和产出缺口，ω_π、$\omega_{\Delta i}$ 和 ω_{i^*} 分别表示锚定通胀目标、利率平滑目标和目标利率的偏好取向权重，ω_π 和 ω_{i^*} 越大则分别表示央行越厌恶通胀偏离目标和利率目标，$\omega_{\Delta i}$ 越小则表示央行越倾向于平衡利率目标。ϕ 和 φ 分别刻画央行锚定通胀目标和产出缺口目标的非对称性偏好政策取向，如果这两个参数为正，则由于损失函数 $L_t(\pi_t > 0,\phi) > L_t(\pi_t < 0,\phi)$ 且 $L_t(y_t > 0,\varphi) > L_t(y_t < 0,\varphi)$，可见央行更加厌恶通胀和经济扩张；如果两个参数 ϕ 和 φ 均为负，则 $L_t(\pi_t > 0,\phi) < L_t(\pi_t < 0,\phi)$ 且 $L_t(y_t > 0,\varphi) < L_t(y_t < 0,\varphi)$，可见央行更为厌恶通缩和规避经济衰退。特别是，当 $\phi = \varphi = 0$，央行不存在非对称性偏好，则模型退化为传统的经典线性框架。

对于式（3 - 1）中涉及的通胀和产出缺口变量，我们借鉴 Clarida 等（1999）理论模型，设定总需求产出缺口函数为：

$$y_t = \theta_0 + \theta_1 y_{t-1} - \theta_2(i_t - \pi_t) + \varepsilon_t \qquad \text{（式 3 - 2）}$$

其中，参数 θ_1 表示产出缺口的惯性；参数 $\theta_2 > 0$ 意味着当实际利率上升，则伴随着投资下降和产出下滑；ε_t 为产出缺口的其他随机冲击因素。

对于通胀方程，借鉴 Nobay 和 Peel（2000）的设定，引入非线性总供给曲线，设定非线性的菲利普斯曲线（nonlinear Phillips Curve）为：

$$\pi_t = \vartheta_0 + \vartheta_1\pi_{t-1} + \frac{\kappa y_t}{1-\kappa\lambda y_t} + \upsilon_t \qquad \text{（式 3 - 3）}$$

其中，ϑ_1 为通胀平滑参数，参数 λ 刻画了菲利普斯曲线的非线性特征，因为菜单成本、价格和工资黏性以及产能约束等均可能导致菲利普斯呈非线性调整，特别是，通胀越大，菲利普斯曲线的斜率越大（Schaling，2004）。当 $\lambda = 0$ 则式（3 - 2）退化为传统线性菲利普斯曲线。υ_t 为通胀的其他随机冲击因素。

将式（3－2）和式（3－3）代入式（3－1），并对每一期的利率（i_t）求一阶偏导等于零，可得静态条件：

$$-E_{t-1}\left[\frac{e^{\phi(\pi_t-\pi^*)}-1}{\phi}\frac{\kappa\theta\omega_\pi}{(1-\kappa\lambda y_t)^2}\right]-E_{t-1}\left[\theta\frac{e^{\varphi y_t}-1}{\varphi}\right]+\omega_{\Delta i}(i_t-i_{t-1})+$$

$$\omega_{i^*}(i_t-i^*)=0 \qquad \text{（式 3－4）}$$

将式（3－4）非线性方程在 $\phi=\varphi=\lambda=0$ 处作二阶泰勒展开，并改写可得嵌入央行非对称性偏好的货币政策规则形式为①：

$$i_t=\rho i_{t-1}+(1-\rho)(i^{*'}+\beta_1 y_t+\beta_2\pi_t+\beta_3 y_t^2+\beta_4\pi_t^2+\beta_5 y_t\pi_t)+u_t \qquad \text{（式 3－5）}$$

其中，$\rho=\frac{\omega_{\Delta i}}{\omega_{\Delta i}+\omega_{i^*}}$，$\beta_1=\frac{1-2\omega_\pi\kappa^2\lambda\pi^*}{\omega_{\Delta i}}\theta$，$\beta_2=\frac{\omega_\pi\kappa\theta(1-\phi\pi^*)}{\omega_{\Delta i}}$，$\beta_3=\frac{\theta\varphi}{2\omega_{\Delta i}}$，$\beta_4=\frac{\omega_\pi\kappa\theta\phi}{2\omega_{\Delta i}}$，$\beta_5=\frac{2\omega_\pi\kappa^2\lambda\theta}{\omega_{\Delta i}}$，$i^{*'}=i^*-\frac{\omega_\pi\kappa\theta\pi^*}{\omega_{\Delta i}}+\frac{\omega_\pi\kappa\theta\phi(\pi^*)^2}{2\omega_{\Delta i}}$，$u_t=-(1-\rho)[\beta_1(y_t-E_{t-1}y_t)+\beta_2(\pi_t-E_{t-1}\pi_t)+\beta_3(y_t^2-E_{t-1}y_t^2)+\beta_4(\pi_t^2-E_{t-1}\pi_t^2)+\beta_5(y_t\pi_t-E_{t-1}y_t\pi_t)]+(1-\rho)o_t/\omega_{\Delta i}$，$o_t$ 表示等价无穷小。

联立各参数 $\beta_i(i=1,2,3,4,5)$，我们可以推导得到央行非对称性偏好参数②：

锚定产出缺口的非对称性偏好参数 $\varphi=\frac{2\beta_3}{\beta_1+\beta_5\pi^*}$ （式 3－6）

锚定通胀目标的非对称性偏好参数 $\phi=\frac{2\beta_4}{\beta_2+2\beta_4\pi^*}$ （式 3－7）

由上述可知，残差 u_t 是变量预测误差的组合，故此式（3－5）存在较强的内生性。鉴于此，我们采用 GMM 方法对其展开识别，通过工具变量的选取消除内生性对央行泰勒规则参数估计的影响，并由此核算估计得到央行锚定通胀和产出缺口目标的非对称性偏好参数，基于此，我们可以断定央行非对称性偏好的政策取向。与现有研究不同（如 Ikeda，2010；赵进

① 详见附录证明。

② 详见附录证明。在实际估计过程中，我们整理《国民经济和社会发展计划执行情况与国民经济和社会发展计划草案的报告》，得到 1996—2017 年各年的通胀目标值（详见附录），并由此求出均值为 3.741 作为通胀目标 π^* 估计值。

文和黄彦，2006；刘金全等，2015；王晋斌和刘婧蓉，2015）的是，在本章模型框架内通胀直接进入货币政策规则方程，而非通胀缺口，这样设定的好处在于我们可以通过待估系数 β_2 的具体数值直接给出货币政策规则决策，即通胀每上涨一个百分点，短期名义利率需增加个 β_2 百分点予以应对[①]。故此，从参数估计值即可为未来货币政策的具体操作和政策制定与执行提供重要的决策依据。

二、数据来源及说明

选取产出缺口、通胀率和名义利季度数据展开建模分析，样本时间跨度为1996年第一季度至2017年第四季度。各指标的选取和说明如下。

名义利率。货币政策以名义利率规则作为代表变量，它是衡量资本市场资金成本的重要价格变量，故此国内外许多研究均采用同业拆借利率（LIBOR）作为货币政策规则的替代变量。考虑到我国在1996年起才实现全国联网的同业拆借利率市场，故此本章选取1996年至今的样本数据，资料数据来源于《中国人民银行统计季报》各期。

产出缺口。考虑到本章研究的主题是经济增长目标和通胀目标下央行的货币政策行为，我们选取经济增速缺口，即实际经济增速与经济增长目标缺口作为产出缺口的替代变量。其中，如果经济增速缺口大于零意味着经济处于扩张时期，反之，一旦经济增速缺口小于零，则表明经济处于收缩时期，央行面临保增长的政策压力大。实际经济增速数据来源于国家统计局，而依据各年《国民经济和社会发展计划执行情况与国民经济和社会发展计划草案的报告》，可收集得到1996—2017年我国的经济增速目标。

通胀率。它是衡量物价水平变动的重要变量，由于《中国经济景气月报》和《中国统计月报》公布的消费者价格指数只有月度同比数据，我们采用三项移动平均计算得到各季度的CPI数据，并根据公式 π_t = 季度CPI − 100计算得到各季度通胀率。

三、带结构突变的单位根检验

传统单位根检验（ADF和PP）易把结构性突变的平稳序列误判为单

① 在传统以通胀缺口进入模型的估计框架中，我们只能得到结论：通胀缺口（通胀减去通胀目标）每上涨一个百分点，泰勒规则名义利率应该提高多少个百分点。

位根变量，为此，本章基于（Perron，2006；Carrion 等，2009）的结构突变单位根（断点单位根）检验对各变量做平稳性检验。同时，我们考虑了附加异常值（AO）和新息异常值（IO）两种突变模型，其中，AO 模型是基于瞬间突变，而 IO 模型则是基于渐进演变过程中状态切换的突变。包含水平和斜率双突变的两类模型如下。

AO 模型：$X_t = \mu + \gamma_1 T + \gamma_2 DU_t + \gamma_3 DT_t + \varepsilon_t$ （式 3 - 8）

其中，$DU_t = \begin{cases} 0, T \leqslant T_B \\ 1, T > T_B \end{cases}$，$DT_t = \begin{cases} 0, T \leqslant T_B \\ T - T_B, T > T_B \end{cases}$，扰动项满足 $\varepsilon_t = \kappa\varepsilon_{t-1} + \iota_t$，$\iota_t$ 为白噪声序列。

IO 模型：$X_t = X_{t-1} + \mu^* + c(L)(\gamma_2^* DU_t + \gamma_3^* D(T_B)_t + \varepsilon_t)$ （式 3 - 9）

其中，T 表示时间趋势项，当 $T = T_B + 1$ 时，$D(T_B)_t = 1$，其他时刻为零。对于 AO 模型做单位根检验采取两步走法，即第一步对式（3 - 8）采取普通最小二乘法做退势处理，得到残差序列 $\{\widetilde{X}_t\}$；第二步对残差序列做单位根检验，检验模型为：

$$\widetilde{X}_t = b_1 \widetilde{X}_{t-1} + \sum_{i=0}^{l} b_i D(T_B)_{t-i} + \sum_{i=1}^{l} \vartheta_i \Delta \widetilde{X}_{t-i} + \widetilde{\varepsilon}_t \quad \text{（式 3 - 10）}$$

对于 IO 模型，单位根检验模型如下：

$$\Delta X_t = b_0^* + b_1^* X_{t-1} + b_2^* T + b_3^* DU_t + b_4^* DT_t + b_5^* D(T_B)_t + \sum_{i=1}^{l} \vartheta_i^* \Delta X_{t-i} + \widetilde{\varepsilon}_t^* \quad \text{（式 3 - 11）}$$

与 Carrion 等（2009）相一致，我们将式（3 - 10）和式（3 - 11）残差平方和最小的估计作为突变时点。此时，模型检验原假设为 $H_0: b_1 = 0$ 或 $H_0: b_1^* = 0$，即模型存在单位根；反之备择假设为 $H_1: b_1 < 0$ 或 $H_1: b_1^* < 0$，此时数据是具有断点的平稳序列。

表 3 - 1 报告了传统单位根检验以及 AO 模型和 IO 模型的内生结构性突变单位根检验结果，由检验结果可知，除经济增速缺口的 ADF 检验不显著外，其他检验结果，不论是传统 ADF 或 PP 检验，还是考虑内生结构性断点 AO 模型和 IO 模型的单位根检验，均显著拒绝存在单位根的原假设，表明六个变量是平稳序列，为此，在后文中我们采取常系数模型和时变参数模型对利率、通胀、经济增速缺口、通胀平方项、经济增速缺口平方项以及通胀与经济增速缺口乘积项之间的动态关系展开实证检验是可行的。

表 3－1　单位根检验

变量	ADF 检验	PP 检验	断点单位根检验：AO 模型			断点单位根检验：IO 模型		
			断点时刻	估计值	T 统计量	断点时刻	估计值	T 统计量
i_t	－3.3900 **	－3.4164 **	2001Q1	－0.2915	－3.5998 ***	2010Q2	－0.2460	－4.0205 ***
y_t	－2.5139	－2.6227 *	2008Q1	－0.4569	－4.6637 ***	2002Q3	－0.2351	－3.1004 ***
π_t	－3.1722 **	－3.4680 **	2003Q2	－0.1981	－3.0639 ***	2003Q2	－0.4011	－5.1455 ***
y_t^2	－2.6787 *	－2.7331 *	2008Q1	－0.4496	－4.6304 ***	2009Q4	－0.4037	－3.3673 ***
π_t^2	－5.6680 ***	－4.4633 ***	2007Q1	－0.2256	－3.1431 ***	2011Q2	－0.2385	－5.3629 ***
$y_t\pi_t$	－2.8975 **	－3.5985 ***	2003Q2	－0.2039	－2.8561 ***	2011Q3	－0.2861	－4.5165 ***

注：*、** 和 *** 分别表示在 1%、5% 和 10% 显著性水平拒绝存在单位根的原假设。

四、基于常系数模型的央行非对称性偏好取向估计结果

在上述单位根检验及变量平稳性基础上，接下来我们对理论模型式（3－5）的央行非对称性偏好取向展开识别。鉴于该式中存在较强的内生性问题，我们选取截距项和模型解释变量滞后 1 期至 6 期作为工具变量的 GMM 方法予以处理，同时，基于异方差和自相关一致性权重矩阵（Heteroskedasticity and Autocorrelation Consistent（HAC）Weighting Matrix）修正得到参数的稳健标准误（见表 3－2）。

表 3－2　基于 GMM 的常系数央行非对称性偏好政策取向估计结果

变量	模型（1）		模型（2）		模型（3）		模型（4）	
	估计值	标准误	估计值	标准误	估计值	标准误	估计值	标准误
	线性模型		通胀目标非对称性		经济增长目标非对称性		双目标非对称性	
ρ	0.8745 ***	0.0269	0.8643 ***	0.0189	0.8641 ***	0.0217	0.8753 ***	0.0167
β_0	3.0598 ***	0.8619	2.0611 ***	0.6333	1.9532 ***	0.6126	1.8911 ***	0.5889
β_1	－0.2328	0.2410	0.3354	0.3228	0.7955 *	0.4591	1.0597 ***	0.3946
β_2	0.7224 ***	0.2483	0.7634 ***	0.2709	0.6854 ***	0.1950	0.8829 ***	0.2148
β_3					－0.1370 *	0.0797	－0.2403 ***	0.0846
β_4			0.0198	0.0459			－0.1004 *	0.0517
β_5			－0.1325	0.1005	－0.0288	0.0800	0.1196	0.1290

续表

变量	模型（1）		模型（2）		模型（3）		模型（4）	
	估计值	标准误	估计值	标准误	估计值	标准误	估计值	标准误
	线性模型		通胀目标非对称性		经济增长目标非对称性		双目标非对称性	
货币政策非对称性偏好参数及模型诊断结果								
ϕ			0.0434(0.4314)				-1.5228*(-1.9420)	
φ					-0.3985*(-1.7197)		-0.3189***(-2.8404)	
Hansen J	6.7622[0.5625]		13.8377[0.9502]		14.6637[0.9302]		15.6931[0.9788]	
D. W.	2.1145		2.1356		2.1459		2.1533	
调整 R^2	0.8846		0.8415		0.8448		0.8410	
货币政策非对称性偏好 Wald 检验结果								
原假设 H0	—		$\beta_4=\beta_5=0$		$\beta_3=\beta_5=0$		$\beta_3=\beta_4=\beta_5=0$	
F 统计量	—		0.8705 [0.4229]		2.3229 [0.1049]		4.8703 [0.0038]	
χ^2 统计量	—		1.7410 [0.4187]		4.6457 [0.0980]		14.6108 [0.0022]	

注：括号内为T统计量，中括号内为P值，工具变量包括截距和模型解释变量的滞后1至6期。*、*** 分别表示在1%和10%显著性水平拒绝原假设。

由 Hansen J统计量检验结果可知，四个模型对应的P值均无法拒绝工具变量不存在过度识别的原假设，故此，本章的工具变量的选取是合理和有效的；同时，四个模型的D. W. 统计量均接近于2，表明模型残差不存在自相关，估计结果是稳健可靠的。其中，在线性模型（1）中，参数 ρ 显著为0.8745，可见我国货币政策存在较强的平滑性特征，而且长期均衡利率为3.0598，这与现有的许多研究如郑挺国和刘金全（2010）以及陈创练等（2016）的研究结论接近；同时锚定经济增速缺口目标系数不显著（-0.2328），而锚定通胀目标的系数显著为0.7224，由此表明我国利率规则对通胀反应不足，但货币政策并未表现出较明显稳定经济增长速度的政策取向。在此基础上，我们分别进一步估计了央行表现出锚定通胀目标和经济增长目标非对称性，估计结果详见表3-2中的模型（2）和模型（3）。由货币政策非对称性偏好 Wald 检验可知，仅有在模型（3）中的 χ^2 统计量在10%显著性水平拒绝原假设 $\beta_3=\beta_5=0$，其他三个统计量的检验结果均不显著，表明央行货币政策仅存在锚定经济增速缺口目标的非对称性偏好。其中，平滑参数和均衡利率均与模型（1）估计结果基本一致，但锚定通胀和经济增速缺口目标参数均在不同程度上增大，特别是，锚定通胀的非对称偏好参数 ϕ 为 0.0434，同时锚定经济增速缺口的非对称偏好参数 φ 显著为 -0.3985，结合理论模型可知，我国央行货币政策表现出较强规避经济衰退的迹象，这与现有许多研究者，如郑挺国和郭辉铭（2011）的研究结论相一致。最后，我们还估计了模型（4），由 Wald 检验结果可知，F 统计量和 χ^2 统计量均在 1% 显著性水平拒绝原假设 $\beta_3 = \beta_4 = \beta_5 = 0$，表明央行货币政策对通胀和经济增速缺口两个政策目标均存在非对称偏好。这同时亦表明模型（4）均优于模型（1）、模型（2）和模型（3），结合参数估计结果，我们发现央行均存在锚定通胀和经济增速缺口显著为负（分别为 -1.5228 和 -0.3189）的非对称性偏好，表明我国央行存在厌恶通缩和规避经济收缩的非对称性偏好。此外，我们还发现在该模型中，央行锚定经济增速目标的参数显著为 1.0597，表明央行具有较强维护经济增长稳定的政策取向；而锚定通胀目标的参数亦显著高于其他三类模型，也表明央行在治理通胀上具有更强的偏好。由此可见，在我国一旦通胀收缩，央行具有很强下调利率规则以期防止通胀进一步收缩的政策取向。但同时，我们也必须认识到，由锚定通胀目标偏好参数仅显著为 0.8829，依旧低于 1。可见，当通胀上涨 1 个百分点，央行名义利率仅上调 0.8829，此时实际利率不升反降，则投资扩张，经济进一步繁荣，并由此再度推高通货膨胀。从这个角度看，正是由于我国央行具有较强厌恶通胀收缩的政策偏好，才由此使得央行锚定通胀目标反应不足。

从锚定通胀波动和经济波动参数看，在模型（4）中，我们发现 β_4 和 β_3 的系数分别显著为 -0.1004 和 -0.2403，表明央行货币政策具有逆向熨平通胀波动和经济波动的政策取向。鉴于我国通胀一般为正，一旦通胀波动加剧，则央行采取下调利率的方式予以调整，这同时会促使投资增加，并伴随着经济繁荣和通胀上涨，进一步加剧通胀波动。从这个角度看，常系数模型的估计结果表明我国央行货币政策规则并不稳定，即货币政策规则的执行会进一步加剧通胀波动。

五、央行非对称性偏好政策取向的社会福利损失分析

在上述政策测定基础上，为了进一步评估央行货币政策非对称性偏好取向的社会福利损失，我们将表 3-2 中模型（4）和盯住通胀和经济增长目

标均非对称性的时变参数模型各参数估计结果代入理论模型的式（3－1），由此可以模拟估计政策约束条件下的损失函数，如图 3－1 所示。

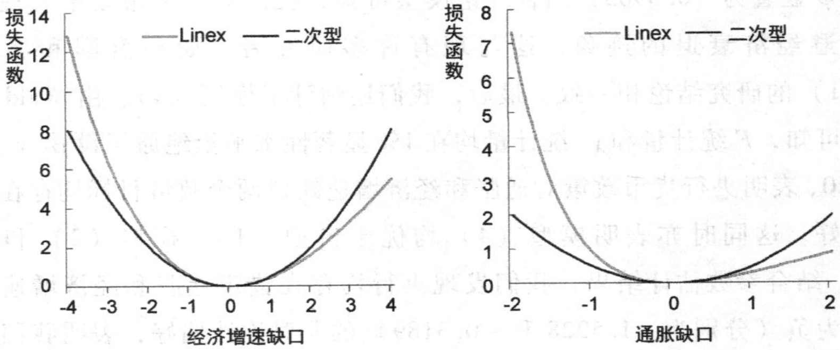

图 3－1　基于"常系数模型"的央行损失函数估计结果

为了政策对比，我们还估计了对称式二次型的损失函数，由图 3－1 可知，在常系数模型中，与二次型估计结果相比，在 Linex 型损失函数设定中，不论是锚定经济增速缺口抑或是通胀缺口目标，在同等通胀偏离和经济增速偏离条件下，损失函数均表明在经济萧条和通缩时期，整体的社会福利损失更大，例如当经济增速低于目标经济增速 3 个百分点，此时损失函数值为 6. 356，而当经济增速高于目标经济增速 3 个百分点，则损失函数值为 3. 352；同理，当通胀低于目标通胀 2 个百分点，此时损失函数值为 7. 321，而当通胀高于目标通胀 2 个百分点，则损失函数值为 0. 903；由此表明央行表现出更强的厌恶通缩和规避经济衰退的政策偏好。这与前文货币政策非对称性偏好参数分析得到的研究结论是一致的。

特别是，2017 年，我国的经济增速缺口四季度均为正，平均为 0. 35%，落入较低的福利损失区间，表明当前央行在维护宏观经济稳定，即"保增长"策略上是有效的；但由于通胀缺口自 2012 年以来长期为负，进入了较高的福利损失区间，不符合理论模型预期，也表明近年来央行在治理通胀上的策略是相对无效的。依据该理论可知，虽然常系数模型我们提供了一个估计央行货币政策规则和政策非对称性偏好的完美框架，但该理论模型逻辑的不足之处在于，厌恶通缩的非对称性偏好势必激励央行具有保持"高通胀"的动机，那么也就无法解释为什么近年来我国的通胀水平保持在低位。

第三节　央行时变参数非对称性偏好测定模型及实证分析

上述常系数模型存在无法自圆其说的缺陷，一个主要原因可能在于，随着我国宏观经济环境变化，特别是通胀走势变迁，央行货币政策在治理政策目标上的偏好和政策取向并非恒定，由此导致常系数模型框架无法准确捕捉央行的货币政策取向。故此，本章在传统常系数模型基础上，构建出了央行时变非对称性偏好模型框架，并以此为基础对我国央行非对称性偏好的时变行为展开测度。

一、时变非对称性偏好取向测定模型

为了有效识别和估计央行非对称偏好的时变政策取向，我们令第二部分模型系统的所有估计参数均为时变，采用上述推导的模型框架，可以分别得到央行货币政策时变参数泰勒规则、时变参数总需求曲线以及在 $\lambda=0$ 处二阶泰勒展开的时变参数菲利普斯曲线：

$$i_t=\rho_t i_{t-1}+(1-\rho_t)(i_t^{*'}+\beta_{1,t}\pi_t+\beta_{2,t}y_t+\beta_{3,t}\pi_t^2+\beta_{4,t}y_t^2+\beta_{5,t}y_t\pi_t)+u_t \quad (式3-12)$$

$$y_t=\theta_{0,t}+\theta_{1,t}y_{t-1}-\theta_{2,t}(i_t-\pi_t)+\varepsilon_t \quad (式3-13)$$

$$\pi_t=\vartheta_{0,t}+\vartheta_{1,t}\pi_{t-1}+\kappa_t y_t+\lambda_t\kappa_t^2 y_t^2+\upsilon_t \quad (式3-14)$$

同时，结合式（3－13）和式（3－14），可得如下三式：

$$y_t^2=\theta'_{0,t}-2\theta_{0,t}\theta_{2,t}i_t+2\theta_{0,t}\theta_{1,t}y_{t-1}+\theta_{1,t}^2y_{t-1}^2+2\theta_{0,t}\theta_{2,t}\pi_t+\theta_{2,t}^2\pi_t^2+\varepsilon'_t \quad (式3-15)$$

$$\pi_t^2=\vartheta'_{0,t}+2\vartheta_{0,t}\vartheta_{1,t}\pi_{t-1}+\vartheta_{1,t}\pi_{t-1}^2+2\vartheta_{0,t}\kappa_t y_t+\lambda_t\kappa_t^2(1+2\vartheta_{0,t}^2)y_t^2+\upsilon'_t \quad (式3-16)$$

$$\pi_t y_t=\psi_t-\vartheta_{0,t}\theta_{2,t}i_t+\vartheta_{0,t}\theta_{1,t}y_{t-1}+\theta_{0,t}\kappa_t y_t+\theta_{0,t}\lambda_t\kappa_t^2y_t^2+\theta_{0,t}\vartheta_{1,t}\pi_{t-1}+\vartheta_{0,t}\theta_{2,t}\pi_t+\vartheta_{1,t}\theta_{1,t}y_{t-1}\pi_{t-1}+\kappa_t\theta_{2,t}y_t\pi_t+\varsigma_t \quad (式3-17)$$

其中，$\theta'_{0,t}=\theta_{0,t}^2-2\theta_{1,t}\theta_{2,t}y_{t-1}i_t+2\theta_{1,t}\theta_{2,t}y_{t-1}\pi_t-2\theta_{2,t}^2i_t\pi_t+\theta_{2,t}^2i_t^2$，$\varepsilon'_t=$

$(2\theta_{1,t}y_{t-1}-2\theta_{2,t}i_t+2\theta_{2,t}\pi_t+\varepsilon_t)\varepsilon_t$。

$\vartheta'_{0,t}=\vartheta_{0,t}^2+\lambda_t^2\kappa_t^2y_t^4+2\vartheta_{1,t}\lambda_t\kappa_t^2\pi_{t-1}y_t^2+2\vartheta_{1,t}\kappa_t\pi_{t-1}y_t$，$v'_t=(2\vartheta_{0,t}+2\vartheta_{1,t}\pi_{t-1}+2\lambda_t\kappa_t^3y_t^3+2\kappa_ty_t+2\lambda_t\kappa_t^2y_t^2+v_t)v_t$。

$\psi_t=\theta_{0,t}\vartheta_{0,t}+\kappa_t\theta_{1,t}y_ty_{t-1}+\lambda_t\kappa_t^2y_t^2\theta_{1,t}y_{t-1}-\vartheta_{1,t}\pi_{t-1}\theta_{2,t}i_t-\lambda_t\kappa_t^2y_t^2\theta_{2,t}i_t+\vartheta_{1,t}\pi_{t-1}\theta_{2,t}\pi_t+\lambda_t\kappa_t^2y_t^2\theta_{2,t}\pi_t-\kappa_t\theta_{2,t}i_ty_t$。

$\varsigma_t=(\vartheta_{0,t}+\vartheta_{1,t}\pi_{t-1}+\kappa_ty_t+\lambda_t\kappa_t^2y_t^2+v_t)\varepsilon_t+(\theta_{0,t}+\theta_{1,t}y_{t-1}-\theta_{2,t}i_t+\theta_{2,t}\pi_t)v_t$。

由此可见，式（3－12）至式（3－17）构成了一个时变参数模型系统，令向量 $Y_t=(i_t\quad y_t\quad \pi_t\quad y_t^2\quad \pi_t^2\quad \pi_ty_t)'$，则上述模型系统可重新表述为时变参数向量模型系统：

$$\mathbf{P}_{1,t}Y_t=\mathbf{P}_{0,t}+\mathbf{P}_{2,t}Y_{t-1}+\eta_t \qquad \text{（式 3－18）}$$

其中，

$$\mathbf{P}_{1,t}=\begin{pmatrix} 1 & -\beta_{2,t}(1-\rho_t) & -\beta_{1,t}(1-\rho_t) & -\beta_{4,t}(1-\rho_t) & -\beta_{3,t}(1-\rho_t) & -\beta_{5,t}(1-\rho_t) \\ \theta_{2,t} & 1 & -\theta_{2,t} & 0 & 0 & 0 \\ 0 & -\kappa_t & 1 & -\lambda_t\kappa_t^2 & 0 & 0 \\ 2\theta_{0,t}\theta_{2,t} & 0 & -2\theta_{0,t}\theta_{2,t} & 1 & -\theta_{2,t}^2 & 0 \\ 0 & -2\vartheta_{0,t}\kappa_t & 0 & -\lambda_t\kappa_t^2(1+2\vartheta_{0,t}^2) & 1 & 0 \\ \vartheta_{0,t}\theta_{2,t} & -\theta_{0,t}\kappa_t & -\vartheta_{0,t}\theta_{2,t} & -\theta_{0,t}\lambda_t\kappa_t^2 & 0 & 1-\kappa_t\theta_{2,t}y_t \end{pmatrix}$$

$$\mathbf{P}_{2,t}=\begin{pmatrix} \rho_t & 0 & 0 & 0 & 0 & 0 \\ 0 & \theta_{1,t} & 0 & 0 & 0 & 0 \\ 0 & 0 & \vartheta_{1,t} & 0 & 0 & 0 \\ 0 & 2\theta_{0,t}\theta_{1,t} & 0 & \theta_{1,t}^2 & 0 & 0 \\ 0 & 0 & 2\vartheta_{0,t}\vartheta_{1,t} & 0 & \vartheta_{1,t} & 0 \\ 0 & \vartheta_{0,t}\theta_{1,t} & \theta_{0,t}\vartheta_{1,t} & 0 & 0 & \vartheta_{1,t}\theta_{1,t} \end{pmatrix},$$

$$\mathbf{P}_{0,t}=\begin{pmatrix}(1-\rho_t)i_t^{*'}\\ \theta_{0,t}\\ \vartheta_{0,t}\\ \theta'_{0,t}\\ \vartheta'_{0,t}\\ \psi_t\end{pmatrix},\ \boldsymbol{\eta}_t=\begin{pmatrix}u_t\\ \varepsilon_t\\ \upsilon_t\\ \varepsilon'_t\\ \upsilon'_t\\ \varsigma_t\end{pmatrix}。$$

由于矩阵向量 $\mathbf{P}_{1,t}$ 可逆，故此上述时变参数模型系统式（3－18）可重新改写为：

$$\mathbf{Y}_t=\boldsymbol{\Gamma}_t+\Upsilon_t\mathbf{Y}_{t-1}+\boldsymbol{\nu}_t \qquad (式3-19)$$

其中，$\boldsymbol{\Gamma}_t=\mathbf{P}_{1,t}^{-1}\mathbf{P}_{0,t}$，$\Upsilon_t=\mathbf{P}_{1,t}^{-1}\mathbf{P}_{2,t}$，$\boldsymbol{\nu}_t=\mathbf{P}_{1,t}^{-1}\boldsymbol{\eta}_t$。故此式（3－19）可视为一个滞后一期的时变参数向量自回归模型，我们可将其视为关于名义利率、通胀、产出缺口、通胀平方项、产出缺口平方项以及产出缺口与通胀乘积项等六元变量构成的“时变参数模型系统”。

二、时变参数估计及时变非对称性偏好取向识别

在时变参数模型系统基础上，我们 TVP－VAR 模型对其展开估计识别，并逆推得到时变参数结构式向量自回归模型（TVP－SVAR），最终得到时变参数货币政策规则：

$$i_t=\hat{\rho}_t i_{t-1}+(1-\hat{\rho}_t)(i_t^{*'}+\hat{\beta}_{1,t}\pi_t+\hat{\beta}_{2,t}y_t+\hat{\beta}_{3,t}\pi_t^2+\hat{\beta}_{4,t}y_t^2+\hat{\beta}_{5,t}y_t\pi_t)+\hat{\mu}_t \qquad (式3-20)$$

其中，$\hat{W}_t=\begin{pmatrix}\hat{Y}_{22,t}&\hat{Y}_{23,t}&\hat{Y}_{24,t}&\hat{Y}_{25,t}&\hat{Y}_{26,t}\\ \hat{Y}_{32,t}&\hat{Y}_{33,t}&\hat{Y}_{34,t}&\hat{Y}_{35,t}&\hat{Y}_{36,t}\\ \hat{Y}_{42,t}&\hat{Y}_{43,t}&\hat{Y}_{44,t}&\hat{Y}_{45,t}&\hat{Y}_{46,t}\\ \hat{Y}_{52,t}&\hat{Y}_{53,t}&\hat{Y}_{54,t}&\hat{Y}_{55,t}&\hat{Y}_{56,t}\\ \hat{Y}_{62,t}&\hat{Y}_{63,t}&\hat{Y}_{64,t}&\hat{Y}_{65,t}&\hat{Y}_{66,t}\end{pmatrix}$

$\hat{\rho}_t=\hat{Y}_{11,t}+\hat{K}_t/|\hat{W}_t|$

$$\hat{\beta}_{1,t} = \frac{\sum_{i=1}^{5} \hat{Y}_{1i+1,t} \hat{W}_{2i,t}}{|\hat{W}_t|(1-\hat{\rho})}$$

$$\hat{\beta}_{2,t} = \frac{\sum_{i=1}^{5} \hat{Y}_{1i+1,t} \hat{W}_{1i,t}}{|\hat{W}_t|(1-\hat{\rho})}$$

$$\hat{\beta}_{3,t} = \frac{\sum_{i=1}^{5} \hat{Y}_{1i+1,t} \hat{W}_{4i,t}}{|\hat{W}_t|(1-\hat{\rho})}$$

$$\hat{\beta}_{4,t} = \frac{\sum_{i=1}^{5} \hat{Y}_{1i+1,t} \hat{W}_{3i,t}}{|\hat{W}_t|(1-\hat{\rho})}$$

$$\hat{\beta}_{5,t} = \frac{\sum_{i=1}^{5} \hat{Y}_{1i+1,t} \hat{W}_{5i,t}}{|\hat{W}_t|(1-\hat{\rho})}$$

$$i_t^{*\prime} = \frac{\hat{\Gamma}_{11,t} + \hat{J}_t / |\hat{W}_t|}{1-\hat{\rho}}$$

$$\hat{J}_t = -\sum_{j=2}^{6} [\hat{Y}_{1j,t}(\sum_{i=2}^{6} \hat{\Gamma}_{i(j-1)} \hat{W}_{(i-1)(j-1),t})]$$

$$\hat{K}_t = -\sum_{j=2}^{6} [\hat{Y}_{1j,t}(\sum_{i=2}^{6} \hat{Y}_{i(j-1)} \hat{W}_{(i-1)(j-1),t})]$$

$$\hat{\mu}_t = -\sum_{j=2}^{6} [\hat{Y}_{1j,t}(\sum_{i=2}^{6} \hat{\nu}_{i(j-1)} \hat{W}_{(i-1)(j-1),t})]$$

$\hat{W}_{ij,t}$ 是矩阵 $\hat{W}_t$ 的代数余子式，$\hat{\Gamma}_{ij,t}$ 和 $\hat{Y}_{ij,t}$ 则分别为式（3－19）估计参数矩阵$\hat{\Gamma}_t$ 和 $\hat{Y}_t$ 第 i 行第 j 列的估计值。由上述分析可知，通过对六元变量构成的向量自回归模型系统估计，不仅可以有效解决货币政策估计内生性的历史难题，从而能够更为有效地捕捉货币政策规则时变结构性转换或渐进时变演变特征，而且时变参数变化还能够很好地刻画货币政策应对宏观经济形势，如经济增速缺口目标、通胀目标以及锚定通胀和产出缺口目标非对称性偏好的政策取向变化。其中，估计时变参数 $\hat{\rho}_t$ 能够刻画出央行的利率平滑特征；而时变参数 $\hat{\beta}_{2,t}$ 和 $\hat{\beta}_{1,t}$ 能够有效捕捉时变货币政策锚定经济增速缺口和通胀强度；时变参数 $\hat{\beta}_{4,t}$ 、$\hat{\beta}_{3,t}$ 和 $\hat{\beta}_{5,t}$ 能够分别描述央行货币政策锚定经济增速缺口平方项、通胀平方项以及通胀和经济增速缺口乘积项的时变强度。

结合上述模型系统的估计结果，我们可以推导得到央行非对称性偏好时变参数：

锚定经济增速缺口的非对称性偏好时变参数

$$\Psi_t = \frac{2\sum_{i=1}^{5}\hat{Y}_{1i+1,t}\hat{W}_{3i,t}}{\sum_{i=1}^{5}\hat{Y}_{1i+1,t}\hat{W}_{1i,t} + \pi^* \sum_{i=1}^{5}\hat{Y}_{1i+1,t}\hat{W}_{5i,t}} \qquad \text{（式 3－21）}$$

锚定通胀目标的非对称性偏好时变参数

$$\Phi_t = \frac{2\sum_{i=1}^{5}\hat{Y}_{1i+1,t}\hat{W}_{4i,t}}{\sum_{i=1}^{5}\hat{Y}_{1i+1,t}\hat{W}_{2i,t} + 2\pi^* \sum_{i=1}^{5}\hat{Y}_{1i+1,t}\hat{W}_{4i,t}} \qquad \text{（式 3－22）}$$

故此，我们在 TVP－VAR 模型系统估计基础上，采用 MCMC 的蒙特卡洛模拟法不断抽样，把每次逆推得到的 TVP－SVAR 模型系统估计得到的式（3－20）各变量的时变参数估计值代入式（3－21）和式（3－22），并最终可抽样求得央行非对称性偏好的时变参数 Ψ_t 和 Φ_t 的估计值。基于这两个时变参数，即可断点央行锚定通胀和产出缺口的时变偏好政策取向。其中，如果时变参数值大于零，则表示央行厌恶通胀和经济扩张；反之，小于零则意味着央行更为厌恶通缩和经济衰退。特别是，在模型估计过程中，我们设定 $\Psi_t = 0$ 或 $\Phi_t = 0$，则可分别刻画央行仅具有锚定经济增速缺口非对称性偏好或仅锚定通胀非对称性偏好的政策取向。由此可见，本章提出的模型系统不仅能够有效消除内生性对模型系统估计识别的影响，还能够有效测度央行锚定通胀和经济增速缺口目标以及非对称性偏好的时变演进特征和政策取向。

三、基于非对称性偏好的央行货币时变政策取向估计结果及分析

本章在上述理论模型基础上，考虑到名义利率、通胀和产出缺口以及交互项之间相互影响的内生关系，构建了时变参向量自回归模型，并在此基础上逆推得到时变参数结构式向量自回归模型，最终实现对时变参数货币政策规则式（3－20）的估计，同时，我们还可以基于模型估计结果得到央行锚定经济增长和通胀的非对称性偏好时变参数 Ψ_t 和 Φ_t，即式（3－21）

和式（3－22）。由图 3－2 至图 3－4 估计结果，我们可以得到如下三点结论。

第一，锚定经济增速缺口和经济波动目标（见图 3－2）。由参数走势可知，除少数季度（2014Q1—2015Q2）外，央行锚定经济增速缺口目标的时变参数均显著为正，而且总体上呈微弱的下降趋势，但自 2015 年下半年开始，该系数呈显著回升趋势，表明央行有稳定经济增长的政策偏好，即当经济增速高于经济增长目标，此时经济处于扩张时期，则央行通过抬高利率的方式抑制经济过热；反之，一旦经济增速低于经济增长目标，即经济处于萧条时期，则央行通过下调利率的方式刺激经济复苏。特别是，近年来该系数显著回升表明央行具有明显“保增长”的政策取向。此外，从锚定经济波动目标时变参数看，该系数均为负值，表明央行倾向于以下调利率的方式熨平宏观经济波动，也即由于我国宏观经济面临着保增长压力，央行多次通过下调利率，以向市场注入流动性的方式刺激经济回升以期减弱经济波动和保持宏观经济稳定。其中，锚定经济增长目标时变参数方向与刘金全和张小宇（2012）以及陈创练等（2016）的研究结论相一致，但与他们相比，本章估计的时变参数偏小，其主要原因可能与他们的研究设计相比，我们在模型中增加了锚定经济波动项，由此削弱了央行单独锚定经济增长目标的偏好强度。

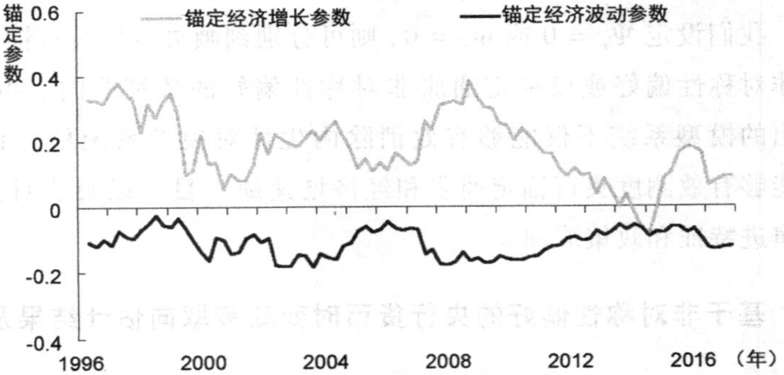

图 3－2　锚定经济增长目标和经济波动目标参数走势

第二，锚定通胀和通胀波动目标（见图 3－3）。锚定通胀目标参数基本显著为正，表明央行具有显著抑制通胀的政策偏好，但随着我国通胀率从 1996 年的 9.37% 下滑至 1902 年的 －0.73%，央行锚定通胀目标的时变参数亦从 1996—2002 年的 0.4 急速下滑至接近于零，而且此后多数年份均小于 1，表明货币政策对通胀反应不足，这与现有的许多研究（刘金全和张小宇（2012），陈创练等（2016））认为当前名义利率对通胀反应不足的结论相一致。同时，2003 年起，锚定通胀目标参数缓慢回升，表明央行货币政策表现出较强锚定通胀目标的政策偏好，这亦可以解释为何近年来我国的通胀处于低位。此外，从锚定通胀波动目标看，除少数季度外，该参数基本保持显著为正。由于长期以来我国通胀基本显著为正，由此通胀波动加剧一般被视为是通胀上涨，则此时央行倾向于采取提高利率的紧缩性货币政策予以熨平，表明近年来央行在调控通胀和通胀波动目标上存在较强的政策偏好。

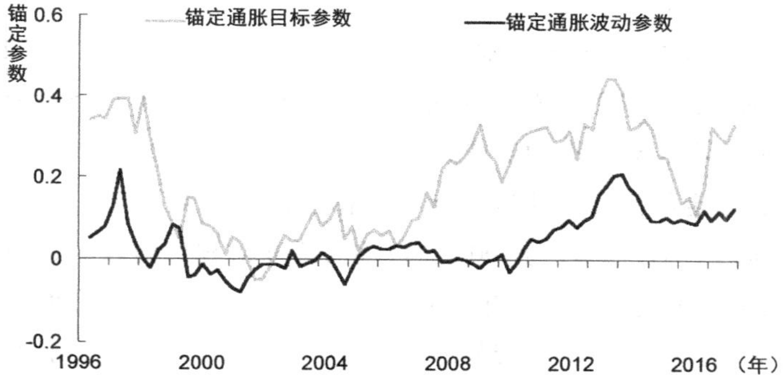

图 3－3　锚定通胀目标和通胀波动参数走势

第三，锚定通胀和经济增速缺口交互项以及利率平滑参数（见图 3－4）。从锚定经济增速缺口与通胀乘积项的时变参数走势看，长期以来该参数值均围绕零上下波动，并未表现出明显的趋势特征，可见，央行在调控交互项上并未具有明显的政策偏好。此外，利率平滑参数从 1996—2006 年呈显著下降态势，从最初的 0.67 下降至最终的 0.35，表明我国货币政策规则表现出较强向规则型转变的迹象，这与现有许多研究，如刘金全和张小宇（2012）以及陈创练等（2016）的研究结论相一致，即我国货币政策赋予政策目标，如经济增长、通胀以及经济波动和通胀波动目标更多的权重，也具有较强治理通胀和维护宏观经济稳定增长的政策取向。但同时，我们也必须认识到，自 2007 年起利率平滑参数呈缓慢略有回升迹象，表明我国货币政策规则向规则型转向的速度有所放缓。

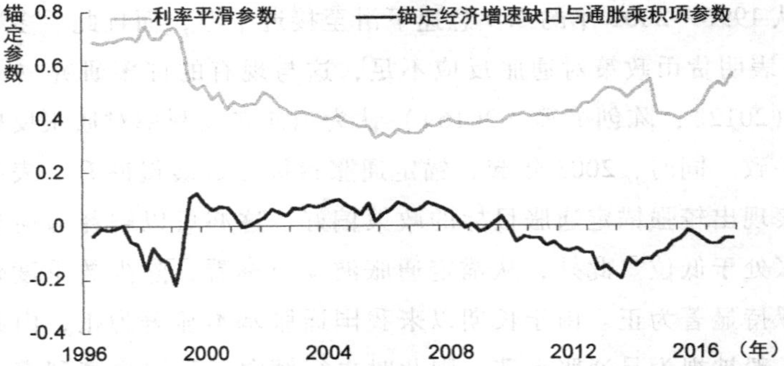

图 3 -4 利率平滑参数及锚定经济增速缺口与通胀乘积项参数走势

四、央行非对称性偏好的时变政策取向分析

在上述时变参数估计基础上，我们基于理论模型式（3 -21）和式（3 -22）估计得到央行非对称性偏好的时变参数。由图 3 -5 和图 3 -6 非对称性偏好参数估计结果的走势，我们可以得到如下两点结论。

首先，锚定经济增速缺口目标非对称性偏好（见图 3 -5）。可详细划分为三个阶段，第一阶段为 2002 年以前时变非对称性偏好参数基本保持在 -0.1，结合理论模型可知，此时 $L_t(y_t > 0, \Psi) < L_t(y_t < 0, \Psi)$，表明央行具有显著规避经济收缩的政策偏好，由此也使此时期我国实际经济增速远高于经济增长目标，而且呈现显著上涨的态势（见图 3 -5）。究其原因，自 1996 年我国宏观经济成功实现“软着陆”后，GDP 增速高达 10.3%，虽然亚洲金融危机后略有下降，但自 1998 年实施积极扩张财政政策和稳健货币政策以及 2001 年加入 WTO 以来，我国的经济表现出相对较为稳定和强劲的增长态势。特别是，政府相继通过国企改革、增发建设国债、住房改革、激活民营企业以及推进金融市场化改革等措施刺激经济增长。与此相匹配，自从度过 1995—1996 年严重通胀期后，央行亦通过下调名义利率的方式刺激经济增长，其中，名义利率从 1996 年 12.4% 下滑至 2002 年仅 3.4%。总体看，在此时期央行表现出厌恶经济衰退的迹象，这由此也使得实际经济增速高于经济增长目标（见图 3 -5）。第二阶段为 2003—2011 年，在此时期非对称性偏好表现出两个周期的调整，其中，自 2007 年次贷危机爆发，央行锚定经济增长目标的非对称性偏好参数急速下滑，从 2003 年的 -0.18 下滑至 2007 年的 -0.22，货币政策表现出更强的规避经济衰

退偏好，这由此亦使在此期间实际经济增速远高于经济增长目标，并呈不断上涨态势。但 2008 年次贷危机爆发后，锚定经济增长的非对称性偏好参数则急速回升，央行规避经济衰退的政策偏好有所减弱。在此期间，自 2008 年起经济增速缺口急速下滑，特别是在 2008 年底呈出现少有的实际经济增长低于经济增长目标（见图 3－5）。此后，我国宏观政策调整着眼点放在了防止经济快速下滑，由此央行的政策偏好自然表现出较强厌恶经济收缩的迹象，非对称性偏好参数急速下滑至 2011 年的－0.24，此时实际经济增速又立刻强势回升，并远高于经济增速目标。然而，随着非对称性偏好参数不断回升，实际经济增速与经济增长目标缺口不断缩窄。由此可见，我国央行锚定经济增长目标的时变非对称性偏好与实际经济增速缺口变化表现出较强的适时调整过程。第三阶段，2012 年至今，锚定经济增速缺口目标非对称性偏好回升并在此后保持在－0.14，表明央行依旧具有规模经济衰退的政策偏好，但与次贷危机时的偏好强度略有下滑。究其原因，随着近年来我国宏观经济步入新常态，经济调控开始从锚定经济增长目标转向区间调控，实际经济增速与经济增长目标缺口基本保持为零（见图 3－5），由此也使得央行在维护经济增速上的政策压力锐减，并表现出较强的弹性空间，这同时也促使央行的规避经济收缩的政策偏好取向压力不断减弱。

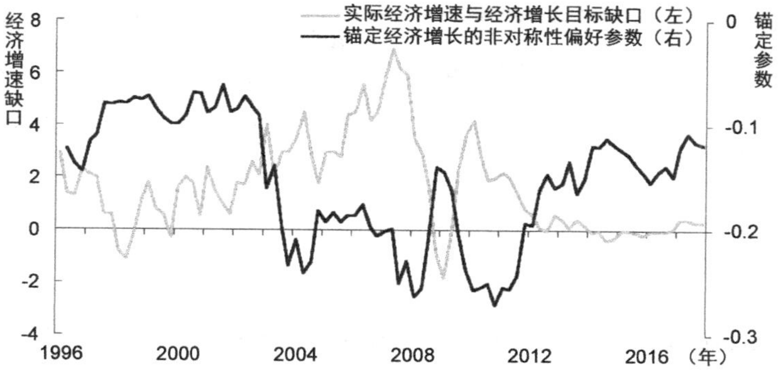

图 3－5　锚定经济增长的时变非对称性偏好参数及实际经济增速缺口

其次，锚定通胀目标非对称性偏好。详细观察图 3－6，依据参数走势亦可分为三个阶段，第一阶段为 1996—2003 年，在此阶段锚定通胀目标非对称性偏好参数稳定为 0.24，显著大于零，依据第二部分的理论模型可知，此时 $L_t(\pi_t > 0, \Phi) > L_t(\pi_t < 0, \Phi)$，可见央行非常厌恶通胀，这也由

此使得在此期间实际通胀远低于通胀目标值，并表现为通胀自1996年8.33%下滑至1997年的2.81%后长期维持在低位（见图3－6），甚至多个季度通胀还表现出较强的通缩（1998年和1999年通胀率分别为－0.77%和－1.4%）。这与常系数模型估计得到我国厌恶通缩的结论截然不同，但依据我们的模型估计结果可知，我国低通胀时期正是由于央行具有显著厌恶通胀的非对称性偏好所致，这更符合当前我国宏观经济现实。第二阶段为2004—2011年，此时锚定通胀目标非对称性偏好参数呈现出两个下跌回升周期。特别是，由于2004年和2007—2008年起厌恶通胀的非对称性偏好参数急速下滑，由此亦使得通胀即立刻表现出强上升迹象，并表现为实际通胀远高于通胀目标。但此后随着2009年非对称性偏好参数迅速回升至，则实际通胀又立刻低于通胀目标，其中，通胀率一度回至2009年的－0.72%。此外，2010—2011年，我们又发现非对称性偏好参数急速下滑至0.16，随即我们发现中国表现出新一轮的通货膨胀周期，此时实际通胀高于通胀目标。由此可见，我国通胀走势在一定程度上受锚定通胀目标非对称性偏好的影响是明显的。第三阶段为2012年至今，在此时期，参数基本保持在0.27左右，表明央行存在较强厌恶通胀的非对称性偏好，由此亦使在此时期我国通胀率保持在低位（2%左右），实际通胀亦远低于通胀目标值。

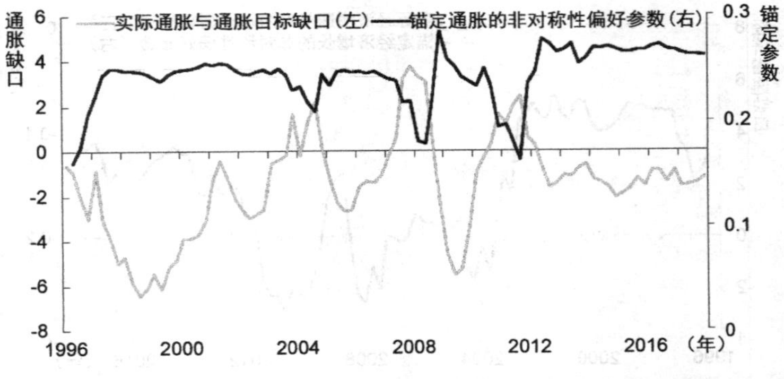

图3－6　锚定通胀的时变非对称性偏好及实际通胀与通胀目标缺口

由上述分析可知，央行锚定经济增长目标的非对称性偏好具有较强调控当前宏观经济形势的政策取向，一旦央行规避经济萧条的政策偏好加强，则伴随着后续实际经济增速高于经济增长目标的缺口不断扩大；反之，如果央行厌恶经济衰退的政策取向有所减弱，则此后经济增速缺口不断缩窄，甚至出现实际经济增速低于经济增长目标。但是，由于当前我国政府倾向于采取区间调控经济增速，这极大降低了货币政策稳增长目标的压力，则当前央行锚定经济增长目标的非对称性偏好程度较次贷危机期间有所减弱。同时，一旦央行表现出极强厌恶通胀的非对称性偏好，则实际通胀远低于通胀目标；反之，如果央行厌恶通胀的非对称性偏好走弱，则通胀立刻回升，并极有可能导致实际通胀高于通胀目标。总体上，央行锚定通胀目标的非对称性偏好更多地影响后续通胀走势，也即当厌恶通胀强烈，则通胀处于低位；反之，当厌恶通胀强度下滑，则通胀立刻回升。可见，锚定通胀时变非对称性偏好的数值变化在一定程度上引领我国未来通胀走势，同时，央行厌恶通胀的非对称性偏好亦会放大名义利率锚定通胀目标的时变参数。特别是，一旦央行厌恶通胀强度下滑时期则伴随着规避经济萧条偏好得以强化；但是如果央行厌恶通胀偏好得以增强则规避经济衰退的政策偏好不断减弱。这主要是因为当通胀率处于高位时期，厌恶通胀偏好迫使货币政策此时通过提升利率管控通胀，但这同时亦会抑制投资并损害经济增长，势必削弱了央行规避经济衰退的政策取向。故此，央行在厌恶通胀和规避经济衰退上的非对称性偏好表现出较明显的此消彼长的关系。以上研究结论与基于常系数模型估计得出的结论相异，同时也与现有研究，如刘金全和张小宇（2015）以及郑挺国和郭辉铭（2012）基于常系数模型得到的研究结论不一致，他们认为央行具有明显规避通缩和经济收缩的政策偏好。但事实上，在我们是时变框架下，央行货币政策呈现较强规避经济收缩和厌恶通胀的政策偏好，而且与宏观经济形势变化表现出较强的时变调整过程，从上述分析可知，本章构筑的模型框架和实证方法能够有效捕捉央行的非对称性政策取向。

五、央行非对称性偏好政策取向的政策效果分析

在上述非对称性参数分析基础上，接下来进一步评估央行非对称性偏好的政策效果。结合图 3 –5 和图 3 –6 央行非对称性偏好参数走势的具体数值大小，我们选取了“高规避经济收缩时期”（2011Q1）、“低规避经济收缩时期”（1998Q1）、“高厌恶通胀时期”（2008Q1）和“低厌恶通胀时期”（1997Q1）四个时刻点，并分别估计这四个时刻点的脉冲响应政策效果，结果如图 3 –7 所示。

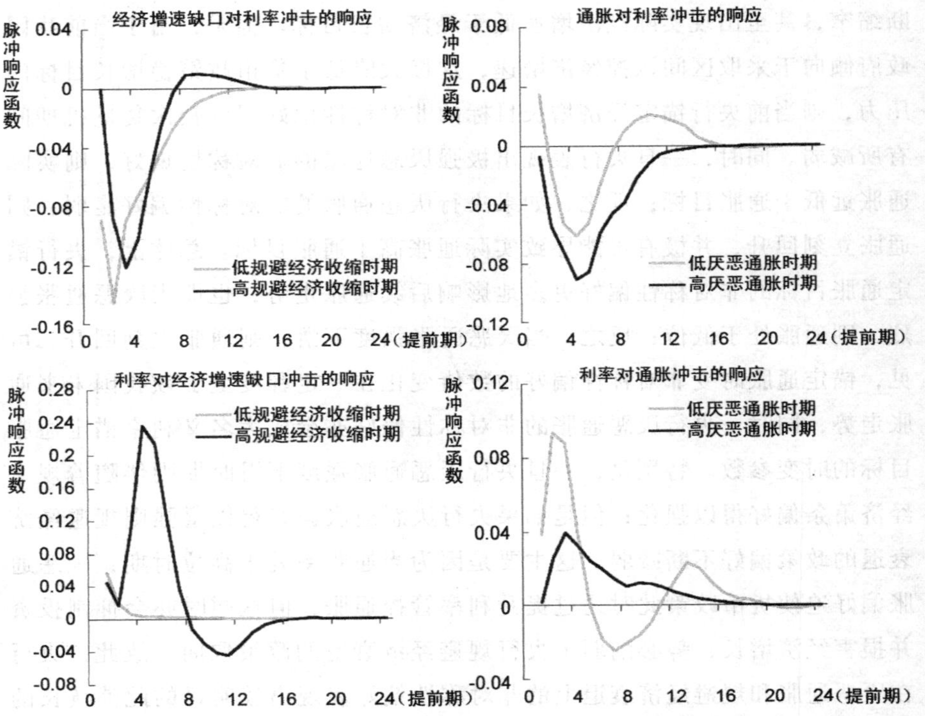

图 3-7　央行非对称性偏好的政策效果的脉冲响应估计结果

在维护经济稳定上，由图 3-7 脉冲响应结果可知，在高规避经济收缩时期，经济增速缺口导致短期名义利率急速上升，特别是在提前第 5 期的响应值最大。其中，经济增速缺口每增加 1 个百分点则名义利率上涨 0.24 个百分点，但此后随着时间推移，大约在 4 年后该响应值收敛于零，表明在短期上，当经济增速缺口为正，即实际经济增速高于经济增长目标时，央行通过提高利率抑制经济过度扩张，但在长期上货币政策并未对经济扩张做出响应。此外，在低规避经济收缩时期，提前第 1 期经济增速缺口每增加 1 个百分点则名义利率上涨 0.05 个百分点，而且在 1 年后即收敛于零。由上述分析可知，央行在高规避经济收缩时期比低规避经济收缩时期更倾向于采取货币政策去熨平宏观经济波动。从政策效果看，不论是在高低哪个不同规避经济收缩时期，利率规则均具有显著降低经济增速缺口的政策效果，但在 4 年后该政策效果收敛于零，表明货币政策调控经济波动的政策效果不具长期持久性。

在治理通胀上，由脉冲响应结果可知，在高厌恶通货膨胀时期，通货膨胀率上涨一般伴随着短期名义利率提升，但该政策响应在5年后收敛于零；在低厌恶通货膨胀时期，短期上，通货膨胀冲击导致利率上升，但是在第5期后转正为负，并于第11期起转负为正，长期上在5年后亦收敛于零。可见，短期上，两个时期均具有治理通胀的政策偏好。从政策效果看，自提前第2期起两个不同时期的利率规则均能有效达到抑制通胀的政策目标，而且，从政策效果强度看，高厌恶通货膨胀时期的货币政策效果明显优于低厌恶政策通货膨胀时期，一个主要原因在于从中期和长期看，高厌恶通货膨胀时期的货币政策策略更具有一致性和长期持久性，由此亦增强了货币政策在治理通货膨胀上的政策效果。由上述分析可知，高规避经济收缩和厌恶通货膨胀时期，货币政策更具稳定宏观经济和治理通货膨胀的政策偏好，但从政策效果看，在维护宏观经济稳定上政策效果并不存在显著差异，在治理通货膨胀上，高通货膨胀时期采取更为一致性的货币政策则能够更为有效地达到管控通货膨胀的政策功效，可见央行厌恶通货膨胀的非对称性偏好也有助于提升央行货币政策治理通货膨胀的政策效果。

六、央行非对称性偏好政策取向的社会福利损失分析

在上述模型参数经验估计结果基础上，我们将图3－5和图3－6的非对称性偏好参数代入第二部分理论模型的式（3－1），并计算得到基于“时变系数模型”的央行时变损失函数估计结果（见图3－8）。

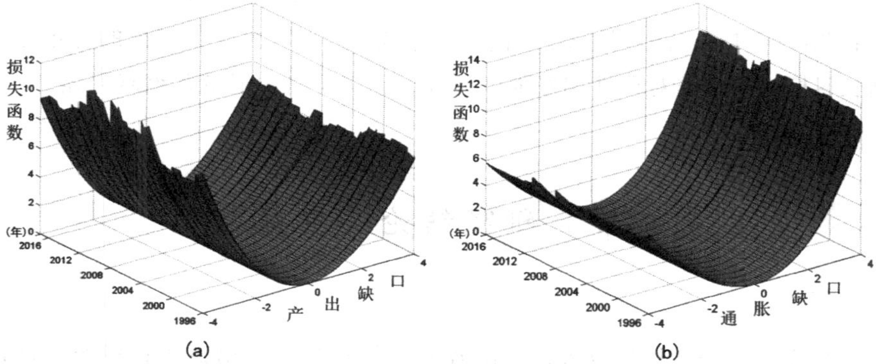

图3－8　基于“时变系数模型”的央行时变损失函数估计结果

详细观察图形走势可知，与常系数模型相比，在时变参数模型中，我国央行表现出较强厌恶通货膨胀的偏好迹象（见图3-8（b）），即通货膨胀给央行带来的福利损失远高于通货紧缩，因此，央行具有显著遏制通货膨胀的政策偏好。这与现有基于常系数模型，如郑挺国和郭辉铭（2012）的研究结论相异，他们认为央行具有厌恶通货紧缩的偏好，但与赵进文和黄彦（2006）研究表明央行具有厌恶通货膨胀的结论相一致。同时本章从时变的角度则能够更好地刻画出随着时间推移，央行厌恶通货膨胀非对称性偏好的历史演变过程。从当前角度看，2017年央行厌恶通货膨胀的非对称性偏好参数为0.26，此时，当通货膨胀率低于目标通胀率4个百分点，损失函数值为5.81，而当通货膨胀率高于目标通胀率4个百分点，则损失函数值为11.7，由此表明央行具有较强维护实际通货膨胀率低于目标通胀率的政策偏好，这也就可以解释为何当前我国的通货膨胀率处于低位，同时亦能够破解常系数模型无法自圆其说的缺陷。此外，从经济增速缺口的非对称性抉择看，经济衰退的社会福利损失远高于经济繁荣时期，可见央行表现出较强规避经济收缩的非对称性偏好（图3-8（a）），虽然近年来政策偏好强度略有下滑，但截至2017年第四季度，依旧为-0.12，代入福利损失函数可知，当经济增速低于目标经济增速2个百分点，此时损失函数值为2.17，而当经济增速高于目标经济增速2个百分点，则损失函数值为1.85，表明央行具有较强维持实际经济增长速度高于目标经济增长的非对称性政策偏好。由上述分析可知，正是由于我国在治理通货膨胀和维护经济增速上具有较强的非对称性偏好，特别是具有厌恶通货膨胀和规避经济收缩的政策取向，由此才使得近年来我国的通胀率保持在低位，而且，长期看我国的实际经济增长速度均高于国务院政府工作报告中提出的每年经济增长目标，而且非对称性偏好强度越大，经济扩张和通货紧缩越明显。

第四节　研究结论与政策启示

自20世纪90年代以来，我国政府工作报告均提出每年目标经济增速和目标通货膨胀率，这亦是未来一年央行开展货币政策制定与执行的主要着眼点和政策目标。特别是近年来的研究相比表明，我国央行具有较为明显锚定通货膨胀目标和经济增速目标的非对称性偏好。为此，本章分别构建了常系数模型和时变参数模型，分别测度了央行货币政策取向，并在此基础上估计得到央行稳定物价和维护经济增长目标的时变非对称性偏好。与现有研究相比，本章设定的模型框架能够更为有效识别和测度利率、通货膨胀率和经济增速缺口之间的相互反馈和相互影响关系，以期能够消除内生性对模型参数估计结果的影响效应，同时还能够从时变角度刻画出央行锚定政策目标的时变政策取向和时变非对称性调整过程，并以此为未来央行的货币政策制定与执行提供重要的决策参考依据。

本章研究结果表明，在常系数模型中，央行具有维护宏观经济稳定和遏制通胀的政策取向，同时存在显著厌恶通货紧缩和规避经济收缩的非对称性偏好。事实上，厌恶通货紧缩的非对称性偏好势必激励央行具有保持“高通货膨胀”的动机，但该理论模型的逻辑的不足之处在于它无法解释：既然低通货膨胀率具有更高的福利损失，为何长期上我国实际通货膨胀率却远低于通货膨胀目标。在时变参数模型中，我们发现具有厌恶通货膨胀和规避经济收缩的非对称性偏好，而且表现出较强的时变特征，由此也使得央行具有较强维护实际通货膨胀率低于目标通胀率以及实际经济增速高于经济增长目标的政策偏好。特别是，央行厌恶通货膨胀强度下滑时期伴随着规避经济萧条偏好得以强化；但是如果央行厌恶通货膨胀偏好得以增强则规避经济衰退的政策偏好不断减弱，由此可见，央行在厌恶通货膨胀和规避经济衰退上的非对称性偏好表现出较明显的此消彼长的关系。即当通货膨胀率处于高位时期，厌恶通货膨胀偏好迫使货币政策此时通过提升利率管控通货膨胀，但这同时亦会抑制投资并损害经济增长，势必削弱了央行规避经济衰退的政策取向。

研究结果还表明，不论是常系数模型还是时变参数模型，均表明央行具有显著为正锚定通货膨胀目标和经济增速缺口目标的政策取向，货币政策能够起到有效熨平宏观经济波动和治理通胀目标的政策效果。即当经济增速高于经济增长目标时，经济处于扩张时期，则央行通过抬高利率的方式抑制经济过热；反之，一旦经济增速低于经济增长目标，即经济处于萧条时期，则央行通过下调利率的方式刺激经济复苏。特别是，近年来这两个时变参数显著回升，表明央行具有明显“保增长”和“遏制通货膨胀”

的政策取向。结合非对称性偏好参数的分析更是表明，在高规避经济收缩和厌恶通货膨胀时期，货币政策更具稳定宏观经济和治理通货膨胀的政策偏好，然而从政策效果看，在维护宏观经济稳定上，两个时期的政策效果并不存在显著差异，但在治理通货膨胀上，由于在高通货膨胀时期货币政策的执行更具一致性和长期持久性，故此，货币政策能够更为有效地达到管控通货膨胀的政策功效，可见央行厌恶通货膨胀的非对称性偏好也有助于提升央行货币政策在治理通货膨胀上的政策功效。

在上述研究结论基础上，本章提出如下两点启示：第一，在政策启示上，从 1996 年以来，我国货币政策规则表现出较强向规则型转变的迹象，但我们也必须意识到自 2007 年起，利率平滑参数呈缓慢略有回升迹象，表明我国货币政策规则向规则型转向的速度有所放缓。从货币政策调控目标走向看，近年来央行锚定通货膨胀和经济增速缺口目标的时变参数呈走强态势，可见央行表现出较强稳定宏观经济和抑制通货膨胀的政策取向。同时，虽然近期央行厌恶通货膨胀的非对称性偏好越发强烈，但由于锚定通货膨胀目标参数依旧小于 1，表明近年来的货币政策在调控通货膨胀目标上的反应不足。正因如此，央行通过提高利率方式在遏制通货膨胀率上涨的同时，并不会由此导致实际利率下滑而导致投资下降和经济增速下滑。特别是，近期央行厌恶通货膨胀的非对称偏好持续走强，而规避经济收缩的非对称性偏好却逆向走弱，表明近年来我国货币政策具有较强治理通货膨胀偏好，但在维持经济增长速度上的政策偏好取向却有所减弱。第二，在方法论上，传统采用 GMM 方法消除内生性对常系数模型估计得到货币政策规则的结果是有误的；而本章构建的 TVP－VAR 逆推方法能够有效刻画出央行货币政策的时变特征，而且还能够有效解决货币政策估计内生性的历史难题。从模型参数估计结果看，我国央行具有厌恶通货膨胀和规避经济收缩的政策取向，亦能够很好地解释当前为何我国通货膨胀率处于低位以及长时期以来实际经济增速远高于经济增长目标。特别是，从时变的角度还可以捕捉货币政策的历史时变演变特征，亦能够为未来央行的货币政策取向和政策制定与执行提供重要的参考依据。

附　录

A：非对称性偏好的货币政策规则

将式（3-4）非线性方程在 $\phi=\varphi=\lambda=0$ 处作二阶泰勒展开，可得：

$$-\omega_{\pi}\kappa\theta E_{t-1}(\pi_t-\pi^*)-\theta E_{t-1}y_t-\frac{\omega_{\pi}\phi\kappa\theta}{2}E_{t-1}[(\pi_t-\pi^*)^2]-\frac{\theta\varphi}{2}E_{t-1}(y_t^2)$$
$$-2\omega_{\pi}\kappa^2\lambda\theta E_{t-1}[(\pi_t-\pi^*)y_t]+\omega_{\Delta i}(i_t-i_{t-1})+\omega_{i^*}(i_t-i^*)+o_t=0$$

其中，o_t 表示高阶无穷小部分。将上式改写即可得到文中式（3-5）。

B：央行非对称性偏好参数证明

由式（3-5），联立 β_1 和 β_5 可得：$\omega_{i^*}\beta_1=\theta-\pi^*\beta_5\omega_{i^*}$，故此，$\theta=\omega_{i^*}(\beta_2+\pi^*\beta_5)$。将其代入 β_3 可得：

$$\varphi=\frac{2\omega_{i^*}\beta_3}{\theta}=\frac{2\omega_{i^*}\beta_3}{\omega_{i^*}(\beta_1+\pi^*\beta_5)}=\frac{2\beta_3}{\beta_1+\pi^*\beta_5}$$

由式（3-5），联立 β_2 和 β_4 可得：$2\beta_4(1-\varphi\pi^*)=\varphi\beta_2$，故此，$\phi=\frac{2\beta_4}{\beta_2+2\pi^*\beta_4}$。

由上述的原理即可得到文中式（3-6）、式（3-7）、式（3-21）和式（3-22）。

C：1996—2017 年各年的通货膨胀目标值和经济增长目标值

依据各年《国民经济和社会发展计划执行情况与国民经济和社会发展计划草案的报告》，得到 1996—2017 年央行的通货膨胀目标值如附表 3-1。

附表 3-1　　各年政策当局制定的通货膨胀目标值

年份	1996	1997	1998	1999	2000	2001	2002	2003	2004	2005	2006
通胀目标	10%	6%	5%	4%	4%	2%	2%	1%	3%	4%	3%
年份	2007	2008	2009	2010	2011	2012	2013	2013	2015	2016	2017
通胀目标	3%	4.8%	4%	3%	4%	3.5%	3.5%	3.5%	3%	3%	3%

依据各年《国民经济和社会发展计划执行情况与国民经济和社会发展计划草案的报告》，得到1996—2017年我国的经济增速目标值如附表3－2。

附表3－2　　各年政策当局制定的经济增速目标

年份	1996	1997	1998	1999	2000	2001	2002	2003	2004	2005	2006
经济增速目标	8%	8%	8%	7%	7%	7%	7%	7%	7%	8%	8%
年份	2007	2008	2009	2010	2011	2012	2013	2013	2015	2016	2017
经济增速目标	8%	8%	8%	8%	8%	7.5%	7.5%	7.5%	7%	6.5%—7%	6.5%

第四章

数据修订与中国实时货币政策操作规则[①]

引言：自1992年起，我国建立季度GDP核算机制，同时为了提高GDP核算数据的可靠性，国家统计局自2003年起还对年度和季度GDP实施初步核算、初步审核以及最终审核三个环节，不断定期修订和纠正宏观GDP核算数据。那么，这些数据修订是否影响对货币政策规则的识别？本章将在第二章、第三章基础上，拓展构建后顾式、同期式和前瞻式三种类型的时变参数货币政策规则，并基于实时数据和最终数据实证分析数据修订和实时估计对货币政策参数的影响效应，以此阐述中国央行的货币政策实时操作规则，同时，更是进一步探讨数据测度的准确性以及数据修订对于央行最优货币政策规则的制定与执行具有的重要决策参考价值。

① 本章核心内容见于：陈创练、郑挺国，《数据修订、实时估计与时变参数货币政策规则抉择》，《统计研究》2018年第8期。

第一节 数据修订下货币政策规则识别理论述评

泰勒规则（Taylor，1993）是广泛用于刻画央行货币政策行为的重要理论，它能够有效识别央行利率行为对当期或预期通胀以及产出缺口的动态调整规律。在该规则中，当通胀和产出缺口的估计系数为正，则表示利率对政策目标呈顺周期调整，从而能够维护宏观经济稳定；反之若估计系数为负，则意味着利率对政策目标逆周期调整，并导致宏观经济波动加剧。该理论很好地解释了包括美联储和欧洲央行在内许多国家的货币政策行为（Clarida 等，2000；Boivin，2006）。然而，随着宏观经济形势变迁以及制度改革，货币政策泰勒规则的结构性参数并未保持恒定。特别是，盯住通胀和产出缺口目标参数均在 20 世纪八九十年代发生结构性转变（Cogley和 Sargent，2005；Gerlach 和 Lewis，2014），甚至是呈现显著适时调整的时变过程（Kim 和 Nelson，2006）。可见，传统常系数模型不再适用于估计泰勒规则，因其不能准确测度利率规则对政策目标的动态时变调整机制，也就无法为央行提供更为科学和有效的政策指导意见。

更重要的是，货币政策规则具有较强的前瞻性特征，同时由于通胀预期不可观察，因此在实际的泰勒规则估计过程中，一般采用计量模型对通胀进行预测。不同测度方法的选定均可能引发测量误差并导致泰勒规则模型估计存在严重内生性问题。特别是，泰勒规则中的关键变量产出缺口不可观察，一般采用滤波方法对其进行测定。然而，现实中许多国家对名义产出和实际产出随着时间推移不断通过初步和最终审核对数据展开修订核准，但作为政策当局在做出决策时只能获取当下实时数据，并无法预知未来最终修订数据。因此，许多研究基于最终修订数据，采用滤波方法估计产出缺口，并展开货币政策分析可能会得出误导性结论。Orphanides（2001）的研究就表明基于实时数据和最终数据估计得到的泰勒规则存在较大差异。可见传统依赖最终数据的货币政策规则无法准确刻画，政策当局只能根据实时数据做出的反应，由此得出具有错误指导意见的政策建议（Ehrmann 和 Smets，2003）。

为此，近年来国外学者针对实时数据的货币政策规则展开了许多研究，通过对比考察了基于最终数据货币政策分析的可靠性以及数据修订对泰勒规则估计的影响。代表性研究，如 Orphanides（2003）基于实时产出缺口对 Clarida 等（2000）的模型展开实证发现，20 世纪 70 年代美国货币政策行为与后者的研究结论存在很大不同，其中货币政策盯住通胀和产出缺口的强度变小。特别是，Gerdesmeier 和 Roffia（2004）对基于欧洲数据的同期性和前瞻性货币政策对比发现，实时数据估计得到的目标利率比最终数据存在更大的不确定性。而且，产出缺口的不准确测量将极大地降低泰勒规则中的最优系数（Bernhardsen 等，2005）。由此可见，基于实时数据将导致模型估计结论呈现极大变化（Gerberding 等，2005）。如通过对比美国和德国分别基于最终数据和实时数据的泰勒规则估计结果发现，德国基于两者的估计结果差异更大（Molodtsova 等，2008）。而且，与最终数据估计结果相比，基于实时数据的估计结果表明，欧洲央行的货币政策具有更强的利率平滑惯性，且盯住通胀目标更小，同时，央行在通胀和产出缺口目标平衡上面临更大挑战（Neri 和 Ropele，2011）。但最近也有研究发现，基于实时数据估计得到的美联储货币政策盯住通胀和产出缺口的参数更大（Belke 和 Klose，2011），也具有更强的时变波动特征（Mandler，2012）。可见，20 世纪 70 年代实施的货币政策规则低估了对产出缺口的响应系数（Rzhevskyy 和 Papell，2015）。上述研究表明央行对最终数据和实时数据的时变响应迥异，而基于最终数据和实时数据估计得到的泰勒规则更是呈现出截然不同的结论。特别是，美联储在低失业率时期盯住的是最终通胀率，只有在高失业率时期才更关注实时通胀（Cassou 等，2017）。由此，如若仅对最终数据展开分析可能会给政策制定者提供错误指导意见，同时也意味着我们须谨慎对待采用最终数据替代实时数据的货币政策分析，甚至需要综合考察基于最终数据和实时数据的货币政策分析，才能更为有效地刻画出央行货币政策行为。

国内学者有关货币政策时变参数的研究文献相对较少，代表性的研究如刘金全和张小宇（2012）以及陈创练等（2016）。基于同期性时变参数货币政策规则的研究更是表明，我国利率规则呈现显著盯住通胀和产出缺口的时变调整过程，而且我国利率调整处于逐渐从相机抉择型向规则型过渡阶段。而基于实时数据的泰勒规则分析更是少见，据笔者所知，仅有郑挺国和王霞（2011）基于常系数模型比较分析了实时和最终两类不同数据下的泰勒规则，发现前瞻性货币政策规则最优有效。但该文并未着重考察数据修订对货币政策规则结构性参数估计的影响，亦未采取工具变量方法消除模型参数估计的内生性问题。

纵观现有文献，多数研究只对最终数据和历史数据展开实证估计和识别，而且，构建的是基于事后估计法的常系数模型，不能为我国货币政策的前瞻性识别和时变演进以及未来货币政策调整提供具有预见性的决策依据。特别是，国家统计局还会对最终数据展开修正，这对于货币政策的实时有效制定以及准确测定前瞻性规则行为产生不良影响。更重要的是，随着宏观经济形势变迁和制度改革，货币政策泰勒规则的结构性参数不再永久保持恒定，因此，基于时变参数模型框架才能更为有效和准确捕捉泰勒规则的动态时变调整过程。有鉴于此，本章拓展引入前瞻性时变参数货币规则，同时收集和统计中国实时数据，并对我国后顾性、同期性和前瞻性泰勒规则的时变政策取向展开实时估计，这不仅有助于我们理解我国货币政策演变历史特征，还能为央行前瞻性的货币政策规则制定与实施提供重要的决策参考依据。由此可见，本章的主要贡献体现在如下三点。第一，搜集和统计了 1992 年以来我国实际经济增长的实时数据，并比较分析了基于最终数据和实时数据的产出缺口，挖掘两种呈现差异的主要原因。第二，国内现有研究只估计了同期性时变参数泰勒规则，本章拓展构建了前瞻性时变参数泰勒规则，而且为了对比还拓展构建了后顾性和同期性时变参数货币政策泰勒规则，通过工具变量法设定卡尔曼滤波模型估计得到通胀和产出缺口变量的测量误差，并在时变参数模型中拓展引入测量误差以期消除内生性对货币政策估计的影响，这是对国内现有时变参数货币政策规则测定理论的重要补充。第三，从时变参数的角度比较分析三种类型货币政策规则分别对于最终数据和实时数据的适应性，并重点考察数据修订和实时估计对于时变参数泰勒规则估计系数的显著性影响效应，以期为央行针对不同数据时如何选择最优的泰勒规则来制定货币政策提供重要的决策依据。

第二节　时变参数理论模型及其识别方法

泰勒规则由 Taylor（1993）提出，该模型能够有效识别货币政策对通胀和产出缺口的响应特征。本章在 Clarida 等（1999）以及 Kim 和 Nelson（2006）有关平滑利率和时变参数设定基础上，在货币政策中引入时变通胀目标和时变产出缺口变量，并在此基础上构建后顾性、同期性和前瞻性三种类型的时变参数泰勒规则。前瞻性货币政策规则设定不仅有助于货币政策对预见性的前瞻信息做出反应，而且能够有效管控通胀风险和维护宏观经济发展。由此，构建时变参数货币政策规则反应式为：

$$i_t = \beta'_{0,J,t} + \beta_{1,J,t}(E_t\pi_{t,J} - \pi_t^*) + \beta_{2,J,t}E_t y_{t,J} + \rho_{J,t}i_{t-1} \qquad (式4-1)$$

其中，i_t 为短期名义利率，π_t^* 为时变通胀目标。$E_t\pi_{t,J}$ 和 $E_t y_{t,J}$ 分别表示 t 时期对 $t+J$ 期通胀和产出缺口的预期。特别是，在模型系统中引入预期变量，由此可能引发测量误差并导致模型估计存在严重的内生性问题。故此，令 $e_{\pi,J,t} = E_t\pi_{t,J} - \pi_{t,J}$ 和 $e_{y,J,t} = E_t y_{t,J} - y_{t,J}$，其中，$e_{\pi,J,t}$ 和 $e_{y,J,t}$ 分别表示通胀预期和产出缺口预期的测量误差。将其代入式（4－1）可得：

$$i_t = \beta_{0,J,t} + \beta_{1,J,t}\pi_{t,J} + \beta_{2,J,t}y_{t,J} + \rho_{J,t}i_{t-1} + e_{J,t} \qquad (式4-2)$$

其中，$\beta_{0,J,t} = \beta'_{0,J,t} - \beta_{1,J,t}\pi_t^*$，测量误差 $e_{J,t} = \beta_{1,J,t}(E_t\pi_{t,J} - \pi_{t,J}) + \beta_{2,J,t}(E_t y_{t,J} - y_{t,J}) = \beta_{1,J,t}e_{\pi,J,t} + \beta_{2,J,t}e_{y,J,t}$。为了满足利率平滑性特征，同时，遵循 Primiceri（2005）以及 Nakajima（2011）的研究惯例，设定模型系统时变参数满足如下随机过程：

$$\rho_{J,t} = \frac{1}{1 + \exp(-\beta_{3,J,t})} \qquad (式4-3)$$

$$\beta_{i,J,t} = \beta_{i,J,t-1} + \varepsilon_{i,J,t}, \varepsilon_{i,J,t} \sim i.i.d.N(0,\sigma^2_{\varepsilon,J,i}), i = 0,1,2,3 \qquad (式4-4)$$

由此使得 $0 < \rho_{J,t} < 1$，满足利率平滑性要求。同时，由于异方差亦是式（4－2）泰勒规则模型的重要影响因素，故此，与 Sims（2001）以及 Sims 和 Zha（2006）研究相一致，我们假定模型残差可能存在异方差性，而且服从 GARCH（1，1）过程：

$$e_{J,t} | \psi_{t-1} \sim N(0, \sigma^2_{\varepsilon,J,i}) \quad \text{(式 4-5)}$$

$$\sigma^2_{e,J,t} = \alpha_{J,0} + \alpha_{J,1} e^2_{J,t-1} + \alpha_{J,2} \sigma^2_{e,J,t-1} \quad \text{(式 4-6)}$$

事实上，货币政策规则忽略扰动项的异方差性，这将导致时变反应系数的估计结果有偏。同时，测量误差的存在也可能导致残差与解释变量相关，因此，如果单独采用拓展卡尔曼滤波和极大似然法对式（4-2）至式（4-6）进行联立估计，则依然可能由于模型存在的内生性导致参数估计结果有偏。有鉴于此，借鉴 Kim 和 Nelson（2006）两阶段估计法，首先，我们将通货膨胀和产出缺口对一系列工具变量做回归处理，并由此估计得到通胀率和产出缺口的前瞻性预测值，同时在回归过程中我们设定模型的估计参数是时变的，而且残差具有异方差性特征。其次，以此估计得到通货膨胀和产出缺口方程的标准化残差，并将它们作为解释变量引入式（4-2）至式（4-6）模型系统，以期消除测量误差可能引发内生性对模型估计的影响。其中，与国内现有研究相比，本章首次设定通货膨胀和产出缺口是一个关于工具变量 Z_t（本章采用短期名义利率、通货膨胀率、产出缺口、商品零售价格指数和 M2 增速等五个变量作为工具变量）的联立方程组：

$$\pi_{t,J} = \mathbf{Z}'_t \delta_{1,J,t} + v_{1,J,t} \quad v_{1,J,t} \sim N(0, \sigma^2_{v_{1,J,t}}) \quad \text{(式 4-7)}$$

$$y_{t,J} = \mathbf{Z}'_t \delta_{2,J,t} + v_{2,J,t} \quad v_{2,J,t} \sim N(0, \sigma^2_{v_{2,J,t}}) \quad \text{(式 4-8)}$$

其中，$\delta_{i,J,t} = \delta_{i,J,t-1} + u_{i,J,t}, u_{i,J,t} \sim i.i.d. N(0, \Sigma_{u,J,t}) \quad i = 1,2$

$\sigma^2_{v_{j,J,t}} = a_{0,j,J} + a_{1,j,J} v^2_{j,J,t-1} + a_{2,j,J} \sigma^2_{v_{j,J,t-1}}, j = 1,2$。

由上式可知，不确定性与未来通胀和产出缺口依然存在时变关系。为了有效估计上述模型系统，本章设定 $t+J$ 期通胀和产出缺口可分解为两部分，即预测部分和预测误差：

$$\begin{bmatrix} \pi_{t,J} \\ y_{t,J} \end{bmatrix} = E\left[\begin{matrix} \pi_{t,J} \\ \pi_{t,J} \end{matrix} \middle| \psi_{t-1}\right] + \begin{bmatrix} v_{1,J,t|t-1} \\ v_{2,J,t|t-1} \end{bmatrix} \quad \text{(式 4-9)}$$

$$\begin{bmatrix} v_{1,J,t|t-1} \\ v_{2,J,t|t-1} \end{bmatrix} = \Omega^{1/2}_{J,t|t-1} \begin{bmatrix} v^*_{1,J,t} \\ v^*_{2,J,t} \end{bmatrix}, \begin{bmatrix} v^*_{1,J,t} \\ v^*_{2,J,t} \end{bmatrix} \sim i.i.d. N\left(\begin{bmatrix} 0 \\ 0 \end{bmatrix}, \begin{bmatrix} 1 & 0 \\ 0 & 1 \end{bmatrix}\right)$$

（式 4-10）

其中，ψ_{t-1} 是基于 $t-1$ 期的信息集合。令 $v_{J,t-1|t-1} = [v_{1,J,t|t-1} \quad v_{2,J,t|t-1}]'$，则 $\Omega_{J,t|t-1}$ 是一个关于预测误差向量 $v_{J,t-1|t-1}$ 的 2×1 阶时变条件协方差矩

阵，而且是基于卡尔曼滤波估计获得。令标准化预测残差 $\mathbf{v}_{J,t}^{*}=[v_{1,J,t}^{*}\quad v_{2,J,t}^{*}]'$，2×1 阶系数矩阵 $\boldsymbol{\theta}_J=[\theta_{1,J}\quad\theta_{2,J}]'$，则 $v_{J,t}^{*}$ 与 $e_{J,t}$ 的协方差矩阵可表示为：

$$\begin{bmatrix} v_{J,t}^{*} \\ e_{J,t} \end{bmatrix} \sim N\left(\begin{bmatrix} 0 \\ 0 \end{bmatrix},\begin{bmatrix} I_2 & \theta_J\sigma_{e,J,t} \\ \theta'_J\sigma_{e,J,t} & \sigma_{e,J,t}^{2} \end{bmatrix}\right) \qquad (式 4-11)$$

$$\begin{bmatrix} v_{J,t}^{*} \\ e_{J,t} \end{bmatrix} = \begin{bmatrix} I_2 & 0_2 \\ \theta'_J\sigma_{e,J,t} & \sqrt{1-\theta'_J\theta_J}\,\sigma_{e,J,t} \end{bmatrix}\begin{bmatrix} v_{J,t}^{*} \\ \varpi_{J,t} \end{bmatrix},$$

$$\begin{bmatrix} v_{J,t}^{*} \\ \varpi_{J,t} \end{bmatrix} \sim i.id.\,N\left(\begin{bmatrix} 0_2 \\ 0 \end{bmatrix},\begin{bmatrix} I_2 & 0_2 \\ 0'_2 & 1 \end{bmatrix}\right) \qquad (式 4-12)$$

其中，0_2 表示 2×1 阶的零向量矩阵。故此，可设定式（4－2）的估计残差满足：

$$e_{J,t}=\theta_{J,1}\sigma_{e,J,t}v_{1,J,t}^{*}+\theta_{2,J}\sigma_{e,J,t}v_{2,J,t}^{*}+\varpi_{J,t}^{*},\ \varpi_{J,t}^{*}\sim N(0,(1-\theta_{1,J}^{2}-\theta_{2,J}^{2})\sigma_{e,J,t}^{2}) \qquad (式 4-13)$$

其中，$\varpi_{J,t}^{*}=\sqrt{1-\rho_{1,J}^{2}-\rho_{2,J}^{2}}\,\sigma_{e,J,t}\varpi_{J,t}$，且 $\varpi_{J,t}^{*}$ 与 $v_{1,J,t}^{*}$ 和 $v_{2,J,t}^{*}$ 不相关。由此，我们将式（4－2）中的残差分解为两部分，第一部分为 $\theta_{1,J}\sigma_{e,J,t}v_{1,J,t}^{*}+\theta_{2,J}\sigma_{e,J,t}v_{2,J,t}^{*}$，与解释变量相关；第二部分为 $\varpi_{J,t}^{*}$，其与解释变量无关。同时，如果式（4－2）不存在残差与解释变量相关，则系数 $\theta_{1,J}$ 和 $\theta_{2,J}$ 等于零。

由此可见，本章可基于如下两步对模型系统展开估计：

步骤一：通过使用基于 Harvey 等（1992）完善后的卡尔曼滤波（Kalman Filter）和工具变量法，估计得到通货膨胀和产出缺口预期值以及标准化预测残差 $\hat{v}_{1,J,t}^{*}$ 和 $\hat{v}_{2,J,t}^{*}$。

步骤二：将式（4－3）和式（4－13）代入式（4－2），并通过卡尔曼滤波和状态空间模型，利用最大似然函数法估计如下方程式（4－14）和式（4－4）至式（4－6）：

$$i_t=\beta_{0,J,t}+\beta_{1,J,t}\pi_{t,J}+\beta_{2,J,t}y_{t,J}+\frac{1}{1+\exp(-\beta_{3,J,t})}i_{t-1}+\theta_{1,J}\sigma_{e,J,t}v_{1,J,t}^{*}+\theta_{2,J}\sigma_{e,J,t}v_{2,J,t}^{*}+\varpi_{J,t}^{*} \qquad (式 4-14)$$

由于上式估计存在非线性问题，令非线性部分 $f(i_{t-1};\beta_{3,J,t})=$

$\frac{1}{1+\exp(-\beta_{3,J,t})}i_{t-1}$，则式（4－14）可改写为：

$$i_t = f(i_{t-1};\beta_{3,J,t}) + \beta_{0,J,t} + \beta_{1,J,t}\pi_{t,J} + \beta_{2,J,t}y_{t,J} + \theta_{1,J}\sigma_{e,J,t}\upsilon^*_{1,J,t} + \theta_{2,J}\sigma_{e,J,t}\upsilon^*_{2,J,t} + \varpi^*_{J,t} \quad \text{（式 4－15）}$$

其中，$\varpi^*_{J,t} \sim N(0,(1-\rho^2_{1,J}-\rho^2_{2,J})\sigma^2_{e,J,t})$。遵循 Harvey 等（1992）的研究设定，我们在 $\beta_{3,J,t} = \beta_{3,J,t|t-1}$ 周围线性化 $f(i_{t-1};\beta_{3,J,t})$，其中，$\beta_{3,J,t} = E[\beta_{3,J,t}|\psi_{t-1}]$，则可得线性化方程为：

$$Y_{J,t} = \mathbf{X}'_{J,t}\boldsymbol{\beta}_{J,t} + \theta_{1,J}\sigma_{e,J,t}\upsilon^*_{1,J,t} + \theta_{2,J}\sigma_{e,J,t}\upsilon^*_{2,J,t} + \varpi^*_{J,t} \quad \text{（式 4－16）}$$

其中，$\boldsymbol{\beta}_{J,t} = [\beta_{0,J,t} \quad \beta_{1,J,t} \quad \beta_{2,J,t} \quad \beta_{3,J,t}]'$，

$$\mathbf{X}_{J,t} = [1 \quad \pi_{t,J} \quad y_{t,J} \quad i_{t-1}\exp(-\beta_{3,J,t|t-1})/^*(1+\exp(-\beta_{3,J,t|t-1}))^2]',$$

$$Y_{J,t} = i_t - \frac{i_{t-1}}{1+\exp(-\beta_{3,J,t|t-1})} + \frac{i_{t-1}\exp(-\beta_{3,J,t|t-1})\beta_{3,J,t|t-1}}{[1+\exp(-\beta_{3,J,t|t-1})]^2}。$$

联立式（4－4）和式（4－16），则上述模型系统可重新改写为：

$$Y_{J,t} = [\widetilde{\mathbf{X}}'_{J,t} \quad 1]\begin{bmatrix}\boldsymbol{\beta}_{J,t}\\ \varpi^*_{J,t}\end{bmatrix} + \theta_{1,J}\sigma_{e,J,t}\hat{\upsilon}^*_{1,J,t} + \theta_{2,J}\sigma_{e,J,t}\hat{\upsilon}^*_{2,J,t} \quad \text{（式 4－17）}$$

其中，令 $\widetilde{\mathbf{X}}'_{J,t} = [\mathbf{X}'_{J,t} \quad 1]$，$\widetilde{\boldsymbol{\beta}}_{J,t} = [\boldsymbol{\beta}_{J,t} \quad \varpi^*_{J,t}]$，则状态方程可表述为：

$$\begin{bmatrix}\boldsymbol{\beta}_{J,t}\\ \varpi^*_{J,t}\end{bmatrix} = \begin{bmatrix}I_4 & 0\\ 0 & 0\end{bmatrix}\begin{bmatrix}\boldsymbol{\beta}_{J,t-1}\\ \varpi^*_{J,t-1}\end{bmatrix} + \begin{bmatrix}\varepsilon_{J,t}\\ \varpi^*_{J,t}\end{bmatrix} \quad \text{（式 4－18）}$$

将状态方程改写为矩阵形式：$\widetilde{\boldsymbol{\beta}}_{J,t} = F_J\widetilde{\boldsymbol{\beta}}_{J,t-1} + \widetilde{\mathbf{V}}_{J,t}$ （式 4－19）

$$其中，E(\widetilde{\mathbf{V}}_{J,t}\widetilde{\mathbf{V}}'_{J,t}) = \begin{bmatrix}\sum_{\varepsilon,J} & 0\\ 0 & (1-\theta^2_{1,J}-\theta^2_{2,J})\sigma^2_{e,J,t}\end{bmatrix} = \widetilde{Q}_{J,t}$$

（式 4－20）

在卡尔曼滤波每一次迭代中，将模型在 $\beta_{3,J,t} = \beta_{3,J,t|t-1}$ 附近线性展开，并每次更新卡尔曼滤波各参数 $\beta_{i,J,t}(i=0,1,2,3)$ 和计算得到新的 $Y_{J,t}$ 和 $X_{J,t}$，如此重复迭代，直至模型参数估计收敛为止。在上述状态空间模型中，依然需要估计 $e^2_{J,t-1}$ 服从 GARCH（1，1）过程 $\sigma^2_{e,J,t} = \alpha_{0,J} + \alpha_{1,J}e^2_{J,t-1} + \alpha_{2,J}\sigma^2_{e,J,t-1}$ 和 $Q_{J,t}$。因此，可通过 $e^2_{J,t-1} \approx E(e^2_{J,t-1}|\psi_{t-1})$ 计算，其中，ψ_{t-1} 为

$t-1$ 时刻信息集合。因为 $e_{J,t-1}=\theta_{1,J}\sigma_{e,J,t}\upsilon_{1,J,t-1}^{*}+\theta_{2,J}\sigma_{e,J,t}\upsilon_{2,J,t-1}^{*}+\varpi_{J,t-1}$，且 $e_{J,t-1}=E(e_{J,t-1}\mid\psi_{t-1})+[e_{J,t-1}-E(e_{J,t-1}\mid\psi_{t-1})]$，则我们可以估计得到：

$$E(e_{J,t-1}^{2}|\psi_{t-1})=E(e_{J,t-1}|\psi_{t-1})^{2}+E[e_{J,t-1}-E(e_{J,t-1}|\psi_{t-1})]^{2}=[\theta_{1,J}\sigma_{e,J,t}\nu_{1,J,t-1}^{*}+\theta_{2,J}\sigma_{e,J,t}\nu_{2,J,t-1}^{*}+E(\omega_{J,t-1}|\psi_{t-1})]^{2}+E[\omega_{J,t-1}-E(\omega_{J,t-1}|\psi_{t-1})]^{2}$$

（式 4－21）

其中，$E(\omega_{J,t-1}|\psi_{t-1})$ 可由 $\widetilde{\beta}_{J,t-1|t-1}$ 迭代的最后一个因素决定，而平均误差 $E[\omega_{J,t-1}-E(\omega_{J,t-1}|\psi_{t-1})]^{2}$ 则取决于 $P_{J,t-1|t-1}$ 的最后一个对角元素。可见，通过线性化方程，并采用状态空间模型和卡尔曼滤波方法可估计得到非线性时变参数货币政策规则的各时变参数估计值。

在时变参数模型系统式（4－14）中，若 $J\geqslant1$ 则模型系统为前瞻性时变参数泰勒规则；若 $J=0$ 则模型表现为同期性时变参数泰勒规则；若 $J\leqslant-1$ 则模型表示为后顾性时变参数泰勒规则，同时在该情形中由于模型不存在测量误差和内生性问题（即令 $\theta_{1,J\leqslant-1}=\theta_{2,J\leqslant-1}=0$ 和 $\upsilon_{1,J\leqslant-1,t}^{*}=\upsilon_{2,J\leqslant-1,t}^{*}=0$），故此无须采用工具变量法，可直接基于卡尔曼滤波和状态空间模型估计获得。特别是，时变参数 $\rho_{J,t}$ 可用于测度央行利率平滑倾向；而时变参数 $\beta_{1,J,t}^{*}=\beta_{1,J,t}/(1-\rho_{J,t})$ 和 $\beta_{2,J,t}^{*}=\beta_{2,J,t}/(1-\rho_{J,t})$ 可分别用于测度货币政策盯住通胀目标和产出缺口目标的时变政策取向；同时，时变参数 $\beta_{0,J,t}^{*}=\beta_{0,J,t}/(1-\rho_{J,t})$ 可用于估计时变均衡利率走势。据此可断定我国货币政策规则的时变行为以及后顾性、同期性和前瞻性三种设定在我国货币政策估计中的适应性。

第三节　季度 GDP 的最终估计及数据修订的实时估计

自从我国在 1985 年建立 GDP 核算制度以来，每年都实时公布年度国内生产总值水平。特别是，自 1992 年起，我国还建立季度 GDP 核算机制，同时为了提高 GDP 核算数据的可靠性，国家统计局自 2003 年起还对年度和季度 GDP 实施初步核算、初步审核以及最终审核三个环节，不断定期修订和矫正宏观 GDP 核算数据。可分为常规修订和全面修订两类，其中，对年度数据初步审核和最终审核后，需对季度数据做修订的称为常规修订；在开展全国普查数据后（2004 年起每五年一度全国性经济普查），基于新基础资料或计算方法及分类标准发生变化后需对历史季度数据做进一步修订的称为全面修订。2017 年 1 月 9 日，为了避免多次修订带来不便以及精减改革，国家统计局更是把上述三个步骤调整为初步核算和最终核算两个步骤。

依据上述国家公布季度 GDP 增长率的步骤，本章收集了我国从 V1992Q2 至 V2018Q1 的季度 GDP 增速实时数据。其中，V 表示该季度可获得的实时数据，如 V2018Q1，表示在 2018 年第一季度可获得的 2017Q4 之前所有季度的修订后数据。以上数据均来自《中国季度国内生产总值历史资料》《中国人民银行统计季报》和国家统计局。同时为了保持实时分析中样本有足够的数据，我们基于 Abeysinghe 和 Rajaguru（2004）方法对 1978—1991 年的年度 GDP 做季度分解。在上述统计数据基础上，我们分别估计了基于实时数据的产出缺口、基于拟实时数据的产出缺口以及基于最终数据的产出缺口，具体核算和估计过程可向作者索取或详见郑挺国和王霞（2010）。

由图 4-1 可知，基于实时数据和最终数据的产出缺口估计值呈现较强的偏差，可见，国家统计局对季度 GDP 数据的不断修订导致两种类型产出缺口的估计结果迥异。由上述分析可知，作为央行和一般经济行为主体，在过去某一时刻并不知此后数据修订的具体信息，因此，如果仅单独对最终数据展开实证分析，可能会由于数据偏差而导致模型估计结果有误。鉴于此，我们将实时估计产出缺口与最终估计产出缺口之差（TR = RT - EP）记为数据总修订成分。为了进一步分析导致偏差的具体原因，我们将实时估计产出缺口减去拟实时估计产出缺口（DR = TR - QR），由于这两类数据的估计方式类似，唯一不同的是拟实时数据是基于最终修订数据通过递归的方式估计获得，我们可以将两者之差定义为数据修正成分。最后，将总修订成分减去数据修正成分，可得事后信息矫正成分（TR - DR = RT - EP - （TR - QR） = QR - EP），该部分反映了事后信息矫正在总修订中的重要性。如图 4-2 所示，可以发现，数据修正成分围绕零上下波动，可见其具有一定随机性特征；而事后信息矫正成分和总修订呈现较为一致的偏离走势，表明我国产出缺口实时估计和最终估计的差异主要是由事后信息矫正成分所决定，事后信息矫正远比数据修正更为重要。

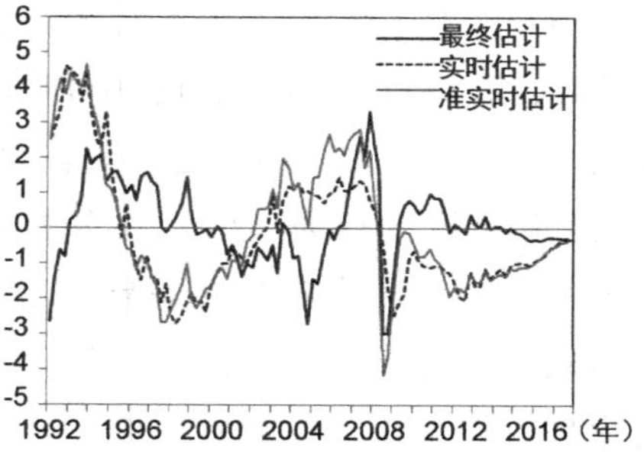

图 4－1　中国三种产出缺口估计：1992—2017 年

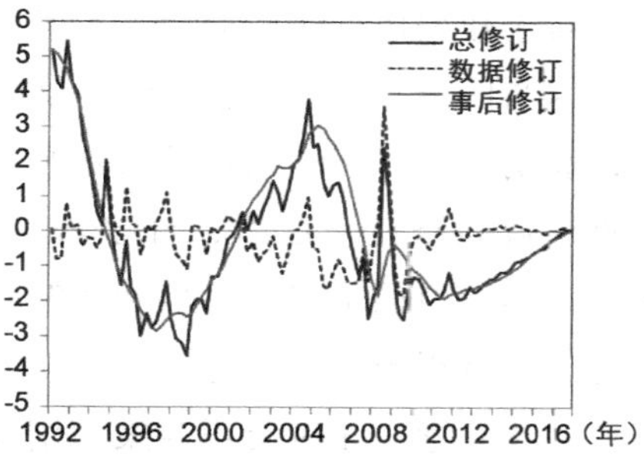

图 4－2　中国产出缺口修订：1992—2017 年

表 4－1 列出了三类产出缺口估计、三类修订成分的描述性统计、各类产出缺口估计方法和修订成分与最终产出缺口估计值的偏离程度检验情况。如表所示，我们发现产出缺口最终估计的均值为 0.1175，而实时估计的均值为－0.1638，拟实时估计的均值仅为－0.0105，由此可见，三类产出缺口估计结果差别明显，这与图形 4－1 的结果相一致，表明产出缺口估计的数据选择尤为重要。特别是，三类产出缺口估计值的标准差相对较小，而且服从一阶自回归过程，可见其受过去因素的影响较大。就修订情况而言，最终修订、数据修订和事后修订均值分别为－0.2813、－0.1533 和－0.1281，表明三类修订均对实时数据具有负向修订效应。

为了进一步考察修订的具体效果，本章计算了六个统计量。其中，COR 表示各变量与产出缺口最终估计值的相关系数。MSFE 为各变量对产出缺口最终估计值偏离程度方差的均值，该数值越小表明其与最终数据估计值拟合程度越高。MAFE 表示各变量对产出缺口最终估计值偏离绝对数的平均值，该数值越小亦表明其与最终数据估计值拟合程度更好。Bias 表示各变量对产出最终估计值偏离的平均值，该数值反映了其对最终数据估计值的平均偏离情况，该数值越大则表明其与最终数据估计值拟合程度越低。OPSIGN 为各变量与最终估计值符号相反的频率。CSIZE 表示各变量绝对值超过最终估计值绝对值的频率，该数值越大则表明两者拟合程度越低。由表 4－1 的估计结果可知，与实时估计值相比，拟实时估计值与产出缺口最终估计值的相关性更强，虽然 MSFE 和 MAFE 差别不大，但是从偏度看，很明显拟实时估计偏离程度更低。同时，我们也必须清醒认识到拟实时估计和实时估计结果均与最终估计结果呈现符号相反的频率相对较高。对于数据修订情况而言，三类修订均与最终估计值存在弱的负相关关系，这与图形 4－2 的走势是一致的。同时，我们亦发现三者的 MSFE 较高，表明对实时估计数据的修订是明显的。特别是，OPSIGN 也相对较大，可见从数据修订角度看，许多修订时刻是逆向修订行为。由上述分析可知，产出缺口的最终估计值和实时估计值存在相对较为明显的差异，这也就为央行货币政策的制定和执行以及产出缺口的选定造成一定的难度。鉴于此，本章通过多种货币政策甄别以期为央行在货币政策制定时的产出缺口选择提供决策依据。

表 4－1　　产出缺口和数据修订的描述性统计及修订效果检验

变量	均值	中位数	最大值	最小值	标准差	AR (1)
最终估计	0.1175	0.0120	3.3000	－2.9800	1.1414	0.7656
实时估计	－0.1638	－0.7338	4.6138	－2.7384	1.7160	0.9428
拟实时估计	－0.0105	－0.5914	4.6281	－4.1698	1.8977	0.9278
最终修订	－0.2813	－0.7915	5.4350	－3.5700	1.9476	0.8761
数据修订	－0.1533	－0.0595	3.5850	－1.8170	0.7636	0.5237
事后修订	－0.1281	－0.7155	5.1540	－2.8420	1.9752	0.9538
修订效果检验方法	COR	MSFE	MAFE	Bias	OPSIGN	CSIZE
实时估计	0.1160	3.8358	1.6102	0.2813	0.4615	0.7212
拟实时估计	0.2314	3.8805	1.6514	0.1281	0.5000	0.7115
最终修订	－0.4839	7.3368	2.1953	0.3988	0.6538	0.7212
数据修订	－0.3144	2.4840	1.0855	0.2708	0.5865	0.3173
事后修订	－0.3556	6.8028	2.1649	0.2456	0.6058	0.7596

第四节　数据修订与实时货币政策规则识别

一、数据来源及说明

通胀率是测量一个国家或地区物价水平的一个重要变量，由《中国统计月报》和《中国经济景气月报》统计数据计算得到季度同比通胀率。

利率是反映资金市场供给和需求关系的重要价格指标，同时由于我国在1996年开始才实施全国联网的同业拆借市场，因此，本章选取1996年以后的同业拆借利率作为利率指标的替代变量，1992—1995年的数据来自上海融通中心联网的同业拆借利率（数据来源于《中国人民银行统计季报》）。

本章模型估计涉及五个工具变量是：利率、产出缺口、通胀率、商品零售价格指数和M2增速。其中，商品零售价格指数反映的是商品在零售环节所销售商品的物价状况，本章对《中国统计月报》和《中国经济景气月报》统计的月度商品零售价格指数亦通过三项移动平均求得季度指数；M2增速则是基于中国人民银行提供的各季度M2存量数据计算得到。

此外，考虑到1992年起我国才开始公布GDP季度数据，基于数据可获得性，本章在货币政策规则时变参数估计中采用的数据区间是1992—2017年各季度数据①。

二、模型参数检验估计结果

在同期性和前瞻性时变参数泰勒规则估计过程中，我们需要事先核算得到通胀和产出缺口方程的两个测量误差项。因此，本章首先联立方程式（4－7）和式（4－8），并以五个工作变量，采用卡尔曼滤波方法对模型展开识别，在实际估计过程中，我们设定工具变量的滞后阶数为4。由此，对于$J \geqslant 0$，我们可以估计得到通胀率的测量误差项$\hat{v}_{1,J,t}$和产出缺口的测量误差项$\hat{v}_{2,J,t}$；再依据模型我们可以进一步将其分别标准化为$\hat{v}^*_{1,J,t}$和$\hat{v}^*_{2,J,t}$；最后可将其作为解释变量代入式（4－17）展开估计，以期消除内生性对模型参数估计的影响。必须指出的是，对于后顾性模型由于所有解释变量均已知，因此模型不存在内生性问题，由此我们可以令$\theta_{1,J\leqslant -1} = \theta_{2,J\leqslant -1} = 0$直接对式（4－17）模型展开估计，即我们无须事先估计$\hat{v}^*_{1,J,t}$和$\hat{v}^*_{2,J,t}$，即$v^*_{1,J\leqslant -1,t} = v^*_{2,J\leqslant -1,t} = 0$。

由第二节分析可知，实时估计产出缺口和最终估计产出缺口存在显著

① 我们还采用断点单位根检验了利率、实时和最终两类产出缺口以及通胀率的平稳性。估计结果表明，在内生考虑结构性断点后，四个变量依旧是平稳序列。因此，在后文中我们采取时变参数模型对利率与通胀和产出缺口关系的动态时变关系展开实证检验是合理的。限于篇幅，具体的估计结果备索。

性的差别，为此，本部分分别对基于最终数据和实时数据的后顾性、同期性和前瞻性时变参数货币政策规则展开估计。模型参数估计的检验结果见表4-2。其中，$\sigma_{\varepsilon,J,i}(i=0,1,2,3)$ 分别表示各个待估时变系数方程式 (4-4) 残差的标准差，$\alpha_{i,J}(i=0,1,2)$ 则为式 (4-6) GARCH 模型各个待估计参数。同时，四个模型的通胀方程测量误差的估计系数 $\theta_{1,J}$ 和产出缺口方程测量误差的估计系数 $\theta_{2,J}$ 均不显著，但是如果联立检验原假设 H_0：$\theta_{1,J}=\theta_{2,J}=0$，基于似然比统计量 $LR=-2\times(\ln L_r-\ln L_{ur}):\chi^2(q)$，其中，$\ln L_r$ 和 $\ln L_{ur}$ 分别表示有约束和无约束模型的对数极大似然值，q 为约束个数。四个模型的检验结果均拒绝误差修正项估计系数联合等于零的原假设。可见，忽略模型变量的内生性问题，即模型误设将会导致在同期性和前瞻性货币政策规则模型中的参数估计结果有偏，这也进一步证明本章事先采用工具变量法，基于 GARCH 模型和卡尔曼滤波方法估计得到通胀和产出缺口测量误差的重要性和合理性。

表 4-2　　模型参数检验估计结果

参数	基于最终数据的货币政策规则模型			基于实时数据的货币政策规则模型		
	后顾性	同期性	前瞻性	后顾性	同期性	前瞻性
$\sigma_{\varepsilon,J,0}$	0.0339 (0.1157)	0.0775 (0.0758)	0.0411 (0.1034)	0.0002 (0.0173)	0.0192 (0.1898)	0.0448 (0.1083)
$\sigma_{\varepsilon,J,1}$	0.0052 (0.0108)	0.0118 (0.0074)	0.0123 (0.0075)	0.0008 (0.0174)	0.0083 (0.0092)	0.0082 (0.0102)
$\sigma_{\varepsilon,J,2}$	0.0716 (0.0507)	0.0394 (0.0412)	0.0027 (0.0509)	0.0318 (0.0341)	0.0394 (0.0297)	0.0383 (0.0378)
$\sigma_{\varepsilon,J,3}$	0.1262 (0.0495)	0.1252 (0.0529)	0.1453 (0.0508)	0.1929 (0.0538)	0.1423 (0.0430)	0.1128 (0.0586)
$\alpha_{0,J}$	0.0755 (0.0539)	0.0581 (0.0347)	0.0622 (0.0345)	0.0577 (0.0348)	0.0446 (0.0257)	0.0657 (0.0395)
$\alpha_{1,J}$	0.4679 (0.2768)	0.6073 (0.1988)	0.5438 (0.1923)	0.5195 (0.1926)	0.5546 (0.1610)	0.5954 (0.1803)
$\alpha_{2,J}$	0.2786 (0.2035)	0.2002 (0.1289)	0.2692 (0.1892)	0.2826 (0.1685)	0.3016 (0.1541)	0.2119 (0.1529)
$\theta_{1,J}$		0.1092 (0.1276)	-0.0816 (0.1250)		0.1699 (0.1167)	-0.0301 (0.1269)

续表

参数	基于最终数据的货币政策规则模型			基于实时数据的货币政策规则模型		
	后顾性	同期性	前瞻性	后顾性	同期性	前瞻性
$\theta_{2,J}$		-0.0989 (0.1199)	0.1202 (0.1205)		0.2342 (0.1126)	0.1576 (0.1131)
$LR_{\theta_{1,J}=\theta_{2,J}=0}$		9.1682 [0.0102]	10.7294 [0.0047]		7.0564 [0.0294]	9.7710 [0.0076]
$\ln L$	-96.8418	-98.6619	-98.8808	-99.4485	-93.9163	-98.1626

注：括号内和中括号内分别表示参数的标准误和统计量的对应 P 值。

三、时变参数货币政策规则估计结果及模型系统甄别

在上述参数估计基础上，基于模型系统式（4-17）可计算得到各时变参数 $\hat{\beta}^{j}_{i,J,t}(i=0,1,2;j=FL,RT)$ 和 $\rho^{j}_{J,t}$，并采用公式 $\hat{\beta}^{*j}_{i,J,t}=\beta^{j}_{i,J,t}/(1-\rho^{j}_{J,t})$ 可计算得到货币政策的时变均衡利率以及盯住通胀和产出缺口的时变参数。表 4-3 给出在不同模型系统和基于不同产出缺口测算模式下的各参数均值、标准差和 95% 置信区间。

表 4-3　基于两类数据的三种类型货币政策规则估计结果

参数	基于最终数据的货币规则模型			参数	基于实时数据的货币规则模型		
	均值	标准差	95% 置信区间		均值	标准差	95% 置信区间
后顾性货币政策规则							
$i_{0,J}$	3.5187	0.4726	[2.5924, 4.4450]	$i_{0,J}$	4.1032	0.4875	[3.1477, 5.0587]
i_{t-1}	0.6317	0.1306	[0.3577, 0.8697]	i_{t-1}	0.5785	0.1454	[0.2935, 0.8635]
$E_t\pi_{t,J=-1}$	0.2412	0.0491	[0.1450, 0.3374]	$E_t\pi_{t,J=-1}$	0.2636	0.0559	[0.1540, 0.3732]
$E_t y^{FL}_{t,J=-1}$	1.2530	0.2753	[0.7134, 1.7926]	$E_t y^{RT}_{t,J=-1}$	0.4704	0.1961	[0.0860, 0.8548]
同期货币政策规则							
$i_{0,J}$	3.5629	0.5269	[2.5302, 4.5956]	$i_{0,J}$	3.4687	0.4836	[2.5208, 4.4166]
i_{t-1}	0.6368	0.1351	[0.3720, 0.9016]	i_{t-1}	0.5825	0.1417	[0.3048, 0.8602]
$E_t\pi_{t,J=0}$	0.3161	0.0702	[0.1785, 0.4537]	$E_t\pi_{t,J=0}$	0.3581	0.0669	[0.2270, 0.4892]
$E_t y^{FL}_{t,J=0}$	0.9713	0.2173	[0.5454, 1.3972]	$E_t y^{RT}_{t,J=0}$	-0.1411	0.2263	[-0.5846, 0.3024]

续表

参数	基于最终数据的货币规则模型			参数	基于实时数据的货币规则模型		
	均值	标准差	95%置信区间		均值	标准差	95%置信区间
前瞻性货币政策规则							
$i_{0,J}$	3.3724	0.5135	[2.3659,4.3789]	$i_{0,J}$	3.2139	0.4891	[2.2553,4.1725]
i_{t-1}	0.6709	0.1375	[0.4014,0.9404]	i_{t-1}	0.6636	0.1264	[0.4159,0.9113]
$E_t\pi_{t,J=1}$	0.3821	0.0690	[0.2469,0.5173]	$E_t\pi_{t,J=1}$	0.3976	0.0616	[0.2769,0.5183]
$E_t y_{t,J=1}^{FL}$	0.1632	0.1560	[−0.1426,0.4690]	$E_t y_{t,J=1}^{RT}$	−0.3043	0.2261	[−0.7475,0.1389]

注：$i_{0,J}$、$E_t\pi_{t,J=1}$ 和 $E_t y_{t,J=1}^{j}(j = FL,RT)$ 估计系数分别为 $\beta_{0,J,t}^{*j} = \beta_{0,J,t}^{j}/(1-\rho_{J,t}^{j})$、$\beta_{1,J,t}^{*j} = \beta_{1,J,t}^{j}/(1-\rho_{J,t}^{j})$ 和 $\beta_{2,J,t}^{*j} = \beta_{2,J,t}^{j}/(1-\rho_{J,t}^{j})$。

在基于最终数据的货币政策规则模型系统中，从时变均衡利率 $\hat{\beta}_{0,J,t}^{FL}$ 看，在95%置信区间后顾性、同期性和前瞻性的均值分别显著为3.5187、3.5629和3.3724，三个模型的估计结果差异不大，说明目前我国的均衡利率在3.5%左右。从利率平滑时变参数 $\hat{\rho}_{J,t}^{FL}$ 看，后顾性、同期性和前瞻性货币政策规则中在95%概率下其均值分别显著为0.6317、0.6368和0.6709，表明我国货币政策泰勒规则具有较强的平滑惯性特征。我们意外地发现在前瞻性规则下比后顾性规则表现出更强的平滑特征。从盯住通胀目标时变参数 $\hat{\beta}_{1,J,t}^{*FL}$ 看，后顾性、同期性和前瞻性货币政策规则中在95%概率下其均值分别显著为0.2412、0.3161和0.3821，表明我国货币政策存在弱的盯住通胀目标偏好，而且是顺周期的，同时我们发现在前瞻性模型下比后顾性具有更强盯住通胀目标偏好。从盯住最终估计产出缺口时变参数 $\hat{\beta}_{2,J,t}^{*FL}$ 看，在后顾性、同期性和前瞻性模型系统下的均值分别为1.2530、0.9713和0.1632，可见，货币政策具有较强的盯住经济增长周期偏好。但由于前瞻性模型系统的估计参数不显著，而其他两类模型系统估计值则在95%置信区间上是显著的，表明前瞻性模型系统对于最终数据的估计结果并不稳定。为此，我们基于Ljung－Box检验和ARCH－LM检验分别对三类模型系统的残差作序列自相关和异方差检验（见表4－3），结果发现，后顾性模型系统的残差在滞后8阶存在较强的序列自相关和异方差性，表明该模型系统是不稳健的；而其他两类模型系统的残差不存在自相关和异方差性。由上述分析可知，对于最终数据，采用同期性货币政策规则展开估计最为有效。

在基于实时数据的货币政策规则模型系统中，从时变均衡利率 $\hat{\beta}_{0,J,t}^{*RT}$ 看，在95%置信区间后顾性、同期性和前瞻性的均值分别显著为4.1032、3.4687和3.2139，这与基于最终数据估计结果亦差异不大，说明目前我国的均衡利率大于3%。从利率平滑时变参数 $\hat{\rho}_{J,t}^{RT}$ 看，在95%置信区间后顾性、同期性和前瞻性的均值分别显著为0.5785、0.5825和0.6636，也说明我国货币政策具有较强的利率平滑规律，但稍微弱于基于最终数据模型的估计结果。从盯住通胀目标时变参数 $\hat{\beta}_{1,J,t}^{*RT}$ 看，后顾性、同期性和前瞻性货币政策规则中在95%概率下其均值分别显著为0.2636、0.3581和0.3976，与最终数据估计结果相比，我国货币政策在实时估计值存在更强的顺周期盯住通胀目标偏好。从盯住最终估计产出缺口时变参数 $\hat{\beta}_{2,J,t}^{*RT}$ 看，在后顾性、同期性和前瞻性模型系统下的均值分别为0.4704、-0.1411和-0.3043，同时除了在后顾性模型系统估计中在95%置信区间上显著外，其他两类模型的估计结果均不显著。此外，基于Ljung-Box检验和ARCH-LM检验结果更是发现，基于实时数据在同期性货币政策规则中的残差存在较强的异方差性，而其他两类模型估计的残差均不存在序列自相关和异方差性（见表4-4），由此可见，对于实时数据而言，由于同期性和前瞻性模型系统估计参数结果不稳定以及同期性模型残差存在自相关和异方差性，表明同期性和前瞻性模型系统均是较为不稳定的货币政策规则，它们无法刻画我国基于实时数据估计的泰勒规则。因此，本章的估计和检验结果表明，对于实时数据，基于后顾性货币政策规则模型系统估计最佳。

表4-4　后顾性、同期和前瞻性时变参数货币政策模型系统诊断结果

滞后期数	Ljung-Box检验			ARCH-LM检验		
	后顾性	同期性	前瞻性	后顾性	同期性	前瞻性
基于最终数据的货币规则模型						
2	0.9489 [0.6222]	1.5769 [0.4545]	0.9476 [0.6226]	3.1197 [0.2102]	1.7156 [0.4241]	0.7138 [0.6998]
4	2.0472 [0.7271]	3.1989 [0.5251]	1.5209 [0.8229]	3.2033 [0.5244]	1.9753 [0.7403]	2.0722 [0.7225]

续表

滞后期数	Ljung - Box 检验			ARCH - LM 检验		
	后顾性	同期性	前瞻性	后顾性	同期性	前瞻性
6	5.1918 [0.5195]	3.2385 [0.7784]	3.0305 [0.8050]	5.2966 [0.5064]	6.1131 [0.4106]	3.9455 [0.6841]
8	17.3822 [0.0264]	7.0186 [0.5346]	10.7206 [0.2180]	14.5422 [0.0687]	8.1171 [0.4221]	9.6978 [0.2869]
基于实时数据的货币规则模型						
2	0.0049 [0.9976]	1.2135 [0.5451]	0.6496 [0.7227]	3.7389 [0.1542]	4.7964 [0.0909]	0.8621 [0.6498]
4	2.2711 [0.6860]	3.4168 [0.4906]	1.1535 [0.4906]	3.5064 [0.4769]	4.2082 [0.3786]	3.9317 [0.4153]
6	4.3665 [0.6272]	2.4082 [0.8786]	2.9858 [0.8106]	10.4073 [0.1085]	13.9396 [0.0303]	9.1308 [0.1664]
8	8.6056 [0.3767]	8.8013 [0.3593]	7.9153 [0.4418]	11.4371 [0.1781]	13.5041 [0.0956]	12.3780 [0.1351]

注：中括号内为各统计量的对应 P 值。

四、后顾性、同期性和前瞻性时变参数货币政策规则估计结果

为了更进一步解释我国货币政策的时变动态变化规律，我们分别报告了基于实时数据和最终数据的各时变参数 $\hat{\beta}_{i,J,t}^{*j}$（$i=0,1,2;j=FL,RT$）和 $\hat{\rho}_{J,t}^{j}$。详细观察图 4 - 3 至图 4 - 10，可以得到如下四点结论。

第一，基于最终数据和实时数据模型系统的时变参数均衡利率 $\hat{\beta}_{0,J,t}^{*j}$（见图 4 - 3 和图 4 - 4）。两类不同数据的三种货币政策规则的均衡利率估计结果均表现出惊人的一致性。其中，对于最终数据，不论是后顾性、同期性，还是前瞻性货币政策，时变参数均衡利率均呈显著下降态势。从 1997 年的 6.8%—9.9% 下滑至 2017 年的 3.2%—4.8%。而对于实时数据，三类不同货币政策模型估计则分别从 1997 年的 7.3%—8.5% 下滑至 2017 年的 3.5%—4.9%。均衡利率的下滑一方面是由于近年来与劳工工资相比，资本的边际收益率呈下降趋势所致；另一方面则是长时间以来，虽然央行为了刺激经济和宏观调控，多次调高和调低利率，但是总体上，20 世

纪90年代以来我国的基准利率基本上是呈下降态势，由此亦迫使均衡利率进一步下滑。同时，我们也注意到，自2017年起，六类均衡利率均有上扬态势，这主要是在此期间，中央政府明确维持金融市场稳定信号，以期严控金融系统性风险不爆发的底线，并通过不断抬高资本成本，即利率的方式迫使经济行为主体主动去杠杆，使在此期间均衡利率呈现明显回升态势。

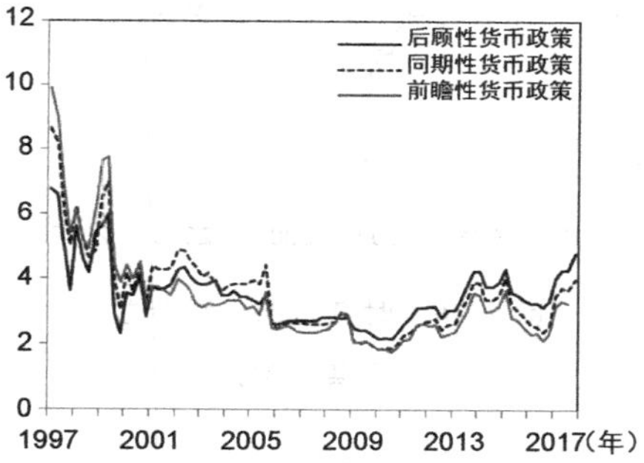

图4-3　时变参数均衡利率走势：基于最终数据

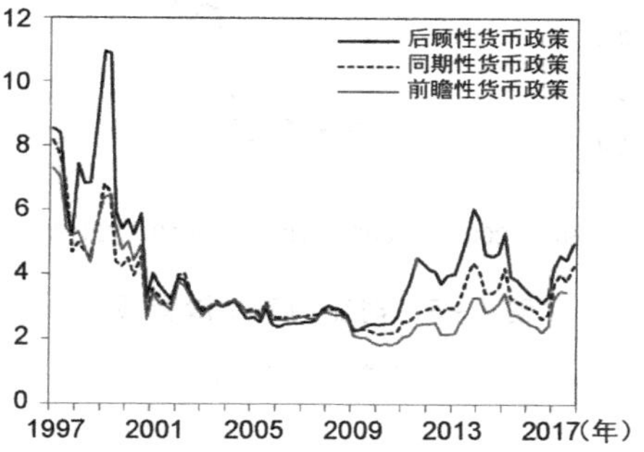

图4-4　时变参数均衡利率走势：基于实时数据

第二，基于最终数据和实时数据模型系统的时变利率平滑参数 $\rho_{J,t}^{j}$（见图4-5和图4-6）。对于两类不同数据的三种货币政策规则的估计结果，除极少数年度出现背离之外，基本上时变参数平滑利率均表现出一致的走势。其中，1997—2010年，利率平滑参数呈现显著下滑态势，六类模型的估计结果显示，从最初的0.9左右急速下滑至2010年底的不足0.4，表明在此期间我国利率泰勒规则不断调整向规则型偏好的权重，该结论不仅对于后顾性和同期性模型均成立，而且对于前瞻性模型亦表现出相一致的结论，可见货币政策在此期间呈现更为明显盯住通胀和经济周期的政策取向。但我们必须清楚认识到，自2010年后期开始，六个模型的估计结果均显示平滑利率呈现显著回升态势。其主要原因在于次贷危机爆发过后，央行多次采取宽松货币政策予以应对。同时随着2010年起我国资产价格的不断上涨，央行又通过紧缩性货币政策予以调控。货币政策的取向更多是为了应对外部金融危机冲击和国内资产价格目标的调整需要，由此亦使得利率规则盯住通胀和产出缺口目标的力度走弱。这同时也进一步使得在泰勒规则模型系统估计下，我国的利率平滑参数不断回升并表现出更强的惯性特征。这也表明对于最终数据和实时数据，不论是后顾性、同时性，抑或是前瞻性货币政策，泰勒规则均向规则型转变的速度有所放缓。

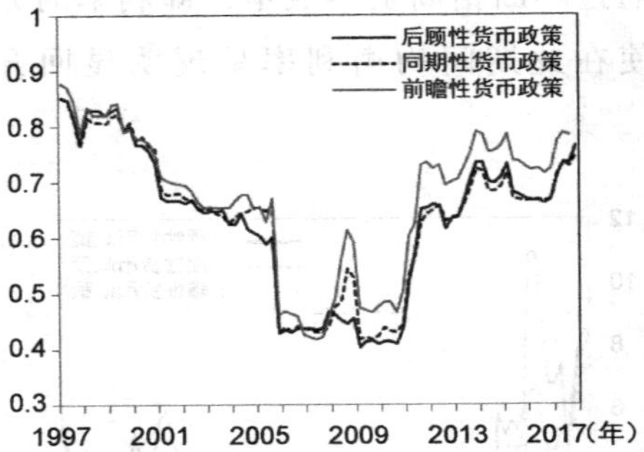

图 4-5　时变利率平滑参数：基于最终数据

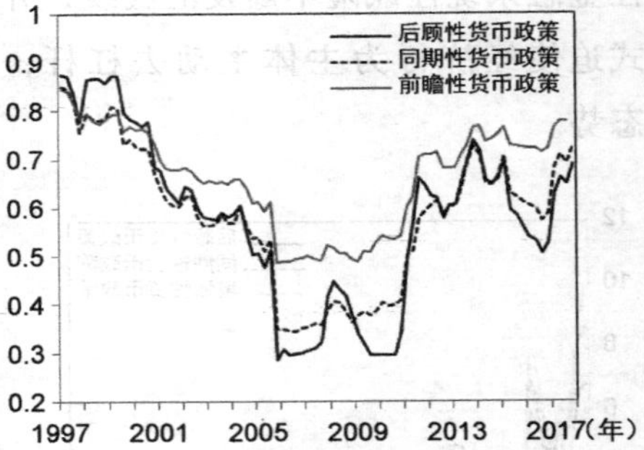

图 4-6　时变利率平滑参数：基于实时数据

第三，基于最终数据和实时数据模型系统盯住通胀目标的时变参数 $\hat{\beta}^{*j}_{1,J,t}$（见图 4-7 和图 4-8）。对于两类数据六个模型的估计结果基本上表现出一致的走势，即 1997—2007 年央行盯住通胀目标的偏好呈小幅度下滑态势，但是此后呈现快速增长态势。其中，2005 年以前盯住通胀目标较低的一个可能原因在于此期间我国处于通货紧缩阶段，同时盯住通胀目标参数又远低于 1，由费雪方程式可知，通胀率每下降一个单位，则短期名义利率下降幅度小于 1，故此实际利率不降反升，并进一步迫使投资和需求下滑，最终通胀进一步紧缩，很明显通货过度紧缩是不利于实际经济发展需要。但时变参数模型估计结果显示，六个模型盯住通胀目标的时变系数自 2008 年起呈现快速增长态势。这一方面是由于 2010 年我国高通胀率，央行为了有效抑制物价水平有意为之所致，另一方面则是央行盯住产出缺口目标的偏好呈现明显的下滑（见图 4-9 和图 4-10）。央行货币政策取向的转变，使得近年来我国的物价水平保持在较低水平。但我们必须清楚认识到，六个模型的估计结果均显示，近期央行盯住通胀目标的时变参数均低于 1，表明目前我国泰勒规则对通胀的反应依旧是不足的，货币政策在调控通胀的效果依然不佳。此外，我们还发现，前瞻性模型盯住通胀目标的偏好明显高于同期性和后顾性货币政策规则，并表现出向通胀预期管理的迹象，表明央行货币政策取向存在更明显的管控通胀预期偏好，而对过去通胀的关注强度相对较小。

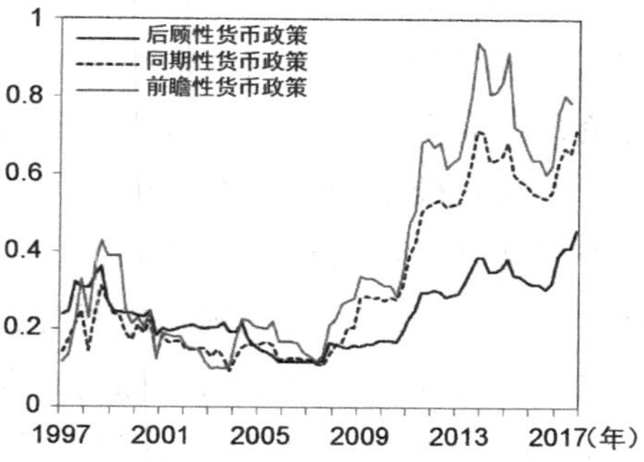

图 4－7　盯住通胀目标时变参数：基于最终数据

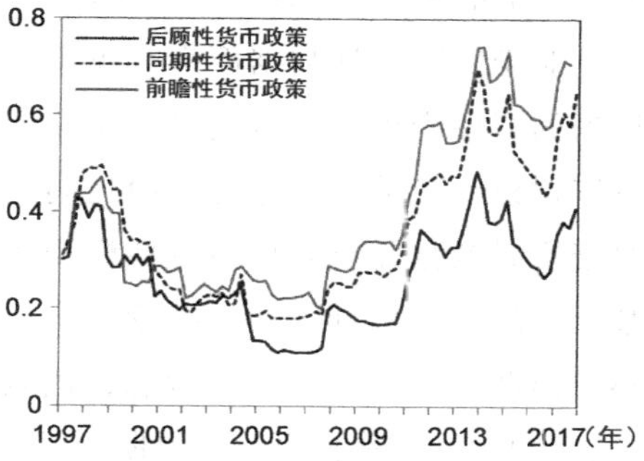

图 4－8　盯住通胀目标时变参数：基于实时数据

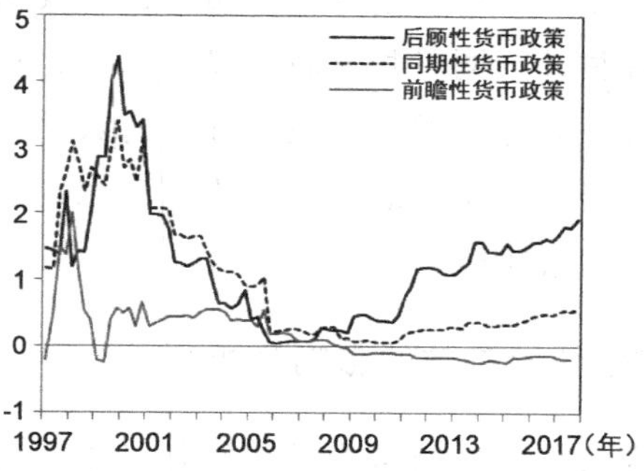

图 4－9　盯住产出缺口目标时变参数：基于最终数据

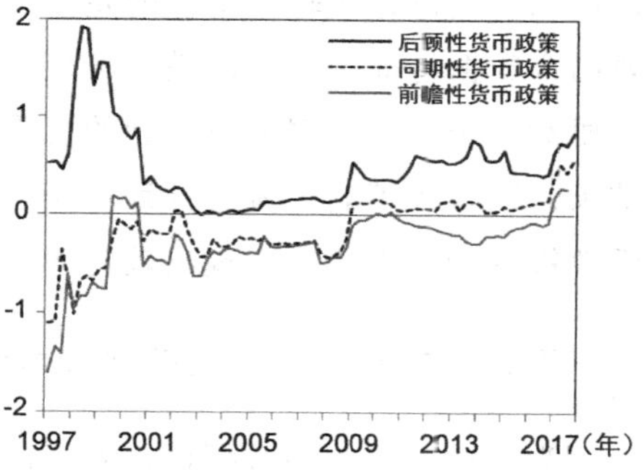

图 4－10　盯住产出缺口目标时变参数：基于实时数据

第四，基于最终数据和实时数据模型系统盯住产出缺口目标的时变参数 $\hat{\beta}^{*j}_{2,J,t}$。对于最终数据估计结果（见图 4－9），如果是基于后顾性和前瞻性模型，可以看出 1997—2006 年呈现明显下降态势，但此后强势回升，表明货币政策盯住经济周期呈现下降后上升的趋势。结合前文的分析可知，由于后顾性模型系统下依旧存在序列相关问题，因此该估计结果无法准确捕捉我国当前的货币政策规则；而前瞻性模型则由于模型估计参数不稳定导致估计结果依然有限。在同期性模型估计结果中，我们可以发现货币政策盯住产出缺口目标从 2000 年的最高值为 3.13 下滑至 2005 年底的 0.23，可见货币政策在此期间盯住经济周期的偏好呈现显著下滑态势。此后呈现较为缓慢的回升迹象，截至2017年年底，盯住产出缺口目标的时变参数为0.57，可见货币政策依然还处于弱的顺周期阶段，能够有效达到调控宏观经济的目的。

对于实时估计数据而言（见图4-10），基于同期性和前瞻性模型估计得到的盯住产出缺口时变参数长时期为负，由前文分析可知，这两类模型系统估计的参数并不稳定，而且同期模型还存在较强的异方差，由此可见对于实时数据需要采用后顾性模型系统予以估计。由估计结果可知，这与基于最终数据估计得到的结论基本一致，即1999—2006年呈现快速下滑趋势，但此后处于微弱上升状态，截至2017年年底盯住产出缺口目标的时变参数为0.84，依旧处于顺周期阶段。由上述分析可知，对最终数据基于同期性模型估计得到的盯住产出缺口目标参数明显低于对实时数据基于后顾性模型的估计结果。这同时也进一步表明货币政策泰勒规则对不同数据估计得到的结论存在较为明显的差异，可见央行在制定货币政策时，不仅需要结合数据特征选择准确模型予以合理估计，同时相比较于模型甄别，亦需要对基于不同数据分析得到的货币政策规定兼顾最终数据和实时数估计结果，以防政策制定偏差导致加剧宏观经济波动。总体上，当前我国的货币政策泰勒规则并未表现出较为明显的前瞻性特征。

五、数据修订对时变参数货币政策估计参数的影响分析

为了进一步刻画数据修订对于时变参数货币政策泰勒规则估计参数的影响效应，我们分别采用Sstterthwaite - Welch t - test和Welch F - test两种方法对一一对应时变参数的均值差异性展开检验分析，估计结果见表4-5。详细观察可得如下三点结论。第一，在后顾性模型中，利率平滑参数、均衡利率和盯住产出缺口参数在实时数据和最终数据中的估计结果均在5%的显著性水平上存在明显差异；但是基于实时数据和拟实时数据估计的结果无法拒绝上述三个系数相等的原假设。由此可见，上述三个系数存在差异的主要原因并不在于数据修订因素，而更多是由事后信息矫正所致。同时，我们发现对于盯住通胀目标，基于实时数据和最终数据的估计结果并无明显差异，但是基于实时数据和拟实时数据估计的结果却在1%的显著性水平拒绝原假设，表明数据修订在后顾性模型中对盯住通胀目标的估计

系数产生较大的修订效应①。

表 4－5 数据修订对时变参数货币政策估计参数的影响检验结果

模型设定	数据来源	均值差	SW t－test	Welch F－test	均值差	SW t－test	Welch F－test
		时变参数利率平滑参数 ρ_t			均衡利率时变参数 $\hat{\beta}^*_{0,t}$		
后顾性模型	实时 VS 最终	－0.0533	－2.2197 [0.0279]	4.9270 [0.0279]	0.5844	2.5775 [0.0111]	4.6435 [0.0111]
	实时 VS 拟实时	－0.0217	－0.8236 [0.4113]	0.6784 [0.4113]	0.1843	0.6566 [0.5124]	0.4311 [0.5214]
同期性模型	实时 VS 最终	－0.0542	－2.5962 [0.0103]	6.7403 [0.0103]	－0.0942	－0.4839 [0.6291]	0.2341 [0.6291]
	实时 VS 拟实时	－0.0118	－0.4887 [0.6257]	0.2389 [0.6257]	－0.1410	－0.6303 [0.5294]	0.3973 [0.5294]
前瞻性模型	实时 VS 最终	－0.0073	－0.4043 [0.6866]	0.1634 [0.6866]	－0.1584	－0.7341 [0.4640]	0.5390 [0.4640]
	实时 VS 拟实时	0.0748	4.0698 [0.0001]	16.5635 [0.0001]	0.0514	0.2867 [0.7747]	0.0822 [0.7747]
		盯住通胀目标时变参数 $\hat{\beta}^*_{1,t}$			盯住产出缺口时变参数 $\hat{\beta}^*_{2,t}$		
后顾性模型	实时 VS 最终	0.0224	1.5686 [0.1187]	2.4606 [0.1187]	－0.7826	6.9927 [0.000]	48.8984 [0.000]
	实时 VS 拟实时	－0.0836	－3.9610 [0.0001]	15.6895 [0.0001]	－0.0072	－0.0983 [0.9219]	0.0097 [0.9219]
同期性模型	实时 VS 最终	0.0420	－1.5460 [0.1242]	2.3900 [0.1242]	－0.0542	－10.0993 [0.0000]	101.9948 [0.0000]
	实时 VS 拟实时	0.0078	0.2775 [0.7818]	0.0770 [0.7818]	－0.2655	－5.2957 [0.0000]	28.0446 [0.0000]
前瞻性模型	实时 VS 最终	0.0155	0.4663 [0.6417]	0.2174 [0.6417]	－0.4672	－7.9197 [0.0000]	62.7220 [0.000]
	实时 VS 拟实时	0.0663	2.7249 [0.0072]	7.4251 [0.0072]	0.2385	4.4664 [0.0000]	19.9492 [0.0000]

注：中括号内为各统计量的对应 P 值。

① 基于拟实时数据三种类型货币政策规则的时变参数估计结果详见本章附录。

第二，在同期性模型中，对于三类不同的数据，均衡利率和盯住通胀目标参数估计结果并无显著差异。同时，对于平滑利率参数则基于实时数据和最终数据估计的结果存在显著的差异，而基于实时数据和拟实时数据的差异并不显著，可见，依然是事后信息矫正对平滑利率的影响较大。但是，检验结果显示，基于实时数据与最终数据以及实时数据与拟实时数据在同期性模型中估计得到的盯住产出缺口系数均存在高度差异，表明不仅数据修订，而且事后信息矫正均严重影响同期模型盯住产出缺口的估计系数。

第三，在前瞻性模型中，基于实时数据和最终数据估计得到的平滑利率参数和盯住通胀目标系数均不存在显著差异，而基于实时数据和拟实时数据的检验结果均在1%显著性水平拒绝相等的原假设，表明在前瞻性模型中，数据修订对上述两类估计系数的影响较大。但我们也发现基于三类数据估计得到的均衡利率并无明显差别，可见数据修订和事后信息矫正对该系数的估计影响不大。此外，不论基于实时数据与最终数据还是实时数据与拟实时数据，均表明产出缺口估计系数在1%显著性水平拒绝相等的原假设，表明在前瞻性模型系统中，盯住产出缺口的估计参数受数据修订和事后信息矫正的影响较大。

上述模型的检验结果表明，在同期性模型系统中，基于实时数据和最终数据估计得到的利率平滑系数和盯住产出缺口系数存在显著差异。而在后顾性模型系统中，利率平滑系数、均衡利率和盯住产出缺口参数也差异明显。由此可见，基于不同数据采取正确模型系统展开估计甚为重要。特别是对于实时数据，我们需要采取后顾性模型，而对于最终数据则基于同期性模型展开识别最为有效。

第五节　研究结论与政策启示

泰勒规则是央行制定货币政策的重要理论基础。近年来随着我国经济普查制度的不断完善，国家统计局通过定期方式对经济增长速度展开了不断的实时审核，由此使得产出缺口估计呈现显著的修订迹象，这同时亦给央行货币政策的实时制定提出了新的挑战。有鉴于此，本章通过实时估计的角度测度了1992年以来我国产出缺口的实时数据，并结合最终数据，采用后顾性、同期性和前瞻性三种模型对两类不同数据进行拟合，以此为基础甄别出最优货币政策规则，以期为央行在货币政策制定时的产出缺口选择和最优货币政策规则选定提供重要的理论基础和决策依据。

研究结果表明，产出缺口的最终估计值和实时估计值存在相对较为明显的差异，而且差异主要是由事后信息矫正成分所决定，事后信息矫正远比数据修正更为重要，同时，总修订、数据修订和事后修订等三类修订方式均对实时数据具有负向修订效应。特别是，在后顾性模型中，数据修订对盯住通胀目标参数的影响较大，但对均衡利率、利率平滑参数以及盯住产出缺口时变参数的影响相对较小，后三者主要受事后信息矫正的影响。在同期模型中，盯住产出缺口时变参数同时受数据修订和事后信息矫正的影响较大，但是其他时变参数并不受数据修订影响。在前瞻性模型中，数据修订和事后矫正信息对均衡利率并无影响，但是数据修订对其他三类参数，即利率平滑参数和盯住产出缺口和通胀目标的时变参数的影响均很大。可见，数据修订依旧是影响泰勒规则估计的一个重要因素。

研究结果还表明，2010 年前利率平滑参数呈下降态势，表明在此期间我国货币政策向规则型转变的倾向较为明显，但是此后掉头急速回升，并表现出更强的惯性特征，可见当前我国货币政策泰勒规则均向规则型转变的速度有所放缓。此外，总体上，盯住产出缺口目标的时变参数呈下降态势，表明我国货币政策调整经济周期的政策效果呈减弱走向。截至 2017 年，盯住产出缺口目标的时变参数为 0.57，可见货币政策依然还处于弱的顺周期阶段，依旧能够达到有效调控宏观经济波动的目的。而盯住通货目标时变参数却呈现出很强的上涨趋势，表明自 2010 年以来央行表现出很明显盯住通货膨胀目标的偏好，货币政策具有很强的治理通货膨胀政策取向，同时也可以解释为何近期我国的通货膨胀率依旧保持在低位。

最后必须指出的是，本章首次采用联立方程组，并基于五个工具变量估计得到通货膨胀和产出缺口的测量误差，以此为基础消除内生性对时变参数模型估计的影响，以期得到精确后顾性、同期性和前瞻性时变参数泰勒规则估计，这是对国内现有文献的一个有益贡献。基于最终数据和实时数据的估计更是表明，对于最终数据，采用同期性货币政策规则展开估计最为有效；而对于实时数据，则基于后顾性货币政策规则模型估计是最佳的。总体上，当前我国的货币政策泰勒规则并未表现出较为明显的前瞻性特征。本章的研究更进一步佐证针对不同数据选择合理货币政策模型系统展开估计尤其重要，这将直接决定泰勒规则估计结果的科学性和有效性。由此可见，本章研究不仅有助于我们理解近年来央行货币政策泰勒规则的政策取向，也能为央行针对不同数据时如何选择最优的泰勒规则来制定货币政策提供重要的决策依据。

附　录

基于拟实时数据的时变参数货币政策规则估计结果（见附图4-1至附图4-4）。

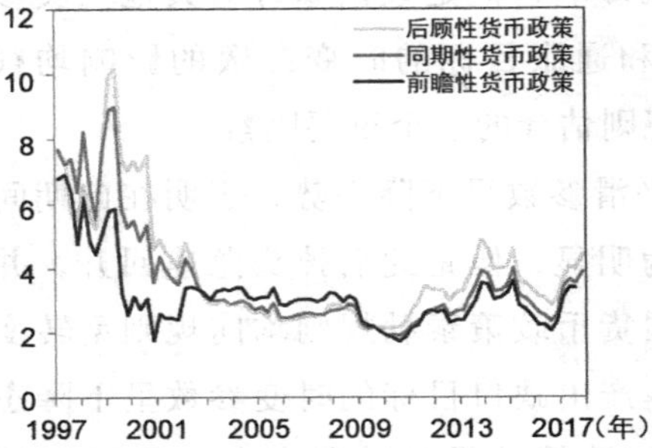

附图4-1　时变参数均衡利率走势：基于拟实时数据

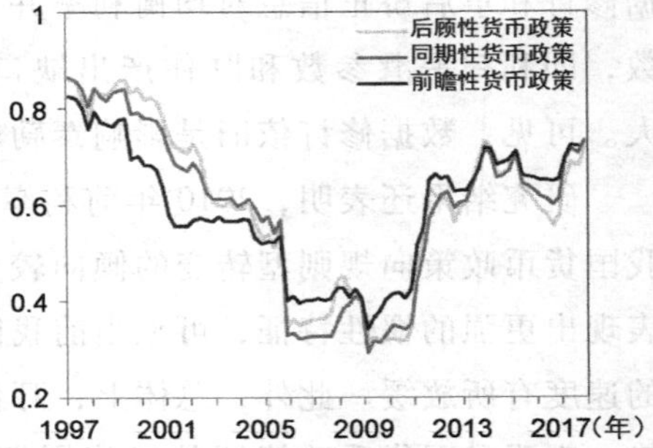

附图4-2　时变利率平滑参数：基于拟实时数据

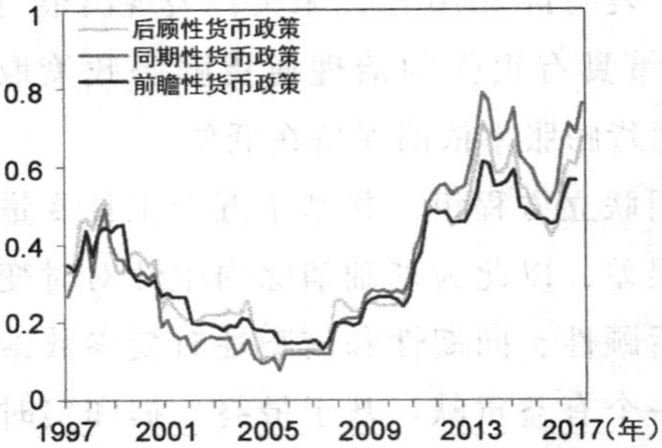

附图4-3　盯住通货膨胀目标时变参数：基于拟实时数据

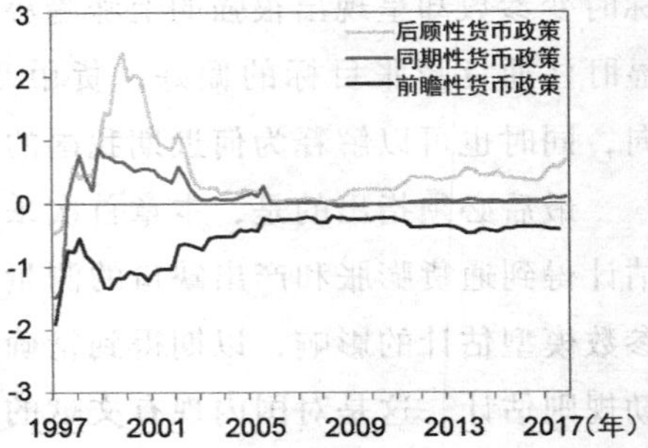

附图4-4　盯住产出缺口目标时变参数：基于拟实时数据

第五章

美联储政策溢出效应与货币政策的国际协调机制[①]

引言：美国货币政策是全球宏观经济波动的重要扰动因素之一，这种扰动同时具有隐蔽性和异质性特征，由此使得各经济体货币政策制定面临复杂的协调难题。本章在测算美国货币政策对全球29个经济体溢出效应基础上，构建了国际政策协调或非协调模型，通过逆推的方式识别在协调或非协调情形下的各经济体货币政策规则，并以此为基础测算各经济体货币政策规则协调与否的福利损失。在此基础上，进一步考察美联储货币政策对其他经济体的经济周期、杠杆周期以及通胀率的影响效应，并以此分析其他经济体货币政策协调与否的政策规则以及由此造成的福利损失。最后，结合以上分析，探讨最优的货币政策国际协调机制，为后续中国货币政策规则制定与执行提供借鉴。

① 本章核心内容见于：陈创练、王浩楠、单敬群，《美联储政策对全球经济的溢出效应与国际货币政策协调机制研究》，《统计研究》2023年第6期。

第一节 货币政策溢出效应背景

美元作为全球最主要的储备货币，可以在全球范围内流通，使美国货币政策对其他经济体的政策制定和经济运行均存在显著影响。特别是，美国还通过对外转移货币政策成本来实现国内经济稳定目标，由此对全球宏观经济造成较强的外部溢出。理论上，美国实施稳定国内经济目标的货币政策。如果这一系列的政策有助于其他经济体的宏观经济稳定运行，并改善其他经济体经济状况，则将这一影响称为正面效应；如果一个经济体实施的货币政策降低了国外总需求或者恶化了其他经济体宏观经济指标，如美国紧缩货币政策导致其他经济体通胀、产出下降甚至提高金融风险，则将其视为负面效应。从实践看，美国货币政策对其他经济体的经济运行影响效果并不一致。那么，在此过程中，其他经济体应该采取怎样的政策措施予以应对？在国际开放经济学中，将其他经济体考虑美国溢出影响而实施的政策主张称为协调性货币政策规则；如果一经济体考虑的政策规则专注于维护经济体内部宏观经济目标的稳定性，而忽略考虑美国货币政策的溢出影响，则将其称为非协调的货币政策规则。事实上，如果一经济体的货币政策一味追求与美国货币政策进行有效协调，则有可能加剧经济体内部的宏观经济波动，但同时，也可能在某种程度上对冲掉美国货币政策的负面效应。因此，到底是实施协调货币政策规则还是非协调货币政策规则更有助于降低经济体内部的福利损失，并没有定论。

有关美国货币政策规则溢出及其影响效应的研究由来已久，代表性研究如 Buiter 和 Marston（1985）认为一国的货币政策具有外部性，但是由于每个经济体的宏观经济条件存在差异，货币政策外溢效应的方向和程度具有不确定性（Carmen，2004）。早期研究表明，货币政策具有正面的外溢效应，但预期外的货币扩张对国外的影响由于相互抵消而相对较小（Smets 和 Wouters，2007；Taylor 和 Wieland，2012）。近年来，随着全球宏观经济体的一体化程度和相互依赖程度加深，由于美国在世界经济中具有重要地位，是国际货币政策外溢的主要中心国，对外围国货币政策的独立性造成严重挑战（Nsafoa 和 Serletis，2018）。但纵观现有文献，美国货币政策对其他经济体经济和金融变量的溢出影响方向和程度并无统一定论。Crespo - Cuaresma 等（2016）认为美国的紧缩货币政策溢出导致国际产出持续萎缩，全球通胀率下降，同时导致发达经济体利率上升，货币相对于美元出现贬值。此外，有研究发现，美国货币政策溢出效应存在异质性，货币政策溢出效应会随着时间的推移发生变化（Anaya 等，2017），而且影响效应与经济体内部的贸易和金融一体化、金融开放水平、金融发展水平、劳动力市场、产业结构和全球价值链地位等有关（Georgiadis，2016）。

在对美国货币政策溢出效应的测算方法上，一部分学者采用主成分分析法、GARCH 族模型等传统方法识别货币政策溢出效应（Cekin 等，2019；Azad 和 Serletis，2020）。另一部分研究则基于 VAR 模型展开，VAR 模型可以有效地消除内生性问题，同时可以扩展为时变模型，发现宏观经济变量之间相互影响关系的动态演变规律（Primiceri，2005），因此 VAR 及其扩展模型逐渐成为识别货币政策与经济、金融变量之间时变关系的主要建模工具（Koop 和 Korobilis，2013）。代表性研究如 Tillmann（2016）、Ho 等（2018）运用 FAVAR 模型估计美国货币政策的溢出效应。但是外部货币政策溢出是严格外生的，而上述传统 VAR 方程需要假设所有变量均为内生，故无法单独识别美国货币政策的外生溢出效应。Uribe 和 Yue（2006）采用将外生变量纳入 VAR 方程中的 VARX 模型，有针对性地分离外生溢出的时变系数。Belomestny 等（2021）采用时变参数带外生变量的向量自回归模型研究了挪威和俄罗斯的实际 GDP、汇率和实际油价的相互影响关系。

国外学术界和政策当局还进一步探讨如何通过国际货币政策协调机制应对美国货币政策溢出。代表性研究认为，外部性和政策外溢的存在凸显出国际货币政策协调的重要性，这也促使大量研究致力于寻找考虑外生货币政策溢出时的最优货币政策规则。起初研究的分歧在于货币政策协调能否带来更高的福利，Mckibbin（1997）基于 M - F - D 模型总结得出国际货币政策协调反而是低效甚至逆效的观点。随后有学者引入新开放宏观经济学模型分析国际货币政策协调，研究表明，由于浮动汇率阻隔外部政策溢出对国内就业和产出的影响，国际货币政策协调的收益是不存在或者是可以忽略的，因此寻找最优货币政策规则意义不大（Corsetti 和 Pesenti，

2005）。但是 Canzoneri（2007）认为在特定假设条件下，货币政策的国际协调可以产生福利收益。因此，后续学者进一步探讨国际货币政策协调中的最优货币政策规则，如 Adjemian 等（2008）基于开放经济体的两国 DSGE 模型，分析美国和欧元区之间最优货币合作设计，发现最优政策显著降低了国际经济活动中溢出效应的规模。Clarida（2019）在标准两国 DSGE 模型中引入中性实际政策利率，得到锚定实际利率的最优货币政策规则。结果表明，在一个正式政策合作机制下，虽然央行沟通和信誉需要付出较高的成本，但政策协调的收益也较大。

国内学者在对于相关问题的研究中，更多关注美国货币政策溢出对中国的影响效应。其中部分研究美国货币政策溢出对中国宏观经济变量的影响效应。邓创和席旭文（2013）的研究发现，美国货币政策溢出对中国产生显著的负面效应，即导致通胀上升和产出下降。马理和文程浩（2021）研究认为美国加息会对中国的产出、资本投入、净出口与就业率产生显著的负向影响，而对通胀的影响较微弱。但是刘少云（2016）认为美国货币政策转向对中国的溢出效应体现出非线性特征。美国货币政策同样影响到中国的金融市场（谭小芬等，2019）。姜富伟等（2019）采用事件研究法测算美国货币政策对中国资产价格的影响效应，发现美联储货币政策对中国资产价格产生显著的负向溢出效应。此外，还有部分学者关注到国际货币政策协调的效果，如有学者认为国际货币政策协调可能是无效或逆效的（何国华和谭炯，2014），但也有学者认为国际货币政策协调能够取得福利收益（王胜和周上尧，2018）。

已有文献虽然探讨了国际货币政策协调的福利损失，但多数关注的政策目标是稳增长和控通胀，较少涉及防范金融风险。特别是，由于方法论上的不足，尚未见到有关对多国数据实证检验协调与非协调情形下的货币政策取向共同规律以及政策效果差异的文献。为此，本章分别构建了时变参数向量结构式自回归（TVP - SVAR）和时变参数带外生变量的向量自回归（TVP - VARX）模型，这两个方法能够有效考究全球范围内货币政策协调与否在应对金融风险上的政策取向和政策效果。本章贡献有如下三点。第一，基于 TVP - SVAR 和 TVP - VARX 方法，分别构建了协调或不协调下的货币政策模型，这为后续研究阐述全球其他经济体如何应对美国货币政策冲击以及在此期间货币政策如何有所作为提供了一个理论框架。

第二，当前尚未有文献基于货币政策协调和非协调视角下，估计出纳入金融风险的时变参数货币政策规则。本章基于结构式向量自回归（包括TVP－SVAR 和 TVP－VARX）模型估计结果，首次采用逆推的方法估计出有协调和非协调情况下全球货币政策锚定通胀、产出缺口、宏观杠杆周期的时变参数，以此刻画不同协调情形下的全球货币政策抉择动态演变规律，是对现有文献的有益补充。第三，构建并模拟福利损失函数，比较货币政策协调与非协调情况下治理宏观经济目标和维护金融稳定的福利损失，全球 29 个经济体货币政策规则如何应对美国政策溢出的历史经验，为我国在当前经济金融全球化背景下，如何有效制定货币政策规则防范美国货币政策溢出影响，维护国内宏观经济平稳运行提供重要的理论基础和决策依据。

第二节　嵌入美国货币政策的一般均衡模型

一、嵌入美国货币政策的一般均衡模型构建

本章构建一个包括商品市场、金融市场风险和货币政策规则的结构式一般均衡模型，通过参数估计识别国际货币政策协调与非协调情形下美国货币政策溢出效应的异质性，同时，也为后文识别各经济体货币政策规则和测算国际货币政策协调福利损失提供理论支持。模型的核心设定是，借鉴 Kim（2001）的研究思路，用美国名义利率（以下简称美国利率）变动作为货币政策溢出的代理变量，将其引入商品市场、金融市场和经济体货币政策规则函数中。模型构建过程如下所示：

1. 商品市场。考虑到美国货币政策溢出主要影响到其他经济体的产出缺口和通胀，本章假设经济体商品市场的产出缺口与前期产出缺口、经济体内部和地区实际利率和美国利率有关：

$$y_t = \alpha_{0,t} + \alpha_{1,t}y_{t-1} - \alpha_{2,t}(i_t - \pi_t) + \alpha_{3,t}i_t^{US} + u_t^s, \alpha_{2,t}, \alpha_{3,t} > 0$$

（式 5－1）

其中，y_t、i_t、π_t、i_t^{US} 分别表示经济体的产出缺口、名义利率、通胀率和美国利率；为了简化分析，令 $i_t - \pi_t$ 为实际利率。在理论上，实际利率

与产出缺口呈负相关关系，因此，$\alpha_{2t}>0$。$\alpha_{2t}>0$ 说明美国利率提高，即紧缩货币政策溢出使得经济体内部或地区的产出缺口下降。u_t^s 表示来自经济体商品市场的供给溢出。

基于交错价格调整的线性菲利普斯曲线，构建纳入美国货币政策的新凯恩斯菲利普斯曲线：

$$\pi_t = \beta_{0,t} + \beta_{1,t}\pi_{t-1} + \beta_{2,t}y_t + \beta_{3,t}i_t^{US} + u_t^d, \beta_{2,t}, \beta_{3,t} > 0 \quad (式5-2)$$

其中，$\beta_{1,t}$ 为通胀惯性。当产出缺口大于零时通胀上升；反之，当产出缺口小于零时通胀下降，即 $\beta_{2,t}>0$。根据非抛补利率平价（UIP）理论，经济体利率不变的情况下，美国紧缩货币政策导致经济体间利差扩大，改变经济体内商品和服务的相对价格，最终使经济体通胀水平上升，因此，$\beta_{3,t}>0$。此外，u_t^d 表示来自商品市场的需求溢出因素。

2. 金融市场风险。美国货币政策溢出会影响到经济体的金融稳定，因此经济体内部和地区货币政策规则制定及其国际协调均需要考虑金融市场风险调控目标。在金融风险衡量上，本章选取宏观杠杆周期来反映各经济体宏观金融风险水平，设定经济体宏观杠杆周期取决于宏观经济基本面、货币政策、经济体内部和地区利率水平以及美国的货币政策溢出，即：

$$Lev_t = \theta_{0,t} + \theta_{1,t}Lev_{t-1} - \theta_{2,t}i_t + \theta_{3,t}i_t^{US} + u_t^{risk}, \theta_{2,t}, \theta_{3,t} > 0 \quad (式5-3)$$

其中，Lev_t 表示宏观杠杆周期。$\theta_{2,t}$ 表示宏观杠杆周期与经济体利率的时变相关系数，$\theta_{2,t}>0$ 表示经济体利率增加导致信贷成本上升，抑制投资，进而抑制宏观杠杆周期。$\theta_{3,t}$ 表示宏观杠杆周期与美国利率的时变相关系数，$\theta_{3,t}>0$ 表明美国利率提高，则经济体与美国之间的利差扩大，由此导致风险溢价上升，跨境资本流出，进而使经济体信贷规模收缩，宏观杠杆周期收缩。u_t^{risk} 表示来自金融市场的信贷溢出。

3. 非货币政策协调下纳入宏观金融风险的货币政策规则。本章在传统泰勒规则的基础上构建嵌入宏观杠杆周期的货币政策规则，设定目标利率（i_t^*）：

$$i_t^* = \overline{i_0} + \lambda_1 y_t + \lambda_2(\pi_t - \pi_t^*) + \lambda_3 Lev_t \quad (式5-4)$$

其中，$\overline{i_0}$ 表示均衡利率，π_t^* 为通胀目标。同时，考虑利率调整的平滑性特征，设定利率的动态调整过程如下：

$$i_t = (1-\rho)i_t^* + \rho i_{t-1} + v_t \quad (式5-5)$$

将式（5－4）代入式（5－5）可得考虑名义利率调整平滑特征和宏观金融风险的货币政策反应函数：

$$i_t = (1-\rho)[\overline{i_0} + \lambda_1 y_t + \lambda_2(\pi_t - \pi_t^*) + \lambda_3 Lev_t] + \rho i_{t-1} + v_t$$

（式5－6）

其中，$\rho \in [0,1]$ 为货币政策规则的利率调整惯性，ρ 越大，表明央行越努力保持利率调整的平稳性，避免对市场造成超预期溢出。λ_1、λ_2、λ_3 分别表示货币政策锚定产出缺口、通胀和宏观杠杆周期系数。随机扰动项 v_t 包括了外部货币政策溢出。

4. 存在国际货币政策协调时纳入宏观金融风险的货币政策规则。理论上，按协调中的主导力量强弱划分，国际货币政策协调可以有相互依存和强势经济体主导两种模式。现实中，美国依托世界经济头号大国的地位，在国际货币协调中扮演主导角色，其货币政策的制定通常只出于自身利益的需要，并强势主导国际货币协调，其他经济体往往只能被动应对美国货币政策的溢出影响。基于上述经典事实，本章假设存在国际货币协调时，一国和地区货币政策规则的制定和调整需要兼顾产出目标、通胀目标、宏观杠杆周期稳定和主要溢出国货币政策溢出。因此，本章在式（5－6）的基础上扩展得到存在国际货币政策协调时纳入宏观金融风险的货币政策规则，如下所示：

$$i_t = (1-\rho)[\overline{i_0} + \lambda_1 y_t + \lambda_2(\pi_t - \pi_t^*) + \lambda_3 Lev_t + \lambda_4 i_t^{US}] + \rho i_{t-1} + v_t^{Co}$$

（式5－7）

其中，λ_4 表示货币政策锚定美国利率的系数。式（5－7）可以有效刻画在协调情形下，嵌入美国货币政策溢出的其他经济体的货币政策制定规则。其中，由式（5－1）、式（5－2）、式（5－3）和式（5－6）构成一个不协调情形下嵌入美国货币政策规则的一般均衡模型；而由式（5－1）、式（5－2）、式（5－3）和式（5－7）构成一个协调情形下嵌入美国货币政策规则的一般均衡模型。

二、美国货币政策的溢出效应识别

在上述结构式模型系统下，将参数放宽至时变，则可构建一个时变参数结构式向量自回归模型（TVP－SVAR）系统，通过对系统进行转换可以得到时变参数约简式向量自回归模型（TVP－VAR）系统，结合脉冲响应函数识别国际货币政策协调情形下，各经济体通胀、产出缺口、宏观杠杆周期对美国货币政策溢出的广义脉冲响应值，以此为基础考究美国货币政策溢出效应。而非协调情形下，由于外部货币政策溢出是严格外生的，TVP－VAR模型不再适用。鉴于此，本章借鉴 Belomestny 等（2021）研究思路，构建包含主要溢出经济体的货币政策外生变量的时变参数外生变量向量自回归模型（TVP－VARX）。该方法在TVP－VAR模型上扩展引入了外生变量，因此可以用于估计非协调情形下嵌入美国货币政策规则的一般均衡模型。由于TVP－VARX模型是以TVP－VAR模型为基础扩展得到的，此处重点介绍TVP－VARX模型的构建过程。首先，定义经济体内生向量 $\boldsymbol{X}_t=(i_t,y_t,\pi_t,Lev_t)'$，则TVP－VARX模型一般形式：

$$\boldsymbol{\Gamma}_{0,t}\boldsymbol{X}_t=c_t+\boldsymbol{\Gamma}_{1,t}(L)\boldsymbol{X}_{t-1}+\boldsymbol{Z}_t(L)i_t^{US}+e_t \qquad \text{（式 5－8）}$$

其中，i_t^{US} 表示以美国利率为代表的货币政策，$t=(1,\cdots,T)$ 是时间，L 为滞后算子；$\boldsymbol{X}_t$ 是每个经济体的 $G\times 1$ 维向量；$\boldsymbol{\Gamma}_{0,t}$ 和 $\boldsymbol{\Gamma}_{1,t}$ 是 $G\times G$ 待估参数矩阵，c_t 是 $G\times 1$ 维时变截距项；$\boldsymbol{Z}_t$ 是 $G\times 1$ 待估参数矩阵；e_t 是 $G\times 1$ 维的随机误差项。式（5－8）具有如下三方面特点：第一，模型允许特定系数是时变，这更加符合事实（Ciccarelli，2016）；第二，将外生变量纳入等式中，可以有针对性地分离外生溢出的时变系数，能够捕捉不协调时美国货币政策对其他经济体内生变量的影响效应；第三，扩展矩阵 $D_t(L)=[D_{1,t}(L),\cdots,D_{N,t}(L)]'$ 使之可以反映各经济体之间的动态反馈，这极大地扩展了该模型可以解释相互作用的类型。

其次，为了估计 $\boldsymbol{\Gamma}_{0,t}$ 和 $\boldsymbol{\Gamma}_{1,t}$，对式（5－8）施加约束，即可转换为不包括美国外生变量的TVP－SVAR模型。具体来说，由式（5－1）、式（5－2）、式（5－3）和式（5－7）构建TVP－SVAR模型：

$$\boldsymbol{\varphi}_{0,t}\boldsymbol{X}_t^*=\boldsymbol{J}_t+\boldsymbol{\varphi}_{1,t}\boldsymbol{X}_{t-1}^*+\boldsymbol{\sigma}_t^*,\boldsymbol{\varphi}_{0,t}=$$

$$\begin{bmatrix} 1 & -(1-\rho_t)\lambda_{1,t} & -(1-\rho_t)\lambda_{2,t} & -(1-\rho_t)\lambda_{3,t} & 0 \\ -\alpha_{2,t} & 1 & -\alpha_{2,t} & 0 & -\alpha_{4,t} \\ -\beta_{3,t} & -\beta_{2,t} & 1 & 0 & -\beta_{4,t} \\ \theta_{3,t} & -\theta_{2,t} & 0 & 1 & -\theta_{4,t} \\ f_{1,t} & f_{2,t} & f_{3,t} & f_{4,t} & 1 \end{bmatrix}$$

（式 5－9）

其中，$\varphi_{1,t}$ 是对角线矩阵，对角线上元素对应为 $(\rho_t,\alpha_{1,t},\beta_{1,t},\theta_{1,t},\psi_t)$，$J_t=((1-\rho)(\bar{i}_{0,t}-\pi_t^*)\alpha_{0,t},\beta_{0,t}-\beta_{3,t}\bar{r}_r,\theta_{0,t},f_{0,t})'$，$\sigma_t=Z_t(L)i_t^{US}+e_t$，且 $X_t^*=(i_t,y_t,\pi_t,Lev_t,i^{US})'$。通过施加约束条件使得 $\varphi_{0,t}$ 和 $\varphi_{1,t}$ 矩阵中第五行系数均为零，此时式（5－8）不协调情形下的 TVP－VARX 模型变型为式（5－10）有约束的 TVP－SVAR 模型：

$$\underbrace{\begin{bmatrix} 1 & -(1-\rho_t)\lambda_{1,t} & -(1-\rho_t)\lambda_{2,t} & -(1-\rho_t)\lambda_{3,t} & 0 \\ -\alpha_{2,t} & 1 & -\alpha_{2,t} & 0 & -\alpha_{4,t} \\ -\beta_{3,t} & -\beta_{2,t} & 1 & 0 & -\beta_{4,t} \\ \theta_{3,t} & -\theta_{2,t} & 0 & 1 & -\theta_{4,t} \\ 0 & 0 & 0 & 0 & 0 \end{bmatrix}}_{\Phi_{0,t}} X_t^* =$$

$$\underbrace{\begin{bmatrix} (1-\rho_t)(\bar{i}_{0,t}-\pi_t^*) \\ \alpha_{0,t} \\ \beta_{0,t}-\beta_{3,t}\bar{r}_t \\ \theta_{0,t} \\ 0 \end{bmatrix}}_{J_t} + \underbrace{\begin{bmatrix} \rho_t & 0 & 0 & 0 & 0 \\ 0 & \alpha_{1,t} & 0 & 0 & 0 \\ 0 & 0 & \beta_{1,t} & 0 & 0 \\ 0 & 0 & 0 & \theta_{1,t} & 0 \\ 0 & 0 & 0 & 0 & 0 \end{bmatrix}}_{\Phi_{1,t}} X_{t-1}^* + \sigma_t \qquad \text{（式 5－10）}$$

结构方程中美国货币溢出方程系数均为零，表明美国货币政策溢出是外生的，同时又可以通过对残差项施加美国货币溢出的外生溢出，识别出美国货币外生溢出对其他宏观变量的影响效果。因此，式（5－10）有约束的 TVP－SVAR 模型是式（5－8）TVP－VARX 模型的变型。同时，由于 Γ_t 的行列式非零，故此可将 TVP－SVAR 转换为简约式模型系统TVP－VAR：

$$X_t^*=Z_tX_{t-1}^*+H_t+\varepsilon_t \qquad \text{（式 5－11）}$$

其中，$Z_t=\Phi_{0,t}^{-1}\Phi_{1,t}$，$H=\Phi_{0,t}^{-1}J_t$，$\varepsilon_t=\Phi_{0,t}^{-1}\sigma_t$。最后，采用马尔可夫链蒙特卡洛（MCMC）方法对时变参数简约式向量自回归模型式（5－11）展开估计得到脉冲效应函数，由此可进一步刻画出在协调和非协调情形下，美国货币政策对其他经济体宏观经济变量影响的溢出效应。

第三节　美联储政策的溢出效应测算及分析

一、数据来源及说明

本章选取的数据包括1996年1季度至2021年4季度的美国利率和29个经济体的利率、通胀率、产出缺口和宏观杠杆周期。其中，选取同业拆借利率季度数据作为利率（i）指代指标，由各经济体本币银行间同业拆借七天利率月度数据经移动平均换算得到；各经济体消费者价格指数季度同比数据代表通胀率（π）；产出缺口（y）采用季节调整后的实际季度GDP值（1996 = 100）和单侧HP滤波法估计；经济体的金融稳定状态采用国际清算银行（BIS）统计发布的信贷/GDP指标（lev，以下称宏观杠杆周期）衡量。以上数据均来源于各经济体中央银行统计报告、国际货币基金组织（IMF）和BIS报告。

二、美国货币政策溢出矩阵

在识别美国货币政策溢出效应之前，需要实证检验美国在全球货币政策溢出中占据的中心国地位这一经典事实。鉴于此，本章借鉴Diebold和Yilmaz（2009，2014）的思路，基于广义脉冲响应函数构建货币政策溢出的时变网状溢出指数。令时变广义脉冲响应函数为：$\boldsymbol{Imp}_{f,t}(\boldsymbol{n}) = \boldsymbol{\sigma}_{ff,t}^{-1/2}\boldsymbol{A}_{n,t}\boldsymbol{e}_{f,t}$，其中，$\boldsymbol{A}_{n,t}$ 表示无限移动平均展开后的时变残差系数，$\boldsymbol{e}_{f,t}$ 是只有 j 行元素等于1，其他行为0的 $n \times 1$ 维选择向量。因为 $\sum_t \boldsymbol{e}_{f,t}\boldsymbol{e}'_{f,t}/\boldsymbol{\sigma}_{ff,t} = 1$，经济体 $f = 1, 2, \cdots, n$，基于广义方差分解的时变脉冲响应函数的时变参数溢出指数为：

$$\theta_{d\leftarrow f,t}(n) = \frac{\sum_{i=0}^{n}(\boldsymbol{e}'_{d,t}\boldsymbol{\sigma}_{ff,t}^{-0.5}\boldsymbol{A}_{l,t}\boldsymbol{\Sigma}_t\boldsymbol{e}_{f,t})^2}{\sum_{j=0}^{K}\sum_{l=0}^{n}(\boldsymbol{e}'_{d,t}\boldsymbol{\sigma}_{ff,t}^{-0.5}\boldsymbol{A}_{l,t}\boldsymbol{\Sigma}_t\boldsymbol{e}_{f,t})^2} = \frac{\boldsymbol{\sigma}_{ff,t}^{-1}\sum_{i=0}^{n}(\boldsymbol{e}'_{d,t}\boldsymbol{A}_{l,t}\boldsymbol{\Sigma}_t\boldsymbol{e}_{f,t})^2}{\sum_{l=0}^{n}(\boldsymbol{e}'_{d,t}\boldsymbol{A}_{l,t}\boldsymbol{\Sigma}_t\boldsymbol{A}'_{l,t}\boldsymbol{e}_{d,t})}$$

（式5－12）

其中，K 为变量 $\boldsymbol{e}_{d,t}$ 的数据，$\sum_t = \{\sigma_{df,t}, d, f\}$，$d$ 表示本经济体。由此

可以定义时变参数吸收效应、时变参数溢出效应和时变净溢出效应来衡量经济体之间货币政策的相互溢出效应。第一，时变参数吸收效应 $MSIF_{d,t} = \sum_{f=1,d\neq f}^{N}\theta_{d\leftarrow f,t}$ 表示其他经济体（f）的货币政策外生溢出对本经济体（d）接受到的（除自身之外）溢出的解释比重，如果把所有来自其他经济体的时变参数吸收指数加总即可得到本经济体（d）货币政策吸收的溢出总强度。第二，时变参数溢出效应 $MSIT_{d,t} = \sum_{f=1,d\neq f}^{N}\theta_{f\leftarrow d,t}$ 表示本经济体（d）货币政策对其他经济体（f）货币政策的溢出占本经济体（d）对所有（除自身之外）经济体的溢出的解释比重，该指数的汇总结果可以表示本经济体货币政策对外溢出的总强度。第三，时变净溢出效应 $MNSI_{d,t} = \sum_{f=1,d\neq f}^{N}\theta_{f\leftarrow d,t} - \sum_{f=1,d\neq f}^{N}\theta_{d\leftarrow f,t}$ 表示总溢出效应与总吸收效应之差，当 $MNSI_{i,t}$ 大于零时称 d 在 t 期为货币政策净溢出经济体，反之为货币政策净吸收经济体。

采用 30 个经济体的利率数据以及 TVP－SVAR 模型估计得到各经济体货币政策两两之间的广义脉冲响应值，并基于式（5－12）计算得到时变参数溢出指数。同时对时变参数溢出指数求算术平均值后即可构建得到国际货币政策溢出网状矩阵①。从时变净溢出效应结果看，美国的货币政策溢出指数远大于其他经济体，且大部分经济体的时变净溢出效应为负，这一方面说明美国是国际货币政策溢出的最大来源经济体，另一方面也验证了国际货币政策溢出中存在以美国为主的强势货币政策净溢出经济体，其他大部分经济体作为净吸收经济体的典型事实。

三、国际货币政策不协调情形下美国货币政策的溢出效应

1. 不同类别经济体的宏观经济变量对美国货币政策冲击的脉冲响应均值分析。按美国货币政策对其他经济体的溢出指数从高到低，将 29 个经济体划分为被牵引程度 1—4 四种强度，基于 TVP－VARX 模型测算的 29 个经济体宏观变量对美国利率一单位正溢出的短期和长期脉冲响应值取算术

---

① 国际货币政策溢出网状矩阵可以简洁直观地识别一经济体货币政策对其他经济体的溢出强度以及一国吸收来自其他经济体货币政策溢出的强度，并进一步地识别出主要溢出经济体和主要吸收经济体，从而刻画出整个国际货币政策溢出的网络关系及其动态演变规律。因篇幅所限，国际货币政策溢出网状矩阵以附表 5－1 展示。

平均值①，得到分类别测算的宏观经济变量对美国货币政策溢出的长短期脉冲响应值均值（见表5－1）。

表5－1　不同类别经济体的宏观经济变量对美国货币政策溢出的长短期脉冲响应值均值：非协调情形

脉冲响应值均值	$i^{US}\uparrow-\pi$	$i^{US}\uparrow-y$	$i^{US}\uparrow-lev$
全球	0.0576 [0.0339]	0.0101 [－0.0265]	－0.0165 [0.0195]
被牵引程度1	－0.0023 [0.0172]	0.0001 [－0.0203]	0.1395 [0.1534]
被牵引程度2	0.0547 [0.0127]	0.0491 [－0.0132]	0.1657 [0.1867]
被牵引程度3	0.0413 [0.0233]	－0.0007 [－0.0275]	－0.2320 [－0.0970]
被牵引程度4	0.0801 [0.1453]	－0.0065 [－0.0391]	－0.1507 [－0.1614]

注：$i^{US}\uparrow-\pi$、$i^{US}\uparrow-y$、$i^{US}\uparrow-lev$分别表示通胀、产出缺口、宏观杠杆周期对美国利率一单位正溢出（紧缩货币政策）的脉冲响应值均值；括号外的数值表示短期（2期）的脉冲响应均值，括号内的数值表示长期（4期）的脉冲响应均值；下同。

结果显示：第一，从全球脉冲响应均值看，美国紧缩货币政策在长期上导致全球通胀和宏观杠杆周期上升，并导致长期产出水平下降，体现为负面溢出效应；第二，不同被牵引程度经济体通胀率的脉冲响应均值基本均为正，究其原因，美国紧缩货币政策导致其他经济体汇率下降，进口成本上升，加剧其他经济体的输入型通胀；第三，被牵引程度1—2经济体产出缺口的脉冲响应均值短期为正，但长期为负，同时，被牵引程度3—4经济体产出缺口的脉冲响应均值在长短期上均为负；第四，宏观杠杆周期脉冲响应均值结果显示，美国提高一单位利率将导致被牵引程度1—2经济体

① “被牵引程度1”经济体包括加拿大、澳大利亚、中国香港、新西兰、意大利、阿根廷、新加坡、巴西；“被牵引程度2”经济体包括希腊、印度、智利、韩国、西班牙、德国、法国；“被牵引程度3”经济体包括芬兰、英国、荷兰、丹麦、挪威、日本、泰国；“被牵引程度4”经济体包括墨西哥、印度尼西亚、马来西亚、中国、土耳其、俄罗斯、南非。

宏观杠杆周期上升，体现为负面溢出效应，而且长期负面溢出效应比短期更大；对被牵引程度3—4经济体则出现正面溢出效应，可能原因在于被牵引程度较高经济体对美国货币政策溢出的反应更加敏感，当美国利率上升时，该类经济体更倾向于放松金融条件、刺激通胀来维持产出水平增长，同时还要承受宏观杠杆周期上升的压力。

2. 不同时段经济体的宏观经济变量对美国货币政策冲击的脉冲响应均值分析。进一步地，根据美国基准利率连续上升或下降的走势，将样本区间划分为六个时期，包括三个加息区间：1996—2000年、2004—2006年和2015—2018年，以及三个降息区间：2001—2003年、2007—2014年和2019—2021年，上述划分有助于分析不同宏观经济环境和美国货币政策环境下美国货币政策对宏观经济溢出效应的异质性[①]（见表5-2）。首先，大部分时段通胀水平对美国货币政策溢出的脉冲响应均值为正，且短期效应大于长期效应，说明非协调情形下美国紧缩货币政策对其他经济体通胀的正面溢出效应并不显著。但从趋势看，负面溢出效应在2007—2014年后呈下降趋势，特别是在2019—2021年全球新冠疫情期间迅速下降。其中，对被牵引程度1经济体的短期溢出效果在2007—2014年后从负向溢出转化为正向溢出，这种转变也出现在2015—2018年后对被牵引程度2经济体的长期溢出效果上，相对来说，美国提高基准利率更有助于降低被牵引程度较高经济体的通胀水平。其次，不同时段美国紧缩货币政策对产出水平的长期溢出效果均体现为负面溢出效应，即美国提高利率会导致其他经济体的产出水平下降。值得注意的是，美国紧缩货币政策对被牵引程度1经济体产出水平的短期溢出效果在三个降息时期上均为正面溢出效应，而在三个加息时期上均为负面溢出效应，说明在国际流动性宽松阶段美国提高利率，被牵引程度1经济体更可能快速地同步提高经济体内部利率，导致国际资本流入增加，最终提高产出水平；同时，对被牵引程度较低（3—4）经济体的短期溢出效果在2007—2014年后从负面溢出效应转变为正面溢出

① 1996—2000年为第一个加息阶段，基准利率从4.75%上调至6.50%；2001—2003年为第一个降息阶段，基准利率从6.50%下调至1.00%；2004—2006年为第二个加息阶段，基准利率从1.00%上调至5.25%；2007—2014年为第二个降息阶段，基准利率从5.25%下调至0.00%；2015—2018年为第三个加息阶段，基准利率从0.00%上调至2.25%；2019—2021年为第三个降息阶段，基准利率从2.25%下调至0.00%。

效应，原因可能在于2008年国际金融危机后美国长期处于低利率水平，弱化了美国货币政策效果，同时，紧缩货币政策短期内提高了美国国内购买力和进口需求，有利于提高被牵引程度较低经济体（新兴发展经济体）的产出水平。最后，美国紧缩货币政策对被牵引程度较高（1—2）经济体宏观杠杆周期的溢出效果为正，而对被牵引程度3—4经济体的溢出效果为负。2008年国际金融危机后，美国紧缩货币政策溢出对被牵引程度1—2经济体宏观杠杆周期的正面溢出效应更高，同时，对被牵引程度3—4经济体宏观杠杆周期的负面溢出效应也呈增强趋势，可见2008年国际金融危机后，美国货币政策对国际资本流动的影响更加明显，如果美国提高利率，将导致被牵引程度较高经济体的资本流入和被牵引程度较低经济体的资本流出增加，从而使被牵引程度较高经济体宏观杠杆周期上升而被牵引程度较低经济体宏观杠杆周期下降。

表5-2　不同时段其他经济体宏观变量对美国货币政策溢出的长短期脉冲响应值均值：非协调情形

不同类别经济体分时段脉冲响应值均值		1996—2000年	2001—2003年	2004—2006年	2007—2014年	2015—2018年	2019—2021年
$i^{US}\uparrow-\pi$	被牵引程度1	0.0055 [0.0027]	0.0300 [-0.0049]	0.0535 [-0.0010]	0.0010 [0.0254]	-0.0381 [0.0582]	-0.0639 [0.0038]
	被牵引程度2	0.0384 [0.0063]	0.0781 [0.0169]	0.0867 [0.0236]	0.0648 [0.0251]	0.0304 [-0.0019]	0.0304 [-0.0059]
	被牵引程度3	0.0328 [0.0064]	0.0339 [0.0075]	0.0379 [0.0172]	0.0548 [0.0400]	0.0485 [0.0299]	0.0201 [0.0181]
	被牵引程度4	0.1219 [0.1308]	0.1380 [0.0840]	0.1609 [0.0550]	0.1925 [0.0640]	0.1273 [0.0476]	0.0717 [0.1071]
$i^{US}\uparrow-y$	被牵引程度1	0.0316 [-0.0114]	-0.0027 [-0.0360]	0.0042 [-0.0192]	-0.0117 [-0.0213]	0.0015 [-0.0130]	-0.0220 [-0.0267]
	被牵引程度2	0.0377 [-0.0124]	0.0448 [-0.0193]	0.0492 [-0.0155]	0.0655 [0.0004]	0.0338 [-0.0205]	0.0481 [-0.0328]
	被牵引程度3	-0.0919 [-0.0588]	-0.0666 [-0.0449]	-0.0198 [-0.0207]	0.0421 [-0.0229]	0.0611 [-0.0025]	0.0323 [-0.0131]
	被牵引程度4	-0.0605 [-0.0404]	-0.0584 [-0.0445]	-0.0294 [-0.0311]	0.0202 [-0.0416]	0.0375 [-0.0341]	0.0237 [-0.0393]

续表

不同类别经济体分时段脉冲响应值均值		1996—2000 年	2001—2003 年	2004—2006 年	2007—2014 年	2015—2018 年	2019—2021 年
$i^{US}\uparrow - lev$	被牵引程度 1	0.1361 [0.1133]	0.1040 [0.0907]	0.0831 [0.1083]	0.1707 [0.2069]	0.1578 [0.1747]	0.1294 [0.1538]
	被牵引程度 2	0.1048 [0.1501]	0.1357 [0.1451]	0.1402 [0.1685]	0.1584 [0.1882]	0.2147 [0.2102]	0.2717 [0.2692]
	被牵引程度 3	-0.3482 [-0.1856]	-0.3154 [-0.1723]	-0.1922 [-0.0949]	-0.1473 [-0.0428]	-0.1473 [-0.0447]	-0.1667 [-0.0976]
	被牵引程度 4	-0.1346 [-0.155]	-0.1867 [-0.2082]	-0.1586 [-0.143]	-0.1259 [-0.0904]	-0.1865 [-0.1488]	-0.2423 [-0.2578]

四、国际货币政策协调情形下美国货币政策的溢出效应

1. 不同类别的经济体宏观经济变量对美国货币政策冲击的脉冲响应均值分析。表 5-3 展示了存在国际货币政策协调时分类别的经济体宏观经济变量对美国货币政策溢出的脉冲响应值均值。美国利率溢出对各类别经济体的利率产生正向冲击（$i^{US}\uparrow - i$ 均为正），这与理论和经典事实相符；同时，$i^{US}\uparrow - \pi$ 明显减小，特别是被牵引程度 2—3 经济体的通胀脉冲响应值在短期上为负值，说明存在货币政策协调时，美国紧缩货币政策在短期上能有效降低其他经济体的通胀；存在货币政策协调时，产出缺口对美国货币政策溢出的脉冲响应值全部为正，负面溢出效应得到明显改善，其中，被牵引程度 3—4 经济体的溢出效应改善最为明显（在非协调时是负向溢出，协调时为正向溢出）。此外，美国加息对宏观杠杆周期的溢出效应明显减小，可见总体上国际货币政策采取协调能够减少外部货币政策溢出对经济体内部金融稳定的扰动。

2. 不同时段经济体宏观经济变量对美国货币政策冲击的脉冲响应均值分析。表 5-4 展示了分时段宏观经济变量对美国货币政策溢出的长短期脉冲响应值均值结果。首先，协调情形下，2007—2014 年后美国货币政策对通胀的短期正面溢出效应总体呈增强趋势，2019—2021 年美国货币政策对被牵引程度 2—3 经济体的短期正面溢出效应达到最大，较 2007—2014 年

表 5－3　　不同类别经济体的宏观变量对美国货币政策溢出脉冲响应值均值：协调情形

脉冲响应值均值	$i^{US}\uparrow-\pi$	$i^{US}\uparrow-y$	$i^{US}\uparrow-lev$	$i^{US}\uparrow-i$
全球	0. 0036 [0. 0078]	0. 0266 [0. 0217]	0. 0140 [0. 0010]	0. 0241 [0. 0306]
被牵引程度 1	0. 0004 [0. 0012]	0. 0268 [0. 0240]	0. 0199 [0. 0288]	0. 0308 [0. 0393]
被牵引程度 2	－0. 0027 [0. 0005]	0. 0193 [0. 0146]	0. 0143 [0. 0273]	0. 0166 [0. 0173]
被牵引程度 3	－0. 0012 [0. 0016]	0. 0165 [0. 0143]	－0. 0279 [0. 0023]	0. 0095 [0. 0131]
被牵引程度 4	0. 0184 [0. 0296]	0. 0438 [0. 0326]	－0. 0048 [0. 0005]	0. 0384 [0. 0498]

分别增强了 295. 3949% 和 88. 7416%。由此可见，2008 年国际金融危机以后，货币政策协调改善了美国紧缩货币政策对其他经济体通胀的溢出效应。其次，存在货币政策协调时，美国紧缩货币政策对产出水平的从非协调情形时的负向溢出效应为主转变为协调情形时的正向溢出效应为主。从长期溢出效应的趋势上看，1996—2018 年美国紧缩货币政策对产出水平的正面溢出效应整体呈上升趋势，虽然在 2019—2021 年有所下降，但仍然显著强于非协调情形时，由此可见，长期以来，货币政策协调愈加有助于改善美国紧缩货币政策对其他经济体产出水平的溢出效应。此外，协调情形下美国紧缩货币政策对被牵引程度较高（1—2）经济体宏观杠杆周期的负面溢出效应明显降低，同时，对被牵引程度 3—4 经济体的长期溢出效应从 2004—2006 年开始转为正向，表明货币政策协调缓解了对被牵引程度较高经济体宏观杠杆周期的负面溢出效应，同时也使被牵引程度较低经济体付出宏观杠杆周期上升的代价。利率对美国紧缩货币政策的长短期脉冲响应值均值的结果显示，美国紧缩货币政策对被牵引程度 2—3 经济体利率的正向冲击整体呈下降趋势，同时对被牵引程度 1 经济体利率的正向冲击在 2019—2021 年也有所减弱；不同的是，对被牵引程度 4 经济体利率的正向冲击在 2007—2014 年后有所增强，可见，货币政策协调能够有效对冲美国货币政策对被牵引程度较高经济体利率的正向冲击，同时也加强了被牵引

程度较低经济体利率与美国利率的同步性。

表 5－4　不同时段其他经济体宏观经济变量对美国货币政策溢出的长短期脉冲响应值均值：协调情形

不同类别经济体分时段脉冲响应值均值		1996—2000 年	2001—2003 年	2004—2006 年	2007—2014 年	2015—2018 年	2019—2021 年
$i^{US}\uparrow-\pi$	被牵引程度 1	0.0011 [－0.0034]	－0.0008 [－0.0012]	0.0020 [－0.0003]	0.0009 [0.0012]	－0.0012 [0.0066]	－0.0006 [0.0053]
	被牵引程度 2	－0.0025 [－0.0011]	－0.0021 [0.0007]	－0.0020 [0.0014]	－0.0014 [0.0013]	－0.0042 [－0.0033]	－0.0054 [－0.0037]
	被牵引程度 3	0.0004 [0.0020]	0.0005 [0.0019]	－0.0001 [0.0022]	－0.0018 [0.0018]	－0.0025 [0.0013]	－0.0034 [－0.0005]
	被牵引程度 4	0.0174 [0.0365]	0.0204 [0.0335]	0.0202 [0.0297]	0.0207 [0.0280]	0.0162 [0.0241]	0.0129 [0.0265]
$i^{US}\uparrow-y$	被牵引程度 1	0.0276 [0.0307]	0.0249 [0.0197]	0.0272 [0.0276]	0.0267 [0.0224]	0.0276 [0.0234]	0.0253 [0.0191]
	被牵引程度 2	0.0140 [0.0126]	0.0149 [0.0109]	0.0179 [0.0151]	0.0218 [0.0165]	0.0226 [0.0162]	0.0222 [0.0134]
	被牵引程度 3	0.0097 [0.0062]	0.0116 [0.0092]	0.0149 [0.0154]	0.0191 [0.0159]	0.0216 [0.0209]	0.0199 [0.0176]
	被牵引程度 4	0.0382 [0.0301]	0.0360 [0.0279]	0.0407 [0.0367]	0.0475 [0.0307]	0.0492 [0.0380]	0.0466 [0.0344]
$i^{US}\uparrow-lev$	被牵引程度 1	0.0221 [0.0346]	0.0197 [0.0288]	0.0186 [0.0252]	0.0203 [0.0296]	0.0190 [0.027]	0.0182 [0.0234]
	被牵引程度 2	0.0215 [0.0347]	0.0189 [0.0336]	0.0142 [0.0274]	0.0129 [0.0252]	0.0116 [0.0227]	0.0086 [0.0211]
	被牵引程度 3	－0.0346 [－0.0149]	－0.0322 [－0.0069]	－0.0283 [0.0013]	－0.0254 [0.0100]	－0.0244 [0.0105]	－0.0239 [0.0086]
	被牵引程度 4	－0.0031 [－0.0070]	－0.0055 [－0.0042]	－0.0040 [0.0015]	－0.0017 [0.0034]	－0.0084 [0.0026]	－0.0112 [0.0155]

续表

不同类别经济体分时段脉冲响应值均值		1996—2000 年	2001—2003 年	2004—2006 年	2007—2014 年	2015—2018 年	2019—2021 年
$i^{US}\uparrow - i$	被牵引程度 1	0.0297 [0.0389]	0.0318 [0.0377]	0.0262 [0.0283]	0.0323 [0.0421]	0.0334 [0.0468]	0.0292 [0.0349]
	被牵引程度 2	0.0244 [0.0300]	0.0190 [0.0207]	0.0186 [0.0209]	0.0162 [0.0162]	0.0109 [0.0086]	0.0087 [0.0051]
	被牵引程度 3	0.0120 [0.0163]	0.0099 [0.0140]	0.0096 [0.0147]	0.0098 [0.0128]	0.0074 [0.0102]	0.0072 [0.0100]
	被牵引程度 4	0.0442 [0.0637]	0.0408 [0.0606]	0.0356 [0.0477]	0.0353 [0.0399]	0.0379 [0.0468]	0.0382 [0.0490]

第四节　经济体货币政策取向与福利损失：协调与不协调情形

本章进一步识别国际货币政策协调与非协调情形下各经济体的货币政策取向，在此基础上测算国际货币政策协调与非协调情形下各经济体货币政策规则的福利损失。

一、时变货币政策规则识别

考虑不协调情形下的货币政策规则，本章首次采用逆推的方法将 TVP－VAR 式（5－11）转换为 TVP－SVAR，由此可以识别出式（5－6）不存在国际货币政策协调时纳入宏观金融风险的货币政策规则中的时变参数。具体思路为首先，基于式（5－11）得到联立方程组各参数估计值，并通过对联立方程求解得到基于 TVP－VARX 模型的第 n 经济体货币政策取向。

$$i_{n,t}=(1-\hat{\rho}_{n,t})\left(\begin{array}{c}\dfrac{\sum_{j=2}^{4}Z_{n1j,t}\hat{\Phi}_{n1j-1,t}}{|\hat{\Phi}_{n,t}|(1-\hat{\rho}_{n,t})}y_{i,t}+\dfrac{\sum_{j=2}^{4}Z_{n1j,t}\hat{\Phi}_{n2j-1,t}}{|\hat{\Phi}_{t}|(1-\hat{\rho}_{n,t})}\pi_{i,t}+\\ \dfrac{\sum_{j=2}^{4}Z_{n1j,t}\hat{\Phi}_{n3j-1,t}}{|\hat{\Phi}_{n,t}|(1-\hat{\rho}_{n,t})}Lev_{n,t}+\\ \dfrac{H_{n11,t}-\sum_{j=2}^{4}\left(Z_{n1j,t}\sum_{l=2}^{4}H_{nl1,t}\hat{\Phi}_{nl-1j-1,t}\right)\Big/|\hat{\Phi}_{n,t}|}{1-\hat{\rho}_{n,t}}\end{array}\right)+\hat{\rho}_{n,t}i_{n,t-1}+\hat{\nu}_{n,t}$$

（式 5 - 13）

其中，$\hat{\rho}_{n,t}=Z_{n11,t}-\sum_{j=2}^{4}\left(Z_{n1j,t}\sum_{l=2}^{4}Z_{nl1,t}\Phi_{nl-1j-1,t}\right)/|\hat{\Phi}_{n,t}|$，$\hat{\Phi}_{nlj,t}$ 为式（5 - 11）中矩阵 $Z_{n,t}$ 第 l 行 j 列的代数余子式，$\hat{v}_{n,t}$ 为残差。对于第二部分施加约束模型式（5 - 10）进行逆推可得到不协调情形下全球时变货币政策规则：

$$i_{t}=\left(1-\frac{1}{N}\sum_{n=1}^{N}\hat{\rho}_{n,t}\right)\left(\begin{array}{c}\dfrac{1}{N}\sum_{n=1}^{N}\dfrac{H_{n11,t}-\sum_{j=2}^{4}\left(Z_{n1j,t}\sum_{l=2}^{4}H_{nl1,t}\hat{\Phi}_{nl-1j-1,t}\right)\Big/|\hat{\Phi}_{n,t}|}{1-\hat{\rho}_{n,t}}+\\ \dfrac{1}{N}\sum_{n=1}^{N}\dfrac{\sum_{j=2}^{4}Z_{n1j,t}\hat{\Phi}_{n1j-1,t}}{|\hat{\Phi}_{n,t}|(1-\hat{\rho}_{n,t})}y_{t}+\dfrac{1}{N}\sum_{n=1}^{N}\dfrac{\sum_{j=2}^{4}Z_{n1j,t}\hat{\Phi}_{n2j-1,t}}{|\hat{\Phi}_{t}|(1-\hat{\rho}_{n,t})}\pi_{t}+\\ \dfrac{1}{N}\sum_{n=1}^{N}\dfrac{\sum_{j=2}^{4}Z_{n1j,t}\hat{\Phi}_{n3j-1,t}}{|\hat{\Phi}_{n,t}|(1-\hat{\rho}_{n,t})}Lev_{t}\end{array}\right)$$

$$+\frac{1}{N}\sum_{n=1}^{N}\hat{\rho}_{n,t}i_{t-1}+\hat{\nu}_{nt}^{Co}$$

（式 5 - 14）

由式（5 - 14）可知，时变系数 $\sum_{n=1}^{N}\hat{\rho}_{n,t}/N$ 可用于刻画各经济体的平均利率平滑系数。时变系数 $\sum_{n=1}^{N}\left(\sum_{j=2}^{4}Z_{n1j,t}\hat{\Phi}_{n1j-1,t}/|\hat{\Phi}_{n,t}|(1-\hat{\rho}_{n,t})\right)/N$ 测度了货币政策锚定经济增长目标的平均政策取向；时变系数 $\sum_{n=1}^{N}\left(\sum_{j=2}^{4}Z_{n1j,t}\right.$

$\hat{\boldsymbol{\Phi}}_{n2j-1,t}/|\hat{\boldsymbol{\Phi}}_t|(1-\hat{\rho}_{n,t})\Big)/N$ 测度了各经济体货币政策治理通胀的平均政策取向；时变系数 $\sum_{n=1}^{N}\Big(\sum_{j=2}^{4}\boldsymbol{Z}_{n1j,t}\hat{\boldsymbol{\Phi}}_{n3j-1,t}/|\hat{\boldsymbol{\Phi}}_{n,t}|(1-\hat{\rho}_{n,t})\Big)/N$ 刻画了各经济体货币政策锚定杠杆周期的政策取向。上述系数的绝对值越大则表示各经济体越倾向于调控相应的政策目标。

同理，基于式（5-1）、式（5-2）、式（5-3）和式（5-7）构成的嵌入美国货币政策规则的一般均衡模型框架，采用 TVP-VAR 进行识别，并基于上述的逆推思路可以求得在协调情形下经济体的货币政策取向，通过对比也可以考察各经济体货币政策规则取向的异质性。

二、非协调情形下不同被牵引程度经济体货币政策规则识别

图 5-1 展示了基于 TVP-VARX 模型和逆推方法估计得到的，国际货币政策不协调情形下不同被牵引强度经济体货币政策的时变参数。结果显示，各经济体锚定通胀、产出缺口和宏观杠杆周期的时变系数均为正，说明各经济体货币政策对上述政策目标均具有逆周期调控偏好，即通过利率的反向操作抑制（或促进）通胀、产出缺口和宏观杠杆周期上升。从不同阶段的表现看，一是 1996—1999 年，被牵引程度 1—2 经济体锚定通胀、产出缺口和宏观杠杆周期的时变系数呈上升趋势，在 1999 年达到阶段高点。同时，被牵引程度 3 经济体的三大时变系数在 1997 年亚洲金融危机爆发时迅速上升，此后又快速下降，在此期间，被牵引程度 4 经济体时变系数的走势较为平滑，没有出现显著波动；二是 2000—2018 年，被牵引程度 1—2 经济体的三大时变系数整体呈下滑趋势，并在 2002 年美国互联网泡沫破灭和 2008 年次贷危机爆发时有短暂的快速上升趋势，可见，在危机导致通胀率、产出水平和宏观杠杆周期下降时，被牵引程度较高经济体会显著提高货币政策的逆周期调控强度；同时，被牵引程度 3—4 的经济体的时变系数趋势整体呈缓慢下降趋势，说明该类受美国货币政策溢出影响较小的经济体，其货币政策对美国货币政策波动的敏感度也较小；三是 2019—2021 年，由于新冠疫情冲击，导致全球范围经济下行压力加大，各类经济体货币政策均加强对通胀、产出缺口和宏观杠杆周期的逆周期调控强度。此外，平滑利率的系数在样本区间内均为正，说明各经济体货币政策的调整具有一定的持续性。同时，受美国货币政策牵引程度较高的经济体政策

平滑性也较强。在2007—2009年，平滑利率系数快速下降，尤其是被牵引程度2—3的经济体下降更为明显，说明次贷危机发生后，各经济体明显加强政策干预，通过非常规的政策遏止经济下滑和风险蔓延。次贷危机后，被牵引程度较高经济体的平滑利率系数继续下行，而被牵引程度4的经济体平滑利率出现上升并向其他三类经济体逐渐收敛，可见次贷危机后各经济体均在调整政策干预与市场经济的关系，最终趋向于全球平均水平。

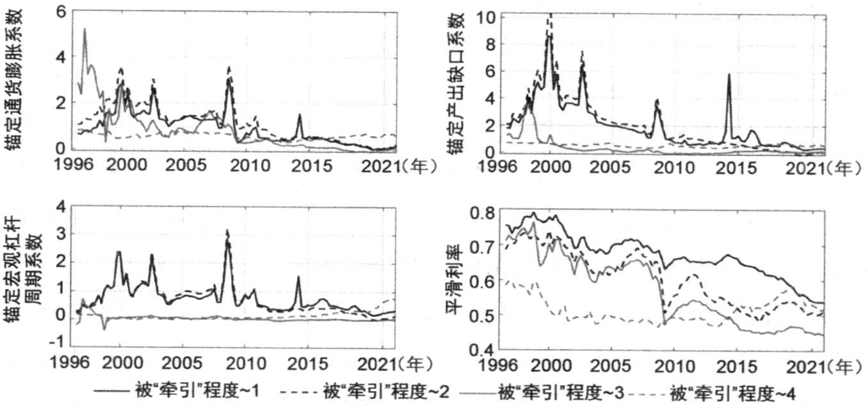

图5-1　不同被牵引程度经济体时变货币政策参数的异质性：非协调

综上所述，各经济体具有锚定产出缺口、通胀和宏观杠杆周期的泰勒规则，且整体上为逆周期调控偏好。被牵引程度较大的经济体，其锚定宏观经济目标的偏好也更强，同时也能发现，虽然大部分时间货币政策盯住政策目标较为稳定，但是，在危机期间，如1999年亚洲金融危机后期、2002年互联网泡沫破灭和2008年次贷危机期间，经济体货币政策调控目标的政策取向出现较大幅度变化，由此说明政策当局在危机期间适时调整政策规则，以期熨平经济运行和维护金融稳定。

三、协调情形下不同被牵引程度经济体货币政策规则识别

基于前文构建的TVP-SVAR模型和逆推方法，本章进一步估计得到存在国际货币政策协调时纳入宏观金融风险的货币政策规则式（5-7）的时变参数，以此刻画存在国际货币政策协调时，全球和各类型经济体货币政策规则的动态演变规律。

如图5-2所示，相较于不存在国际货币政策协调时（图5-1），各类

型经济体在国际货币政策协调下对通胀、产出缺口和宏观杠杆周期三大政策目标的逆周期调控强度整体下降了，而且各经济体逆周期调控走势更为一致，说明当存在国际货币协调时可以减少政策的过度反应。从时变角度分析，在2007—2009年次贷危机期间，不同被牵引程度经济体的三大货币政策时变系数均快速上升，说明在货币协调下，各经济体均强化了对通胀、产出缺口和宏观杠杆周期的调控力度，而且这种共同反应的时间也更为一致；次贷危机以后，被牵引程度1—3经济体的时变系数呈下滑趋势，说明低利率政策压缩了该类经济体逆周期调控的空间。值得注意的是，逆周期调控可能进一步加剧国际金融危机的破坏程度，2009年年底至2010年年底锚定宏观杠杆周期系数快速下降，被牵引程度2的经济体甚至进入顺周期调控偏好。近年来随着风险不断积累，各经济体对宏观杠杆周期的逆周期调控强度逐渐增强，被牵引程度2的经济体也在2015年后重新对宏观杠杆周期进行逆周期调控；2019—2021年全球新冠疫情期间，各经济体货币政策的逆周期调控偏好同样有所增强。对于平滑利率，整体上各类型经济体的平滑利率在有协调时比不存在协调时低，说明国际货币政策协调下各经济体加大了政策干预力度，特别是被牵引程度更高的经济体平滑利率下降尤甚。在次贷危机期间，被牵引程度1—3的经济体出现短暂的下降，同样表明各经济体加强了政策干预力度来应对经济危机。可见，货币政策协调能够提高各经济体货币政策的平稳性和同步性，进而改善货币政策效果。

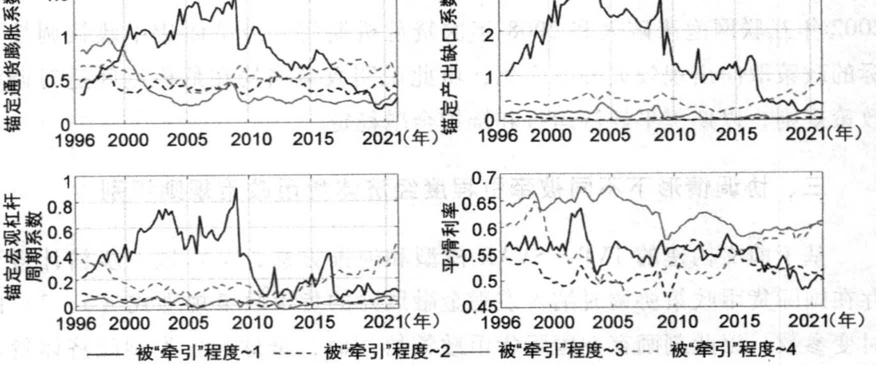

图5－2　不同被牵引程度经济体时变货币政策参数的异质性：协调

四、国际协调与否的货币政策福利损失

本章进一步构建国际货币政策协模型系统：假设在非协调条件下，经济体货币政策的最优福利损失为产出、通胀和宏观杠杆周期分别偏离各自目标值幅度的最小化；在合作博弈条件下，设定经济体货币政策的最优福利损失还需要进一步考虑经济体内利率与美国利率的偏离程度。在此基础上，分别测算出国际协调与不协调情况下货币政策福利损失，有助于从福利损失的角度考察国际货币政策协调的有效性。

1. 国际货币政策协调与不协调情形下经济体内货币政策福利损失函数设定。基于协调情形下的货币政策规则，设定经济体货币政策目标损失函数为 $Min\ E_t\sum_{i=0}^{\infty}\kappa^i L_{t+i}$，其中 κ 是折现因子，存在国际货币政策协调下 t 期的福利损失函数 L_t^{∞} 为：

$$L_t^{co} = \underset{i_t}{Min}\left\{\begin{array}{l}\frac{1}{2}E_{t-1}[(y_t)^2 + k_{1,t}(\pi_t - \pi_t^*)^2 + k_{2,t}(Lev_t)^2 + \\ \varpi_{1,t}(i_t - i_t^{US})^2 + \varpi_{2,t}(i_t - i_{t-1})^2]\end{array}\right\} \quad (式 5-15)$$

其中，π_t^* 是通胀目标，设定 $\pi_t^* = 2\%$；y_t、Lev_t 代表的是产出缺口和宏观杠杆周期；$k_{1,t}$、$k_{2,t}$ 分别表示通胀、宏观杠杆周期偏离目标值的权重；$\varpi_{1,t}$、$\varpi_{2,t}$ 表示利率偏离美国利率和前期利率的权重。对式（5-15）一阶求导可得：

$$-\alpha_{2,t}y_t - \alpha_{2,t}\beta_{2,t}\kappa_{1,t}(\pi_t - \pi^*) - \theta_{2,t}\kappa_{2,t}lev_t + \varpi_{1,t}(i_t - i^{US}) + \varpi_{2,t}(i_t - i_{t-1}) = 0 \quad (式 5-16)$$

其中 $\alpha_{2,t}$、$\beta_{2,t}$、$\theta_{2,t}$ 是式（5-1）、式（5-2）、式（5-3）中的系数，对式（5-16）转换可得：

$$i_t = \left(1 - \frac{\varpi_{2,t}}{\varpi_{1,t} + \varpi_{2,t}}\right)\left(\begin{array}{l} i^{US} - \frac{\alpha_{2,t}\beta_{2,t}\kappa_{1,t}}{\varpi_{1,t}}\pi^* + \frac{\alpha_{2,t}\beta_{2,t}\kappa_{1,t}}{\varpi_{1,t}}\pi_t + \\ \frac{\alpha_{2,t}}{\varpi_{1,t}}y_t + \frac{\theta_{2,t}\kappa_{2,t}}{\varpi_{1,t}}lev_t \end{array}\right) + \frac{\varpi_{2,t}}{\varpi_{1,t} + \varpi_{2,t}}i_{t-1} + e_t \quad (式 5-17)$$

可见式（5-17）与国际协调框架下的货币政策规则式（5-13）具有相同的形式，且在前文中已经测算时变参数，因此在给定 $\alpha_{2,t}$、$\beta_{2,t}$、$\theta_{2,t}$ 的

情况下，可以测算出存在国际货币政策协调下 t 期的福利损失函数 L_t^{∞}。同理，还能同时测算出不存在国际货币政策协调下 t 期的福利损失函数 $L_t^{none-co}$。

2. 协调与非协调的福利损失函数模拟测算。为了保持研究的可靠性和稳健性以及使模拟的结果具有现实参考价值，在 TVP - SVAR 和 TVP - VARX 模型结构式测算结果的基础上，采用逆推方式求解式（5 - 1）至式（5 - 3）产出缺口函数、新凯恩斯菲利普斯函数和宏观杠杆周期函数①中的时变参数 $\alpha_{2,t}$、$\beta_{2,t}$、$\theta_{2,t}$，求算术平均值，分别以 $\overline{\alpha}_{2,t}$、$\overline{\beta}_{2,t}$、$\overline{\theta}_{2,t}$ 表示。由此，进一步计算得到福利损失函数中的权重 $k_{1,t}$、$k_{2,t}$ 和 $\varpi_{1,t}$、$\varpi_{2,t}$，最终可以测算出存在国际货币政策协调下 t 期的福利损失函数 L_Co。同理，测算出不存在国际货币政策协调下 t 期的福利损失函数 L_No-Co，结果见表 5 - 5。

表 5 - 5　国际货币政策协调与否的各经济体货币政策福利损失

经济体	L_ Co	L_ No - Co	福利损失改善程度（%）	经济体	L_ Co	L_No - Co	福利损失改善程度（%）
	(1)	(2)	(3)		(1)	(2)	(3)
加拿大	4.48516	5.7317	-21.7485	芬兰	5.7046	7.0156	-18.6879
中国香港	1.1387	3.0383	-62.5231	英国	9.6808	18.9895	-49.0206
澳大利亚	12.2194	22.2206	-45.0085	荷兰	13.3928	37.2617	-64.0575
新西兰	1.5255	4.5698	-66.6172	丹麦	25.5382	61.2088	-58.2769
新加坡	7.9319	8.0176	-1.0694	挪威	12.1144	6.6275	82.7904
意大利	24.0420	12.1262	98.2646	日本	55.4831	148.7211	-62.6932
巴西	27.6728	20.3276	36.1338	泰国	108.3972	168.9085	-35.8249
阿根廷	236.1065	936.3901	-74.7855	墨西哥	270.1611	220.2115	22.6826
希腊	17.4869	36.2478	-51.7575	印度尼西亚	532.0722	373.6035	42.4163

① 因篇幅所限，各经济体产出缺口函数、新凯恩斯菲利普斯函数和宏观杠杆周期函数中时变参数 $\alpha_{2,t}$、$\beta_{2,t}$、$\theta_{2,t}$ 的结果以附图 5 - 1 展示。

续表

经济体	L_ Co	L_ No - Co	福利损失改善程度（%）	经济体	L_ Co	L_ No - Co	福利损失改善程度（%）
	（1）	（2）	（3）		（1）	（2）	（3）
韩国	6.2037	13.2526	-53.1888	马来西亚	43.2278	86.2798	-49.8981
印度	299.6600	314.8535	-4.8256	中国	18.2897	36.5281	-49.9299
西班牙	2.2399	80.1085	-97.2039	土耳其	2528.4929	2984.3170	-15.2740
智利	9.2585	12.1660	-23.8989	俄罗斯	580.6272	610.8743	-4.9515
德国	6.9250	20.3522	-65.9743	南非	132.7837	140.6925	-5.6213
法国	9.8999	11.2842	-12.2677				

注：列（3）表示相对不存在国际货币政策协调时，存在国际货币政策协调时各经济体货币政策的福利损失改善，当福利损失改善程度小于零时，说明国际货币政策协调能有效降低福利损失，此时该经济体应该加强国际货币政策协调；福利损失改善程度由（列（1）-列（2））/列（2）×100%计算得到。

首先，从表5-5中列（1）-（2）结果看，被牵引程度较高的经济体货币政策福利损失普遍较低，特别是经济较发达的经济体，如加拿大、新西兰、中国香港、新加坡等经济体的福利损失均小于10，远低于阿根廷、巴西等发展中经济体，原因可能在于经济发达的地区金融市场发展水平较高，政策传导渠道较完善，因此货币政策有效性更强。其次，从列（3）结果看，除了意大利、巴西、挪威、墨西哥、印度尼西亚外，大部分经济体货币政策福利损失在有国际货币政策协调时比没有国际货币政策协调时低，说明经济体货币政策在采取国际协调时能够更有效减低社会福利损失。此外，在货币政策协调时，被牵引程度较高（1—2）经济体货币政策的福利损失改善程度均值为-29.7627%，高于被牵引程度较低（3—4）经济体的-19.0247%。最后，对于中国，得益于中国政府较强的调控能力，且其资本管制政策起到了屏障国外风险的作用，中国货币政策可以更好地专注于国内宏观经济目标，因此货币政策福利损失的数值较小。同时，中美两国经济金融高度相关，采取国际协调时能够有效降低货币政策社会福利损失。总的来说，货币政策受美国货币政策的溢出影响更大，即美国货币政策对本经济体货币政策的牵引作用越大的经济体越需要通过国际货币政策协调来优化货币政策的福利损失，这一结论也与第三部分的时变脉冲响应值分析结果基本一致。

第五节 研究结论与政策启示

美国货币政策对全球宏观经济变量的影响效应存在异质性，准确判断这种异质性是各国制定货币政策的关键，因此，构建包含两类开放经济体和三部门的货币政策溢出理论模型，并围绕该理论模型，构建了 TVP - VARX 和 TVP - SVAR 模型，测算国际货币政策协调与否情形下美国货币政策对其他经济体宏观经济的影响效果以及福利损失。研究结果表明以下三点。一是，美国是国际货币政策溢出的中心国，其中，对美国经济依存度较高、经济开放程度较高的经济体利率受美国利率波动影响相对较大。得益于对资本项目的有效管制、庞大的内需市场和经济规模，中国的货币政策具有极强的独立性，因此中国货币政策受美国货币政策的影响相对较小。二是，国际货币政策非协调情形下，美国紧缩货币政策对被牵引程度较强经济体通胀和宏观杠杆周期的溢出效应体现为负面效应，而对产出缺口体现为正面效应。相较之下，美国紧缩货币政策对被牵引程度较弱经济体的通胀、产出缺口体现为负面效应，但对宏观杠杆周期是正面效应，即有助于该类经济体对金融风险的逆周期调控。三是，从福利损失结果看，大部分经济体货币政策在采取国际协调时能够更有效地降低社会福利损失。特别是，由于货币政策受美国货币政策的溢出影响更大，被牵引程度较高的经济体普遍在有国际货币政策协调时的福利损失改善幅度比被牵引程度较低的经济体高。此外，中国作为世界第二大经济体，其货币政策独立性较高，因此货币政策福利损失相对较低，但是由于中国与美国的经济金融相关性很高，加强与美国货币政策的协调能够有效降低社会福利损失。

基于上述研究结果，提出如下两点政策建议。第一，采取针对性的措施，积极应对美国货币政策的负面溢出影响。在全球新冠疫情和通胀压力持续高企的影响下，美国货币政策趋紧，鉴于中国属于受美国货币政策牵引较弱的经济体，后续针对美国货币政策走向的主要着眼点在于防范美国货币政策对中国通胀和产出缺口产生的负面冲击，而非关注美国货币政策对中国宏观杠杆的冲击影响。第二，加强国际货币政策协调，提高货币政策有效性和社会福利。当前中国一方面应该维护货币政策独立性，货币政策制定应更加专注于维护国内宏观经济稳定和防范金融风险，另一方面，需要加强与主要经济体（特别是美国）货币政策的国际协调，通过合作对冲国际金融风险的溢出影响，减少超预期的宏观经济波动，同时，也能够降低国内经济体的福利损失。

附　录

附表　国际货币政策溢出网状矩阵

		美国	加拿大	香港	澳大利亚	新西兰	新加坡	意大利	巴西	阿根廷	希腊	韩国	印度	西班牙	智利	德国	法国	芬兰	英国	荷兰	丹麦	挪威	日本	泰国	墨西哥	印尼	马来西亚	中国	土耳其	俄罗斯	南非
	美国	85.07	4.08	0.31	1.42	0.06	0.53	0.08	0.20	0.51	0.56	0.86	0.23	1.05	0.52	0.01	0.19	0.05	0.05	0.49	0.06	1.23	0.05	0.03	0.25	0.45	0.00	0.87	0.70	0.07	0.01
被"牵引"程度1	加拿大	90.22	1.23	0.48	1.93	0.09	0.02	0.32	0.67	0.45	0.02	0.05	0.21	0.19	0.28	0.00	0.18	0.03	0.01	0.07	0.06	0.20	0.06	0.78	0.05	1.12	0.04	0.08	0.28	0.52	0.35
	香港	76.72	1.16	0.43	7.20	0.05	0.12	0.05	0.42	1.06	0.24	1.20	0.02	0.74	1.04	0.02	0.46	1.95	0.07	0.07	0.08	0.69	0.01	0.02	0.64	1.63	0.07	0.16	1.61	2.06	0.03
	澳大利亚	75.13	0.15	0.12	2.71	0.16	0.05	0.16	0.08	6.30	0.25	0.07	0.38	0.47	1.69	0.00	0.01	0.32	0.51	0.02	0.04	0.11	0.01	1.64	1.04	2.18	0.32	2.61	0.40	2.80	0.26
	新西兰	73.16	0.05	1.97	1.57	0.20	0.03	0.12	0.21	0.49	0.53	1.11	1.09	0.79	1.72	2.39	4.55	0.73	0.02	2.21	0.09	0.73	0.43	0.17	0.72	0.86	1.00	0.05	0.70	2.18	0.12
	新加坡	67.87	2.72	0.66	1.36	0.29	0.10	0.90	0.14	0.34	3.43	1.37	0.05	1.89	0.10	1.98	3.25	3.86	0.01	4.02	0.74	2.45	1.71	0.01	0.08	0.18	0.09	0.08	0.24	0.03	0.04
	意大利	66.66	0.14	0.33	4.13	0.15	0.01	0.09	0.93	0.73	4.76	0.14	2.04	0.29	1.95	1.73	0.67	0.34	0.07	0.63	3.23	0.09	0.03	2.00	0.54	1.02	0.02	0.25	0.86	5.75	0.38
	巴西	66.38	1.22	0.10	3.60	1.65	0.04	0.02	0.21	5.12	13.39	1.64	0.02	1.78	0.11	0.01	0.08	0.43	0.66	0.15	0.10	0.30	0.01	0.02	1.05	0.66	0.05	0.17	0.49	0.48	0.06
	阿根廷	65.84	8.39	1.85	0.22	0.40	0.23	0.03	0.04	7.59	4.43	0.48	0.01	0.13	2.45	0.00	0.03	1.78	0.32	0.16	0.44	0.21	0.28	0.30	0.22	2.57	0.01	1.06	0.48	0.03	0.02
被"牵引"程度2	希腊	63.71	0.18	0.38	2.75	0.04	0.58	0.18	1.05	1.21	4.24	0.84	2.81	0.03	1.68	1.05	0.23	0.39	0.02	0.49	4.23	0.06	0.03	0.14	0.49	1.24	0.06	0.92	3.37	7.33	0.27
	韩国	59.60	0.04	0.69	7.28	0.03	0.01	0.94	0.45	0.46	9.38	1.03	0.38	0.08	1.38	3.09	3.17	4.45	0.01	0.37	0.79	0.06	0.03	0.75	0.17	0.49	0.01	0.12	0.20	4.25	0.30
	印度	59.35	0.28	0.00	16.81	0.07	0.28	0.03	0.35	0.92	2.68	0.15	0.56	0.04	1.10	1.83	1.47	2.91	0.21	0.27	8.39	0.07	0.03	0.57	0.39	0.00	0.02	0.00	0.24	0.86	0.11
	西班牙	58.57	0.58	0.71	7.65	0.05	0.00	0.33	0.16	1.14	11.47	0.31	0.39	0.07	0.90	3.38	3.45	5.83	0.02	0.16	0.82	0.03	0.04	0.11	0.20	0.18	0.00	0.09	0.50	2.46	0.38
	智利	57.07	0.60	0.51	17.62	0.35	0.01	0.32	1.77	0.85	0.46	0.07	0.16	0.15	0.59	0.16	1.20	0.29	0.69	1.34	0.15	0.11	0.14	3.87	0.30	0.70	0.35	0.21	0.97	7.19	1.81
	德国	54.85	0.14	0.35	10.14	0.05	0.02	0.02	0.74	2.16	2.22	0.03	1.69	0.02	3.35	0.08	0.63	0.58	0.02	0.10	0.73	0.50	0.13	0.74	1.08	0.38	0.05	0.07	2.63	16.33	0.17
	法国	54.63	0.13	0.35	10.36	0.04	0.02	0.02	0.72	2.06	1.37	0.04	1.53	0.02	3.17	0.07	0.66	0.56	0.00	0.09	0.72	0.47	0.11	0.69	1.44	0.37	0.07	0.07	2.26	17.78	0.18
被"牵引"程度3	芬兰	50.85	1.39	1.21	10.76	0.26	0.91	0.09	0.90	3.05	2.14	0.13	1.53	0.07	2.28	0.04	0.10	0.17	0.01	0.73	0.34	0.03	0.01	0.35	0.86	1.82	0.04	0.10	5.61	13.71	0.51
	英国	48.55	0.40	2.14	12.62	1.69	0.04	0.08	0.08	1.20	5.46	0.36	0.09	0.47	0.32	2.11	1.26	1.62	0.01	14.85	0.12	1.44	2.30	0.04	0.27	0.28	0.20	0.12	0.02	0.10	1.76
	荷兰	47.86	0.02	0.26	5.84	0.01	0.01	0.03	0.28	0.83	27.39	0.57	0.41	0.35	0.31	1.14	2.23	0.90	0.01	2.07	0.12	0.10	0.71	0.27	0.27	0.23	0.02	0.05	1.58	6.07	0.07
	丹麦	47.07	1.35	0.24	13.08	0.09	0.01	0.67	1.59	4.25	1.87	0.09	2.23	0.24	1.22	0.03	0.43	0.24	0.25	0.94	0.32	0.07	0.29	3.36	1.21	2.53	0.01	0.43	1.41	14.04	0.46
	挪威	45.03	0.06	0.71	5.44	0.01	0.00	0.06	0.86	0.59	28.50	1.55	0.54	0.26	0.18	3.38	2.81	1.27	0.01	1.98	0.26	0.06	2.44	0.11	0.06	0.45	0.16	0.10	0.54	2.53	0.03
	日本	40.03	0.21	0.24	1.69	0.44	0.16	0.03	1.35	0.29	2.51	0.09	1.19	0.01	2.02	6.66	6.31	0.09	0.03	0.01	3.64	0.51	0.02	0.27	0.48	0.60	0.07	28.83	0.19	1.95	0.07
	泰国	35.30	4.96	1.25	12.95	0.37	0.15	0.38	0.37	1.27	6.60	1.56	0.11	0.94	0.36	0.56	0.86	3.36	0.01	0.66	2.26	0.51	5.51	0.05	0.19	0.73	0.52	0.17	0.52	0.37	17.16
被"牵引"程度4	墨西哥	34.87	0.23	0.72	8.70	0.14	0.04	0.82	0.71	0.33	11.08	3.61	0.39	0.04	1.12	8.98	15.87	6.87	0.25	0.11	0.55	0.06	1.37	0.03	0.69	1.35	0.00	0.08	0.36	0.64	0.01
	印尼	34.12	20.53	0.74	11.66	0.36	0.52	1.17	0.28	4.28	0.32	0.30	0.01	0.27	0.57	0.09	0.03	3.10	1.52	0.21	1.36	0.08	0.10	11.82	0.05	2.89	0.31	0.05	1.93	0.73	0.57
	马来西亚	31.54	4.90	1.30	2.11	0.11	0.03	1.24	0.94	1.63	6.61	1.57	1.22	0.89	1.77	10.36	12.12	4.86	1.92	0.04	5.50	1.68	2.02	0.29	0.12	0.68	0.03	0.84	0.80	2.88	0.01
	中国	22.17	12.73	10.41	19.19	0.11	0.55	0.91	0.17	13.53	0.32	0.59	0.10	0.09	0.90	0.05	0.18	2.98	0.73	3.49	0.08	0.18	0.08	0.16	1.20	0.42	0.07	1.50	1.64	5.29	0.19
	土耳其	21.07	0.02	0.28	4.48	0.76	0.01	0.25	0.31	0.11	6.26	0.34	0.01	3.09	0.06	11.32	13.65	3.98	0.01	26.04	0.46	3.16	2.65	0.02	0.08	0.08	0.87	0.17	0.35	0.02	0.10
	俄罗斯	6.92	0.96	0.24	0.27	0.38	0.04	5.64	0.59	0.24	2.93	16.64	0.73	9.89	2.99	4.60	7.72	5.33	0.47	10.18	11.31	2.49	1.45	0.47	0.33	4.57	0.82	0.08	1.07	0.64	0.01
	南非	2.31	3.17	0.92	5.81	0.10	0.00	5.11	1.01	0.23	7.30	13.90	0.62	11.06	0.75	5.77	7.50	8.19	0.44	3.89	9.48	0.21	0.17	0.24	0.65	2.01	6.90	0.19	0.31	1.74	0.02
净溢出		1442.52	-27.99	-70.09	111.37	-91.50	-95.48	-79.93	-82.40	-36.79	68.73	-49.30	-79.26	-64.59	-63.10	-29.12	-8.69	-32.54	-91.65	-24.16	-43.53	-82.09	-77.80	-70.67	-84.87	-67.35	-87.81	-60.46	-67.73	20.83	-74.56

注：①表中数据均为由时变溢出指数在样本区间内取均值计算得到，即反映的是一国货币政策对他国的平均溢出强度。②行数据表示他国货币政策对一国货币政策的溢出强度占一国接受到的所有货币政策溢出强度（剔除自身因素）的比重，列数据表示一国货币政策对其他经济体货币政策的溢出强度占其他经济体接受到的所有货币政策溢出强度（剔除自身因素）的比重。③被"牵引"程度1、2、3、4指美国货币政策溢出占一国货币政策接受到的外部货币政策溢出的比重从高到低的四种程度（颜色由深到浅）。

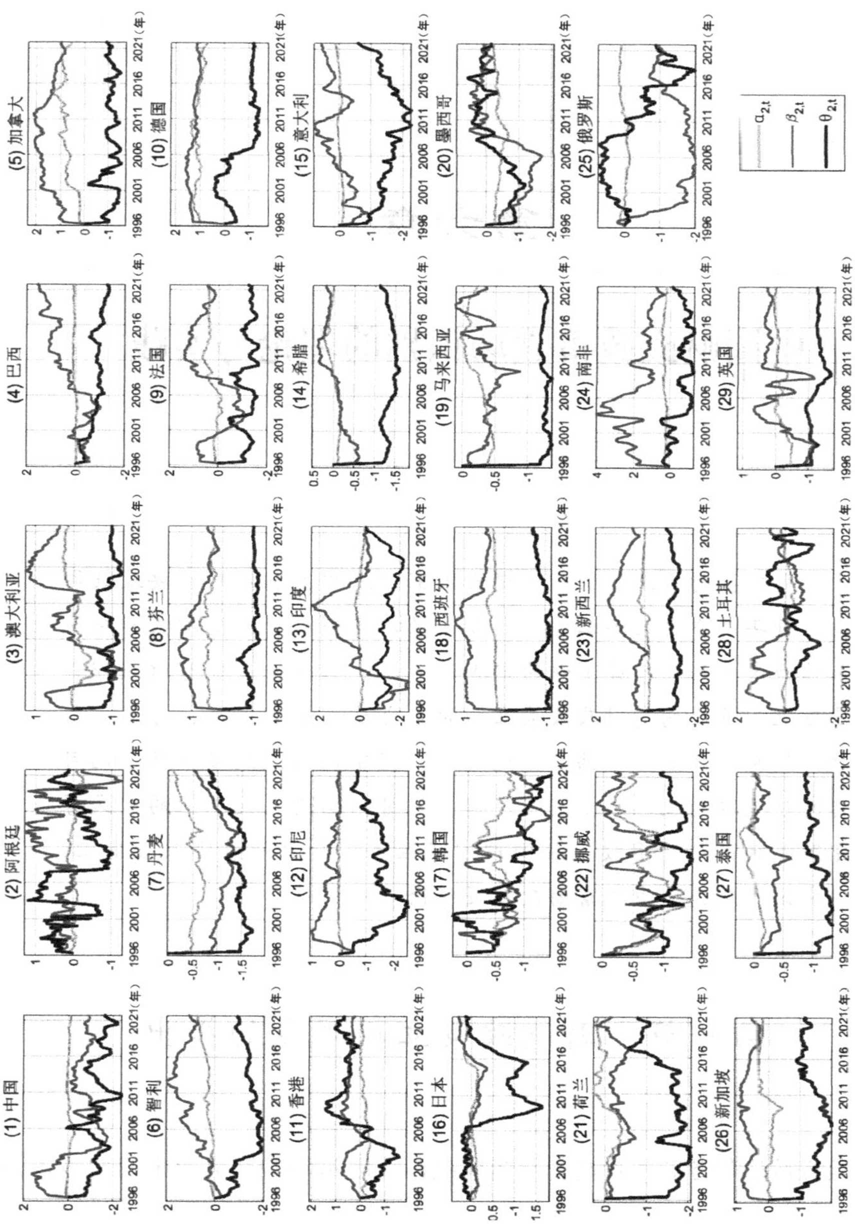

附图　29 个经济体时变参数 $\alpha_{2,t}$、$\beta_{2,t}$、$\theta_{2,t}$ 估计结果

第六章

中国财政政策立场识别的理论与实践[①]

引言：财政政策立场体现出国家财政政策制定的主要政策取向，近年来中央经济工作会议多次强调将去杠杆、稳增长和抑泡沫作为未来经济政策工作的重点。为此，本章将在现有财政理论基础上，首次构建财政政策立场的时变反应函数模型，并通过推导得到时变政策效果函数，进一步研究中国财政政策盯住不同目标的政策取向及其历史演变规律。同时，还通过反事实的方式考究财政政策与货币政策在调控宏观经济运行上的最优政策搭配，以中国实践进一步丰富财政政策理论。

第一节　财政政策立场观点的提出

地方政府债务和房价高企是当前我国金融市场的两大突出问题，也是

① 本章核心内容见于：陈创练、林玉婷，《财政政策反应函数与宏观调控政策取向研究》，《世界经济》2019年第2期。

宏观金融系统性风险的两个主要源头。为此，近年来的中央经济工作会议多次强调将"金融去杠杆""促进稳增长"以及"抑制资产价格泡沫"作为未来经济政策工作的重点。从数据统计看，我国房地产市场均价从1996年的1763.5元/平方米上涨至2017年的7889.4元/平方米，涨幅高达347.4%，特别是最近十年全国平均房价翻了一番，以房价为代表的资产价格暴涨导致我国金融市场蕴含着极大风险。特别是，随着近年来我国推行扩张性财政政策，并由此导致财政赤字不断上升，理论上，财政赤字一般可通过财政收入、政府债务和货币发行铸币税等方式进行融资，财政扩张和赤字还会进一步引发政府债务规模不断攀升。数据显示，我国一般政府债务占GDP的比重从1996年的21.3%上升至2017年的47.6%，上涨幅度超过一倍，虽然还低于国际60%的警戒线，但政府债务过重已成为危及经济健康可持续发展的重要因素之一[①]。地方政府债务过重还极有可能通过"土地财政"渠道更进一步催生房价继续暴涨，更重要的是，以利率为代表的货币政策亦可通过资金成本渠道作用于债务杠杆和资产价格。由此可见，财政政策和货币政策、政府债务和以房价为代表的资产价格存在一个三角的互动影响和传递关系，而对该问题展开深入的研究和分析亦有利于厘清财政政策和货币政策对政府债务和资产价格以及经济增长目标影响的有效性，同时也能够为未来财政政策和货币政策制定与执行以及"去杠杆""稳增长"和"抑泡沫"三大政策目标的部署和规则制定实施提供重要的决策参考依据。

传统货币政策以调控通胀和产出缺口作为主要的工作目标（Taylor，1993），这意味着货币政策并未对金融稳定做出反应（White，2009）。但次贷危机过后，主要发达国家首当其冲，国际金融市场风险陡增并引发非连续性动态变化；特别是欧债危机不断蔓延，更是让许多西欧国家雪上加霜、债台高筑。为此，学术界也开始反思货币政策在维护金融稳定中所扮演的角色（Woodford，2012；Stein，2012）。特别是，金融稳定和宏观经济稳定其实是不可分割的两个方面，而且货币政策盯住变量之间也存在较强的内生性，故而，加入盯住金融稳定可能优于单独盯住产出和物价稳定（Akram等人，2010；Borio，2014）。上述调控的政策理念基于财政政策的

① 数据来源于Wind数据库和国际货币基金组织（IMF）。

作用非常有限，主要原因在于发达国家的政府债务规模相对较高，使财政政策的周旋空间相对较小，也面临较大的政治约束。但近年来的研究相继表明，只有财政政策和货币政策有效配合，才能够有效确保在鞍点路径上理性预期均衡解的唯一性和稳定性，并最终起到“抑通胀”和“促增长”的功效（Leeper，1991；Woodford，1995）。早期有关财政政策规则的研究，如 Davig 等人（2004）研究表明，第二次世界大战过后美国的财政规则可以归纳两类，即预算平衡财政政策规则与以宏观经济稳定为目标而忽略政府债务规模的财政政策规则。考虑到财政体制转换，Favero 和 Monacelli（2005）基于马尔科夫区制转换模型的估计更是表明，在20 世纪 60—80 年代，美国盯住产出缺口与政府债务目标的财政政策是消极的，90 年代起转为积极，但 2001 年后又开始步入消极阶段。同时，Forni 等人（2009）在 DSGE 模型也研究发现欧元区大多数财政政策对主要宏观变量的周期性变化影响不大。近年来，亦有研究发现与不包含政府债务目标相比，嵌入政府债务目标的美国财政政策规则对宏观经济模型具有更好的预测能力（Leeper 等人，2010），但在该模型中依然缺乏考虑货币政策规则。事实上，Lombardo 和 Sutherland（2004）研究就表明，如果财政政策和货币政策搭配欠佳，则可能导致财政政策降低社会福利水平。特别是，次贷危机过后，以美国为首的欧美国家采取了许多诸如向银行注资、减税以及增加政府投资等财政政策和货币政策刺激经济增长和稳定金融市场。由此可见，在财政政策规则中嵌入货币政策才能更为有效地刻画经济政策的实际效果，而且，财政政策的动态性其实对货币政策的有效实施起着非常重要的作用（Aktas 等人，2010）。Foresti（2015）构建一个关注政府债务的货币政策联盟模型，在该模型中货币政策是基于联合平均数估计得到，而财政政策则是基于每个成员国分别展开估计。研究结果表明，宏观经济冲击对国家债务和赤字的影响在各国之间是不一致的，特别是，债务高于联邦平均水平的国家，财政政策和货币政策组合无法实现经济调控目标，而不同债务均衡水平更可能危及联盟的存在。但在单一国家分析中，Gonzalez（2018）研究表明，积极货币政策与稳健财政政策共同搭配更有利于维持政府债务稳定。

在我国，有关货币政策规则研究由来已久，如多数研究认为货币政策遵循泰勒规则（陆军和罗丹，2003；卞志村，2006）；也有研究表明货币政策操作存在“惰性”和“活性”两区制泰勒规则（郑挺国和刘金全，2010）；甚至是存在时变参数泰勒规则（张小宇和刘金全，2012）。但相比较而言，有关财政政策规则的文献相对较少，大多数研究只是停留在对积极财政政策的效果测定（李永友，2012；王国静和田国强，2014），抑或是评估国债发行和财政赤字对宏观经济的挤出效应（刘溶沧和马拴友，2001）；同时，也有部分研究着重分析财政政策组合的宏观绩效，认为在再通胀效应上财政政策和货币政策组合能够为双方创造出更大的政策操作周旋空间（郭庆旺等，2004；陈小亮和马啸，2016）。近年来，开始涌现一些有关财政政策规则的文献，如贾俊雪和郭庆旺（2011）研究发现允许发行国债为公共物质资本投融资的原始赤字规则更有利于长期经济增长和改善政府财政状况。特别是，依据产出缺口和政府赤字调整的财政政策规则更切合我国实际（张佐敏，2014）。此外，贾俊雪等（2014）在财政政策规则中纳入资产价格目标，基于常系数模型估计表明，1998 年以来财政政策和货币政策对房价增长的动态决定起到重要作用，同时必须有效遏制土地财政行为对房价的推波助澜。考虑到财政体制转换现实，周波（2012）研究发现，区制转换财政政策规则相比较常系数模型能够更好地揭示我国真实财政赤字的动态演变趋势，而且，财政政策规则具有明显盯住产出缺口和政府债务稳定的目标偏好。

纵观现有研究，国内外学术界就货币政策规则进行了大量研究，但就财政政策反应函数的文献依然相对较少。而且，鲜有文献通过时变角度阐述近年来财政政策和货币政策在治理政策目标的功效及其演进特征。然而，对该问题的研究显得十分重要，特别是，随着我国经济制度变迁以及宏观经济政策改革与调整，财政政策和货币政策对宏观经济运行在不同时期的影响效应是截然不同的，甚至是呈现出适时调整的时变过程。有鉴于此，本章首次构建一个盯住政府债务、资产价格和经济增长目标的财政政策时变反应函数模型，并以此为基础，设计了时变参数模型实证分析了财政政策和货币政策组合在“去杠杆”“稳增长”和“抑泡沫”中的时变功效。本章的主要贡献体现在如下三个方面。第一，首次构建了我国财政政策时变反应函数，并基于卡尔曼滤波和状态空间模型对时变参数模型展开识别，特别是两阶段估计和工具变量法的设定能够有效消除内生性对实证模型估计的影响。同时，通过对“常系数模型”和“时变参数模型”的经验结果对比分析，更是证实本章采用时变框架研究的科学性和可靠性。第二，首次设计财政政策和货币政策效果评估的时变参数模型，并通过逆推的方式得到财政政策和货币政策对政府债务杠杆、经济周期以及资产价格稳定影响的时变效果测定函数，同时基于中国数据详细分析了近年来财政政策和货币政策组合对三大政策目标影响的时变演进特征。特别是，本章模型框架能够捕捉政策规则与政策目标之间的相互反馈关系，从而能够有效消除内生性对政策效果评估的影响。第三，基于财政政策时变反应函数和拓展货币政策泰勒规则模型，推导了财政政策和货币政策之间的相互反应函数，并经验分析近年来我国财政政策和货币政策组合的互动影响效应。最后，本章在上述时变框架基础上，详细测度和评估了货币政策和财政政策对政府债务杠杆、房价稳定以及经济增长目标的时变影响效应，并基于反事实方法对比测算了财政政策和货币政策组合效果，以期为我国未来财政政策和货币政策制定与执行，特别是如何更好地发挥财政政策和货币政策组合在“去政府债务杠杆”“促进稳增长”以及“抑制资产价格泡沫”中的作用提供重要的理论基础和决策依据。

第二节　财政政策立场模型及其识别方法

一、财政政策立场的反应函数

关于财政政策反应函数模型，参照 Favero 和 Monacelli（2003）以及泰勒规则设定原理，我们将财政赤字设定为政策当局实施财政政策的重要工具变量，其中，当财政赤字为正，则表示政策当局采取扩张性财政政策，可表现为财政支出增加或财政收入（如税收）缩减；反之，当财政赤字为负，即财政盈余，则意味着政策当局采取紧缩性财政政策，可表现为财政支出减少或政府收入（如税收）增加。理论上，政府是一个非营利组织，财政政策的主要目标在于维护宏观经济运行以及实现经济增长目标。特别是，考虑 2017 年中央明确以“去杠杆”“促进稳增长”以及“抑泡沫”

三大政策目标作为未来工作的重点，因此，我们将上述工作重点作为财政政策的主要执行目标。同时，财政政策和货币政策历来是相互依赖和相互影响的两个政策工具，由此，我们设定财政政策立场反应的目标函数为：

$$fd_t^* = \gamma'_0 + \gamma_1(b_t - b_t^*) + \gamma_2 y_t + \gamma_3(hp_t - hp_t^*) + \gamma_4 MP_t \quad (式6-1)$$

其中，fd_t^* 为政策当局的财政赤字目标；b_t 为政府债务杠杆，而 b_t^* 为债务杠杆时变目标；y_t 为经济周期（产出缺口）；hp_t 为房价，hp_t^* 为房价时变目标；MP_t 表示货币政策工具，本章以利率作为代表变量。参数 γ_1、γ_2 和 γ_3 分别测度了财政政策盯住债务杠杆缺口、经济增长以及资产价格稳定目标；γ_4 表示财政政策对货币政策的反应参数。

考虑到财政赤字目标具有一定持续性以及财政赤字执行的平滑性特征，与 Favero 和 Monacelli（2003）、Guo 等（2011）以及贾俊雪等（2014）等研究相一致，设定财政政策的动态调整规则为：

$$fd_t = (1-\theta)fd_t^* + \theta fd_{t-1} + u_t \quad (式6-2)$$

其中，$\theta \in [0,1]$ 表示财政政策的平滑参数，意味着政策当局并非将财政赤字设定为目标函数值，而是依据目标财政赤字和上一期财政赤字进行部分调整，以期消除与财政赤字目标的偏差。由此，θ 测度了财政政策的平滑偏好强度。u_t 表示其他影响因素。

将式（6-1）代入式（6-2）可得，财政政策立场反应函数为：

$$fd_t = (1-\theta)[\gamma_0 + \gamma_1 b_t + \gamma_2 y_t + \gamma_3(hp_t - hp_t^*) + \gamma_4 MP_t] + \theta fd_{t-1} + u_t \quad (式6-3)$$

其中，$\gamma_0 = \gamma'_0 - \gamma_1 b_t^*$。上式表明，当 γ_1 和 γ_2 小于零时，表示在政府债务过重或者经济扩张时期，政策当局通过实施紧缩性财政政策予以应对，表现为政府支出减少和财政赤字下降。反之，当 γ_1 和 γ_2 大于零时，则财政政策顺周期调节，导致宏观经济波动加剧或者政府债务规模进一步扩张。此外，γ_3 还刻画了政策当局对于维护以房价为代表的资产价格稳定的目标偏好。实际上，式（6-3）刻画了财政政策对主要宏观政策目标立场偏好的反应函数，亦可视为财政政策制定与实施的重要决策参考依据。我们将其记为“常系数模型”，并采用 GMM 工具变量法对其进行识别。

二、财政政策立场的反应函数

正如卢卡斯批判指出，传统政策分析并没有充分考虑政策变动对私人预期的影响，事实上，随着政策改革和制度变迁，传统变量之间的关系可能会发生结构性转变，由此基于过去数据分析得到的结论来指导未来的实践可能不再适合，因为政策调整导致的行为改变会使经济模型的参数发生变化，而参数的变化又是难以衡量的。鉴于此，考虑到随着我国经济制度变迁以及宏观经济政策改革与调整，财政货币政策对宏观经济运行在不同时期的影响效应是截然不同的，甚至是呈现出适时调整的时变过程。因此，接下来本章拓展采用了时变参数模型对财政政策反应函数模型展开识别，以期规避卢卡斯批判所指出的难题对模型估计结果的影响。

将上述模型系统引入时变债务杠杆目标以及时变参数，可得财政政策反应函数时变参数模型为：

$$fd_t = (1-\theta_t)[\gamma_{0,t} + \gamma_{1,t}b_t + \gamma_{2,t}y_t + \gamma_{3,t}(hp_t - hp_t^*) + \gamma_{4,t}MP_t] + \theta_t fd_{t-1} + u_t \quad \text{（式 6-4）}$$

其中，$\gamma_{i,t}(i=0,1,2,3,4)$ 和 θ_t 均为时变参数，$u_t|\omega_{t-1} \sim N(0,\sigma_{u,t}^2)$，$\omega_{t-1}$ 是在 $t-1$ 期我们可以获得的所有信息集合。同时，设定时变平滑系数满足 $\theta_t \in [0,1]$，则令：

$$\theta_t = 1/[1+\exp(-\gamma_{5,t})] \quad \text{（式 6-5）}$$

为了测度式（6-4）至式（6-5）中模型系统参数的时变特征，我们与 Primiceri（2005）以及 Nakajima（2011）相一致，设定：

$$\gamma_{i,t} = \gamma_{i,t-1} + v_{i,t}, v_{i,t} \sim i.i.d.N(0,\sigma_{v,i}^2), i = 0,1,2,3,4,5 \quad \text{（式 6-6）}$$

在上述模型设定中，由于式（6-4）至式（6-6）包含滞后阶的被解释变量作为模型系统的自变量，由此导致模型系统存在严重的内生性问题，并使传统的统计推断无效。为此，借鉴 GMM 模型估计的工具变量法原理，我们借鉴 Kim 和 Nelson（2006）提出的两阶段估计和工具变量法予以处理。令工具变量 $\mathbf{IV}_t = [fd_t \quad b_t \quad y_t \quad (hp_t - hp_t^*) \quad MP_t]'$，同时，考虑到政策当局可以通过内部的财政政策、货币政策以及债务发行等外生行为调节宏观经济运行，因此，我们设定模型宏观经济环境的内生变量为 $\mathbf{Z}_t = [y_t(hp_t - hp_t^*)]'$，则基于工具变量法可将内生变量分解为预测成分和测量误差成分：

$\mathbf{Z}_t = E[\mathbf{Z}_t|\omega_{t-1}] + \varepsilon_{t|t-1} = \mathbf{IV}_t\alpha_t + \varepsilon_t$，$\varepsilon_{t|t-1} = \Omega_{t|t-1}^{0.5}\varepsilon_t^*$，$\varepsilon_t^* \sim i.i.d.N(0_2, I_2)$　（式 6－7）

其中，$\varepsilon_{t|t-1} = [\varepsilon_{1,t|t-1} \quad \varepsilon_{2,t|t-1}]'$，$\varepsilon_t^* = [\varepsilon_{1,t}^* \quad \varepsilon_{2,t}^*]'$。$\Omega_{t|t-1}$ 是关于向量 $\varepsilon_{t|t-1}$ 的一个 2×1 条件协方差矩阵。故此，ε_t^* 与 u_t 构成的协方差结构矩阵满足如下设定：

$$\begin{bmatrix}\varepsilon_{1,t}^*\\ \varepsilon_{2,t}^*\\ u_t\end{bmatrix} \sim i.i.d.N\left(\begin{bmatrix}0\\0\\0\end{bmatrix},\begin{bmatrix}1 & 0 & \phi_1\sigma_{u_t}\\ 0 & 1 & \phi_2\sigma_{u_t}\\ \phi_1\sigma_{u_t} & \phi_2\sigma_{u_t} & \sigma_{u_t}^2\end{bmatrix}\right) \quad （式 6－8）$$

基于乔基斯分解上述协方差矩阵结构还可表示为：

$$\begin{bmatrix}\varepsilon_{1,t}^*\\ \varepsilon_{2,t}^*\\ u_t\end{bmatrix} = \begin{bmatrix}1 & 0 & 0\\ 0 & 1 & 0\\ \phi_1\sigma_{u_t} & \phi_2\sigma_{u_t} & \sqrt{(1-\Phi'\Phi)}\sigma_{u_t}\end{bmatrix}\begin{bmatrix}\varepsilon_{1,t}^*\\ \varepsilon_{2,t}^*\\ \mu_t\end{bmatrix},$$

$$\begin{bmatrix}\varepsilon_{1,t}^*\\ \varepsilon_{2,t}^*\\ \mu_t\end{bmatrix} \sim i.i.d.N\left(\begin{bmatrix}0\\0\\0\end{bmatrix},\begin{bmatrix}1 & 0 & 0\\ 0 & 1 & 0\\ 0 & 0 & 1\end{bmatrix}\right) \quad （式 6－9）$$

其中，$\Phi = [\phi_1 \quad \phi_2]'$ 是 2×1 的常系数矩阵，$\mu_t^* = \sqrt{(1-\Phi'\Phi)}\sigma_{u_t}\mu_t$，$\mu_t^*$ 且与向量 ε_t^* 无关。由此，式（6－4）的残差可重新改写为：

$$u_t = \sigma_{u_t}\Phi'\varepsilon_t^* + \mu_t^*, \mu_t^* \sim i.i.d.N(0,(1-\phi_1^2-\phi_2^2)\sigma_{u_t}^2) \quad （式 6－10）$$

由上式可知，我们将式（6－4）残差分解为两部分：$\sigma_{u_t}\Phi'\varepsilon_t^*$ 和 μ_t^*；前者与解释变量相关；后者与解释变量无关。特别是，如果模型（6－4）不存在内生性问题，则向量 $\Phi = 0$。将式（6－5）和式（6－10）代入式（6－4），可进一步得到财政反应函数的时变参数模型为：

$$fd_t = [\gamma_{0,t} + \gamma_{1,t}b_t + \gamma_{2,t}y_t + \gamma_{3,t}(hp_t - hp_t^*) + \gamma_{4,t}MP_t]\exp(-\gamma_{5,t})/[1 + \exp(-\gamma_{5,t})] + fd_{t-1}/[1 + \exp(-\gamma_{5,t})] + \Phi'\varepsilon_t^*\sigma_{u_t} + \mu_t^* \quad （式 6－11）$$

对上述非线性模型，借鉴 Harvey 等（1992）的研究，采用泰勒展开法在 $\gamma_{i,t} = \gamma_{i,t|t-1}$ 附近线性化上述方程非线性部分，并令 $\gamma_t = [\gamma_{0,t} \quad \gamma_{1,t} \quad \gamma_{2,t} \quad \gamma_{3,t} \quad \gamma_{4,t} \quad \gamma_{5,t}]'$，则线性化方程可重新改写为：

$$y_t = \mathbf{X}'_t \gamma_t + \Phi' \varepsilon_t^* \sigma_{u_t} + \mu_t^* \quad （式6-12）$$

其中，$y_t = fd_t - fd_{t-1}/[1+\exp(-\gamma_{5,t})] + \frac{[fd_{t-1} - \gamma_{0,t|t-1} - \gamma_{1,t|t-1} b_t - \gamma_{2,t|t-1} y_t - \gamma_{3,t|t-1}(hp_t - hp_t^*) - \gamma_{4,t|t-1} MP_t]\exp(-\gamma_{5,t|t-1})\gamma_{5,t|t-1}}{[1+\exp(-\gamma_{5,t|t-1})]^2}$

$$\mathbf{X}_t = \begin{bmatrix} 1 - \dfrac{1}{1+\exp(-\gamma_{5,t|t-1})} \\ b_t - \dfrac{1}{1+\exp(-\gamma_{5,t|t-1})} b_t \\ y_t - \dfrac{1}{1+\exp(-\gamma_{5,t|t-1})} y_t \\ (hp_t - hp_t^*) - \dfrac{1}{1+\exp(-\gamma_{5,t|t-1})}(hp_t - hp_t^*) \\ MP_t - \dfrac{1}{1+\exp(-\gamma_{5,t|t-1})} MP_t \\ \dfrac{[fd_{t-1} - \gamma_{0,t|t-1} - \gamma_{1,t|t-1} b_t - \gamma_{2,t|t-1} y_t - \gamma_{3,t|t-1}(hp_t - hp_t^*) - \gamma_{4,t|t-1} MP_t]\exp(-\gamma_{5,t|t-1})}{[1+\exp(-\gamma_{5,t|t-1})]^2} \end{bmatrix}$$

由此可见，修订后残差 μ_t^* 均与解释变量无关，因此，模型（6-12）不存在内生性问题。我们将其记为“时变参数模型”，并采用极大似然估计和卡尔曼滤波法对上述模型展开识别，即可获得“时变参数模型”的各待估参数。从各时变参数（γ_t）的历史演变特征，不仅能够为我们勾勒出我国财政政策盯住各类宏观政策目标（如政府债务杠杆、经济增长以及房价稳定）的偏好和政策取向演变，还能为未来财政政策的制定与实施，特别是如何与货币政策合理搭配提供重要的决策依据。

第三节　财政政策立场识别与分析

一、数据来源及说明

本章选取财政赤字、政府债务杠杆、产出缺口、房价指数以及货币政策变量的季度数据对上述模型展开经验检验。考虑到房地产市场发展起步较晚以及1996年起我国才实现了全国联网的同业拆借市场，所以基于数据可获得性和现实条件，本章研究的样本时间跨度为1996年第1季度至2017年第4季度。各指标的构建和说明如下。

财政赤字，指在财政贬值预算时，财政预算支出与财政预算收入之差，若支出大于收入，一般称为财政赤字；若支出小于收入则记为财政盈余。我们采用实际财政赤字占GDP的比重作为财政政策的替代变量，其中，当该数值大于零，表示实施扩张性财政政策；反之小于零，则意味着实施紧缩性财政政策。同时，由于该数据具有较强的季节性特征，我们采用Tramo－Seats方法对其做季节性处理。数据来自于国家统计局，图6－1给出了财政赤字占GDP比重及三项移动平均走势。

经济周期是基于HP滤波方法估计得到的产出缺口作为替代变量。首先，我们以1992年的季度GDP产值和1992年以来的GDP实际累积同比增长率计算得到以1992年为基期的实际GDP（记为$100\times\ln(Y)$）；其次，采用Tramo－Seats方法对其做季节性处理，最后采用HP滤波估计得到产出缺口。数据来自于《中国人民银行统计季报》，图6－2给出了经济周期及三项移动平均走势。

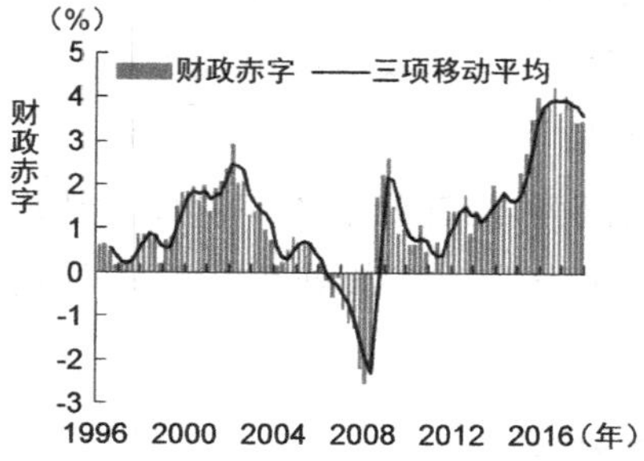

图6－1　1996—2017年财政赤字

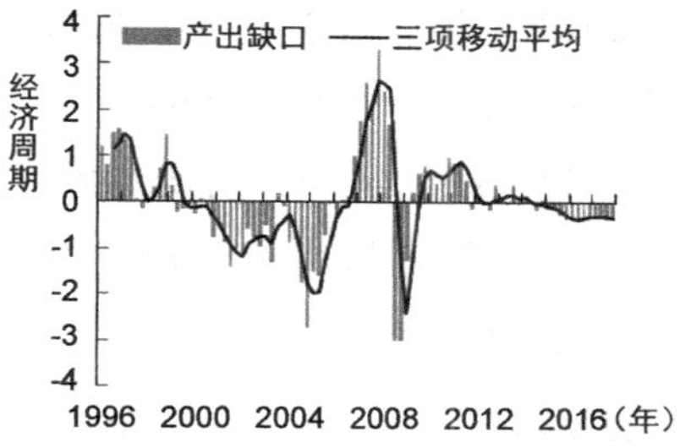

图6－2　1996—2017年经济周期

政府债务，指政府在国内外发行的债券或者借款构成的债务总额。本章采用财政债务余额占GDP比重作为政府债务杠杆的替代变量，包括了中央政府和地方政府债务总和。由于该数据只有年度数据，我们采用二次匹配总和方法（Quadratic－match sum）对其做季度分解。主要的理由是，Sbia等（2014）和Enrique等（2015）以及唐婧婧和韩廷春（2016）均以二次匹配平均法将年度的数据分解为季度数据或季度数据分解为月度频率数据；曹玮（2015）基于立方匹配法（Cubic - match last）、二次匹配总和方法（Quadratic - match sum）和二次平均匹配法（Quadratic - match average）三类分解方法结果的对比发现，只有二次匹配总和方法（Quadratic - match sum）转换的数据结果与实际值完全吻合。故此，本章亦采用二次匹配总和方法（quadratic - match sum）对年度数据展开分解。数据来自于国际货币基金组织。

房价，我们选取国家统计局公布的商品建筑销售价格（每年年初至今平均）作为我国房价的替代变量，同时，基于 HP 滤波得到对数房价周期指数，该指数大于零表示房市处于扩张，小于零则表示房价逐渐收缩。

对于货币政策的衡量，本章采用名义利率作为替代变量，主要是由于名义利率是衡量金融市场资金成本的重要指标，也是货币市场价格体系的基础。而且，自从 1996 年实现联网之后，同业拆借利率能够有效反映货币市场供需双方的力量对比。为此，我们选取其作为货币政策名义利率的替代变量；而选取 M2 增速作为数量型货币政策的替代变量。数据来源于《中国人民银行统计季报》各期。

由表 6 - 1 和图 6 - 1 及图 6 - 2 可知，财政赤字的均值为 1.23%，而且具有一定的周期性波动，特别是近期我国的财政赤字自 2011 年起不断攀升，2017 年年底为 3.47%，超出了国际 3% 的警戒线。政府债务杠杆率均值为 30.14%，并且自 1998 年起稳步增长，目前为 49.14%，低于国际 60% 的警戒线。从经济周期走势看，当前我国经济处于收缩阶段。从历史看，房市均价开始步入快速攀升时期；而当前利率却处于相对较低的位置，但近期略有回升。

表 6 - 1　　各变量的描述性统计

变量	均值	标准差	中位数	极大值	极小值
财政赤字率	1.2284%	1.3666	1.1200%	4.2200%	-2.5700%
政府债务率	30.1436%	7.9157	26.5988%	49.1394%	20.3031%
产出缺口	0.0151	1.0661	-0.0315	3.3000	-2.9800
房价（万元）	0.4109	0.1984	0.3639	0.7984	0.1656
利率	3.7288%	2.6816	2.7300%	12.5570%	1.0100%
货币增速	16.7737%	4.5391	16.3529%	29.2574%	9.0428%

二、基于 GMM 的常系数财政政策立场的反应函数识别

首先，对财政政策反应函数的“常系数模型”展开识别。为了处理模型中存在的内生性问题，我们采用 GMM 对式（6－3）展开估计，并以模型中所有解释变量的滞后 1 至 6 期作为工具变量。同时，为了纠正由于样本量有限导致的估计结果偏差，我们采用迭代 GMM 方法展开估计，结果见表 6－2，其中，货币政策组合 1、2 模型表示财政政策与价格型（数量型）货币政策组合。

由表 6－2 全样本时期估计结果可知，三个模型的 Hansen 检验统计量在 5% 显著性水平均无法拒绝工具变量选取是有效的原假设，表明模型估计结果是合理的，工具变量法的 GMM 估计能够有效消除“常系数模型”的内生性问题。而且，在三个模型中，财政政策平滑系数均显著为 0.7406—0.7861，估计系数较大表明我国的财政政策执行具有较强的平滑性和连贯性，这同时也削弱了财政政策在盯住譬如经济增长和政府债务杠杆目标的调试空间。在单一财政政策模型中（见表 6－2 第 1 行至 3 行），y_t 的估计系数显著为 －1.3939，说明我国财政政策具有明显反周期的特征，即在经济衰退时，通过扩张性财政政策刺激经济增长，而在经济繁荣时，则采取紧缩性财政政策抑制经济过热。b_t 的估计系数显著为 0.0910，即政府债务增加却伴随着财政赤字上调，财政政策并未表现出较强去杠杆的迹象。特别是，该值大于零，落在（－2,0）区间之外，表明在常系数模型中，财政政策执行的是非李嘉图式的积极策略①。为了进一步考察“土地财政政策”在我国是否成立，由（$hp_t - hp_t^*$）估计系数均不显著，可知财政政策并不具备稳定房价的目标偏好，即房价上涨并没有通过土地出让金渠道降低财政赤字，此时“土地财政政策”在我国并不成立。

---

① 依据 Leeper（1991）、Woodford（1995）以及贾俊雪等（2014）等人的研究，考虑预算约束公式：$D_t = (1+i_t)D_{t-1} + P_t \times fd_t \times GDP_t$，其中，$D_t$ 为政府债务余额，P_t 为价格，等式两边除以 GDP_t，并将式（6－1）代入，令 u_t 和 π_t 分别表示 GDP 增长率和通胀率，可得：$d_t = \{(1+i_t)/[(1+u_t)(1+\pi_t)] + \gamma_1\} d_{t-1} + \cdots$。结合中国数据和贾俊雪等（2014）研究，均衡时期 $(1+i_t^*)/[(1+u_t^*)(1+\pi_t^*)] \approx 1$。则当 $|(1+i_t)/[(1+u_t)(1+\pi_t)] + \gamma_1| < 1$，即 $-2 < \gamma_1 < 0$ 时，财政政策采取的是李嘉图式的消极策略，即致力于确保债务可持续性，此时政府债务路径是收敛的；反之，γ_1 不满足条件时，财政政策执行的是非李嘉图式的积极策略。

表 6－2　基于 GMM 的财政政策立场的反应函数识别实证结果

参数	估计值	标准差	估计值	标准差	估计值	标准差
	单一财政政策模型		政策组合 1 模型		政策组合 2 模型	
	全样本时期（1996—2017 年）					
d_{t-1}	0.7861***	0.0501	0.7558***	0.0353	0.7406***	0.0329
b_t	0.0910***	0.0240	0.1124***	0.0159	0.0625***	0.0167
y_t	－1.3939***	0.2368	－1.2938***	0.1236	－1.2876***	0.1628
$hp_t - hp_t^*$	－0.0831	0.0879	－0.1713**	0.0676	－0.0290	0.0569
i_t 或 m_t			0.4207***	0.0941	－0.1573***	0.0343
$\gamma_{0,t}$	－1.3745*	0.8187	－3.4949***	0.6557	2.0005**	0.8756
Hansen 检验	16.5337 [0.6830]		17.7083 [0.8545]		15.8665 [0.9187]	
参数	子样本时期（1996—2007 年）					
d_{t-1}	0.7795***	0.0301	0.7912***	0.0268	0.8010***	0.0317
b_t	－0.3798***	0.0496	－0.4218***	0.0493	－0.4006***	0.0611
y_t	－0.8883***	0.1410	－0.9547***	0.1523	－1.0739***	0.1703
$hp_t - hp_t^*$	－0.1458***	0.0262	－0.0641***	0.0192	－0.0765***	0.0201
i_t 或 m_t			－0.0801	0.0503	0.0569	0.0548
$\gamma_{0,t}$	9.8613***	1.1475	11.1034***	1.2877	9.3390***	1.0928
Hansen 检验	10.5362 [0.9574]		10.7210 [0.9942]		10.8978 [0.9934]	
参数	子样本时期（2008—2017 年）					
d_{t-1}	0.5848	0.0319	0.4401***	0.0303	0.5203***	0.0209
b_t	0.0938	0.0179	0.1032***	0.0074	0.1292***	0.0101
y_t	－2.2404	0.1593	－2.0433***	0.0777	－2.2071***	0.0960
$hp_t - hp_t^*$	0.0019	0.0201	0.0011	0.0087	0.0013	0.0112
i_t 或 m_t			－0.2808***	0.0334	0.0456***	0.0098
$\gamma_{0,t}$	－1.3296	0.7071	－0.8409**	0.3266	－3.4031***	0.5340
Hansen 检验	8.7996 [0.9851]		9.0719 [0.9985]		8.9921 [0.9986]	

注：工具变量包括截距和模型解释变量的滞后 1 期至 6 期，并采用 HAC（Newey－West）估计权重矩阵消除异方差对模型估计的影响，中括号内为对应统计量的 P 值。*、**、*** 分别表示在 1%、5% 和 10% 显著性水平拒绝原假设。

在财政货币组合模型（见表 6－2 第 4 行至 7 行），我们进一步作证上述研究结论，即财政政策依旧存在较强盯住经济周期的目标偏好，但此时逆周期调节经济增长目标的政策取向有所减弱；均不存在去政府债务杠杆取向。同时，基于（$hp_t - hp_t^*$）估计系数可知，只有在财政政策和价格型货币政策组合中，该系数显著为负，表明房价上涨政策当局具有较强下调财政政策赤字的倾向。但在财政政策与数量型货币政策组合中，依旧显示财政政策不存在盯住房价目标取向。此外，研究还进一步发现，i_t 估计系数显著为 0.4207，表明财政政策对货币政策（利率）做出正向的相应调节，即利率上调（下降），则财政赤字随之增加（减少），可见当央行实行紧缩性货币政策时，伴随着政府实施扩张性财政政策，财政政策和货币政策逆向对冲；特别是，m_t 的估计系数显著为 -0.1573，表明财政赤字与货币增速呈显著负相关关系。这与当前我国财政政策和货币政策的执行现状不符，可见“常系数模型”并不能有效刻画当前我国的财政政策反应函数。

为了进一步考察分时期的财政政策反应函数，我们以 2008 年为分界线，分别估计了 1996—2007 年和 2008—2017 年两个子样本时期的财政政策执行情况。通过系数对比，我们发现财政政策平滑系数在 2008 年呈显著下降趋势，表明财政政策更具治理政策目标倾向；特别是，具有较强稳定经济增长的政策取向。我们亦发现在 1996—2007 年，财政政策具有显著去政府债务杠杆的政策取向，该估计值落在（-2，0）区间之内，表明财政政策采取的是李嘉图式的消极策略，即致力于确保债务可持续性，此时政府债务路径是收敛的。同时由于盯住房价周期目标的系数显著为负，表明房价上涨能够起到降低财政赤字的政策目的。但在 2008—2017 年，财政政策不仅没有盯住房价目标倾向，而且，亦不存在去政府债务杠杆目标的政策偏好，即 b_t 估计值在财政政策与货币政策组合模型中显著为正，表明在此期间我国财政政策执行的是非李嘉图式的积极策略。此外，2008 年以前财政政策和货币政策并不存在显著关系，但此后由于 i_t 系数显著为负，而 m_t 系数则显著为正，表明财政政策的扩张性和紧缩性基本保持与货币政策保持同步。综上可见，我国的财政政策和货币政策执行在 2008 年前后发生激烈变化，特别是次贷危机以来，我国财政政策更侧重于维持经济增长目标，由此削弱了其盯房价和债务杠杆的政策取向，并在一定程度上导致近年来我国房价和政府债务杠杆显著上涨。

三、时变参数模型估计结果及模型误设检验

为了进一步刻画上述财政政策和货币政策执行的时变渐进演变进程，

接下来，我们采用各时变参数模型对财政政策反应函数展开估计。我们基于极大似然估计法和卡尔曼滤波对状态空间模型和“时变参数模型”展开估计识别，并采用工具变量法消除内生性对模型估计结果的影响，表6－3第1至3行为“时变参数模型”估计结果。为了消除模型内生性，我们基于工具变量法联合估计式（6－7）得到残差向量 ε_t，并将其标准化为向量 ε_t^*；最后将它们代入式（6－12）对“时变参数模型”展开估计。同时，在表6－3中我们还对两个模型做内生性检验和ARCH效应的异方差检验，估计结果见表6－3第5—8行。

参数 $\sigma_{v,i}(i=0,1,2,3,4,5)$ 表示各时变参数的标准差估计值，$h_k(k=0,1,2)$ 为残差GARCH（1,1）过程的各参数估计值①。由估计结果可知，模型残差存在较弱的GARCH效应；残差的波动率也相对较小。模型系统诊断结果更是显示，残差（μ_t^*）与模型各解释变量均不存在显著相关关系，可见，经工具变量处理后，模型俨然已不存在内生性问题；同时，ARCH－LM检验结果显示，模型残差亦不存在异方差性，符合模型设定要求，这同时也进一步说明本章通过工具变量法消除内生性对模型估计影响的总体思路是可行的，估计结果也是合理的、可靠的。

表6－3　　模型系统参数估计及诊断结果

参数	模型参数估计结果				模型系统诊断结果		
	单一财政政策模型	政策组合1模型	政策组合2模型		单一财政政策残差	政策组合1残差	政策组合2残差
$\sigma_{v,0}$	0.2481 (0.0702)	0.2406 (0.0534)	0.2888 (0.0474)	相关变量	内生性检验		
$\sigma_{v,1}$	0.0002 (0.0170)	0.0004 (0.0047)	0.0009 (0.0077)	b_t	0.0850 [0.8396]	0.0510 [0.9044]	0.3404 [0.4122]
$\sigma_{v,2}$	0.1958 (0.0983)	0.1562 (0.0815)	0.1344 (0.0767)	y_t	－0.0736 [0.2001]	－0.0664 [0.2533]	－0.0754 [0.1847]
$\sigma_{v,3}$	0.0001 (0.0152)	0.0000 (0.0008)	0.0001 (0.0016)	$hp_t - hp_t^*$	－0.2199 [0.2213]	－0.2650 [0.1440]	－0.2017 [0.2578]

① 为了消除异方差对模型估计结果的影响，设定残差 u_t 服从GARCH（1,1）过程：$\sigma_{u,t}^2 = h_0 + h_1 u_t^2 + h_2 \sigma_{u,t-1}^2$。

续表

参数	模型参数估计结果				模型系统诊断结果		
	单一财政政策模型	政策组合1模型	政策组合2模型		单一财政政策残差	政策组合1残差	政策组合2残差
$\sigma_{v,4}$	0.2486 (0.1211)	0.0007 (0.0138)	0.0000 (0.0004)	i_t 或 m_t		0.0603 [0.3561]	-0.0523 [0.8064]
$\sigma_{v,5}$		0.2571 (0.1136)	0.3703 (0.1714)	滞后期数	ARCH效应的LM检验		
h_0	0.0090 (0.4205)	0.0092 (0.1025)	0.0042 (0.0379)	1	2.5882 [0.1077]	0.5552 [0.4562]	0.0490 [0.8248]
h_1	0.8880 (5.1771)	0.8879 (1.2318)	0.9352 (0.5517)	2	5.4934 [0.6414]	3.0270 [0.2201]	1.0138 [0.6024]
h_2	0.0008 (0.0122)	0.0030 (0.0168)	0.0005 (0.0146)	3	6.4384 [0.0921]	3.4389 [0.3288]	0.9932 [0.8029]
$\ln L$	-45.7983	-46.8061	-46.5291	4	7.7860 [0.0997]	4.7548 [0.3134]	1.8106 [0.7705]

注：括号内为各参数的标准误；中括号内为统计量的对应P值。内生性检验为残差与各解释变量的相关系数及显著性；ARCH-LM检验为模型残差的异方差性。

四、时变参数财政政策立场的反应函数识别

为了进一步测度“时变参数模型”的财政政策反应函数，我们基于第二节理论模型和计量方法的识别估计得到图6-3各时变参数估计值，还同时分别估计了单一财政政策和财政政策与价格型和数量型货币政策组合的时变参数模型予以对比。通过观察时变参数走势，我们可以得到如下五点结论。

第一，财政政策平滑时变参数。平均平滑系数为0.4478，远低于“常系数模型（0.7861）”，表明在时变模型框架下财政政策惯性更小，执行更具灵活性，这同时也说明时变参数模型能够更好地捕捉出财政政策的时变转变特征和政策取向演变。其中，三个模型的估计结果均显示出一致走势，而且可以详细划分为两个阶段。第一阶段为1998—2007年，财政政策平滑参数从0.5缓慢上升至0.7，表明在该时期财政政策呈现较为明显连贯性，缺乏灵活性。第二阶段为2008年至今，θ_t 从2007年年底的0.7019急速下滑至2008年年底的0.24，并在此后维持在低位，财政政策的平滑

系数下滑幅度明显，这同时也极大提升了财政政策执行的灵活性。究其原因，为了抵御次贷危机对我国宏观经济的影响，政策当局主动推出了“四万亿刺激政策”，由此打破了传统财政政策的执行惯性，并表现出更强的主动性和灵活性，此时财政政策执行也更具治理宏观经济目标的政策取向。

第二，财政政策盯住债务杠杆目标时变参数。除少数季度外，三个模型估计的参数走势基本一致。单一财政政策模型、财政政策与价格型和数量型货币政策组合盯住政府债务目标参数的均值分别为 0. 0643、0. 0818 和 0. 0091，总体上与“常系数模型”的结论相一致，我国财政政策并未表现出较为明显的盯住政府债务杠杆的目标偏好。其中，对于单一财政政策模型和财政政策与价格型货币政策组合模型，盯住政府债务杠杆参数均显著为正，可见财政政策并无去政府杠杆目标偏好，而且财政政策执行的是非李嘉图式的积极策略。但在财政政策与数量型货币政策组合模型中，可以划分为三个阶段。第一阶段为 1998—2001 年，表现出先上升后下降的趋势，但总体上看不出财政政策具有显著去杠杆目标的政策取向。第二阶段为 2002—2008 年，系数长期保持为负，可见，在该时期我国财政政策具有明显“去政府债务杠杆”的政策偏好，即在政府债务规模过高时，政策当局会通过调低财政赤字的方式予以应对；这同时也进一步说明在该时期我国政府债务杠杆具有可持续性。究其原因，从理论上讲，该时期的参数估计值落在（-2,0）区间之内，表明财政政策采取的是李嘉图式的消极策略，即致力于确保债务可持续性，此时政府债务路径是收敛的；而且从数据走势看，在此期间我国财政赤字率呈现明显下调趋势，从 2002 年初的 2. 9% 下滑至 2007 年底的 -2. 2%（见图 6-1），显著降低了政府的债务融资需求，从数据看，政府债务率仅从 2002 年 1 季度的 25. 3% 提升至 2008 年 1 季度的 26. 3%。由此可见，财政赤字下调能够有效降低政府被动负债，并由此表现出较强盯住政府债务杠杆规模的目标偏好，这同时也表明我国的政府债务规模在一定程度上取决于财政赤字水平。第二阶段为 2008 年至今，该时期盯住政府债务杠杆目标参数转负为正，并呈缓慢上升趋势，财政政策又没有表现出盯住政府债务杠杆目标。主要原因在于，从理论上讲，该时期的参数估计值落在（-2,0）区间之外，表明财政政策执行的是非李嘉图式的积极策略；特别是，从数据走势看，“四万亿”的扩张性财政政策导致财政赤字急速攀升。为了弥补赤字，虽然在此期间政府亦通过扩张性货币政策予以弥补，但同时也伴随着小幅度政府债务被动增长。由此可见，财政政策和数量型货币政策是否能够有效采取盯住政府债务杠杆目标取决于政府财政赤字水平及偏好取向。当财政赤字高企和攀升时期，由于融资工具受限，政府被动负债成为必然，这也进一步削弱其盯住政府债务杠杆目标的政策取向；反之，当财政赤字处于低位或者下降时期，则政府具有较强的意愿和操作空间可以更为主动地采取反周期策略降低政府债务杠杆。故此，政府实现“去债务杠杆”目标的首要条件之一就是事先主动下调财政赤字率或有效控制财政赤字水平。

第三，财政政策盯住资产价格目标时变参数。单一财政政策模型、财政政策和价格型货币政策组合以及财政政策和价格型货币政策组合模型的平均盯住资产价格参数估计值分别为 -0.0134、-0.0003 和 0.0001，三个模型的参数走势基本是一致的。其中，在财政政策和货币政策组合模型中，按照参数走势可以划分为两个阶段。第一阶段为 1998—2009 年，时变参数处于正负切换过程中，财政政策并没有表现出较为一致的抑制房价目标倾向。究其原因，随着 1998 年商品房改革，由于房地产市场发展依旧处于起步阶段，而且总体而言，中国的整体房价并不高，由此给地方政府带来的土地出让金等财政收入依旧相对较少，因此，房价缓慢上涨并未能通过财政收入渠道降低财政赤字。这同时也表明在该时期，财政政策并没有呈现盯住房价和稳定资产价格的目标偏好。第二阶段为 2009 年至今，时变参数转正为负，并在此后长期保持为负。可见，我国财政政策呈现较为明显盯住房价的目标偏好，这与“常系数模型”得到的结论相异。究其原因，随着 2009 年全国面临房源供给量和需求量的双双激增以及股价暴跌，大量资金开始涌入房地产市场，由此在此后极大推高了以房地产为代表的资产价格。特别是在“四万亿刺激政策”中，中央只提供 1.18 万亿元，剩下部分由地方财政支付，这也间接迫使地方政府通过交易土地使用权获得不菲土地出让金以弥补亏空，由此导致商品房建筑用地供给成本和房价上涨。而房价上涨又进一步激发地方政府具有更强烈的动机通过土地出让金增加财政收入，以期降低财政赤字，这同时也表明自 2009 年以来，“土地财政政策”在我国是成立的。

第四，财政政策盯住经济周期目标时变参数。三个模型的估计结果可知，财政政策均呈现出明显逆经济周期的操作规则，即政策当局在经济衰退时采取扩张性的财政政策刺激经济复苏，而在经济萧条时则采取紧缩性的财政政策抑制经济过热。这与“常系数模型”的研究结论相一致。从时变参数走势看，财政政策盯住经济周期目标的强度自 1998 年以来呈显著增强态势，表明财政政策盯住经济周期目标的政策取向越发强烈。其中，在经济萧条（繁荣）时期，产出缺口缩减（扩张）意味着财政赤字增长（下降），由财政政策乘数效应可知，此时扩张性（紧缩性）财政政策促使经济复苏（回调）。该数值越大表示盯住程度越强，同时也意味着依赖更多的财政扩张（紧缩）政策去熨平宏观经济目标。如图 6－3 所示，财政政策表现出较强维护经济增长的财政目标偏好。而且，自 2008 年以来，盯住强度急速上升，这与常系数模型的研究结论是一致的。特别是，由于近年来变参数呈显著下降走势，表明虽然盯住经济增长目标取向不断强化，但同时也意味着当前财政政策在调控宏观经济增长上的功效有所减弱，究其原因，一方面随着我国经济体量的提升，财政政策在刺激经济增长的空间日渐缩小；另一方面则是随着政府支出规模不断攀升，由此导致的拥挤效应势必削弱财政政策在刺激经济增长上的功效。因此，当前我们不宜依赖于通过过度的财政扩张来促进经济增长。

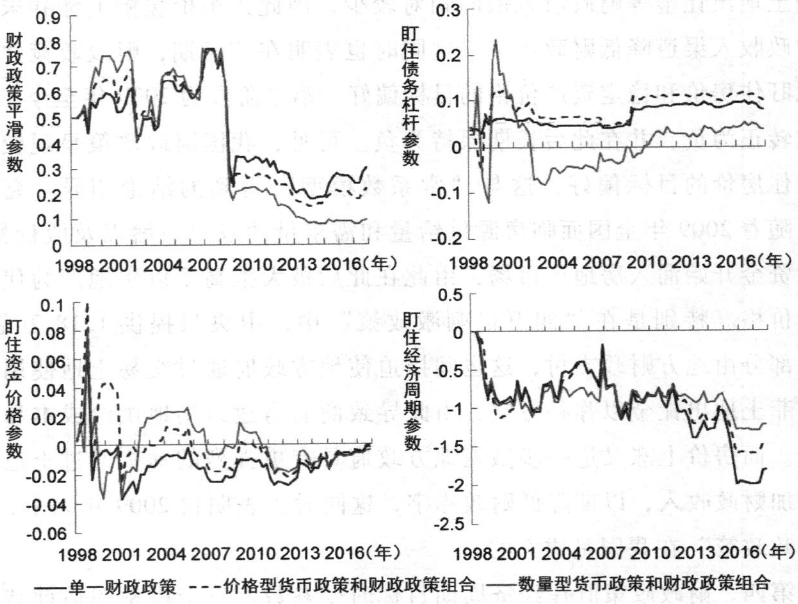

图 6－3　财政政策立场的反应函数的时变参数估计结果

第五，财政政策和货币政策的互动响应时变参数。由图6－4可知，我国财政政策对货币政策（利率）的反应基本上均为负值，表明一旦央行采取扩张性货币政策，即下调利率时，则政策当局将相应采取扩张性财政政策；反之，如果采取紧缩性货币政策（利率上调），则政策当局会下调财政赤字率；而且自2002年起，财政政策对货币增速的响应系数显著为正。由此可见，我国财政政策的扩张性和紧缩性基本保持与货币政策同步，即要么同时实行“扩张性货币政策和扩张性财政政策”，要么同时实行“紧缩性货币政策和紧缩性财政政策”。为了进一步考察货币政策对财政政策的时变反应，我们还基于第四部分的模型系统设计，估计了价格型和数量型货币政策对财政政策的时变反应（见式6－14中$\varphi_{4,t}$和$\varphi'_{4,t}$参数），由估计结果可知，在整个样本期内，货币政策对财政政策亦呈现出显著为负的反应，即扩张性（紧缩性）的财政政策会导致央行下调（上调）利率。而数量型货币政策对财政政策的响应在2008年以前围绕零上下波动，但自2008年起长期保持为正，表明次贷危机以来，财政政策扩张的同时，央行一般会采取宽松的货币政策予以配合。从参数比较看，价格型货币政策对财政政策的反应强度明显大于财政政策对货币政策的反应值，表明我国的财政政策相对价格型货币政策更具独立性。这与“常系数模型”得出的结论截然不同。结合我国近年来财政政策和货币政策的实施实践可知，“时变参数模型”的估计结果更为可靠，它能够有效地刻画出我国财政政策和货币政策的执行规则以及两者互动的时变影响关系，同时也能准确描绘出我国财政政策的时变反应函数和政策取向。

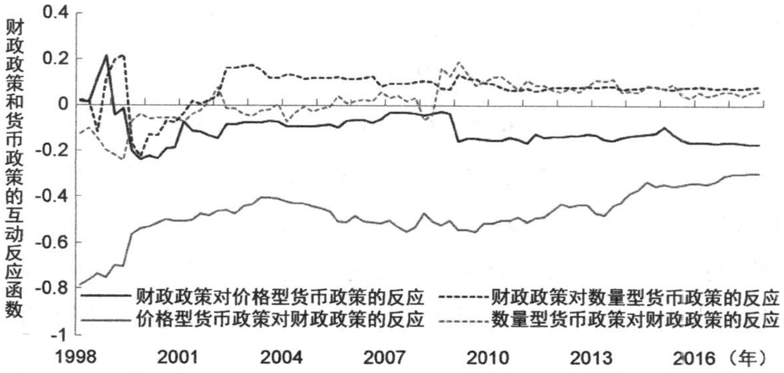

图6－4　财政政策和货币政策的互动响应时变参数

第四节 政策效果分析：财政政策与货币政策组合搭配

为了更为有效地刻画我国财政政策和货币政策的执行效果，本章结合财政政策时变反应函数、货币政策时变反应函数和当前中央明确的“去杠杆”“促进稳增长”以及“抑泡沫”三大政策目标构建了内生理论模型框架，并基于时变参数向量自回归模型，首次逆推测度了财政政策和货币政策对三大内生政策目标的时变影响效应，以期为政策当局未来的财政政策和货币政策制定与执行提供重要的决策参考依据。

一、财政政策和货币政策组合政策效果的理论模型构建

令三大政策目标构成的变量组合为 $\mathbf{P}_t = [b_t \quad y_t \quad (hp_t - hp_t^*)]'$，$\mathbf{Rule}_t = [fd_t \quad MP_t]'$ 为外生的财政政策和货币政策工具 MP_t（价格型货币政策 i_t 或数量型货币政策 m_t），考虑如下内生模型用于测定财政货币组合的政策效果。

$$\mathbf{P}_t = \boldsymbol{\kappa}_t + \boldsymbol{\beta}\mathbf{P}_t + \sum_{l=1}^{m} \boldsymbol{\rho}_{l,t}\mathbf{P}_{t-l} + \sum_{k=0}^{n} \boldsymbol{\lambda}_{k,t}\mathbf{Rule}_{t-k} + \boldsymbol{\varepsilon}_t \qquad \text{（式 6-13）}$$

其中，$\boldsymbol{\beta}_t = \begin{bmatrix} 0 & \beta_{12,t} & \beta_{13,t} \\ \beta_{21,t} & 0 & \beta_{23,t} \\ \beta_{31,t} & \beta_{32,t} & 0 \end{bmatrix}$；$\boldsymbol{\lambda}_{k,t} = \begin{bmatrix} \lambda_{11,k,t} & \lambda_{12,k,t} \\ \lambda_{21,k,t} & \lambda_{22,k,t} \\ \lambda_{31,k,t} & \lambda_{32,k,t} \end{bmatrix}$；$\boldsymbol{\rho}_{i,t} = diag(\rho_{11,l,t} \quad \rho_{22,l,t} \quad \rho_{33,l,t})$；$\boldsymbol{\kappa}_t = [\kappa_{1,t} \quad \kappa_{2,t} \quad \kappa_{3,t}]'$；$\boldsymbol{\varepsilon}_t = [\varepsilon_{1,t} \quad \varepsilon_{2,t} \quad \varepsilon_{3,t}]'$。$\beta_{ij,t}(i,j = 1,2,3, i \neq j)$ 测度了内生变量之间的同期时变内生关系，$\rho_{ij,l,t}(i, j = 1,2,3, i = j)$ 为内生变量的滞后 l 期惯性时变参数，$\lambda_{ij,k,t}(i,j = 1,2)$ 则表示财政政策和货币政策组合对内生变量的时变影响效应，其中滞后 k 期表示政策对内生变量影响的滞后效应。此外，考虑到随着时间推移，变量的惯性以及政策效果呈逐步减弱的事实，本章设定 $m = 1, n = 1$，则意味着我们只着重考虑内生变量存在滞后一期惯性，同时重点考察分析政策组合

对内生变量的同期和滞后一期时变影响效应（$\hat{\boldsymbol{\lambda}}_{k,t}$）。此外，结合理论模型需要，我们设定货币政策遵循泰勒规则原理，并具有利率平滑特征（Clarida等，1999；Kim 和 Nelson，2006），由此，将货币政策规则设定为：

$$MP_t = (1-\varphi_{5,t})[\varphi_{0,t}+\varphi_{1,t}b_t+\varphi_{2,t}y_t+\varphi_{3,t}(hp_t-hp_t^*)+\varphi_{4,t}fd_t]+\varphi_{5,t}MP_{t-1}+\varepsilon_{4,t} \quad \text{（式 6-14）}$$

其中，本章选取名义利率（i_t）和货币增速（m_t）分别作为价格型和数量型货币政策的替代变量。在该模型中，结合 2016 年和 2017 年我国中央工作会议明确货币政策以“去杠杆”“促进稳增长”以及“抑泡沫”和“防风险”精神，本章设定货币政策盯住经济增长目标（y_t）、政府债务杠杆目标（b_t^*）、房价稳定目标（hp_t^*），时变参数 $\varphi_{1,t}$、$\varphi_{2,t}$ 和 $\varphi_{3,t}$ 分别表示盯住三种政策目标的强度。同时，参数 $\varphi_{0,t}=\varphi'_{0,t}-\varphi_{1,t}b_t^*$ 为时变均衡利率，$\varphi_{4,t}$ 和 $\varphi'_{4,t}$ 分别用于刻画价格型和数量型货币政策对财政政策的时变响应；$\varphi_{5,t}$ 为货币政策平滑系数。此外，$\varepsilon_{4,t}$ 表示货币政策的其他影响因素。

二、财政政策和货币政策组合的政策效果测定

考虑财政政策和货币政策组合，联立财政政策方程式（6-15）、货币政策方程式（6-14）和政策效果方程式（6-13），令向量 $\widetilde{\mathbf{P}}_t=[\mathbf{P}'_t \quad \mathbf{Rule}'_t]'$，则模型系统可重新表示为：

$$\widetilde{\mathbf{A}}_t\widetilde{\mathbf{P}}_t=\widetilde{\mathbf{D}}_t+\widetilde{\mathbf{B}}_t\widetilde{\mathbf{P}}_{t-1}+\widetilde{\boldsymbol{\varepsilon}}_t \quad \text{（式 6-15）}$$

其中，$\widetilde{\mathbf{A}}_t=$

$$\begin{bmatrix} 1 & -\beta_{12,t} & -\beta_{13,t} & -\lambda_{11,t} & \lambda_{12,k,t} \\ -\beta_{21,t} & 1 & -\beta_{23,t} & -\lambda_{21,t} & \lambda_{22,k,t} \\ -\beta_{31,t} & -\beta_{32,t} & 1 & -\lambda_{31,t} & \lambda_{32,k,t} \\ -(1-\theta_t)\gamma_{1,t} & -(1-\theta_t)\gamma_{2,t} & -(1-\theta_t)\gamma_{3,t} & 1 & -(1-\theta_t)\gamma_{4,t} \\ -(1-\varphi_{5,t})\varphi_{1,t} & -(1-\varphi_{5,t})\varphi_{2,t} & -(1-\varphi_{5,t})\varphi_{3,t} & -(1-\varphi_{5,t})\varphi_{4,t} & 1 \end{bmatrix},$$

$\widetilde{\mathbf{D}}_t=[\kappa_{1,t} \quad \kappa_{2,t} \quad \kappa_{3,t} \quad (1-\theta_t)\gamma_{0,t} \quad (1-\varphi_{5,t})\varphi_{0,t}]'$，$\widetilde{\mathbf{B}}_t=diag$

$(\rho_{11,t}\ \ \rho_{22,t}\ \ \rho_{33,t}\ \ \theta_t\ \ \varphi_{5,t})$，残差向量 $\tilde{\varepsilon}_t = [\varepsilon_{1,t}\ \ \varepsilon_{2,t}\ \ \varepsilon_{3,t}\ \ u_t\ \ \varepsilon_{4,t}]'$。[①]由于矩阵 $\widetilde{\mathbf{A}}_t$ 可逆，故此上述结构式模型系统可改写为：

$$\widetilde{\mathbf{P}}_t = \mathbf{D}_t + \mathbf{B}_t \widetilde{\mathbf{P}}_{t-1} + \varsigma_t \qquad (式 6-16)$$

其中，$\mathbf{D}_t = \widetilde{\mathbf{A}}_t^{-1}\widetilde{\mathbf{D}}_t, \mathbf{B}_t = \widetilde{\mathbf{A}}_t^{-1}\widetilde{\mathbf{B}}_t, \varsigma_t = \widetilde{\mathbf{A}}_t^{-1}\tilde{\varepsilon}_t$。紧接着，本章采用时变参数向量自回归模型对简约式模型系统式（6-16）展开估计，并逆推得到结构式模型系统式（6-15），即式（6-13）。考虑到财政政策和货币政策对宏观经济目标的影响存在截然不同的滞后期效应，即依据宏观经济学理论，财政政策对宏观经济的传导影响具有滞后效应，而货币政策对宏观经济的调节影响呈现较为显著的"立竿见影"成效。故此，基于模型系统我们可以得到财政政策对内生变量政府债务杠杆（$\hat{\lambda}_{11,1,t}$）、经济增长（$\hat{\lambda}_{21,1,t}$）和"抑泡沫"金融稳定（$\hat{\lambda}_{21,1,t}$）目标的滞后（下一期）影响效应分别为：

$$\hat{\lambda}_{11,1,t} = \hat{B}_{14,t}, \hat{\lambda}_{21,1,t} = \hat{B}_{24,1,t}, \hat{\lambda}_{31,1,t} = \hat{B}_{34,1,t} \qquad (式 6-17)$$

货币政策对内生变量政府债务杠杆（$\hat{\lambda}_{12,0,t}$）、经济增长（$\hat{\lambda}_{22,0,t}$）和"抑泡沫"金融稳定（$\hat{\lambda}_{32,0,t}$）目标的同期影响效应则分别为：

$$\hat{\lambda}_{12,0,t} = \sum_{i=2}^{5} \hat{B}_{1i,t}\hat{\Psi}_{4i-1,t} \Big/ \left|\hat{\mathbf{\Psi}}_{11,t}\right| \qquad (式 6-18)$$

$$\hat{\lambda}_{22,0,t} = (\hat{B}_{21,t}\hat{\vartheta}_{41,t} + \hat{B}_{23,t}\hat{\vartheta}_{42,t} + \hat{B}_{24,t}\hat{\vartheta}_{43,t} + \hat{B}_{25,t}\hat{\vartheta}_{44,t}) \Big/ \left|\hat{\mathbf{\Psi}}_{22,t}\right| \qquad (式 6-19)$$

$$\hat{\lambda}_{32,0,t} = (\hat{B}_{31,t}\delta_{41,t} + \hat{B}_{32,t}\delta_{42,t} + \hat{B}_{34,t}\delta_{43,t} + \hat{B}_{35,t}\delta_{44,t}) \Big/ \left|\hat{\mathbf{\Psi}}_{33,t}\right| \qquad (式 6-20)$$

在上述模型基础上，可进一步逆推得出货币政策对财政政策的时变响应系数为（证明备索）：

---

① 在该内生性联立方程中，模型设定已经考虑了规则向量 $\mathbf{Rule}_t$ 和政策目标向量 $\mathbf{P}_t$ 之间的内生和反馈关系，因此，无须将式（6-4）残差 u_t 分解为与解释变量相关部分 $\Phi'\varepsilon_t^{*}\sigma_{u_t}$。

$$\hat{\varphi}_{4,t} \text{ 或 } \varphi'_{4,t} = \frac{\sum_{i=1}^{4} \hat{B}_{5i,t}\hat{o}_{4i,t} \Big/ \left|\hat{\mathbf{\Psi}}_{55,t}\right|}{1 - \hat{B}_{55,t} + \sum_{j=1}^{4} \hat{B}_{5j,t} \sum_{i=1}^{4} \hat{B}_{i5,t}\hat{o}_{ij,t} \Big/ \left|\hat{\mathbf{\Psi}}_{55,t}\right|} \quad \text{（式 6-21）}$$

其中，$\hat{\mathbf{\Psi}}_t = \begin{pmatrix} \hat{B}_{11,t} & \hat{B}_{12,t} & \hat{B}_{13,t} & \hat{B}_{14,t} & \hat{B}_{15,t} \\ \hat{B}_{21,t} & \hat{B}_{22,t} & \hat{B}_{23,t} & \hat{B}_{24,t} & \hat{B}_{25,t} \\ \hat{B}_{31,t} & \hat{B}_{32,t} & \hat{B}_{33,t} & \hat{B}_{34,t} & \hat{B}_{35,t} \\ \hat{B}_{41,t} & \hat{B}_{42,t} & \hat{B}_{43,t} & \hat{B}_{44,t} & \hat{B}_{45,t} \\ \hat{B}_{51,t} & \hat{B}_{52,t} & \hat{B}_{53,t} & \hat{B}_{54,t} & \hat{B}_{55,t} \end{pmatrix}$，$\hat{\mathbf{\Psi}}_{ii,t}$ 表示 5 × 5 维矩阵 $\hat{\mathbf{\Psi}}_t$ 划去第 i 行 i 列剩下观测值构成的 4 × 4 维矩阵。而且，$\hat{\Psi}_{ij,t}$、$\hat{\vartheta}_{ij,t}$、$\hat{\delta}_{ij,t}$ 和 $\hat{o}_{ij,t}$ 分别为 4 × 4 维矩阵 $\hat{\mathbf{\Psi}}_{11,t}$、$\hat{\mathbf{\Psi}}_{22,t}$、$\hat{\mathbf{\Psi}}_{33,t}$ 和 $\hat{\mathbf{\Psi}}_{55,t}$ 第 i 行 j 列的时变代数余子式。同时，时变参数 $\hat{B}_{ij,t}(i,j = 1,2,3,4,5)$ 为 5 × 5 维矩阵 $\hat{\mathbf{B}}_t$ 的第 i 行 j 列的观察值，时变参数 $\hat{\boldsymbol{\lambda}}_{11,1,t}$、$\hat{\boldsymbol{\lambda}}_{21,1,t}$ 和 $\hat{\boldsymbol{\lambda}}_{31,1,t}$（$\hat{\boldsymbol{\lambda}}_{12,0,t}$、$\hat{\boldsymbol{\lambda}}_{22,0,t}$ 和 $\hat{\boldsymbol{\lambda}}_{32,0,t}$）测度了政策组合下，财政政策（货币政策）对政府债务杠杆、经济增长和“抑泡沫”金融稳定目标滞后（同期）影响的时变历史演变；而时变参数 $\hat{\varphi}_{4,t}$（$\varphi'_{4,t}$）则刻画了价格型货币政策（数量型货币政策）对财政政策的同期时变响应参数，也可以测度财政政策对货币政策影响的时变演进效应。

三、财政政策和货币政策组合政策效果传导的时变参数分析

为了对比分析财政政策和货币政策效果，本章分别令 $\textbf{Rule}_t = fd_t$ 和 $\textbf{Rule}_t = MP_t$，并基于上述理论模型测度了单一财政政策和单一货币政策的政策效果以及在 $\textbf{Rule}_t = [fd_t \quad MP_t]'$ 时的财政政策和货币政策组合效果。基于式（6－17）至式（6－21），我们估计了财政政策和货币政策对三个政策目标的时变影响效应，见图 6－5。由估计结果我们可以得到如下三点结论。

首先，“去政府债务杠杆”的时变政策效果。三个不同模型的估计结果均显示，财政赤字增加一定导致政府债务规模增加，其中，1998 年财政赤字每增加一个百分点，则政府债务规模增加 0.23 个百分点，表明在当前

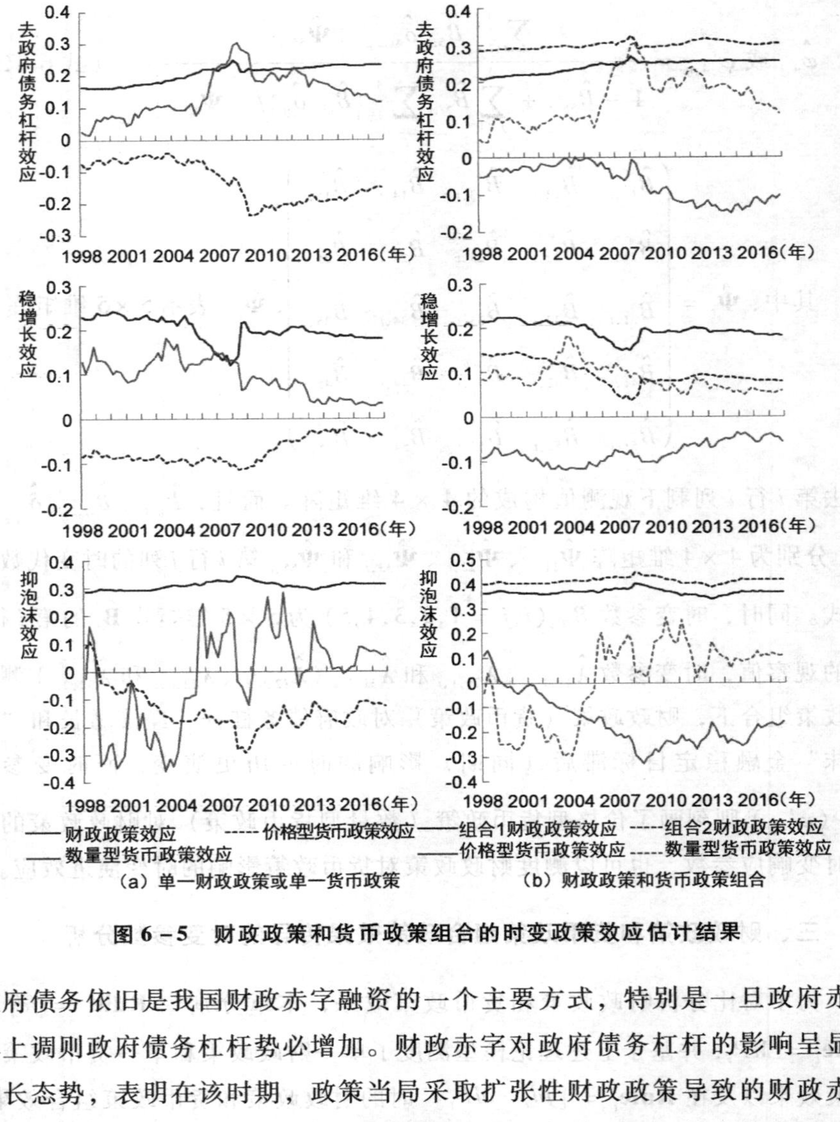

图 6－5 财政政策和货币政策组合的时变政策效应估计结果

政府债务依旧是我国财政赤字融资的一个主要方式，特别是一旦政府赤字率上调则政府债务杠杆势必增加。财政赤字对政府债务杠杆的影响呈显著增长态势，表明在该时期，政策当局采取扩张性财政政策导致的财政赤字通过政府债务发行形式予以弥补的幅度加大。究其原因，结合前文财政政策时变反应函数可知，2008 年以来政策当局具有盯住债务杠杆的偏好，由此亦使得财政赤字对政府债务的影响相对较弱，但此后随着财政赤字不断扩大以及控制杠杆目标意愿有所下滑，导致该时期财政赤字对政府债务的传导影响不断得以强化。此外，结合图 6－1 我们可知，当前我国的财政赤字率为 3.5%，可下调的幅度相对较小。因此，虽然通过严控财政赤字的方式亦可以有效降低政府债务规模，但是总体上可操作的空间并不大。

从货币政策效果看，价格型货币政策对政府债务杠杆基本上存在显著为负的影响效应，即货币紧缩（利率上调）均导致政府债务杠杆下降，事实上，利率上调一定会推高政府的发债成本，并催生政府降低债务杠杆的意愿。同时还可以详细划分为两个阶段，第一阶段为1998—2007年，利率对政府债务杠杆的负向抑制效应相对较弱，平均而言，在此期间利率每上调1个百分点，则政府债务杠杆下降0.05个百分点。第二阶段为2008年至今，此后利率对政府债务的影响效应不断增强，表明价格型货币政策效果越发显著。此外，数量型货币政策在2008年以前对政府债务的正向影响相对处于较低水平，但次贷危机后呈显著上升态势，虽然此后略有下滑，但依旧处于较高水平，可见，货币扩张在一定程度上必定导致政府债务杠杆高企。

其次，“稳增长”的时变政策效果。三个模型的估计结果基本上均显示出一致的走势。其中，财政赤字对产出缺口的影响效应从1998年初的0.191缓慢下降至2017年底的0.147。总体上，财政赤字对经济增长呈现显著正向促进作用，即财政赤字增加通过政府支出和收入乘数效应的方式作用于经济增长，在财政扩张条件下，财政赤字一定引发经济增长。而在财政赤字下滑时期，特别是当财政赤字为负时期，表现为政府支出小于政府收入，由此政府支出增幅相对较小，势必削弱财政赤字对经济增长的影响效应（2004—2007年）。随着2008年实施财政扩张，政府支出增长又进一步刺激和提升财政赤字对经济增长的正向促进效果。此外，从货币政策效果看，利率上调一定导致投资下降和产出下滑，并最终导致产出缺口下降，故此，当前我国货币政策通过利率渠道对宏观经济的影响是有效的，但自2008年起该影响效应呈不断减弱趋势。而数量型货币扩张对经济增长呈现显著为正向的促进作用。近年来呈显著下降态势，表明依靠货币扩张刺激经济增长的政策效果不断减弱。

再次，“抑泡沫”的时变政策效果。三个模型估计结果和时变参数走势基本一致，而且显著为正，单一财政政策模型维持在0.3，而价格型和数量型货币政策基本分别为维持在0.35和0.4，表明财政赤字导致房价即资产价格上涨。可见，一旦财政赤字高企，则政府具有较强意愿通过增加土地出让金的方式来降低赤字水平，而这同时亦进一步推高房价。究其原因，政府是一个非营利组织，财政赤字意味着未来的政府收入必须增加予以弥补。上述分析更是表明土地财政政策自 2009 年以来在我国是成立的，因此，财政赤字会促使地方政府通过抬高卖地收入的方式来弥补财政亏空，由此增加房地产市场建筑成本，并最终导致房价上涨。从货币政策效果看，从 2008 年起数量型货币扩张导致房价上涨；而价格型货币政策对房价的同期影响效应显著为负，表明利率上调更是增加了购房成本以及持有房产的资金成本，由此导致投资者的购房意愿减弱，并最终起到抑制房价的目的。同时我们亦关注到 2001 年以前该影响效应相对较弱，究其原因，在此期间我国商品房市场正处于起步阶段，房市的供给和需求双方依旧相对较少，而且总体上房价也处于较低的位置，货币政策盯住房价目标的偏好相对较弱，由此也导致在此期间利率对资产价格的影响存在微弱的正效应。但自 2002 年起，随着我国房地产市场规模的不断发展壮大，特别是自 2007 年起房价开始步入高速上涨阶段，货币政策开始转向盯住房价（资产价格）作为主要的政策目标之一，从政策效果看，在此期间，利率上调对房价波动起到显著为负的抑制效应，可见此时货币政策在调控资产价格上是相对有效的。

综上，不论是单一财政政策或货币政策，还是财政政策和货币政策组合模型，对三大宏观经济政策目标的影响效应基本是一致的，可见，本章研究结论是稳健、可靠的。

四、财政政策和货币政策组合反事实的政策效果分析

为了进一步评估何种政策或政策组合更有利于调控宏观经济政策目标，接下来我们采用反事实模拟的方式对此展开测定评估。首先，依旧按照上述模型估计基准模型下财政政策或财政政策与货币政策不同组合对三个政策目标的影响效应；其次，按照实验方法，分别关闭某一时刻财政政策或货币政策对三大政策目标的影响效应，同样基于上述的模型估计，得到政策效果的反事实估计结果。例如，在财政政策与价格型货币政策模型组合中，关闭价格型货币政策对经济增长的影响效应，依据上述估计可以得到财政政策对经济增长的时变政策效果参数，该参数剔除了价格型货币政策对经济增长的影响效应。通过该参数与基准模型的比较，可以得到在财政政策组合下和剔除货币政策因素条件下，财政政策对经济增长影响效

应的异同。在图6－6中，实线表示基准模型，而虚线则为反事实的模拟结果。结合估计结果我们可知。

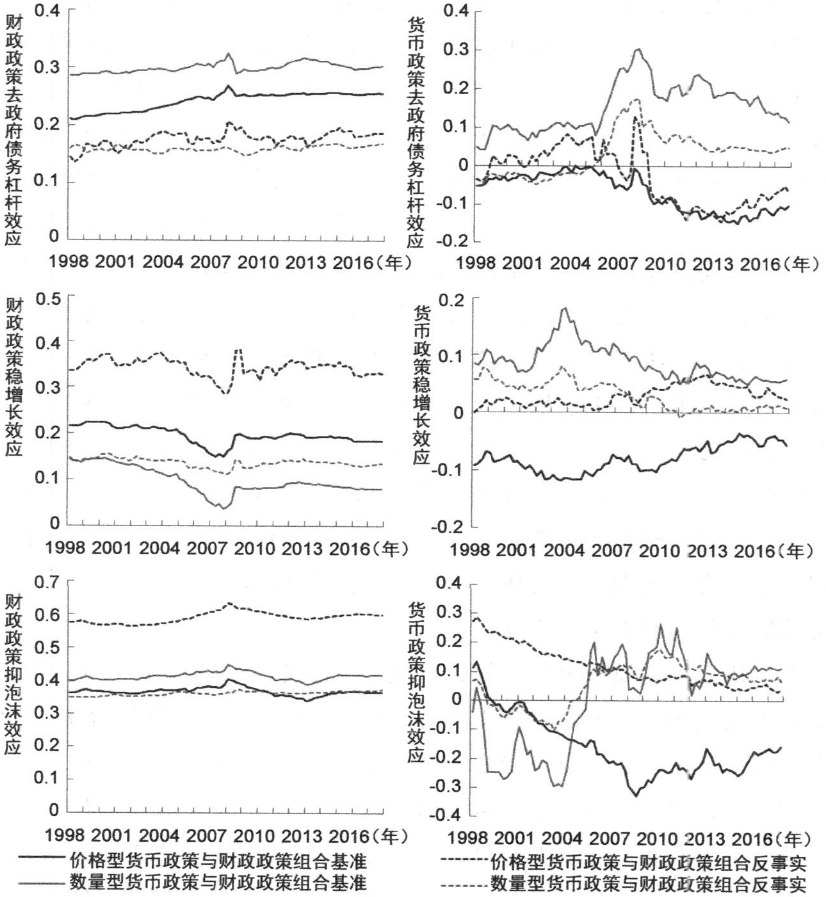

图6－6　财政政策和货币政策组合的反事实政策效果

首先，去政府债务杠杆的反事实模拟结果。在财政政策效果中，基准模型的政策效果均大于反事实模型估计结果。可见，如果没有货币政策的配合，财政政策对政府债务杠杆的影响效应将会减弱。从货币政策效果看，如果没有财政政策配合，数量型货币政策对政府债务杠杆的推动作用则会大幅度下降。同时我们也发现，如果没有财政政策配合，价格型货币政策对政府债务杠杆的影响显著为正，表明利率上调居然伴随政府债务上升；反之，在基准模型中，紧缩性的价格型货币政策能够起到抑制政府债务杠杆的目标。由此可见，在去政府债务杠杆上，不论是财政政策抑或是货币政策，均需要两者的有效搭配才能够发挥其最大的政策效果。

其次，稳增长的反事实模拟结果。在财政政策效果中，基准模型的政策效果均小于反事实模型估计结果，究其原因，财政扩张能够促进经济增长，但是一旦经济过度繁荣（衰退），则央行一般通过紧缩性（扩张性）货币政策等微调的方式促使经济平稳回落，由此削弱了财政政策对产出的影响效应。从货币政策效果看，缺少财政政策配合，对价格型货币政策调整宏观经济运行的影响相对较小，但对数量型货币政策刺激经济增长的影响则相对较大。总体上，货币政策的配合会削弱财政政策刺激经济增长的政策效果，但是财政政策的配合会增强货币政策促进经济增长的作用。

最后，抑泡沫的反事实模拟结果。在财政政策效果中，在价格型货币政策与财政政策组合中，剔除货币政策因素，会增强财政政策对房价的影响效应；但是在数量型货币政策与财政政策组合中，剔除货币因素，则会削弱财政政策在“抑泡沫”中的功效。从货币政策效果看，一旦缺乏财政政策配合，则价格型货币政策在“抑泡沫”中的功效完全丧失，即利率上调却伴随着房价上涨。但总体上，剔除财政政策因素，数量型货币政策对房价的影响效应基本保持不变。

由上述反事实模拟分析可知，究竟是采取单一的财政政策或货币政策来调控宏观经济更为有效，还是采取货币政策与财政政策组合更为合适，并没有统一定论，这取决于宏观政策调控的不同政策目标。譬如，在去政府杠杆上，采取价格型货币政策与财政政策组合或数量型货币政策与财政政策组合更为有效。在稳增长目标上，虽然货币政策和财政政策组合能够激发货币政策效果，但同时却削弱了财政政策效果。在抑泡沫目标上，财政政策和价格型货币政策组合能够有效增强价格型货币政策在调控房价上的功效，却削弱了财政政策对房价的影响效应。究其原因，财政政策和货币政策在“去杠杆”目标上的政策取向在长时期上基本保持一致，故此，两种政策的执行与实施均能进一步强化对方的政策效果。但在“稳增长目标”上，财政政策具有较强促进经济稳定增长的政策取向，但货币政策更多地表现出对经济运行矫枉过正的调整，即一旦财政政策刺激导致宏观经济过度扩张，则央行倾向于实施紧缩性货币政策以抑制经济过度繁荣；反之，随着刺激性财政政策退出，如若此时经济走向萧条，则央行偏向于实施扩张性的货币政策以预防宏观经济衰退。可见，在“稳增长”上，由于财政政策和货币政策的执行目标和取向迥异，导致两种政策的执行与实施均在一定程度上削弱了对方的政策效果。此外，结合第三部分可知，自2009年以来“土地财政政策”在我国是成立的，由此“抑房价”的主要着眼点应当在于削减甚至是剔除地方政府财政收入对土地出让金的依赖以及严控货币剩余（陈创练和戴明晓，2018）。从全局范围看，与“土地财政政策”相比，价格型货币政策对房价的影响则相对较小。因此，“抑泡沫”应选择财政政策和数量型货币政策搭配组合。可见，政府在“去杠杆+稳增长+抑泡沫”政策目标制定时，需着实考虑财政政策和货币政策对三类政策目标调节的政策取向以及政策效果强度对比，特别是，针对不同政策目标需要，财政政策与货币政策的不同协调搭配组合才能使得政策效果最大化，从而达到最佳宏观政策调控的政策目的。尤其是在当前守住不发生系统性风险底线的时代背景下，由于“去杠杆”和“抑泡沫”，财政政策和货币政策取向表现基本一致，此时财政政策和货币政策同时收紧成为了统一的策略选择。而这势必导致宏观经济存在较强的下行压力。依据货币政策在“稳增长”上的政策取向，此时需要实时扩张性货币政策以期预防宏观经济走向萧条，但在“去杠杆”“抑泡沫”和“防风险”面前，央行采取了紧缩性货币政策，这与其在“稳增长”政策目标上矫枉过正的政策取向相违背，故此，央行不得已选择以公开的方式喊话财政部需要承担更多经济增长的责任。但我们相信，随着当前政策取向由“去杠杆”转向“稳杠杆”以及系统性风险得以有效防范，财政政策与货币政策之间由于政策取向不同导致的暂时冲突将会得到缓和。

第五节　研究结论与政策启示

2017年中央经济工作会议明确将国家经济政策以“去杠杆”“稳增长”以及“抑泡沫”和“防风险”作为主要的工作重点，为此，如何有效测度和评估财政政策和货币政策在调控上述三大目标的政策效果就成为当前我国宏观经济政策制定与执行的主要决策依据。鉴于此，本章构建了财政政策时变反应函数模型，并以此为基础设计了时变参数模型系统，对单一财政或货币政策以及财政政策和货币政策组合对政府债务杠杆、经济增长以及房价稳定目标的时变政策效果展开测度和评估，以期为未来我国财政政策和货币政策制定与改革提供重要的参考依据。

研究结果表明，相比较于"常系数模型"，"时变参模型"能够更为有效捕捉和刻画当前我国财政政策的时变反应函数和政策取向规则。特别是，近年来我国财政政策表现出更强的灵活性，而且财政政策具有一定盯住政府债务目标的偏好。同时，在财政赤字高企和攀升时期，政府被动负债削弱其盯住政府债务杠杆目标的政策取向；反之，一旦财政赤字处于低位或下降时期，则政府倾向于采取反周期的策略主动降低政府债务杠杆。由此可见，财政赤字攀升是导致目前我国政府债务高企的主要影响因素。特别是，在2002—2008年，盯住债务杠杆目标参数估计值落在（-2,0）区间，表明财政政策采取的是李嘉图式的消极策略，即致力于确保债务可持续性，此时政府债务路径是收敛的。但2008年至今该参数估计值落在（-2,0）区间之外，表明财政政策执行的是非李嘉图式的积极策略，由此导致该时期我国债务杠杆高企。此外，从时变角度看，次贷危机以前财政政策并没有呈现盯住房价和稳定资产价格的目标偏好，但随着2009年全国面临房源供给量和需求量的双双激增，由此极大推高了以房地产为代表的资产价格，并进一步激发地方政府通过土地出让金渠道增加财政收入。这同时也表明自2009年以来，"土地财政政策"在我国是成立的。

研究结果还表明，我国财政政策具有明显盯住经济增长目标的政策取向，即在经济衰退时，通过扩张性财政政策刺激经济增长，而在经济繁荣时，则采取紧缩性财政政策抑制经济过热。从时变角度看，财政政策盯住经济周期目标的强度自1998年以来呈显著增强态势，表明政策当局依赖更多的财政扩张（紧缩）政策去熨平宏观经济波动，财政政策表现出较强盯住经济增长目标的政策取向。此外，财政政策和货币政策呈现显著互动响应的政策取向，即利率上调时，货币紧缩伴随着财政收缩（财政赤字下降），或财政扩张（财政赤字上升），伴随着利率下降（扩张性货币政策）；同时，自2008年起数量型货币政策对财政政策的响应长期保持为正。由此可见，政策当局一般要么同时实行"扩张性货币政策和扩张性财政政策"，要么同时实行"紧缩性货币政策和紧缩性财政政策"。而且，就参数大小比较看，货币政策对财政政策的反应强度明显大于财政政策对货币政策的反应值，这同时也进一步说明我国的财政政策相对价格型货币政策更具独立性。

基于时变参数模型的研究结果可以得到如下三点启示。第一，理论上政府实现“去债务杠杆”目标的首要条件之一就是事先主动下调财政赤字率，即下调财政赤字可以起到降低政府债务杠杆的政策目标，其中，财政赤字每降低一个百分点，则政府债务规模下降 0.2 个百分点。但由于当前我国财政赤字率为 3.5%，可下调的空间相对较小。因此，虽然通过严控财政赤字的方式亦可有效降低政府债务规模，但是总体上可操作的空间并不大。同时，货币政策对政府债务杠杆的抑制效应自 2008 年以来呈减弱趋势，但仍旧保持显著为负的影响效应。综上可知，当前“去政府债务杠杆”目标需要依赖于财政货币的有效组合。第二，从政策效果看，目前利率上调对房价波动存在显著为负的影响效应。货币增速对房价具有正向推动作用，但与财政政策响应相比，货币政策对房价的影响效应明显较弱，故此，“抑制资产价格泡沫”无法单独依靠货币政策得以实现。究其原因，2008 年以来我国房价暴涨在一定程度上是取决于“土地财政政策”。因此，“抑泡沫”需要采取以财政政策为主和货币政策为辅的政策组合。第三，鉴于我国货币政策具有较强的逆经济周期调整的政策取向，从而能够达到有效稳定经济增长目标；而且，我国财政政策对经济增长存在显著为正的促进作用，落入符合经济学理论区间。财政政策盯住经济增长目标呈现不断增强趋势意味着当前财政政策在调控宏观经济增长上的功效有所减弱，究其原因，一方面随着我国经济体量的提升，财政政策在刺激经济增长的空间日渐缩小；另一方面则随着政府支出规模不断攀升，由此导致的拥挤效应势必削弱财政政策在刺激经济增长上的功效。因此，在当前我们不宜依赖于通过过度的财政扩张来促进经济增长。总体上，结合反事实模拟结果更表明，究竟是采取单一的财政政策或货币政策来调控宏观经济更为有效，还是采取货币政策与财政政策组合更为合适，并没有统一定论。这取决于宏观政策调控的不同政策目标。

附　录

泰勒展开式（6－13）证明

对式（6－11）在 $\beta_{i,t}=\beta_{i,t|t-1}(i=0,1,2,3,4,5)$ 周围线性化 $f(x_t;\beta_{i,t})$ 泰勒展开可得：

$$fd_t=f(x_t;\beta_{i,t|t-1})+\frac{\partial f(x_t;\beta_{i,t|t-1})}{\partial\beta_{i,t}}(\beta_{i,t}-\beta_{i,t|t-1})+\Phi'\varepsilon_t^*\sigma_{u_t}+\mu_t^*=$$

$$\Phi'\varepsilon_t^*\sigma_{u_t}+\mu_t^*+\left(1-\frac{1}{1+\exp(-\gamma_{5,t|t-1})}\right)[\gamma_{0,t}+\gamma_{1,t}b_t+\gamma_{2,t}y_t+\gamma_{3,t}(hp_t-hp_t^*)+\gamma_{4,t}MP_t]+\frac{1}{1+\exp(-\gamma_{5,t|t-1})}fd_{t-1}-\frac{\gamma_{0,t|t-1}\exp(-\gamma_{5,t|t-1})}{[1+\exp(-\gamma_{5,t|t-1})]^2}(\gamma_{5,t}-\gamma_{5,t|t-1})-\frac{\gamma_{1,t|t-1}b_t\exp(-\gamma_{5,t|t-1})}{[1+\exp(-\gamma_{5,t|t-1})]^2}(\gamma_{5,t}-\gamma_{5,t|t-1})-\frac{\gamma_{2,t|t-1}y_t\exp(-\gamma_{5,t|t-1})}{[1+\exp(-\gamma_{5,t|t-1})]^2}(\gamma_{5,t}-\gamma_{5,t|t-1})-\frac{\gamma_{3,t|t-1}(hp_t-hp_t^*)\exp(-\gamma_{5,t|t-1})}{[1+\exp(-\gamma_{5,t|t-1})]^2}(\gamma_{5,t}-\gamma_{5,t|t-1})-\frac{\gamma_{4,t|t-1}MP_t\exp(-\gamma_{5,t|t-1})}{[1+\exp(-\gamma_{5,t|t-1})]^2}(\gamma_{5,t}-\gamma_{5,t|t-1})+\frac{fd_{t-1}\exp(-\gamma_{5,t|t-1})}{[1+\exp(-\gamma_{5,t|t-1})]^2}(\gamma_{5,t}-\gamma_{5,t|t-1})$$

上式还可进一步改写为：

$$fd_t-\frac{fd_{t-1}}{1+\exp(-\gamma_{5,t|t-1})}-\frac{[fd_{t-1}-\gamma_{0,t|t-1}-\gamma_{1,t|t-1}b_t-\gamma_{2,t|t-1}y_t-\gamma_{3,t|t-1}(hp_t-hp_t^*)-\gamma_{4,t|t-1}MP_t]\exp(-\gamma_{5,t|t-1})\gamma_{5,t|t-1}}{[1+\exp(-\gamma_{5,t|t-1})]^2}$$

$$=\left(1-\frac{1}{1+\exp(-\gamma_{5,t|t-1})}\right)[\gamma_{0,t}+\gamma_{1,t}b_t+\gamma_{2,t}y_t+\gamma_{3,t}(hp_t-hp_t^*)+\gamma_{4,t}MP_t]+\frac{[fd_{t-1}-\gamma_{0,t|t-1}-\gamma_{1,t|t-1}b_t-\gamma_{2,t|t-1}y_t-\gamma_{3,t|t-1}(hp_t-hp_t^*)-\gamma_{4,t|t-1}MP_t]\exp(-\gamma_{5,t|t-1})}{[1+\exp(-\gamma_{5,t|t-1})]^2}$$

将上式改写即可得到文中式（6－13）。

第七章

中国财政政策乘数效应测定理论与实践[①]

引言：财政政策效果测定历来是国家政策制定与改革关注的重点。本章在现有研究文献基础上，拓展了财政政策乘数效应理论，基于约束的VAR模型提出了具有微观基础的时变参数财政政策乘数测算模型框架，分解测算了改革开放以来我国财政支出和政府融资的时变冲击乘数、时变累积乘数以及时变现值乘数。这为我们如何有效测定宏观调控中的财政政策效果提供了坚实的方法论基础。此外，在本章中我们还构建了一般均衡模型，进一步解释财政政策乘数的主要影响因素，考察微观主体流动性约束强弱和结构性参数走向如何影响财政政策乘数的具体作用机理。

第一节　财政政策乘数效应理论背景

财政政策乘数（Fiscal Multiplier）概念由卡恩在1931年首次提出，后经凯恩斯拓展，用于刻画财政行为与产出关系。众所周知，乘数指财政支

① 本章核心内容见于：陈创练、郑挺国、姚树洁，《时变乘数效应与改革开放以来中国财政政策效果测定》，《经济研究》2019年第12期。

出或政府融资每变化一单位引致产出变化多少单位，当乘数大于零时表示财政行为促进经济增长；反之小于零则意味着财政行为对产出具有负效应。其中，财政支出乘数越大，意味着财政政策效果越强；反之，财政收入如政府税收乘数越小，则表示政府税收对产出的抑制效果越弱。理论上，财政收支增长越快，其所产生的“拥挤效应（Congestion effect）”会挤占私人投资或居民消费抑或私人可支配资源，最终对经济增长呈现抑制效应。特别是，近年来我国又开启了逆周期操作的积极财政政策，随着财政支出规模和税收规模的不断扩大，学术界和政策当局开始担忧逆周期操作能否达到预期政策效果，甚至是财政支出乘数（政府税收乘数）是否随着财政支出规模（税收规模）的不断扩大而呈现显著下降态势。由此可见，乘数效应测定不仅有助于我们评估和刻画当前财政政策的执行效果，亦能为未来国家财政政策改革与制定提供重要的决策参考依据。

在凯恩斯模型中，政府购买的产出乘数为 $1/[1 - MPC(1 - t)]$，其中，MPC 表示居民消费倾向，t 为税率。可见政府购买乘数与边际消费倾向正相关，而与税率负相关，即在经济繁荣时刻，税收增长则经济增速放缓，而在经济萧条时刻，税收下降则经济增长加快，所得税对经济增长起到自动稳定器作用。然而，现有研究表明，财政支出中的政府消费和政府投资对产出影响的渠道是截然不同的，其中，政府投资通过进入生产函数直接影响产出，而政府消费则通过效用函数以及对居民消费的挤入或挤出效应而间接作用于经济增长。因此，传统模型框架无法准确分解政府投资和政府消费的产出乘数。而且，政府依然可以通过税收和债务两种方式进行融资，这在凯恩斯框架下依然无法刻画出两者的乘数效应。更重要的是，财政政策在经济衰退期比繁荣期更为有效（Auerbach 和 Gorodnichenko，2012；Bachmann 和 Sims，2012），特别是财政政策乘数还与财政支出规模以及政府消费与居民消费互补（替代）关系等因素有关（Fève 等，2012）。可见，财政政策乘数并非像在凯恩斯模型框架下是一成不变的，也不仅受制于边际消费倾向和税率。

财政政策乘数效应的相关研究由来已久，凯恩斯经典框架提供了测度政府购买和政府税收以及平衡预算乘数的方法，甚至是在 IS - LM 框架下可分析财政政策对各宏观经济变量的影响效应。但近年来，有学者认为传统模型框架计算的是平均财政支出乘数，可能高估了资源没有充分利用时刻的乘数效应，也即乘数可能与宏观经济波动有关（Owyang，2013）。Alesina

等（2015）就指出并不存在单一的财政政策乘数，其大小取决于经济特征和状态，也即财政政策乘数具有时变性（Gechert 和 Rannerberg，2014）。Auerbach 和 Gorodnichenko（2012a，2012b）对第二次世界大战后美国的季度数据，以及 1985 年以来跨国的数据进行研究均发现在经济衰退期财政支出乘数更大。其中，在经济繁荣期，财政支出乘数接近于零，而在经济衰退期则高达 1.5—2。Crafts 和 Mills（2012）亦发现英国在 1922—1938 年经济大萧条时期，财政支出乘数达到 0.5—0.8。此后，Bachmann 和 Sims（2012）、Candelon 和 Lieb（2013）以及 Caggiano 等（2015）采用不同方法对美国以及 OECD 国家财政政策常数累积乘数和冲击乘数进行的分析依然支持上述研究结论。

在财政政策乘数影响因素分析上，现有研究表明，在流动性陷阱时期，财政支出乘数远小于短期利率大于零的时期（Christiano 等，2011；Mertens 和 Ravn，2014）。特别是，产出对财政政策冲击的响应在经济处于信贷紧缩时期更为有效，而且持久性更强（Schleer 和 Semmler，2015；Rane 和 Ackermann，2015）。Blanchard 和 Leigh（2013）研究更是表明，紧缩财政政策导致发达国家萧条超出预期，主要原因是他们忽视金融摩擦（零息利率限制）对财政政策乘数的影响效应。事实上，信贷配给和私人投资渠道也是影响财政政策乘数的两个重要因素（Dupaigne 和 Fève，2016；Napoletano 等，2017）。更重要的是，在债务规模较低的经济体财政支出乘数更大（Favero 等，2011；Corsetti 等，2012；Ilzetzki 等，2013），其对居民消费的影响也更为显著（Perotti，1999）。但是，在加税时期，由于私人部门消费受限，则会通过资产负债表效应引发财政政策乘数显著下降（Eggertsson，2011）。此外，现有研究表明，财政政策乘数还取决于财政支出与居民消费的互补（替代）关系、居民消费习惯以及内生财政政策（Fève 和 Sahuc，2015）。但是纵观现有研究，较少文献能够有效处理宏观变量的内生性问题，以期估计得到精确的时变财政政策乘数，而且，多数研究也未能在同一框架下糅合并评估和分析财政政策的时变乘数效应及其影响因素。特别是，许多研究依然是基于传统的凯恩斯模型框架，而这些模型缺乏微观基础也向来饱受批评。

国内有关财政政策乘数文献，传统代表性研究，如郭文轩等（2003）基于凯恩斯主义模型认为财政政策乘数为 5.60；郭庆旺等（2004）基于

IS－LM 框架研究表明，我国积极财政政策乘数从 1998 年的 1.74 下降至 2002 年仅为 1.56，财政政策效果呈下降态势；而税收乘数则基本稳定在 －0.58 至 －0.69 之间。王国静和田国强（2014）基于动态随机一般均衡模型模拟得到我国长期政府投资乘数为 6.11，而政府消费乘数为 0.79。同时，高铁梅等（2002）在可变参数模型的 IS－LM 框架下，研究认为 2000 年以来我国债务发行规模没有产生挤出效应。刘溶沧和马拴友（2001）的研究也认为我国国债规模和赤字并未引发挤出效应。甚至与世界其他国家相比，中国债务更具生产性特征（郭步超和王博，2014）。因此当前我国债务对产出具有正影响效应。对于财政政策乘数影响因素的代表性研究，如李永友（2012）研究认为，市场信心有利于放大财政政策乘数，同时财政支出增加意味着未来税负增长，而税收的负面效应也将侵蚀财政政策效果。因此，虽然短期应对危机的财政政策乘数较大，但是长期看乘数效应相对较弱，甚至出现非凯恩斯效应。此外，王妍（2015）研究发现，与政府消费相比，在高金融摩擦环境中，政府投资对经济增长的影响效应更大。

纵观国内外研究，对财政支出和政府融资乘数的系统性研究相对较少，分析其影响因素的文献更是鲜有涉及，甚至多数是基于传统凯恩斯模型框架。正如王国静和田国强（2014）指出，传统模型忽视财政政策内生性会导致对乘数效应的估计结果有偏。而且，凯恩斯模型框架缺乏微观基础也向来备受诟病。鉴于此，本章基于时变参数向量自回归模型分解测度改革开放以来我国四类财政政策乘数的历史演变，并拓展构建了一个动态一般均衡模型，从长期和动态角度刻画我国具有微观基础财政政策乘数的主要影响因素。本章在如下四个方面做了拓展分析。第一，首次设计通过对关于五变量一阶差分的 TVP－VAR（1）模型转换为水平变量的 TVP－VAR（2）模型，并施加 25 个约束条件构建和估计了非平稳序列转换得到水平变量 TVP－VAR 模型的脉冲响应函数。第二，基于理论模型和时变参数向量自回归模型，拓展构建了具有微观基础的财政政策时变乘数指标，并分解测算了改革开放以来我国财政支出和政府融资的时变冲击乘数、时变累积乘数以及时变现值乘数，该方法是对现有财政政策乘数测定理论的一个重要补充。第三，将产出、居民消费、私人投资和财政支出以及政府融资分别置于一般均衡模型框架内，从而能够有效消除变量之间相互反馈内生关系对模型参数估计的影响。同时，结合中国实际，基于理论模型的数值模拟测度分析了政府投资乘数、政府消费乘数、政府税收乘数和债务发行乘数及其影响因素。第四，通过设定柯布－道格拉斯有效消费函数，既能有效解决传统线性有效消费设定引发与经典效用函数理论假设相违背的矛盾，同时又能着重分解政府投资和政府消费对产出影响的不同机理和效应。最后，本章结合当前中国实际和微观主体结构性参数走向，提出增强财政政策效果的对策建议。

第二节　财政政策乘数效应测定

一、VAR模型约束及时变参数财政政策乘数设定

为了测定时变财政政策效果，即政府投资乘数（ε_{gI}）、政府消费乘数（ε_{gc}）、政府税收乘数（ε_T）和债务发行乘数（ε_B），以政府投资乘数为例，结合脉冲响应思想，与Blanchard和Perotti（2002）研究相一致，我们可以通过测定一单位标准政府投资冲击（u_{gI}）导致政府投资的脉冲响应值（$IRF_{gI,u_{gI},k}$）和产出的脉冲响应值（$IRF_{y,u_{gI},k}$），其中，采用时变参数向量自回归模型对时变脉冲响应函数（IRF）进行测度，则 $IRF_{y,\varepsilon}(u_{gI,t},I_{t-1}) = E[Y_{t+k}|u_{gI,t}=1,I_{t-1}]-E[Y_{t+k}|I_{t-1}]$，其中，$E[\cdot]$为期望算子，$k$表示预测长度，且 $k=1,2,3,\cdots$，$u_{gI,t}$为政府投资信息冲击，I_{t-1}表示预测 Y_{t+k} 的历史信息集。依据理论模型和经典理论可知，$\varepsilon_{gI}=d\overline{Y}/d\overline{G}_I$。由于本章所有实证估计的数据均采用对数形式（如 $y_t=\log Y_t$），结合脉冲响应思想可知，一单位标准政府投资冲击（u_{gI}）导致提前 k 期的产出时变脉冲响应值和0期的政府投资时变脉冲响应值分别为：

$$IRF_{y,u_{gI},k,t} = \partial y_{k,t}/\partial u_{gI,t} = \partial \log Y_{k,t}/\partial u_{gI,t} \text{ 和 } IRF_{G_I,u_{gI},0,t} = \partial gI_t/\partial u_{gI,t} = \partial \log G_{I,t}/\partial u_{gI,t} \qquad (式7-1)$$

可见，$\dfrac{IRF_{y,u_{gI},k,t}}{IRF_{G_I,u_{gI},0,t}} = \dfrac{\partial \log Y_{k,t}}{\partial \log G_{I,t}} = \dfrac{\partial Y_{k,t}}{\partial G_{I,t}}\dfrac{G_{I,t}}{Y_{k,t}}$。与Blanchard和Perotti（2002）相一致，考虑到测度的是稳态时刻的财政政策乘数，故对上述取稳态可得政府投资提前 k 期的时变冲击乘数为：

$$\varepsilon_{gI,k,t}^{IM} = \frac{\partial Y_{k,t}}{\partial G_{I,t}} = \frac{IRF_{y,u_{gI},k,t}}{IRF_{gI,u_{gI},0,t}} \Big/ \left(\frac{\overline{G}_I}{\overline{Y}}\right)_t \qquad (式7-2)$$

借鉴 Mountford 和 Uhlig（2009）、Auerbach 和 Gorodnichenko（2012）和累积脉冲响应思想，可得政府投资提前 k 期的时变累积乘数和时变现值乘数分别为：

$$\varepsilon_{gI,k,t}^{CM} = \frac{\sum_{i=1}^{k} IRF_{y,u_{gI},i,t}}{\sum_{i=0}^{k} IRF_{gI,u_{gI},i,t}} \Big/ \left(\frac{\overline{G_I}}{Y}\right)_t \text{ 和 } \varepsilon_{gI,k,t}^{PVM} = \frac{\sum_{i=1}^{k} (1+i_t)^{-i} IRF_{y,u_{gI},i,t}}{\sum_{i=0}^{k} (1+i_t)^{-i} IRF_{gI,u_{gI},i,t}} \Big/ \left(\frac{G_I}{Y}\right)_t$$

（式 7－3）

依次类推，我们也可以测度政府消费和政府税收以及债务发行的时变冲击乘数、时变累积乘数和时变现值乘数。为了估计时变脉冲响应函数，本章采用时变参数向量自回归模型（TVP－VAR）展开估计，其中，TVP－VAR 模型的估计详见 Primiceri（2005）。

二、数据来源及说明

本章选取指标包括产出（GDP）、居民消费、私人投资、政府消费、政府投资、政府税收和债务发行以及人均实际可支配收入、劳动力、人口总数、居民消费价格指数、商品零售价格指数和固定资产投资价格指数，时间跨度为 1978—2015 年。变量除以人口总数可获得各变量的人均值，其中，实际产出由 GDP 经商品零售价格指数（1978 年＝100）剔除价格因素计算获得；实际居民消费和实际政府消费则对名义变量经居民消费价格指数（1978 年＝100）剔除价格因素计算获得。

财政收入和政府融资一般通过政府税收和债务发行①，实际政府税收和债务发行分别对各名义变量经商品零售价格指数（1978 年＝100）剔除价格因素计算获得。政府投资和私人投资则由固定资产投资价格指数（1978 年＝100）剔除价格因素计算获得。其中，与现有研究相一致（如刘溶沧和马拴友，2001），采用国家预算内实际到位资金作为政府投资替代变量；并以固定资产投资减去政府投资得到私人投资。由于国家统计局只公布 1990 年起的固定资产投资价格指数（上年＝100），1978—1989 年固定资产投资价格指数由名义固定资本形成总额转换获得，并通过环比价

① 1959—1978 年是我国既无内债又无外债的空白时期，我们将 1978 年债务发行记为零。由于 2005 年起，我国对债务测度改用中央财政债务余额指标，因此，对 2005—2015 年，本章采用债务支出作为替代变量。

格指数构造固定资产投资定基比价格指数（1978 年 =100）。采用永续盘存法 $K_t = I_t + (1-\delta)K_{t-1}$ 估计私人资本存量，其中，参照卜永祥和靳炎（2002）研究，设定我国年折旧率 $\delta = 5\%$，而 1978 年基期资本存量为 $K_{1978} = I_{1978}/[geomean(I_{2015}/I_{1978}) + \delta]$。

此外，利率采用银行存款利率测度；劳动力以就业人员数作为代表变量；以人均国民收入作为人均可支配收入替代变量；政府投资、政府消费、私人投资、居民消费、政府税收和债务发行除以产出可得各变量规模值。各变量资料来自《中国统计年鉴》（1978—2016 年）、《中国固定资产投资统计资料》、国家统计局以及中经网统计数据库。

三、变量平稳性检验及 TVP - VAR 模型约束设定

考虑到产出、居民消费和私人投资的内生关系，本章在生产函数中直接引入政府投资，同时，在效用函数中引入政府消费，主要考虑是政府消费通过对居民消费的挤入或挤出效应间接影响产出。为了保持数据可比性，采用流量数据构建两组模型系统来测度财政支出和政府融资的时变乘数，其中，财政支出时变乘数的模型系统为：$X_t = [\log Y_t, \log C_t, \log I_t, \log G_{I,t}, \log G_{c,t}]$，政府融资时变乘数的模型系统为：$X_t = [\log Y_t, \log C_t, \log I_t, \log T_t, \log B_t]$。为了满足 VAR 模型对变量平稳性要求，采用传统单位根和退势修正的单位根检验方法对各变量做平稳性检验（备索），结果表明各变量均为一阶单整序列，即 I（1）过程，因此，需对各变量做一阶差分处理转换为平稳序列才能构建 TVP - VAR 模型。

基于理论模型可知，本章对一阶差分变量构建的实证模型框架为 TVP - VAR（1），结合式（7 - 2）和式（7 - 3）可知，脉冲函数的响应变量必须是水平变量，因此，本章通过对关于一阶差分变量的 TVP - VAR（1）转换为水平变量的 TVP - VAR（2）模型，即基于水平变量的 TVP - VAR（2）模型施加 25 个条件约束展开识别，其中，25 个约束条件为（证明备索）：当 $i = j$ 时，$\hat{\beta}_{ij,t-1} = 1 - \hat{\beta}_{ij,t-2}$；否则当 $i \neq j$ 时 $\hat{\beta}_{ij,t-1} = -\hat{\beta}_{ij,t-2}$，其中，$\hat{\beta}_{ij,t-l}$ 为 TVP - VAR 模型滞后 l 期系数矩阵第 i 行 j 列的估计值，且 $i,j = 1,2,\cdots,5$。可见，施加上述约束条件，即可估计得到关于非平稳序列转换为水平变量 TVP - VAR 模型的脉冲响应函数。

四、政策效果冲击乘数估计结果及分析

本章通过对时变参数向量自回归模型施加上述 25 个约束条件，可分解得到财政政策时变乘数，即式（7－2）和式（7－3）。为了更进一步刻画时变冲击乘数，我们分别计算出不同时刻提前 2—10 期的时变冲击乘数，即式（7－2），如立体图 7－1 所示。

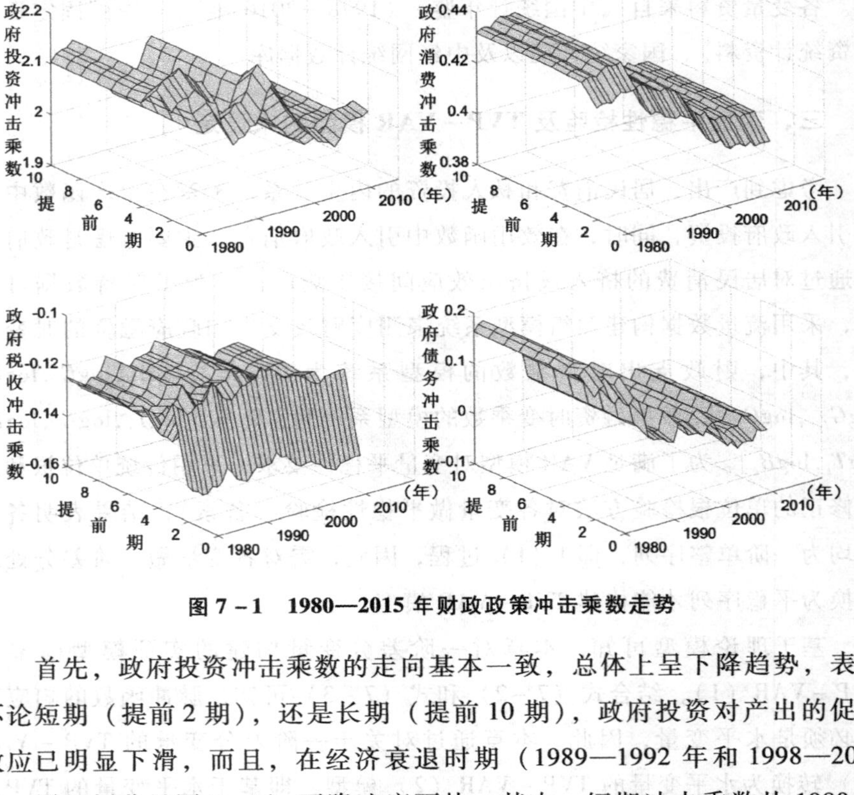

图 7－1　1980—2015 年财政政策冲击乘数走势

首先，政府投资冲击乘数的走向基本一致，总体上呈下降趋势，表明不论短期（提前 2 期），还是长期（提前 10 期），政府投资对产出的促进效应已明显下滑，而且，在经济衰退时期（1989—1992 年和 1998—2005 年，详细划分见图 7－2）下降速度更快。其中，短期冲击乘数从 1980 年的 2.111 下降至 2015 年的 2.006；长期冲击乘数从 1980 年的 2.103 下降至 2015 年的 1.978。究其原因，近年来我国资本劳动占比呈增长趋势，而资本的边际报酬率反而呈下滑态势。特别是，与此发达国家相比，我国政府投资中的研发投入等生产性支出不足，这势必削弱政府投资增加对私人投资的挤入效应，并导致产出弹性下降，从而降低了政府投资的经济增长效

应。此外，自改革开放以来，我国政府投资规模呈现先下降后增加的态势（见图7-3），具体表现为自1978年起呈下降趋势，并于1998年起触底逆转不断攀升至2015年的4.488%。理论上，政府投资规模下降将显著提高乘数效应；反之，增加时引发的拥挤效应势必削弱乘数效应。然而，观察发现政府投资乘数走向可以划分为三个阶段：1980—1990年，政府投资乘数不升反降，一个主要原因是在此期间虽然政府投资规模呈下降态势，但政府投资产出弹性却急速下滑（见图7-4），下降幅度高达24.759%。1991—1997年，政府投资产出弹性仅下降13.033%，然而政府投资规模大幅度下降了49.442%，结合第三部分的理论模型可知，此时政府投资规模下降成为推动乘数效应逆转上升的最主要因素。1998—2015年，政府投资产出弹性保持相对稳定；但由于政策当局实施了扩张性财政政策，导致政府投资规模不断攀升，上升幅度高达219.322%，最终取代政府投资产出弹性成为引发乘数效应下滑的最主要推动力。

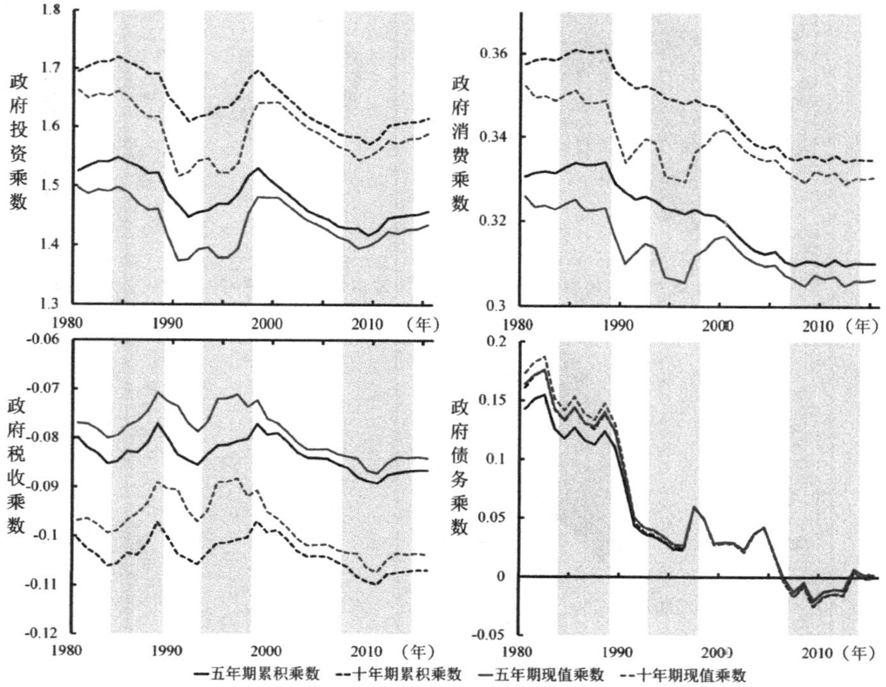

图7-2　五年和十年期财政政策效果的时变累积乘数及时变现值乘数

注：灰色部分为经济繁荣期，即产出缺口大于零；而白色部分为衰退时期，即产出缺口小于零。

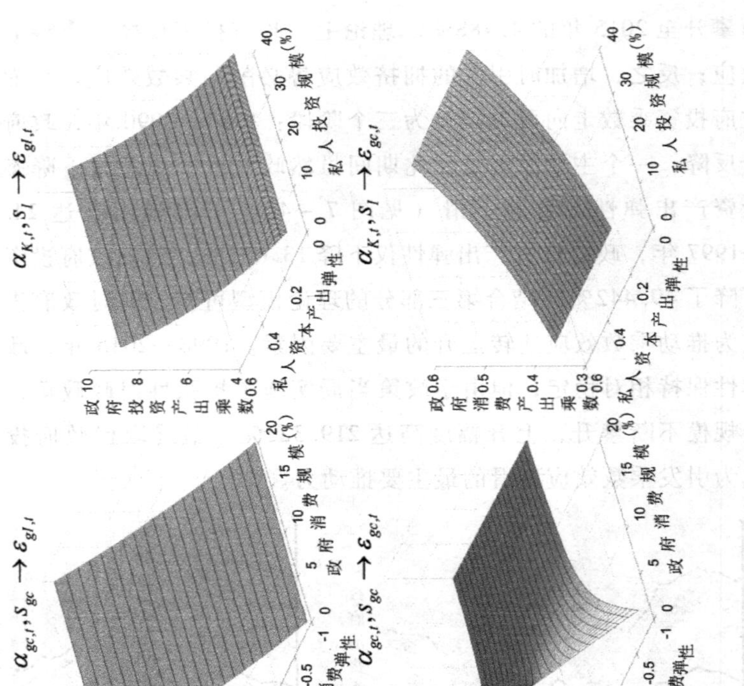

图 7－3 政府支出的产出乘数模拟走势

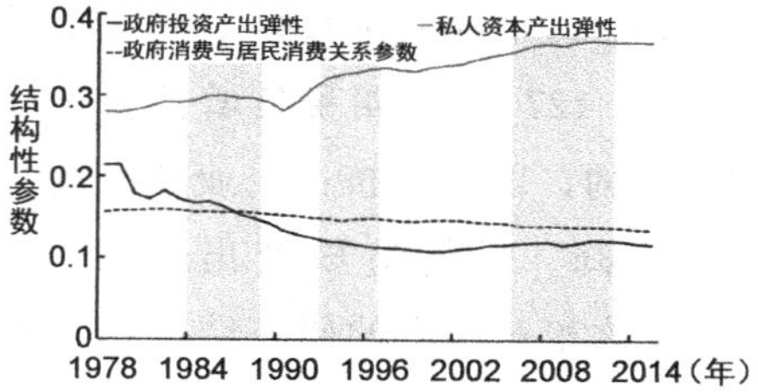

图7-4　关系参数估计结果：基于时变参数回归模型①

资料来源：作者制作。

其次，政府消费的长期冲击乘数大于短期冲击乘数，但提前2期（短期）和提前10期（长期）的政府消费乘数均呈下降态势。且在经济衰退时期（1989—1992年和1998—2005年）也表现出更强的下降态势。可见，近年来政府消费的经济增长效应越发减弱，但长期上收敛于0.4。究其原因，一是政府消费规模自改革开放以来基本保持在14%左右（见图7-5），由此使得拥挤效应并未显现。二是目前落后地区公共服务的消费性支出（诸如科教文卫和医疗支出）偏低，与发达国家依然存在较大差距，这在一定程度上说明我国政府消费规模仍然存在进一步扩大的空间。与政府投资相比，政策当局可继续通过有选择和定向扩大政府消费性支出来促进经济增长。

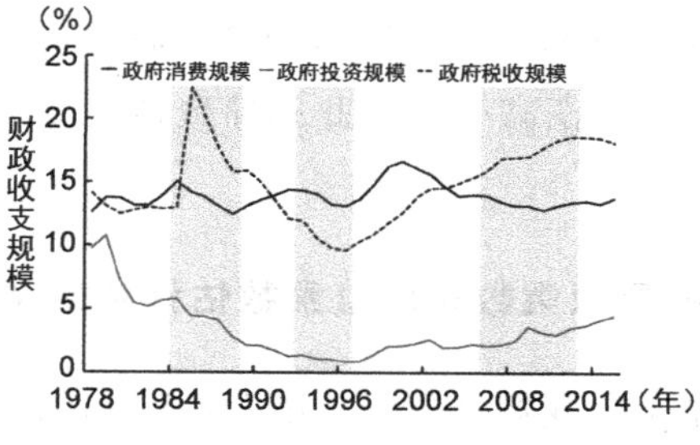

图7-5　财政收支规模

资料来源：《中国统计年鉴》各期。

① 政府消费与居民消费弹性关系基于期内条件，而政府投资产出弹性和私人资本产出弹性基于对数柯布-道格拉斯函数，并采用时变参数回归模型（Doornik，2006）估计获得。灰色部分说明与图7-2一致。

再次，随着时间推移，政府税收乘数自1980年以来基本保持相对稳定（长短期冲击乘数均为-0.127），说明税负增长会导致经济增速下滑。这与经典理论预期是相一致的，即税负挤占企业和家庭的可支配资源，导致企业投资和居民消费下降，最终造成产出下滑。同时也与郭庆旺等（2004）认为我国税收乘数相对稳定的研究结论相一致。由于税收乘数相对较小，即税负对经济增长并未引发大规模挤占效应，可见目前税收格局和政策相对合理。

最后，改革开放以来债务发行冲击乘数呈显著下降态势。究其原因，近年来我国债务发行规模呈显著增长态势，从1980年的0.938%不断上升至2015年的3.09%，上涨2.295倍，由此使得债务发行对企业和家庭未来可支配资源预期产生挤占效应，从而导致冲击乘数显著下滑。特别是自2006年起冲击乘数已转正为负，表明当前债务发行已对产出呈现抑制效应。改革开放早期，如1980年我国储蓄存款增速高达40.625%，此时家庭可灵活支配的资源相对充裕，则债务发行的挤占效应较弱。同时，在政府预算平衡条件下，债务发行意味着未来财政支出增加，而财政支出又具有经济增长效应，故此，债务发行对产出存在显著为正的乘数效应。可见，债务发行乘数事实上还与宏观经济金融形势以及债务发行规模直接相关，其中，多数年份我国债务发行冲击家庭和企业可支配资源的挤出效应并不明显，故表现出正的产出效应。但近年来，由于我国储蓄存款增速已直速下滑至2015年的7.951%，表明由于诸如高房价蚕食大量社会储蓄等原因，家庭可支配资源逐渐减少，由此亦导致债务发行对产出的负面影响逐渐显现。

五、政策效果的累积乘数和现值乘数估计结果及分析

在上述估计基础上，我们令预测长度 $k=5$ 和10，分别计算出五年期和十年期的时变累积乘数和时变现值乘数，即式（7-3），如图7-2所示，财政政策时变乘数的走势基本一致。

我们通过观察可以得到如下两点结论。

第一，与冲击乘数类似，改革开放以来，政府投资累积乘数和现值乘数均呈下降态势，表明在长期上，政府投资对经济增长的促进效应下滑明显，这与冲击乘数的研究结论是相一致的。其中，2015年五年期和十年期

政府投资的累计乘数分别为1.457和1.615，而现值乘数则分别为1.435和1.589，可见增加1单位政府投资，未来五年和十年将分别带来1.457单位和1.615单位产出增长。同时，改革开放以来政府消费的累积乘数和现值乘数基本相对稳定，2015年五年期和十年期时变累积乘数分别为0.310和0.335；而现值乘数则分别为0.306和0.331，可见1单位政府消费增加，未来五年和十年将累计分别会带来0.310单位和0.335单位产出增长，这同时表明长期来说，政府投资对产出的促进作用更为强劲，与前文冲击乘数的研究结论相一致。

第二，五年期和十年期政府税收时变累积乘数相对较为稳定，2015年分别为-0.087和-0.107，而现值乘数则分别为-0.084和-0.104，可见1单位税负增加，未来五年和十年将分别带来0.087单位和0.107单位产出下降，税收对经济增长的抑制效应明显。此外，债务发行的时变累积乘数和时变现值乘数与时变冲击乘数表现相一致，即自1980年以来呈显著下降态势，并于2006年起转正为负，但2013年起又转负为弱正。平均来说，改革开放以来五年期和十年期的时变累积乘数分别为0.057和0.059，可见1单位债务发行增加，未来五年和十年将分别带来0.057单位和0.059单位产出增长。早期，由于债务发行规模相对较少以及家庭存款和闲置资金相对充裕，从累计效应看，除少数年度外，依然具有经济增长效应，这与时变冲击乘数结论相一致。

第三节　财政政策乘数效应的理论模型与数值模拟

为了进一步考察我国时变乘数效应动态演变的主要决定性因素，接下来，本章构建一个动态一般均衡模型，以期对上述经验结果进行理论层面的解释。从第二部分的实证可知，政府投资、政府消费、政府税收、政府债务与居民消费、私人投资以及产出存在较强的相互影响和相互反馈的内生关系，为此，本部分通过在效用函数中内生政府消费以及在生产函数中嵌入政府投资，并基于一般均衡模型，联立求解出财政政策效果乘数，通过构建一个包含政府投资和政府消费的经济增长模型，并考虑内生的财政收支预算平衡。基于中国实际经验数据，着重分析在均衡条件下政府投资、政府消费、政府税收和债务发行的乘数效应，并校准模拟模型均衡解受结构性参数变化的影响效应，以期考察稳态经济变量和结构参数变化对模型均衡解影响的动态演变。考虑到消费者行为偏好以及政府政策变迁，与前文时变参数估计相一致，相关参数的设定亦均是时变的。

一、财政政策乘数效应的理论模型构建

1. 家庭部门。Ho（2001）以及 Neih 和 Ho（2006）采用 $C_t^* = C_t + \theta G_{C,t}$ 用于测度代表性个人的有效消费，其中，C_t 和 $G_{C,t}$ 分别表示居民消费和政府消费；θ 为正（负）表示政府消费和居民消费存在替代（互补）关系。在该函数设定中，当政府消费与居民消费存在互补关系，即 θ 为负，此时，如果政府消费增加，则有效消费 C_t^* 反而下降，此时效用函数 $U(C_t^*)$ 不增反减，可见，效用函数 $U(C_t^*)$ 是政府消费 $G_{C,t}$ 的减函数，即政府消费增加反而降低了居民消费的效用，这与传统理论模型假说相违背。为了有效规避该问题，本章放弃线性设定模式，并借鉴 Campbell 和 Mankiw（1990）的研究，设定代表性个人的有效消费由柯布－道格拉斯需求函数决定：$C_t^* = C_t G_{C,t}^{\alpha_{gc,t}}$，其中，$\alpha_{gc,t}$ 表示政府消费与居民消费的时变弹性关系。代表个人通过消费和闲暇获得效用的最大化问题函数设定如下：

$$Max \sum_{t=0}^{\infty} \beta^t \left[\frac{C_t^{*\,1-v_t} - 1}{1 - v_t} - \phi_t \frac{l_t^{1+\sigma}}{1+\sigma} \right], 0 < v_t \leqslant 1 \qquad \text{（式 7-4）}$$

其中，β 为主观贴现因子，v_t 为时变曲率，且当 $v_t = 1$ 时，消费效用函数退化为 $\ln C_t^*$。l_t 为劳动时间，以负效应形式进入效用函数，同时由于劳动力不是本章考察重点，故此，设定劳动供给对效用影响的曲率为常数 σ，则劳动力供给弹性为 $1/\sigma$；ϕ_t 为消费和劳动在效用函数中的时变相对重要程度。考虑家庭收入来自于工资、资本回报以及持有国债收益，而支出则用于个人消费、企业投资和持有国债，其中国债持有量即为代表性个人的总财富，那么，家庭预算约束线为：

$$C_t + I_t + B_t \leqslant (1 - \tau_t)(\omega_t l_t + r_t K_t) + (1 + i_t) B_{t-1} \qquad \text{（式 7-5）}$$

其中，τ_t 表示时变税率；ω_t 为工资率；K_t 为私人资本存量，满足 $K_t = (1 - \delta) K_{t-1} + I_t$，$\delta$ 为资本折旧率，I_t 表示私人投资；r_t 为企业投资的资本回报率；B_t 为政府债务发行量，i_t 表示国债回报率。通过构建拉格朗日函数，

对家庭效用最大化求解，可得：

$$(C_t G_{C,t}^{\alpha_{gc,t}})^{-\upsilon_t} G_{C,t}^{\alpha_{gc,t}} = \lambda_t, \phi_t l_t^{\sigma} = \lambda_t(1-\tau_t)\omega_t, \beta[(1-\tau_t)r_t - (1-\delta)] = 1$$

（式 7－6）

以上三式刻画了家庭消费和劳动力供给行为以及居民消费与政府消费的时变函数关系。

2. 企业部门。政府投资直接进入企业的生产函数，并设定为 $Y_t = A_t K_t^{\alpha_{K,t}} G_{I,t}^{\alpha_{gI,t}} L_t^{1-\alpha_{K,t}-\alpha_{gI,t}}$，其中，$Y_t$ 为产出，L_t 为劳动供给，A_t 表示技术效率水平，$G_{I,t}$ 为政府投资，时变参数 $\alpha_{K,t}$、$\alpha_{gI,t}$ 和 $1-\alpha_{K,t}-\alpha_{gI,t}$ 则分别表示私人资本、政府投资和劳动力的产出弹性，满足 $0 < \alpha_{K,t} + \alpha_{gI,t} < 1$。设定企业部门的利润函数为 $Max\{Y_t - \omega_t L_t - r_t K_t\}$，则通过企业利润最大化求解，可得：

$$\omega_t = (1-\alpha_{K,t}-\alpha_{gI,t})Y_t/L_t, r_t = \alpha_{K,t}Y_t/K_t \quad \text{（式 7－7）}$$

以上两式刻画了私人劳动力供给和企业的投资行为。

3. 政府部门。与传统研究相一致（如 Greiner 和 Fincke，2015），设定政府收入来自于税负（T_t）和债务发行（B_t），则政府的预算平衡约束条件满足：

$$B_t + T_t = G_{C,t} + G_{I,t} + (1+i_{t-1})B_{t-1}, T_t = \tau_t Y_t \quad \text{（式 7－8）}$$

该式左边和右边分别表示政府部门的财政收入和财政支出。

4. 均衡分析。在上述家庭效用最大化、企业利润最大化以及政府部门预算收支平衡约束条件下，设定市场的出清条件为 $Y_t = C_t + I_t + G_{C,t} + G_{I,t}$，则通过求解在均衡条件下模型系统稳态方程组合（证明备索），可得政府投资的时变产出乘数为：

$$\varepsilon_{gI,t} = \frac{d\bar{Y}}{d\bar{G}_I} = \frac{\upsilon_t + \alpha_{gI,t}(\sigma+1)s_{gI}^{-1}/(1-\alpha_{K,t}-\alpha_{gI,t})}{\upsilon_t(1+\alpha_{gc,t}) - \alpha_{gc,t} + \dfrac{\upsilon_t s_{gI}}{1-s_I-s_{gc}-s_{gI}} + \dfrac{\alpha_{gI,t}+(1-\alpha_{K,t})\sigma}{1-\alpha_{K,t}-\alpha_{gI,t}}} > 0$$

（式 7－9）

政府消费的时变产出乘数为：

$$\varepsilon_{gc,t} = \frac{d\bar{Y}}{d\bar{G}_C} = \frac{\upsilon_t + (1-\upsilon_t)\alpha_{gc,t}(1-s_I-s_{gc}-s_{gI})s_{gc}^{-1}}{\upsilon_t(1-s_I-s_{gI}) + \sigma(1-s_I-s_{gc}-s_{gI})} > 0 \quad \text{（式 7－10）}$$

联立市场出清条件以及税收公式 $T_t = \tau_t Y_t$，可得税负的时变产出乘数为：

$$\varepsilon_{T,t} = \frac{d\bar{Y}}{d\bar{T}} = -\frac{1}{(1-s_T)[\upsilon_t - (1-\upsilon_t)\alpha_{gc,t} + (1+\sigma)] - 1} \quad \text{（式 7－11）}$$

同理，结合财政收支预算平衡约束，可得政府债务的时变产出乘数为：

$$\varepsilon_{B,t}=\frac{d\bar{Y}}{d\bar{B}}=-\frac{\bar{i}}{[v_t-(1-v_t)\alpha_{gc,t}+(\sigma+1)][1-(s_{gc}+s_I+\bar{i}s_B)]-(1-s_{gc}-s_{gI})} \quad (式7-12)$$

其中，$\bar{Y}$、$\bar{G}_C$ 和 $\bar{G}_I$ 分别表示稳态时的产出、政府消费和政府投资。由式（7-9）至式（7-12）可知，四类财政政策时变乘数取决于结构性参数 $\alpha_{gI,t}$、$\alpha_{gc,t}$、$\alpha_{K,t}$、v_t、σ 以及私人投资规模 s_I、政府投资规模 s_{gI}、政府消费规模 s_{gc}、债务发行规模 s_B、税收规模 s_T 和稳态利率 $\bar{i}$，以上四式可用于模拟校正和测度财政政策的时变产出乘数效应。

二、财政政策乘数测定及影响因素的数值模拟结果分析

1. 模型校准参数估计及设定。本章对理论模型校准的参数是基于我国改革开放以来实际数据估计获得（见表7-1）。（1）政府消费与居民消费弹性关系时变参数（$\alpha_{GC,t}$）基于期内条件，并采用时变参数回归模型（Doornik，2006）估计获得。（2）政府投资的时变产出弹性（$\alpha_{GI,t}$）和私人资本的时变产出弹性（$\alpha_{K,t}$）基于对数柯布-道格拉斯函数，采用时变参数回归模型（Doornik，2006）估计获得。（3）跨期替代弹性（$1/v$）来自Chen等（2012），即 $1/v=1.937$；劳动供给对效用影响的曲率（σ）则来自王国静和田国强（2014），即 $\sigma=2.359$。（4）私人投资规模（s_I）、政府投资规模（s_{gI}）、政府消费规模（s_{gc}）、政府税收规模（s_T）、债务发行规模（s_B）则采用1978—2015年的均值作为稳态估计值。

表7-1　　模型校准参数设定及估计

参数	均值	95%可信区间	参数说明	参数估计来源
$\alpha_{gc,t}$	0.148	[0.136,0.159]	政府消费与居民消费弹性关系	基于期内条件估计
$\alpha_{gI,t}$	0.135	[0.109,0.214]	政府投资的产出弹性	基于对数生产函数估计
$\alpha_{K,t}$	0.326	[0.280,0.367]	私人资本的产出弹性	基于对数生产函数估计
s_I	36.410	[14.005,75.356]	私人投资占产出比率（%）	1978—2015年稳态数据估计
s_{gI}	3.348	[0.874,9.773]	政府投资占产出比率（%）	1978—2015年稳态数据估计
s_{gc}	13.900	[12.615,16.239]	政府消费占产出比率（%）	1978—2015年稳态数据估计
s_T	14.766	[9.844,20.149]	政府税收占产出比率（%）	1978—2015年稳态数据估计
s_B	2.650	[0.375,4.666]	债务发行占产出比率（%）	1978—2015年稳态数据估计

2. 模型数值模拟结果及分析。基于第三部分构建的财政政策时变乘数理论模型和表1各参数校准值，代入式（7-9）至式（7-12）可得四类财政政策乘数，并模拟分析所有稳态参数增长1%冲击导致的四类财政政策乘数的变动百分比，以期分析财政政策乘数的主要影响因素。其中，我们还对改革开放以来繁荣时期和衰退时期作分样本模拟和比较分析，估计结果见表7-2。

表7-2 财政政策效果影响因素的数值模拟结果（单位:%）

参数	政府投资乘数变动			政府消费乘数变动		
	全样本	繁荣时期	衰退时期	全样本	繁荣时期	衰退时期
$\alpha_{gc,t}$	0.019	0.019	0.020	0.317	0.309	0.325
$\alpha_{gI,t}$	0.939	0.938	0.941	0.000	0.000	0.000
$\alpha_{K,t}$	0.457	0.465	0.448	0.000	0.000	0.000
s_I	-0.008	-0.010	-0.006	0.500	0.583	0.421
s_{gI}	-0.981	-0.982	-0.980	0.046	0.052	0.039
s_{gc}	-0.003	-0.004	-0.003	-0.175	-0.160	-0.190
s_T	0.000	0.000	0.000	0.000	0.000	0.000
s_B	0.000	0.000	0.000	0.000	0.000	0.000
参数	政府税收乘数变动			政府债务乘数变动		
	全样本	繁荣时期	衰退时期	全样本	繁荣时期	衰退时期
$\alpha_{gc,t}$	-0.027	-0.027	-0.027	-0.034	-0.035	-0.032
$\alpha_{gI,t}$	0.000	0.000	0.000	0.000	0.000	0.000
$\alpha_{K,t}$	0.000	0.000	0.000	0.000	0.000	0.000
s_I	0.000	0.000	0.000	-1.327	-1.591	-1.088
s_{gI}	0.000	0.000	0.000	0.032	0.037	0.027
s_{gc}	0.000	0.000	0.000	-0.370	-0.397	-0.345
s_T	-0.251	-0.265	-0.236	0.000	0.000	0.000
s_B	0.000	0.000	0.000	-0.005	-0.005	-0.005

注：模拟分析稳态参数增长1%冲击导致的四类财政政策乘数的变动百分比。

（1）政策投资乘数。政府消费与居民消费弹性关系参数、政府投资的产出弹性和私人资本的产出弹性均与政府投资乘数呈正相关关系。其中，稳态参数增长1%冲击可导致政府投资乘数分别增长0.019%、0.939%和0.457%；同时，私人投资规模、政府投资规模和政府消费规模均与政府投资乘数呈负相关关系，表现为稳态参数增长 1% 冲击可导致政府投资乘数分别降低 0.008%、0.981% 和 0.003%；但政府投资乘数与债务规模和税收规模无关。比较参数估计值可知，政府投资规模及其产出弹性和私人资本产出弹性对政府投资乘数的影响较大。此外，分样本的模拟结果表明，私人资本产出弹性对政府投资乘数的贡献在繁荣时期更大，但此时政府投资规模增大对乘数的抑制效应也更为明显，主要原因可能在于我国经济结构呈现较为明显的投资推动型发展模式，由此导致经济增长对政府投资变动更为敏感。

为了进一步刻画他们之间的非线性关系，我们模拟不同结构性参数，将其代入式（7-9），可得政府投资乘数随结构性参数变化的走势。如图 7-3 所示，我们发现政府投资乘数与政府消费规模和私人投资规模几乎无关，但与私人资本产出弹性和政府消费与居民消费弹性高度正相关。同时，政府投资乘数是政府投资产出弹性的增函数，可见政府投资产出弹性越大则政府投资对经济增长的促进效应越明显。特别是，当政府投资产出弹性较低时，政府投资乘数也相对较小，此时其随政府投资规模增加而下降的速度也较慢；反之，当政府投资产出弹性较高时，政府投资乘数则相对较大，此时其随政府投资规模增加而下降的速度较快。可见，政府投资产出弹性下降对乘数具有很强的抑制效应，但当其保持相对稳定时，则政府投资规模变动取代政府投资产出弹性成为影响乘数效应的主要因素。鉴于政府投资乘数随规模增加而快速收敛于零，政府投资规模不宜扩张过大。以上的理论逻辑很好地揭示了改革开放以来我国政府投资乘数在不同时期变动的主要原因，即 1990 年以前，政府投资产出弹性明显下滑主导了该时期的政府投资乘数下降。此后，1991—1997 年和 1998 年以来，由于政府投资产出弹性相对稳定，则政府投资规模在这两个时期分别下降和上升成为决定政府投资乘数上升和下降的主要力量。

（2）政府消费乘数。政府消费与居民消费弹性关系参数、政府投资规模和私人投资规模均与政府消费乘数呈正相关关系，其中，稳态参数增长 1% 冲击可以导致政府消费乘数分别增长 0.317%、0.046% 和 0.500%；同时政府消费规模与政府投资乘数呈负相关关系，表现为稳态参数增长 1% 冲击可以导致政府消费乘数下降 0.175%。但政府投资乘数与政府投资和私人资本的产出弹性以及债务规模和税收规模无关。比较参数估计值可知，私人投资规模、政府消费与私人消费弹性关系以及政府消费规模对政府投资乘数的影响较大。此外，分样本模拟结果还表明，政府消费与私人消费的互补性在衰退时期对政府消费乘数的贡献更大，但此时政府消费规模增大对乘数的抑制效应也更为明显。

我们模拟不同结构性参数，将其代入式（7－10），可得政府消费乘数随结构性参数变化的走势。如图7－3所示，政府消费乘数与私人资本产出弹性和政府投资产出弹性无关，但却与政府投资规模和私人投资规模高度正相关。特别是，如果政府消费对居民消费具有很强的挤出效应，则在政府消费规模较小时，政府消费乘数显著为负，表现出极强的挤占效应。然而随着政府消费规模增加，虽然其挤占居民消费，但政府消费作为GDP核算的重要组成部分，亦会有效促进产出增加，此消彼长关系最终导致产出增长。此外，当政府消费与居民消费呈互补关系，则政府消费乘数显著为正，但随着政府消费规模增加，其产出乘数效应呈弱的下降趋势，并最终收敛于大约0.5，表明政府消费规模对其乘数的影响并不十分明显。而且，只要存在互补关系，则永远存在正的产出增长效应，特别是互补效应越强，则产出乘数越大，政府消费对经济增长的促进效应越显著（证明备索）。结合图7－4和第二节时变参数模型估计结果可知，虽然近年来私人投资规模和政府投资规模增加均能通过生产函数有效释放家庭部门的流动性约束，由此增强政府消费对居民消费的挤入效应，但由于改革开放以来政府消费与居民消费的互补性呈小幅下降态势，该挤入效应相对较小。同时，鉴于政府消费规模长期以来一直维持在14%左右（见图7－5），“拥挤效应”在我国也并未显现。最终在多方力量的共同作用下，政府消费乘数保持相对稳定且略呈下降态势。

（3）政府税收乘数。由表7－2可知，纵观所有可能因素，政府税收乘数仅与政府税收规模和政府消费与居民消费弹性关系参数负相关，表现为稳态参数增长1%冲击可以导致政府税收乘数分别下降0.027%和0.251%。此外，分样本模拟结果表明，繁荣和衰退时期，政府消费与私人消费互补性对税收乘数的贡献差异不大，但繁荣时税收规模增大对乘数的抑制效应更为显著。

我们模拟不同结构性参数，如政府消费与居民消费弹性互补（替代）关系结构参数，将其代入式（7－11），可得随着政府税收规模变化条件下政府税收乘数走势。如图7－6所示，不论政府消费与居民消费存在替代或互补关系，政府税收乘数均显著为负。而且，互补关系越明显，则税收由于对私人可支配资源的挤占效应越显著，产出乘数负效应越大。反之，替代关系越强，挤占效应越弱，同时税收的负效应则越小。此外，随着政府税收规模扩大，政府税收乘数越小，表明税负对经济增长的抑制效应越明显，但下降幅度并不十分显著。结合图 7－1 至图 7－5 可知，近年来，我国政府消费与居民消费互补性呈小幅下降趋势，这有利于降低税负的挤占效应；但同时税收规模逆向大幅度上升由此引发挤占效应，两者合力的结果最终导致税收乘数略微呈小幅下降趋势。

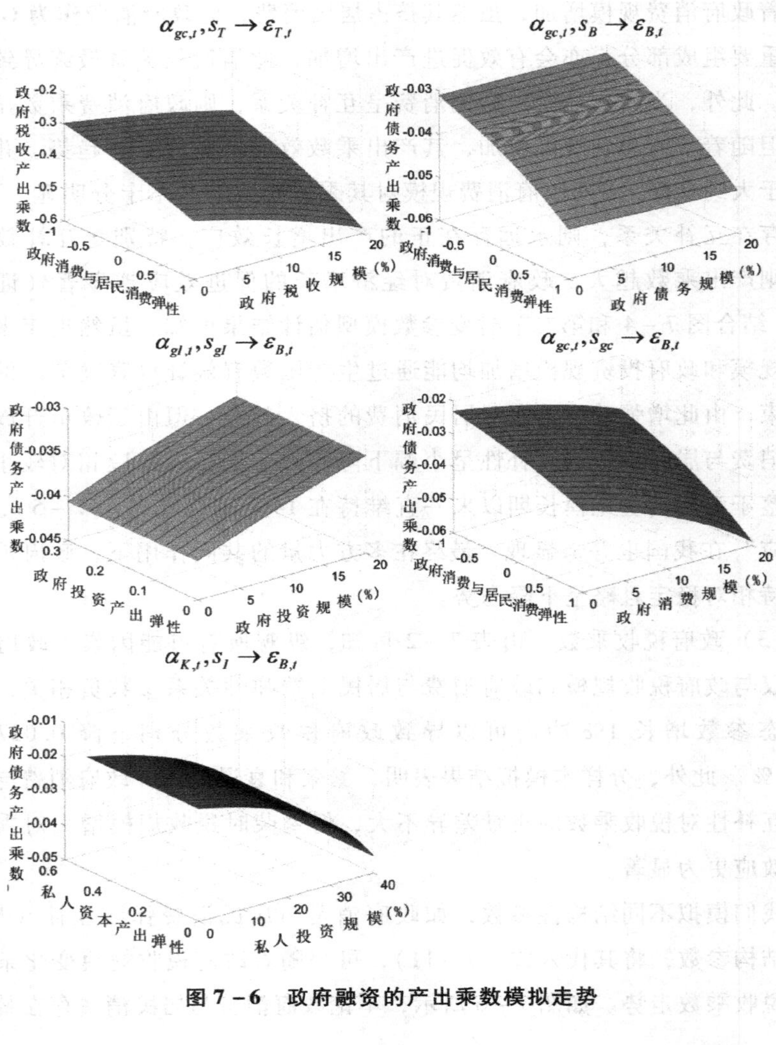

图 7－6　政府融资的产出乘数模拟走势

（4）政府债务乘数。由表7－2可知，政府投资规模与政府债务乘数呈正相关，表现为稳态参数增长1%冲击可以导致政府债务乘数增长0.032%；同时，政府消费与居民消费关系参数、私人投资规模、政府消费规模和债务规模均与政府债务乘数呈负相关，其中，稳态参数增长1%冲击可以导致政府消费乘数分别下降0.034%、1.327%、0.370%和0.005%。结合图7－6可知，政府债务乘数与私人资本产出弹性和政府投资产出弹性以及税收规模无关，同时与政府消费规模和私人投资规模正相关，而且受私人投资规模的影响相对较大。此外，政府消费与私人消费的互补性在繁荣时期对政府债务乘数的影响更大，但债务规模增大在两时期对乘数的影响并无显著差别。

将不同结构性参数代入式（7－12）模拟可得政府债务乘数立体动态图。如图7－6所示，不论政府消费与居民消费存在替代或互补关系，债务发行乘数均显著为负，但随着债务发行规模扩大，债务发行乘数基本保持不变。总体上，与其他三类乘数相比，政府债务发行对未来私人可支配资源的挤占效应并不十分显著。同时，由式（7－12）可知，当政府消费与居民消费的互补关系超过一定门槛值时，债务发行乘数为正（证明备索），即债务发行增加意味着未来税负增加，由此也使债务增长的预期作用削弱了居民的未来预期消费。在政府收支预算平衡约束条件下，债务发行增加意味着未来财政支出（如政府消费或政府投资）扩张，特别是，当政府消费与居民消费具有较大互补性（即高于门槛值）时，财政支出挤入居民消费部分高于债务增加通过削弱可支配资源导致的消费性下滑，则债务发行具有促进居民消费和经济增长的效果。结合图7－1至图7－2和图7－4至图7－6可知，改革开放以来，政府消费与居民消费互补性呈小幅下降趋势，同时，政府投资规模上升也有助于通过生产函数释放流动性，上述两者均能减弱债务发行乘数。但考虑到政府消费规模相对稳定，而且当私人投资规模扩大时，债务发行规模显著上升势必挤占更多私人可支配资源，最终导致近年来债务发行乘数显著下滑。

3. 流动性约束与财政政策乘数效应数值模拟结果及分析。为了进一步分析乘数效应的主要影响因素，我们放松跨期替代弹性（$1/v_t$）参数为时变，从理论上讲，当消费行为主体受到较强流动性约束，则跨期替代弹性越大（即 v_t 越小）；反之，如果流动性充足，则跨期替代弹性越小（即 v_t

越大）。故此，我们以跨期替代弹性作为流动性约束的替代变量，并设定 $\upsilon_t \in [0,1]$，模拟分析了不同流动性约束条件下三类乘数效应走势，如图 7－7 所示。

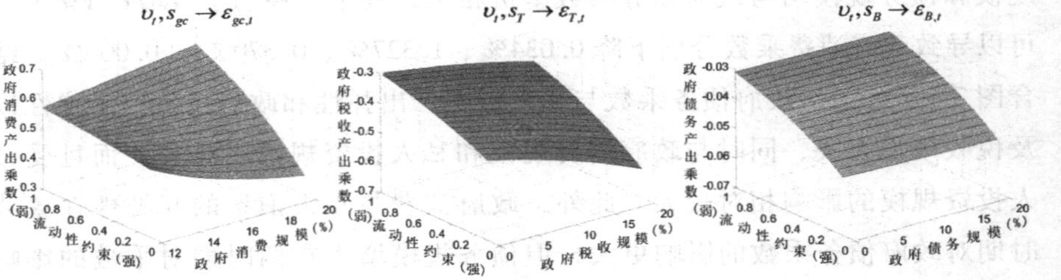

图 7－7　流动性约束与乘数效应

由估计结果可知，流动性约束导致政府消费乘数下滑；同时，在流动性约束时，随规模增加，政府消费乘数下滑更快。究其原因，虽然当前我国政府消费对居民消费依旧存在挤入效应，但是一旦经济行为主体受到较强的流动性约束，会极大削弱居民平滑一生消费的权利，并最终降低了政府消费对居民消费乃至产出的促进效应。特别是，如果政府对面临较强流动性约束的个体征收更多税负，则必将挤占更多居民可支配资源，并最终导致税收对产出的抑制效应越明显。结合图 7－7 可知，随着流动性约束由弱变强，政府税收产出乘数的负效应变大。此外，研究还发现，流动性约束越强，则经济行为主体的可支配资源越小，此时债务发行对产出的抑制效应则越发显著。以上这些发现对于我国宏观调控的政策制定具有较强的现实意义，结合第二节研究可知，近年来，我国政府投资规模、政府消费规模、政府税收规模和政府债务规模均在不同程度上呈增长态势（见图 7－6），在某种程度上也导致乘数效应有所下滑。那么，在此背景下补足我国居民的流动性约束亦成为增强财政政策乘数效果的一个重要选择。特别是，自 2019 年起，我国政府对个税实施减免政策，其中，对首套房利息、子女教育、大病医疗、赡养老人和租房租金均在不同程度上予以减免。基于我们的理论模型可知，以上这些政策可以有效释放居民的流动性约束，由此能够有效增强政府消费的乘数效应，并降低政府税收和政府债务对产出的抑制效应。

第四节　研究结论与政策启示

传统凯恩斯理论给我们提供了一个评估财政政策效果的重要框架，但这些模型缺乏微观基础向来备受诟病，而且忽视财政政策内生性会导致对乘数效应的估计结果有偏。鉴于此，本章基于时变参数模型拓展构建了具有微观基础的财政政策时变乘数指标，分解测算了改革开放以来我国财政支出和政府融资的时变冲击乘数、时变累积乘数以及时变现值乘数。同时，通过拓展构建一个动态一般均衡模型，并结合中国实际微观数据模拟了四类长期财政政策乘数及其影响因素。

研究结果表明，政府投资乘数为正，且是政府投资产出弹性的增函数，但随政府投资规模增加而迅速下滑，可见规模效应对乘数具有很强的抑制作用。政府消费乘数效应取决于政府消费与居民消费的互补（替代）关系，当两者存在替代关系时，政府消费乘数为负；反之则为正，即具有经济增长效应。同时，政府消费规模对其乘数的影响并不十分显著，且随规模增加其产出乘数最终收敛于0.5，此外，政府税收乘数显著为负，而且随着政府税收规模扩大，乘数效应减小，表明税负对经济增长具有更强抑制效应。债务发行对产出的影响并不明显，特别是，当政府消费与居民消费的互补关系超过门槛值时，债务发行乘数为正；反之债务发行才对产出具有负效应。

基于经验分析和上述研究结果，我们还可以得到如下三点启示。

第一，改革开放以来，我国政府投资乘数总体上呈减弱趋势；政府消费乘数亦呈小幅下降态势。究其原因，一是政府投资产出弹性呈下降态势，同时，由于政府投资乘数与政府投资规模存在显著负相关，因此，规模增加必然导致其产出乘数下滑。二是，改革开放以来我国政府消费与居民消费的互补关系只呈小幅下降态势，而且政府消费乘数对政府消费规模并不十分敏感。因此，目前政策当局依然可以通过增加消费性支出，不必担心政府消费乘数下滑。但需要管控政府投资规模，不宜过度透支政府投资对经济增长的带动作用，因为随着政府投资产出弹性下降和规模扩大，政府投资乘数急速下滑势必削弱财政政策效果。最后不可否认，从累积乘数看，十年期政府投资和政府消费累积乘数分别为 1.615 和 0.335，可见长期上政府投资的政策效果更为显著。

第二，政府税收乘数的政策效果显著为负且较为稳定，但同时由于税收乘数相对较小，并未引发大规模挤占效应，因此目前税收格局和政策相对合理。特别是，鉴于税收规模与税收乘数呈弱负相关关系，故此政策当局也不宜过分扩大税负规模，因这势必加剧税负对产出的抑制效应。此外，虽然我国长期债务发行的平均累积乘数依然为正，但从时变角度看，自 2006 年起已转正为负，表明债务发行对经济增长具有明显抑制效应，因此政策当局仍需重点盯住和管控债务规模。

第三，政府投资乘数和政府消费乘数显著为正，表明我国政府可在经济有萧条迹象时采取扩张性财政政策，这有助于遏制经济衰退。而提升政府投资产出弹性以及政府消费与居民消费的互补关系亦能够有效增强财政支出乘数，这意味着政策当局可酌情考虑调整支出结构，提供诸如更具生产性的政府投资支出或更多与居民消费密切相关的公共物品（如科教文卫和教育医疗等）。特别是，补足居民流动性约束还能进一步增强政府消费乘数，并有效削弱政府税收和债务发行对产出的抑制效应。更重要的是，当政府消费与居民消费具有较大互补性（即高于门槛值）时，由于财政支出挤入居民消费部分高于债务增加通过削弱可支配资源导致的消费性下滑，则债务发行具有促进居民消费和经济增长的效果。

附　录

A：差分变量 TVP - VAR（1）模型转换水平变量 TVP - VAR（2）模型证明

令差分变量 TVP - VAR（1）模型为：

$$\begin{pmatrix}\Delta\log Y_t\\ \Delta\log C_t\\ \Delta\log I_t\\ \Delta\log G_{I,t}\\ \Delta\log G_{c,t}\end{pmatrix}=\begin{pmatrix}A_{11,t}\\ A_{21,t}\\ A_{31,t}\\ A_{41,t}\\ A_{51,t}\end{pmatrix}+\begin{pmatrix}\beta_{11,t-1}&\beta_{12,t-1}&\beta_{13,t-1}&\beta_{14,t-1}&\beta_{15,t-1}\\ \beta_{21,t-1}&\beta_{22,t-1}&\beta_{23,t-1}&\beta_{24,t-1}&\beta_{25,t-1}\\ \beta_{31,t-1}&\beta_{32,t-1}&\beta_{33,t-1}&\beta_{34,t-1}&\beta_{35,t-1}\\ \beta_{41,t-1}&\beta_{42,t-1}&\beta_{43,t-1}&\beta_{44,t-1}&\beta_{45,t-1}\\ \beta_{51,t-1}&\beta_{52,t-1}&\beta_{53,t-1}&\beta_{54,t-1}&\beta_{55,t-1}\end{pmatrix}\begin{pmatrix}\Delta\log Y_{t-1}\\ \Delta\log C_{t-1}\\ \Delta\log I_{t-1}\\ \Delta\log G_{I,t-1}\\ \Delta\log G_{c,t-1}\end{pmatrix}+\begin{pmatrix}u_{1,t}\\ u_{2,t}\\ u_{3,t}\\ u_{4,t}\\ u_{5,t}\end{pmatrix}$$

将上述差分变量 TVP - VAR（1）模型转换为水平变量 TVP - VAR（2）模型为：

$$\begin{pmatrix}\log Y_t\\ \log C_t\\ \log I_t\\ \log G_{I,t}\\ \log G_{c,t}\end{pmatrix}=\begin{pmatrix}A_{11,t}\\ A_{21,t}\\ A_{31,t}\\ A_{41,t}\\ A_{51,t}\end{pmatrix}+\begin{pmatrix}1+\beta_{11,t-1}&\beta_{12,t-1}&\beta_{13,t-1}&\beta_{14,t-1}&\beta_{15,t-1}\\ \beta_{21,t-1}&1+\beta_{22,t-1}&\beta_{23,t-1}&\beta_{24,t-1}&\beta_{25,t-1}\\ \beta_{31,t-1}&\beta_{32,t-1}&1+\beta_{33,t-1}&\beta_{34,t-1}&\beta_{35,t-1}\\ \beta_{41,t-1}&\beta_{42,t-1}&\beta_{43,t-1}&1+\beta_{44,t-1}&\beta_{45,t-1}\\ \beta_{51,t-1}&\beta_{52,t-1}&\beta_{53,t-1}&\beta_{54,t-1}&1+\beta_{55,t-1}\end{pmatrix}$$

$$\begin{pmatrix}\log Y_{t-1}\\ \log C_{t-1}\\ \log I_{t-1}\\ \log G_{I,t-1}\\ \log G_{c,t-1}\end{pmatrix}+\begin{pmatrix}-\beta_{11,t-1}&-\beta_{12,t-1}&-\beta_{13,t-1}&-\beta_{14,t-1}&-\beta_{15,t-1}\\ -\beta_{21,t-1}&-\beta_{22,t-1}&-\beta_{23,t-1}&-\beta_{24,t-1}&-\beta_{25,t-1}\\ -\beta_{31,t-1}&-\beta_{32,t-1}&-\beta_{33,t-1}&-\beta_{34,t-1}&-\beta_{35,t-1}\\ -\beta_{41,t-1}&-\beta_{42,t-1}&-\beta_{43,t-1}&-\beta_{44,t-1}&-\beta_{45,t-1}\\ -\beta_{51,t-1}&-\beta_{52,t-1}&-\beta_{53,t-1}&-\beta_{54,t-1}&-\beta_{55,t-1}\end{pmatrix}\begin{pmatrix}\log Y_{t-2}\\ \log C_{t-2}\\ \log I_{t-2}\\ \log G_{I,t-2}\\ \log G_{c,t-2}\end{pmatrix}+\begin{pmatrix}u_{1,t}\\ u_{2,t}\\ u_{3,t}\\ u_{4,t}\\ u_{5,t}\end{pmatrix}$$

故此，本章对水平变量 TVP - VAR（2）模型展开估计：

$$\begin{cases}\log Y_t=\hat{A}_{11,t}+\hat{\beta}_{11,t-1}\log Y_{t-1}+\hat{\beta}_{12,t-1}\log C_{t-1}+\hat{\beta}_{13,t-1}\log I_{t-1}+\hat{\beta}_{14,t-1}\log G_{I,t-1}\\ \qquad+\hat{\beta}_{15,t-1}\log G_{c,t-1}+\hat{\beta}_{11,t-2}\log Y_{t-2}+\hat{\beta}_{12,t-2}\log C_{t-2}+\hat{\beta}_{13,t-2}\log I_{t-2}\\ \qquad+\hat{\beta}_{14,t-2}\log G_{I,t-2}+\hat{\beta}_{15,t-2}\log G_{c,t-2}+\hat{u}_{1,t}\\ \log C_t=\hat{A}_{21,t}+\hat{\beta}_{21,t-1}\log Y_{t-1}+\hat{\beta}_{22,t-1}\log C_{t-1}+\hat{\beta}_{23,t-1}\log I_{t-1}+\hat{\beta}_{24,t-1}\log G_{I,t-1}\\ \qquad+\hat{\beta}_{25,t-1}\log G_{c,t-1}+\hat{\beta}_{21,t-2}\log Y_{t-2}+\hat{\beta}_{22,t-2}\log C_{t-2}+\hat{\beta}_{23,t-2}\log I_{t-2}\\ \qquad+\hat{\beta}_{24,t-2}\log G_{I,t-2}+\hat{\beta}_{25,t-2}\log G_{c,t-2}+\hat{u}_{2,t}\end{cases}$$

$$\begin{cases}\log I_t = \hat{A}_{31,t} + \hat{\beta}_{31,t-1}\log Y_{t-1} + \hat{\beta}_{32,t-1}\log C_{t-1} + \hat{\beta}_{33,t-1}\log I_{t-1} + \hat{\beta}_{34,t-1}\log G_{I,t-1} \\ \quad + \hat{\beta}_{35,t-1}\log G_{c,t-1} + \hat{\beta}_{31,t-2}\log Y_{t-2} + \hat{\beta}_{32,t-2}\log C_{t-2} + \hat{\beta}_{33,t-2}\log I_{t-2} \\ \quad + \hat{\beta}_{34,t-2}\log G_{I,t-2} + \hat{\beta}_{35,t-2}\log G_{c,t-2} + \hat{u}_{3,t} \\ \log G_{I,t} = \hat{A}_{41,t} + \hat{\beta}_{41,t-1}\log Y_{t-1} + \hat{\beta}_{42,t-1}\log C_{t-1} + \hat{\beta}_{43,t-1}\log I_{t-1} + \hat{\beta}_{44,t-1}\log G_{I,t-1} \\ \quad + \hat{\beta}_{45,t-1}\log G_{c,t-1} + \hat{\beta}_{41,t-2}\log Y_{t-2} + \hat{\beta}_{42,t-2}\log C_{t-2} + \hat{\beta}_{43,t-2}\log I_{t-2} \\ \quad + \hat{\beta}_{44,t-2}\log G_{I,t-2} + \hat{\beta}_{45,t-2}\log G_{c,t-2} + \hat{u}_{4,t} \\ \log G_{c,t} = \hat{A}_{51,t} + \hat{\beta}_{51,t-1}\log Y_{t-1} + \hat{\beta}_{52,t-1}\log C_{t-1} + \hat{\beta}_{53,t-1}\log I_{t-1} + \hat{\beta}_{54,t-1}\log G_{I,t-1} \\ \quad + \hat{\beta}_{55,t-1}\log G_{c,t-1} + \hat{\beta}_{51,t-2}\log Y_{t-2} + \hat{\beta}_{52,t-2}\log C_{t-2} + \hat{\beta}_{53,t-2}\log I_{t-2} \\ \quad + \hat{\beta}_{54,t-2}\log G_{I,t-2} + \hat{\beta}_{55,t-2}\log G_{c,t-2} + \hat{u}_{5,t}\end{cases}$$

同时，施加如下 25 个约束条件：

$$\begin{cases}\hat{\beta}_{11,t-1} = 1 - \hat{\beta}_{11,t-2} \\ \hat{\beta}_{12,t-1} = -\hat{\beta}_{12,t-2} \\ \hat{\beta}_{13,t-1} = -\hat{\beta}_{13,t-2} \\ \hat{\beta}_{14,t-1} = -\hat{\beta}_{14,t-2} \\ \hat{\beta}_{15,t-1} = -\hat{\beta}_{15,t-2}\end{cases},\begin{cases}\hat{\beta}_{21,t-1} = -\hat{\beta}_{21,t-2} \\ \hat{\beta}_{22,t-1} = 1 - \hat{\beta}_{22,t-2} \\ \hat{\beta}_{23,t-1} = -\hat{\beta}_{23,t-2} \\ \hat{\beta}_{24,t-1} = -\hat{\beta}_{24,t-2} \\ \hat{\beta}_{25,t-1} = -\hat{\beta}_{25,t-2}\end{cases},\begin{cases}\hat{\beta}_{31,t-1} = -\hat{\beta}_{31,t-2} \\ \hat{\beta}_{32,t-1} = -\hat{\beta}_{32,t-2} \\ \hat{\beta}_{33,t-1} = 1 - \hat{\beta}_{33,t-2} \\ \hat{\beta}_{34,t-1} = -\hat{\beta}_{34,t-2} \\ \hat{\beta}_{35,t-1} = -\hat{\beta}_{35,t-2}\end{cases},$$

$$\begin{cases}\hat{\beta}_{41,t-1} = -\hat{\beta}_{41,t-2} \\ \hat{\beta}_{42,t-1} = -\hat{\beta}_{42,t-2} \\ \hat{\beta}_{43,t-1} = -\hat{\beta}_{43,t-2} \\ \hat{\beta}_{44,t-1} = 1 - \hat{\beta}_{44,t-2} \\ \hat{\beta}_{45,t-1} = -\hat{\beta}_{45,t-2}\end{cases},\begin{cases}\hat{\beta}_{51,t-1} = -\hat{\beta}_{51,t-2} \\ \hat{\beta}_{52,t-1} = -\hat{\beta}_{52,t-2} \\ \hat{\beta}_{53,t-1} = -\hat{\beta}_{53,t-2} \\ \hat{\beta}_{54,t-1} = -\hat{\beta}_{54,t-2} \\ \hat{\beta}_{55,t-1} = 1 - \hat{\beta}_{55,t-2}\end{cases}。$$

即可改写为：当 $i = j$ 时，$\hat{\beta}_{ij,t-1} = 1 - \hat{\beta}_{ij,t-2}$；否则当 $i \neq j$ 时 $\hat{\beta}_{ij,t-1} = -\hat{\beta}_{ij,t-2}$，其中，$i,j = 1,2,\cdots,5$。由此我们可对上述模型在满足变量平稳性要求条件下，估计做水平变量的脉冲响应分析。同理，政府融资模型系统也可施加

25 个约束条件对水平变量展开 TVP－VAR（2）模型估计。

B：财政支出乘数和政府融资乘数证明

首先，求解政府投资乘数 $\varepsilon_{gI} = \dfrac{d\overline{Y}}{d\overline{G}_I}$。

财政政策时变乘数理论模型的稳态解为：

$$\overline{Y} = \overline{C} + \overline{I} + \overline{G}_C + \overline{G}_I \quad ①$$

$$\overline{Y} = A\overline{K}^{\alpha_K}\overline{G}_I^{\alpha_{gI}}\overline{L}^{1-\alpha_K-\alpha_{gI}} \quad ②$$

$$\overline{C} = \left[\frac{\phi\overline{L}^{\sigma}}{(1-\tau)\omega}\right]^{-\frac{1}{v}} \Big/ \overline{G}_c^{-\frac{1-v}{v}\alpha_{gc}} \quad ③$$

$$\beta[(1-\tau)\bar{r} + (1-\delta)] = 1 \quad ④$$

$$\overline{I} = \delta\overline{K} \quad ⑤$$

$$\overline{\omega} = \frac{(1-\alpha_K-\alpha_{gI})\overline{Y}}{\overline{L}} \quad ⑥$$

$$\bar{r} = \frac{\alpha_K\overline{Y}}{\overline{K}} \quad ⑦$$

$$(1-\bar{i})\overline{B} + \overline{T} = \overline{G}_C + \overline{G}_I, \overline{T} = \tau\overline{Y} \quad ⑧$$

联立④式、⑤式和⑦式可得：

$$\frac{\overline{Y}}{\overline{K}} = \frac{1-\beta(1-\delta)}{\alpha_K\beta(1-\tau)} \quad ⑨$$

$$s_I = \frac{\overline{I}}{\overline{Y}} = \frac{\alpha_K\beta\delta(1-\tau)}{1-\beta(1-\delta)} \quad ⑩$$

由⑨式和⑩式可知，s_I 和 $\dfrac{\overline{Y}}{\overline{K}}$ 不依赖于 $\overline{G}_I$ 和 $\overline{G}_C$，则：

$$\frac{d\overline{I}}{d\overline{G}_I} = \frac{d\left(\overline{Y}\dfrac{\overline{I}}{\overline{Y}}\right)}{d\overline{G}_I} = s_I\frac{d\overline{Y}}{d\overline{G}_I} \quad ⑪$$

$$\frac{d\overline{I}}{d\overline{G}_C} = \frac{d\left(\overline{Y}\dfrac{\overline{I}}{\overline{Y}}\right)}{d\overline{G}_C} = s_I\frac{d\overline{Y}}{d\overline{G}_C} \quad ⑫$$

$$\frac{d\overline{G}_C}{d\overline{G}_I} = s_{gc}\frac{d\overline{Y}}{d\overline{G}_I} \tag{13}$$

联立①式、③式和⑥式可得：

$$(\overline{Y} - \overline{I} - \overline{G}_C - \overline{G}_I)^{-v}\overline{G}_c^{(1-v)\alpha_{gc}} = \frac{\phi\overline{L}^{\sigma}}{(1-\tau)\omega} = \frac{\phi\overline{L}^{\sigma+1}}{(1-\tau)(1-\alpha_K-\alpha_{gI})\overline{Y}} \tag{14}$$

化简可得：

$$(\overline{Y} - \overline{I} - \overline{G}_C - \overline{G}_I)^{-v}\overline{G}_c^{(1-v)\alpha_{gc}}\overline{Y}^{\frac{\alpha_K+\alpha_{gI}+\sigma}{\alpha_K+\alpha_{gI}-1}} = \frac{\phi}{(1-\tau)(1-\alpha_K-\alpha_{gI})}\left(\frac{\overline{Y}}{\overline{L}^{1-\alpha_K-\alpha_{gI}}}\right)^{-\frac{(\sigma+1)}{1-\alpha_K-\alpha_{gI}}} \tag{15}$$

结合②式和⑤式可得：

$$(\overline{Y} - \overline{I} - \overline{G}_C - \overline{G}_I)^{-v}\overline{G}_c^{(1-v)\alpha_{gc}}\overline{Y}^{\frac{\alpha_K+\alpha_{gI}+\sigma}{\alpha_K+\alpha_{gI}-1}} = \gamma\overline{I}^{-\frac{\alpha_K(\sigma+1)}{1-\alpha_K-\alpha_{gI}}}\overline{G}_I^{-\frac{\alpha_{gI}(\sigma+1)}{1-\alpha_K-\alpha_{gI}}} \tag{16}$$

其中，$\gamma = \frac{\phi A^{-\frac{\sigma+1}{1-\alpha_K-\alpha_{gI}}}\delta^{\frac{\alpha_K(\sigma+1)}{1-\alpha_K-\alpha_{gI}}}}{(1-\tau)(1-\alpha_K-\alpha_{gI})}$。基于⑯式对 $\overline{G}_I$ 求导可得：

$$-v\left(\frac{d\overline{Y}}{d\overline{G}_I} - \frac{d\overline{I}}{d\overline{G}_I} - \frac{d\overline{G}_C}{d\overline{G}_I} - 1\right)\overline{G}_C\overline{Y}\,\overline{I}\overline{G}_I + (1-v)\alpha_{gc}\frac{d\overline{G}_C}{d\overline{G}_I}\overline{Y}\,\overline{I}\overline{G}_I(\overline{Y} - \overline{I} - \overline{G}_C - \overline{G}_I)$$

$$+\frac{\alpha_K+\alpha_{gI}+\sigma}{\alpha_K+\alpha_{gI}-1}(\overline{Y} - \overline{I} - \overline{G}_C - \overline{G}_I)\overline{G}_C\overline{I}\overline{G}_I\frac{d\overline{Y}}{d\overline{G}_I} = -\frac{\alpha_K(\sigma+1)}{1-\alpha_K-\alpha_{gI}}\frac{d\overline{I}}{d\overline{G}_I}(\overline{Y} - \overline{I} - \overline{G}_C$$

$$-\overline{G}_I)\overline{G}_C\overline{G}_I\overline{Y} - \frac{\alpha_{gI}(\sigma+1)}{1-\alpha_K-\alpha_{gI}}(\overline{Y} - \overline{I} - \overline{G}_C - \overline{G}_I)\overline{I}\overline{G}_C\overline{Y} \tag{17}$$

两边都除以 $\overline{Y}^4$，整理可得政府投资乘数为：

$$\varepsilon_{gI} = \frac{d\overline{Y}}{d\overline{G}_I} = \frac{v + \frac{\alpha_{gI}(\sigma+1)}{1-\alpha_K-\alpha_{gI}}s_{gI}^{-1}}{v-(1-v)\alpha_{gc} + \frac{vs_{gI}}{1-s_I-s_{gc}-s_{gI}} + \frac{\alpha_{gI}+(1-\alpha_K)\sigma}{1-\alpha_K-\alpha_{gI}}} \tag{18}$$

其次，求解政府消费乘数 $\varepsilon_{gc} = \frac{d\overline{Y}}{d\overline{G}_c}$。

基于⑯式对 $\overline{G}_c$ 求导可得：

$$
-v\left(\frac{d\bar{Y}}{d\bar{G}_c}-\frac{d\bar{I}}{d\bar{G}_c}-\frac{d\bar{G}_I}{d\bar{G}_c}-1\right)\bar{G}_C\bar{Y}\bar{I}\bar{G}_I+(1-v)\alpha_{gc}(\bar{Y}-\bar{I}-\bar{G}_C-\bar{G}_I)\bar{Y}\bar{I}\bar{G}_I+
$$

$$
\frac{\alpha_K+\alpha_{gI}+\sigma}{\alpha_K+\alpha_{gI}-1}\frac{d\bar{Y}}{d\bar{G}_C}(\bar{Y}-\bar{I}-\bar{G}_C-\bar{G}_I)\bar{G}_C\bar{I}\bar{G}_I=-\frac{\alpha_K(\sigma+1)}{1-\alpha_K-\alpha_{gI}}(\bar{Y}-\bar{I}-\bar{G}_C-\bar{G}_I)\bar{G}_C\bar{Y}\bar{G}_I
$$

$$
\frac{d\bar{I}}{d\bar{G}_c}-\frac{\alpha_{gI}(\sigma+1)}{1-\alpha_K-\alpha_{gI}}(\bar{Y}-\bar{I}-\bar{G}_C-\bar{G}_I)\bar{G}_C\bar{Y}\bar{I}\frac{d\bar{G}_I}{d\bar{G}_c} \tag{19}
$$

两边都除以 $\bar{Y}^4$，整理可得政府消费乘数为：

$$
\varepsilon_{gc}=\frac{d\bar{Y}}{d\bar{G}_C}=\frac{v+(1-v)\alpha_{gc}(1-s_I-s_{gc}-s_{gI})s_{gc}^{-1}}{v(1-s_I-s_{gI})+\sigma(1-s_I-s_{gc}-s_{gI})} \tag{20}
$$

再次，求解政府税收乘数 $\varepsilon_T=\frac{d\bar{Y}}{d\bar{T}}$。

改写⑯式，可得：

$$
(\bar{Y}-\bar{I}-\bar{G}_C-\bar{G}_I)^{-v}\bar{G}_c^{(1-v)\alpha_{gc}}\bar{Y}^{\frac{1+\sigma}{\alpha_K+\alpha_{gI}-1}}=\frac{\kappa}{\bar{Y}-\bar{T}}\bar{I}^{-\frac{\alpha_K(\sigma+1)}{1-\alpha_K-\alpha_{gI}}}\bar{G}_I^{-\frac{\alpha_{gI}(\sigma+1)}{1-\alpha_K-\alpha_{gI}}} \tag{21}
$$

其中，$\kappa=\frac{\phi A^{-\frac{\sigma+1}{1-\alpha_K-\alpha_{gI}}}\delta^{\frac{\alpha_K(\sigma+1)}{1-\alpha_K-\alpha_{gI}}}}{(1-\alpha_K-\alpha_{gI})}$。

基于㉑式对 $\bar{T}$ 求导可得：

$$
-v(\bar{Y}-\bar{I}-\bar{G}_C-\bar{G}_I)^{-1}\frac{d\bar{Y}}{d\bar{T}}(1-s_I-s_{gc}-s_{gI})\bar{G}_c^{(1-v)\alpha_{gc}}+(1-v)\alpha_{gc}\bar{G}_c^{(1-v)\alpha_{gc}-1}
$$

$$
\frac{d\bar{G}_C}{d\bar{T}}+\frac{1+\sigma}{\alpha_K+\alpha_{gI}-1}\bar{Y}^{-1}\bar{G}_c^{(1-v)\alpha_{gc}}\frac{d\bar{Y}}{d\bar{T}}=-\frac{\frac{d\bar{Y}}{d\bar{T}}-1}{\bar{Y}-\bar{T}}\bar{G}_c^{(1-v)\alpha_{gc}}-\frac{\alpha_K(\sigma+1)}{1-\alpha_K-\alpha_{gI}}
$$

$$
\frac{d\bar{I}}{d\bar{T}}\bar{I}^{-1}\bar{G}_c^{(1-v)\alpha_{gc}}-\frac{\alpha_{gI}(\sigma+1)}{1-\alpha_K-\alpha_{gI}}\bar{G}_I^{-1}\frac{d\bar{G}_I}{d\bar{T}}\bar{G}_c^{(1-v)\alpha_{gc}} \tag{22}
$$

两边都除以 $\bar{Y}^4$，整理可得政府税收乘数为：

$$
\varepsilon_T=\frac{d\bar{Y}}{d\bar{T}}=\frac{1}{(1-s_T)[-v+(1-v)\alpha_{gc}-(1+\sigma)]+1} \tag{23}
$$

最后，求解债务发行乘数 $\varepsilon_B=\frac{d\bar{Y}}{d\bar{B}}$。

结合预算平衡恒等式：$T_t = G_{C,t} + G_{I,t} + (1 + i_{t-1})B_{t-1} - B_t$，代入㉑式可得：

$$
(\overline{Y} - \overline{I} - \overline{G}_C - \overline{G}_I)^{-v}\overline{G}_c^{(1-v)\alpha_{gc}}\overline{Y}^{\frac{1+\sigma}{\alpha_K+\alpha_{gI}-1}} = \frac{\kappa}{\overline{Y} - [\overline{G}_C + \overline{G}_I + \overline{i}\,\overline{B}]}\overline{I}^{-\frac{\alpha_K(\sigma+1)}{1-\alpha_K-\alpha_{gI}}}\overline{G}_I^{-\frac{\alpha_{gI}(\sigma+1)}{1-\alpha_K-\alpha_{gI}}} \tag{24}
$$

基于㉔式对 $\overline{B}$ 求导可得：

$$
\begin{aligned}
&-v\frac{d\overline{Y}}{d\overline{B}}(1 - s_I - s_{gc} - s_{gI})\overline{G}_c\overline{Y}\,\overline{I}\,\overline{G}_I + (1-v)\alpha_{gc}s_{gc}\frac{d\overline{Y}}{d\overline{B}}(\overline{Y} - \overline{I} - \overline{G}_C - \overline{G}_I)\overline{Y}\,\overline{I}\,\overline{G}_I + \\
&\frac{1+\sigma}{\alpha_K + \alpha_{gI} - 1}\frac{d\overline{Y}}{d\overline{B}}(\overline{Y} - \overline{I} - \overline{G}_C - \overline{G}_I)\overline{G}_c\overline{I}\,\overline{G}_I = -\frac{\frac{d\overline{Y}}{d\overline{B}} - \frac{d\overline{G}_C}{d\overline{B}} - \frac{d\overline{G}_I}{d\overline{B}} - \overline{i}}{\overline{Y} - [\overline{G}_C + \overline{G}_I + \overline{i}\,\overline{B}]}(\overline{Y} - \overline{I} - \overline{G}_C - \\
&\overline{G}_I)\overline{G}_c\overline{Y}\,\overline{I}\,\overline{G}_I - \frac{\alpha_K(\sigma+1)}{1 - \alpha_K - \alpha_{gI}}\frac{d\overline{I}}{d\overline{B}}(\overline{Y} - \overline{I} - \overline{G}_C - \overline{G}_I)\overline{G}_c\overline{Y}\,\overline{G}_I - \frac{\alpha_{gI}(\sigma+1)}{1 - \alpha_K - \alpha_{gI}}\frac{d\overline{G}_I}{d\overline{B}}(\overline{Y} \\
&- \overline{I} - \overline{G}_C - \overline{G}_I)\overline{G}_c\overline{YI}
\end{aligned} \tag{25}
$$

两边都除以 $\overline{Y}^4$，整理可得债务发行乘数为：

$$
\varepsilon_B = \frac{d\overline{Y}}{d\overline{B}} = -\frac{\overline{i}}{[v - (1-v)\alpha_{gc} + (\sigma+1)][1 - (s_{gc} + s_I + \overline{i}s_B)] - (1 - s_{gc} - s_{gI})} \tag{26}
$$

第八章

中国“宏观审慎+货币政策”的宏观调控理论与实践[①]

引言：有效动态平衡稳增长和降杠杆是近年来我国宏观调控的主要政策任务，本章考察宏观调控的另外一个政策工具——以贷款价值比为代表的宏观审慎政策，并将其纳入货币政策规则中，进一步探讨“宏观审慎+货币政策”双支柱的宏观调控理论与实践。本章以2004年以来我国实施渐进式永久性信贷约束的典型事实作为研究对象，构建一个嵌入家庭、企业、政府和央行的动态一般均衡模型，通过设定模型参数具有时变性，研究了永久性信贷约束和暂时性信贷约束收紧对模型系统均衡影响的宏观经济效应。最后，考究不同约束强度的以贷款价值比为代表的宏观审慎政策如何与货币政策优化搭配，以期提高政策工具在动态平衡稳增长和降杠杆上的政策效果。

---

① 本章核心内容见于：陈创练、单敬群、刘晓彬，《信贷流动性约束、宏观经济效应与货币政策弹性空间》，《经济研究》，2022年第6期。

第一节 双支柱调控理论背景

完善宏观调控跨周期设计和调节，实现稳增长和防风险长期均衡是现阶段我国宏观调控的主要政策任务，特别是，长期以来，我国实行的是投资驱动型经济增长模式，大量投资催生了债务规模攀升和宏观高杠杆，由此容易引发金融系统性风险。此时，宏观调控政策面临两难抉择困境。如果致力于降低实体经济的宏观杠杆率，原有的投资驱动型经济增长模式难以为继，势必导致经济增长率下滑；但是，如果为了维持经济增长速度处于相对较高水平，则需要依靠大量投资，必然再次推高宏观杠杆率，并助长了金融系统性风险。由此可见，宏观经济“稳增长”与“降杠杆”两者之间存在相辅相成又有一定对立矛盾的动态演变关系。从政策层面看，党的十九大重新界定了高质量发展概念，其本质要求是既要在经济稳增长的基础上防范金融系统风险，也要在强化宏观政策逆周期调控金融系统风险中推动经济在合理区间内运行。2021 年下半年的中央政治局会议对传统逆周期宏观调控进行补充和完善，提出做好宏观政策跨周期调节，保持宏观政策连续性、稳定性、可持续性，这也是对政策当局为解决中长期问题而制定的宏观调控政策提出了更高要求。从实际政策执行情况看，自 2004 年起，我国抵押贷款价值比（Loan to Value，简称 LTV）从期初的 100% 渐进下降至 2018 年末的 62.2%（见图 8－1），表明我国信贷流动性约束呈现逐渐收紧的态势，贷款价值被作为主要的宏观审慎政策工具，收紧的主要目的在于有效抑制过度信贷和优化信贷结构。从理论上讲，该政策可被视为抑制信贷的最直接手段，也能够在短时间内有效达到降低贷款规模和宏观杠杆的目的。但同时该政策的负面效应也是显而易见的，信贷约束是从供给层面降低资金来源，供不应求势必迫使市场利率上升，由此可能抬高资金成本并导致投资下降和产出下滑；特别是，强信贷约束也容易令家庭面临较强流动性约束或引发企业现金流断裂，最终对宏观经济的稳定性造成较强冲击，此时货币政策也面临巨大挑战。但纵观国内现有文献，尚未见有研究考察 2004 年以来中国信贷约束渐进式永久性收紧的宏观经济效应。

然而，对该典型事实展开模型化研究具有重要的现实意义，这不仅有助于我们进一步理解信贷约束对宏观经济运行中主要变量传导影响的具体机制，而且还能够为未来央行围绕“稳增长”与“防风险”两大目标，完善跨周期设计和调节框架为制定最优的货币政策规则对冲信贷约束的负面影响提供重要的决策参考依据。

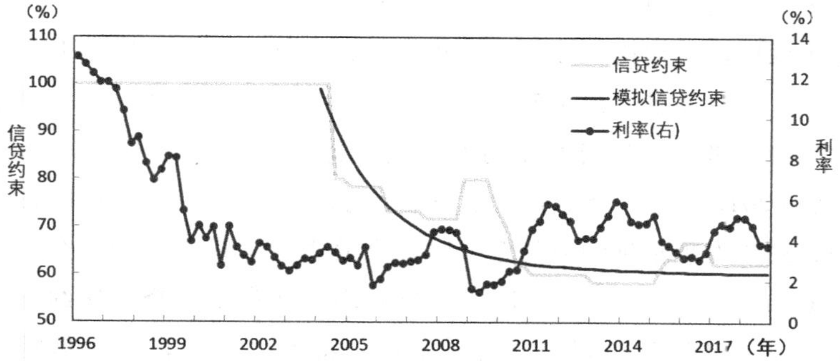

图8-1 信贷流动性约束和利率走势①

数据来源：中国人民银行和国际货币基金组织的宏观审慎政策综合数据库（iMaPP）。

与贷款价值比政策相关的抵押约束机制及其宏观经济效应在学术界备受关注，现有文献普遍认为住房抵押贷款约束会造成宏观经济波动，代表性研究，如 Kiyotaki 和 Moore（1997）认为信贷限制对技术或收入分配的短暂或小幅度冲击可能会导致产出和资产价格出现大幅度、持续性波动；Aoki 等（2004）也证明了信贷市场摩擦会放大和传播货币政策冲击对住房投资、房价和消费的影响，但其使用的是一般均衡模型，后续 Iacoviello（2005）开创性地建立包含房地产抵押品约束的动态随机一般均衡模型（DSGE），发现需求冲击对住房和名义价格的影响被放大。同时，Mendoza 和 Smith（2006）通过建立一个内生化信贷约束的开放动态随机一般均衡模型，研究发现，一旦国外投资者对本国居民的外债约束产生冲击，则会降低境外资本流入本国的规模，并导致本国的实际产出下降。上述这些研究主要是解释信贷约束对宏观经济变量的影响效应，却忽视关注政策在维

① 本章界定的信贷流动性约束特指私人部门抵押贷款所受到的信贷约束水平，也正是由于信贷约束的存在降低了私人部门可支配资源的流动性，故此我们将其称为信贷流动性约束。

护金融稳定目标上的作用机制。事实上，由嵌入信贷摩擦和银行部门的动态随机一般均衡模型的校准结果可知，内生化贷款价值比的审慎监管框架不论是在调节经济周期波动，还是恢复宏观经济金融稳定上均发挥着重要作用（Falagiarda 和 Saia，2017）。特别是在次贷危机后，研究信贷约束对金融风险影响的文献日益增多，代表性研究，如 Mendoza（2010）构建一个带有抵押约束的商业经济周期模型解释了金融危机后，新兴经济体为何突然陷入深度经济危机，即在经济扩张时，宏观杠杆率不断攀升，而一旦突破临界值则容易触发约束条件，由此导致费雪式通缩风险，并引发信贷收缩、资产价格下跌和资本流动的突然停止，最终迫使经济体陷入萧条。Gerali 等（2010）将一个不完全竞争的银行部门引入存在金融摩擦的 DSGE 模型中，结果发现抵押约束的金融摩擦会放大住房市场波动向金融市场波动的传染风险。Iacoviello（2015）同样发现在住房抵押贷款违约导致银行资本重组或去杠杆化过程中，会诱发银行将外生冲击转化为信贷收缩行为，并由此放大了外生冲击对实体经济的影响效应。Guerrieri 和 Iacoviello（2017）的研究也支持了上述结论，其利用全信息方法估计了一个引入抵押品约束的非线性一般均衡模型，估计结果显示在 2001—2006 年的房地产繁荣期间，随着抵押限制逐渐放松，消费和劳动对房价上涨冲击产生微小的正向响应，而紧随其后的楼市崩盘使得抵押约束趋紧，这同时大幅度加剧了 2007—2009 年的美国经济衰退。此外，Kelly 等（2018）研究认为宏观审慎限制将对房价产生实质性影响，而宏观审慎限制的设定水平和实施时间是影响房价的关键因素。上述理论模型很好地解释了信贷约束对产出、房价、资产价格、杠杆波动和资本流动等宏观经济变量影响的具体机理。

最近，运用 DSGE 模型分析货币政策与宏观审慎监管的调控效应成为研究热点，有观点认为贷款价值比约束可以在不破坏货币政策规则的情况下使用，宏观审慎政策是对货币政策的有益补充，两者不需要协调（Funke 等，2018）；对比而言，还有研究认为宏观审慎政策在促进金融稳定和提高社会福利方面相对更为有效（Martinez - Miera 和 Repullo，2019），而且，在降低家庭债务的有效性上，收紧房贷利息专项扣除和贷款价值比成本更低、效果更为显著，其次才是增加财产税和收紧货币政策（Alpanda 和 Zubairy，2017）。然而更多观点则认为虽然紧缩的货币政策和宏观审慎政策均有效，但两者需要协调配合才能最大程度地降低社会福利损失，并较好地实现宏观经济和金融稳定的政策目的（Angelini 等，2014）。对于最优的政策搭配，后续学者们的研究观点却不尽相同。Angeloni 和 Faia（2013）利用一个标准的动态随机一般均衡模型研究了当银行面临挤兑时，货币政策的传导及其与银行资本监管的相互作用，认为最佳政策组合应包括温和的反周期资本比率（如巴塞尔协议Ⅲ）和货币政策对资产价格或银行杠杆作出反应。同时，在信贷冲击之后，反周期监管在促进价格、金融和宏观经济稳定方面优于货币政策，而且宏观审慎监管与较强的反通胀政策相结合才是应对供给冲击的最佳选择（Tayler 和 Zilberman，2016）。Bekiros 等（2020）将非基本面房价预期冲击和内生抵押贷款违约嵌入到一个包含住房和银行部门的 DSGE 模型中，研究发现积极的基本面住房偏好冲击会导致通胀上升，而积极的非基本面冲击会导致通胀下降，因此，研究表明货币政策与宏观审慎政策的有效性实际上取决于经济是否受到基本面或非基本面冲击的影响。此外，政策的有效性还可能取决于不同的外生冲击因素以及 LTV 调整的类型，具体而言，Kannan 等（2012）认为在金融部门或住房需求冲击下，货币政策搭配抑制信贷市场周期的宏观审慎工具效果更佳，但在生产率冲击下，采取不干预则是最佳的宏观审慎规则；Basto 等（2019）发现欧元区小型经济体的贷款价值比紧缩导致私营部门的贷款长期下降，而短期影响在很大程度上取决于政策设计，即如果该措施分阶段实施，则影响效应就不甚明显。综上，宏观审慎政策和货币政策能够起到有效维护宏观经济稳定和降低金融系统风险的目的，同时也取决于外部冲击类型和政策的机制设计等因素。

国内学者在研究货币政策工具对经济增长和杠杆目标调控上，代表性研究如彭俞超和方意（2016）基于动态随机一般均衡模型研究发现，再贷款利率、再贷款比例、存款准备金率和准备金存款利率四类结构性货币政策均有利于维持经济稳定，并促进产业结构升级。同时，陈创练和戴明晓（2018）侧重于考察政策工具在稳房价和降杠杆上的功效，基于构建的房价与银行信贷的局部均衡模型，实证表明次贷危机以来，价格型和数量型货币政策均有显著盯住房价目标的政策偏好，且数量型在降低房价和杠杆率时发挥的效果更为显著。但胡志鹏（2014）研究认为，仅单纯依靠货币政策工具来降低杠杆率的效果并不理想，结构性改革势在必行。当考虑货币政策和财政政策协调搭配时，陈小亮和马啸（2016）认为宽松货币政策的“再通胀”效应能够减轻政府实际债务负担和融资成本，且积极财政政策也会减轻货币政策的宽松力度，因此，货币政策和财政政策“双宽松”可以为彼此节省政策实施空间，增强了政策持续性。陈创练等（2022）则认为财政政策和货币政策最优搭配抉择取决于政策当局在动态平衡不同目标中的政策取向，依赖于精准调控“稳增长”与“防风险”目标的偏好强度。同时，宏观审慎监管中的贷款价值比作为调控宏观经济运行的另一重要政策工具，也能降低社会福利损失和维持金融稳定（徐海霞和吕守军，2019）。因此，当考虑货币政策和宏观审慎政策协调搭配时，程方楠和孟卫东（2017）通过构建一个植入房价波动的动态随机一般均衡模型，发现货币政策调控的主要着眼点应该是维护物价稳定，而宏观审慎则可以根据信贷投放情况和对象作相应调整，同时需要规避单一政策工具面临的多目标调控困境，并结合两种政策的优劣进行有效搭配。总之，宏观审慎政策中的信贷约束对货币政策能够起到辅助作用，应该发挥两者的协同效应（王爱俭和王璟怡，2014）。但也有研究认为货币政策冲击与存贷比监管冲击是导致中国影子银行信贷波动的主要驱动力（高然等，2018）；而且抵押约束机制会通过异质性企业的非对称“金融加速器”效应造成信贷资源和生产要素错配，由此导致宏观杠杆高企和全要素生产率下降（孟宪春等，2020）。

纵观上述研究可以发现，信贷约束收紧可能会放大和传播金融风险，并导致实体经济波动，但宏观审慎政策能够起到降低金融风险的作用，是货币政策的有益补充。货币政策和宏观审慎政策如何搭配协调以动态平衡“稳增长”和“降杠杆”是目前学术界较为关心的重点问题之一，现有文献多数通过构建动态随机一般均衡（Dynamic Stochastic General Equilibrium，简称 DSGE）模型来考察宏观审慎政策对产出、房价、杠杆率等宏观经济变量影响的实际效果，尚未有文献依据中国实际贷款价值比数据进行模拟，并构建动态一般均衡（Dynamic General Equilibrium，简称 DGE）考察中国长期以来信贷流动性约束的宏观经济效应。事实上，DGE 模型刻画的是多个均衡的动态演变对内生变量均衡解的影响效应；而 DSGE 模型刻画的是在稳态时刻，随机冲击导致内生变量偏离均衡，但此后模型在短暂偏离均衡后回复到初始均衡状态，随机冲击导致内生变量在此期间发生的变化路径。由此可见，DSGE 模型更适合于成熟的市场机制国家和地区，而 DGE 模型更适合于转型国家。特别是，对于在一段时期内发生制度变迁的国家更为合适，而且，制度变量势必产生的是多个均衡的动态移动和变化。更重要的是，中国2004年以来的LTV渐进式信贷约束属于制度变迁，因此，构建动态一般均衡（DGE）模型更为合适。

鉴于此，本章结合中国2004年以来信贷约束渐进式永久性收紧的典型事实，构建一个符合中国实际的动态一般均衡模型，对信贷流动性约束的宏观经济效应以及在此过程中货币政策的操作抉择展开综合性、系统性的研究，并基于反事实方法对比考察永久性信贷约束和暂时性信贷约束收紧的宏观经济效应的异同，以此探讨最优的信贷约束和货币政策搭配的弹性空间。故此，该选题具有重要的理论和现实意义，一方面，不仅有助于增进我们理解信贷约束对我国宏观经济微观主体，如家庭、企业以及政府部门决策行为的影响效应；另一方面，也能够为未来我国央行在动态平衡“稳增长”和“降杠杆”两大政策目标中的操作抉择提供理论基础。本章的边际贡献可归纳为如下三点。第一，通过构建门限向量自回归（Threshold Vector Autoregression，简称TVAR）模型，实证考究在不同货币政策区制和信贷约束区制下，信贷约束和货币政策在调控经济周期、通货膨胀以及杠杆缺口上的非线性政策效果，这为后续的理论模型构建奠定了经验基础。第二，构建一个符合中国实际的动态一般均衡模型，在模型系统中，本章嵌入了家庭部门（非耐心家庭和耐心家庭）、企业部门（资本生产商、房地产生产商和商品生产商）、政府部门和中央银行等微观决策行为主体，结合中国实际的参数设定，模拟了贷款价值比的实际动态演变规律，由此通过构建的理论模型刻画了永久性信贷约束和暂时性信贷约束收紧的动态调整对模型系统内生均衡变量的影响效应。这是对现有该理论研究文献的重要补充，也是对自2004年以来中国信贷约束实行渐进式永久性收紧的传导机制和宏观经济效应进行最为全面的考察。第三，构建多种反事实方法，着重探讨在不同信贷约束强度、货币政策规则和外生冲击下，永久性和暂时性两种信贷约束宏观经济效应的异同，并以此为基础，论证了在动态平衡“稳增长”和“降杠杆”两大政策目标上的最优信贷约束抉择和货币政策弹性空间。由此可见，本章构建的模型系统是力求更好地符合中国的现实和改革历程，并通过模型和反事实方式来阐述中国改革的政策效果及未来政策制定与执行的具体思路，这也是对现有宏观经济理论的有益拓展和贡献。

第二节 “货币政策+宏观审慎”非对称效果的经验分析

为了检验不同信贷约束水平下货币政策的宏观经济效应以及不同货币政策环境下信贷约束的宏观经济效应，本章选择利率（i_t）、产出缺口（y_t）、杠杆周期（lev_t）、通胀（π_t）和信贷约束（LTV_t）等五个变量构建一个门限向量自回归（TVAR）模型，以此考究信贷约束与货币政策在调控“稳增长”与“降杠杆”目标中的非线性政策效果。

一、TVAR模型

借鉴Balke（2000）的研究构建TVAR实证模型，最大优点是适合捕捉时间序列的区制依赖特征和非对称性政策效果。

令向量 $Y_t = (i_t \quad y_t \quad \pi_t \quad lev_t \quad LTV_t)'$，由此TVA

$$Y_t = C_1 + \sum_{j=1}^{d} \psi_{1j}(L^j)Y_t + \varepsilon_{1t} + \left(C_2 + \sum_{j=1}^{d} \psi_{2j}(L^j)Y_t + \varepsilon_{2t}\right) I(threshold > \tau)$$

（式8-1）

其中，令 $i = 1,2$，则 $\psi_{ij}(L^j)$ 表示滞后多项式，即 $\psi_{ij}(L^j) = A_{ij}L^j$，其中，$L$ 表示滞后算子，A 为自回归系数；C_i 为待估参数项。$I(threshold > \tau)$ 为显示性函数，d 为滞后期数，当门限变量（$threshold$）大于门限值 τ 时，$I=1$，否则 $I=0$。$\varepsilon_{it}(i=1,2)$ 为误差项。由此，通过上述设定可构建一个两区制VAR模型系统，并可通过脉冲响应函数考察不同区制下的政策效果差异。在实际估计过程中，本章分别设置LTV和利率作为门限变量，将样本期分为高信贷约束和低信贷约束两区制，或宽松货币政策和紧缩货币政策两区制。

二、数据来源及说明

考虑到数据可获得性，本章研究样本长度为2004—2018年。其他变量说明如下：选取七天上海银行间同业拆借利率作为利率的衡量指标；选择中国居民消费价格指数作为通胀代理变量；先利用官方公布的现价核算季度 GDP 及其同比增长率，计算得到实际 GDP，再进行季节性调整和 HP 滤波估计得到产出缺口；选择信贷占 GDP 比例与历史长期趋势的偏离度来衡量杠杆周期。数据来源于《中国人民银行统计季报》《中国经济景气月报》、国家统计局和国际清算银行。

三、门限 VAR 模型的实证结果

为了进一步刻画信贷约束对货币政策的影响，本章以信贷约束作为门限变量，利用马尔可夫链蒙特卡洛方法估计门槛门限值①并探究货币政策规则的分区制效果；采用 sup - Wald 统计量检验结果表明 VAR 模型系统存在非线性效应，定义门限变量的实际数值低于门槛估计值 $\hat{\tau}^*$ 时，将其定义为强信贷约束区制 1；否则则为弱信贷约束区制 2。基于门限 VAR 的区制 1 概率和门限变量走势（备索），结果显示 2010 年第四季度以前为弱信贷约束时期，之后为强信贷约束时期。强信贷约束区制 1 对应着我国“新国八条”、购房首付比等一系列限购政策驱使信贷收紧的典型事实。

图 8 - 2（a）给出不同信贷约束区制下货币政策的宏观经济效应，其中灰色区域和虚线分别是不同区制下脉冲响应函数可信区间的上下限。由图可知，上调利率短期内会降低产出缺口、通胀、杠杆缺口和贷款价值比，但长期上影响并不显著；同时，在降低杠杆上，强信贷约束区制的货币政策效果更为持久、显著。图 8 - 2（b）报告不同货币政策区制下信贷约束的宏观经济效应，可知信贷收紧短期内提高利率，且降低产出缺口、通胀和杠杆缺口，但长期上影响并不显著。而且，在紧缩货币政策区制，信贷约束具有更为显著的“降杠杆”效应。究其原因，在高利率时期，资金较为短缺，若信贷约束再收紧，可能会导致资金短缺而雪上加霜，由此对杠杆产生更强的抑制效果。可见，货币政策和信贷约束在“双紧”情况下更能发挥其在“降杠杆”上的实际功效。

---

① 依照经济学理论，即基于需求方程、菲利普曲线、货币政策规则以及杠杆方程和信贷约束方程构建的模型系统，设定滞后期数为 1 期，估计结果显示，在以信贷约束为门限的模型中，门限值为 67.5%；在以利率为门限的模型中，门限值为 3.76%。

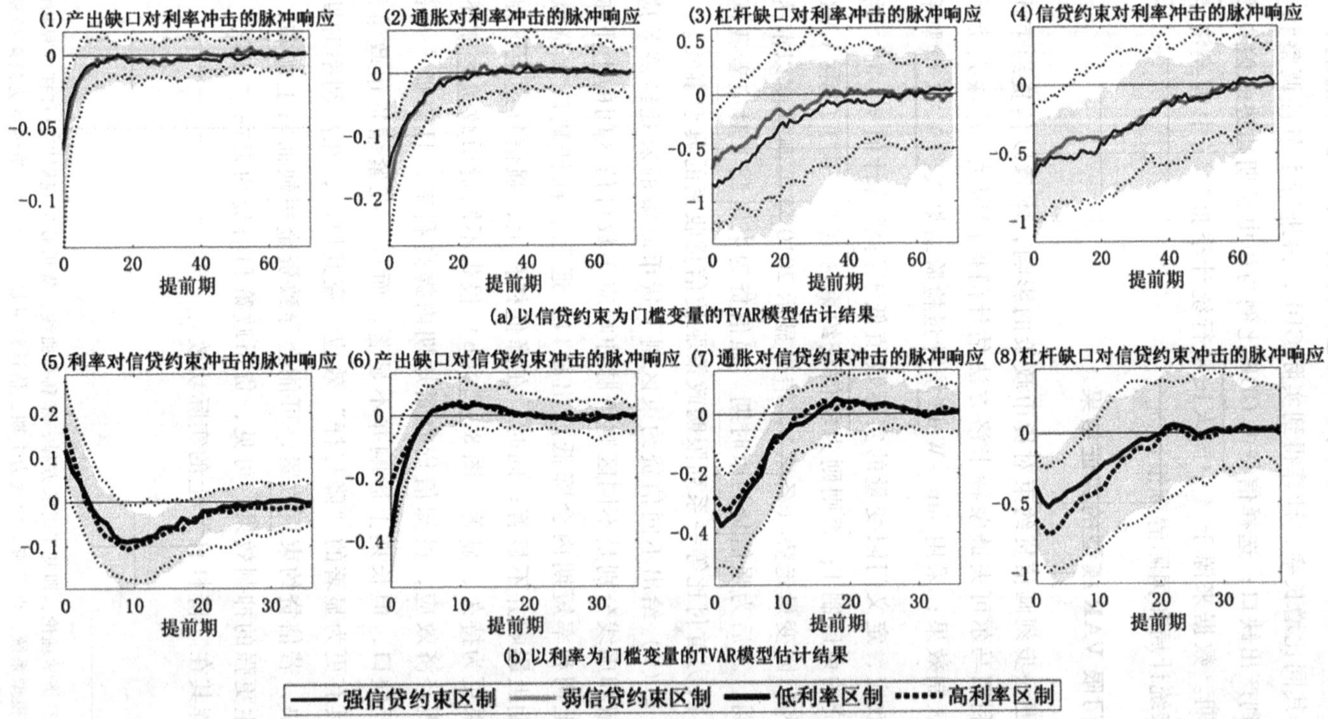

图 8-2　不同区制下货币政策和信贷约束的宏观经济效应

第三节　“货币政策＋宏观审慎”的理论模型

基于上述门限 VAR 模型的经验证据，本章考虑一个离散、无限期界经济体，设定经济部门包括家庭、企业、政府部门和中央银行，据此拓展构建一个动态一般均衡模型剖析信贷约束对不同经济行为主体的决策，即家庭消费和购房行为、企业投资和生产抉择、央行行为以及经济增长的具体影响机理。本章最大贡献是模拟了信贷约束（LTV）的实际动态演变规律，并通过构建的理论模型刻画永久性和暂时性信贷约束收紧动态调整对模型系统动态均衡的影响，力求有效刻画 2004 年以来我国实施渐进式信贷约束改革的宏观经济效果，特别是，设定货币政策规则参数具有时变性可进一步考究货币政策在稳增长与防风险上的弹性空间。

一、家庭部门

与 Campbell 和 Hercowitz（2009）设定模型相一致，假设经济中非耐心家庭和耐心家庭的偏好相同且能够生存无限期。设定在 0 时期代表性家庭 i 所面临的最大化效用函数为：

$$E_0\sum_{t=0}^{\infty}\beta_i^t[\ln c_{i,t}+\alpha_{i,t}\ln O_{i,t}-\chi_{i,t}l_{i,t}^{1+\vartheta}/(1+\vartheta)] \quad （式 8-2）$$

其中，$i=n,p$ 分别代表非耐心家庭（贷款者）和耐心家庭（储蓄者），前者人口比例为 λ；E_0 是基于零期的期望算子；β_i 为家庭效应贴现因子，且 $\beta_p<\beta_n$，$c_{j,t}$ 为私人商品消费量；$l_{i,t}$ 为工作时长；$O_{i,t}$ 为住房面积；$\alpha_{i,t}$ 为住房效用的权重；$\chi_{i,t}$ 为劳动效用的权重；ϑ 为劳动供给弹性的倒数。假设仅非耐心家庭需抵押住房向耐心家庭进行借款，家庭收入来源于扣除税收的工资收入、资本利息、企业利润、企业贷款和抵押贷款，而家庭支出方主要包括家庭消费，购买新住房、资本投资和贷款利息支出，并偿还贷款利息。因此，代表性家庭的名义流量预算约束为：

$$p_tc_{i,t}+p_t^hm_{i,t}+p_t^kn_{i,t}+r_{t-1}b_{i,t-1}\leqslant w_{i,t}l_{i,t}+r_t^kk_{i,t}+\Pi_{i,t}-p_ttax_{i,t}+b_{i,t} \quad （式 8-3）$$

其中，p_t 为消费品价格；p_t^o 为住房价格；p_t^k 为资本价格；$n_{i,t}$ 为新增投资；$w_{i,t}$ 为家庭的名义工资；$k_{i,t}$ 为资本存量；$b_{i,t}$ 为家庭的名义购房抵押贷款；$m_{i,t}$ 为新增住房面积；r_t 是 $t+1$ 期名义贷款利率；$\Pi_{i,t}$ 为中间企业对每 i 类家庭的利润分成；$tax_{i,t}$ 为一次性税收。假设住房面积和资本存量的累积方程分别为：$O_{i,t+1} = (1-\delta_O)O_{i,t} + m_{i,t}$、$k_{i,t+1} = (1-\delta_k)k_{i,t} + n_{i,t}$，$k_{i,t+1} \geqslant 0$，其中，$\delta_O$ 和 δ_k 分别表示住房和资本的折旧率。

为了使得模型设定更符合现实，本章在设定家庭信贷约束时考虑两点。一是设定抵押贷款约束在房价上涨和下降时存在非对称性。即当房价上涨时，家庭能对贷款进行再融资，因此可从整个住房存量的较高价值中获得更多贷款；而当房价下跌时，抵押品价值的降低将导致新增住房贷款减少，但贷款机构不能要求更快地偿还已到期的债务。二是信贷约束大小可以通过初始贷款价值比（ϕ）进行调整，初始贷款价值比越高代表信贷约束越宽松。借鉴 Campbell 和 Hercowitz（2009），设家庭贷款偿还率与抵押品的折旧率不同。因此，非耐心家庭面临的借贷约束条件为：

$$b_{i,t} \leqslant \hat{b}_{i,t} = \begin{cases} \phi_t \sum_{j=0}^{\infty} (1-\varpi)^j p_t^o m_{i,t-i}, 如果\ \phi_t p_t^o \geqslant \phi_{t-1} p_{t-1}^o \\ (1-\varpi)\hat{b}_{i,t-1} + \phi_t p_t^o m_{i,t}, 如果\ \phi_t p_t^o < \phi_{t-1} p_{t-1}^o \end{cases} \quad （式 8-4）$$

其中，ϖ 为贷款偿还速度。由式（8-4）可知，若信贷放宽或抵押品价值增加，非耐心家庭最大贷款额度也将上升。简单起见，本章设定借款人不持有资本。该信贷约束条件使得模型设定能够有效拟合图 8-2（1）中信贷约束渐进式的永久性收紧，进而可以全面考察这一政策改革调整对模型系统均衡的影响效应。此外，对于暂时性信贷约束，可通过设定贷款价值比变化路径经历先下降后上升，即可考究暂时性信贷约束对模型系统影响的宏观经济效应。由此该模型是力求简单化复杂的经济系统，同时又能够使其更好地符合中国的现实和改革历程，并通过不同情形信贷约束设定和反事实模拟阐述中国未来最优的政策改革思路与实施方式。

二、企业部门

本章设定了三种类型的企业部门，即资本生产商将家庭部门的资本投资生产为资本，房地产生产商将住房投资生产为新增住房，商品生产商是通过雇用非耐心家庭和耐心家庭的劳动力以及投入资本生产出可供销售的商品。这类企业为耐心家庭所拥有，其目标是实现利润最大化。

1. 资本生产商。在每期的开始，资本生产商以每单位价格购买数量为 $i_{k,t}$ 的消费商品，并生产相同数量的新资本 n_t。与 Justiniano 等（2011，2015）设定一致，假定在此过程中调整成本上升，并且在期末新资本会以价格 p_t 出售给企业，资本存量变化动态过程为下一期资本存量等于当期资本存量的折现值与新增资本之和。由此设定新资本 n_t 满足：$n_t = \varphi_{k,t}[1 - f_k(i_{k,t}/i_{k,t-1})]i_{k,t}$。其中，$\varphi_{k,t}$ 为资本投资边际效率的冲击，f 是投资中现期的调整成本函数，根据 Davis 和 Heathcote（2005）研究，设定投资的调整成本为 $f_k(\tau) = \gamma_k(\tau - e^x)^2/2$。由于储蓄者在均衡中不受约束，因此总是满足欧拉方程，其贴现率是稳定状态下的实际利率。故此，在稳定状态时，满足 $f_k = f_k' = 0$ 且 $f_k'' = \gamma_k > 0$，其中 e^x 是均衡增长路径上的经济增速。同时，设定资本生产者的目的是最大化未来利润预期贴现值的效用，其中，该效用函数可设定为：

$$E_0 \sum_{t=0}^{\infty} \beta_p^t \eta_{p,t}(p_t^k n_t - p_t i_{k,t}) \tag{式 8-5}$$

其中，$\eta_{p,t}$ 是拥有这些企业的储蓄者的收入的边际效用。由于储蓄者在均衡中不受约束，因此总是满足欧拉方程，其贴现率是稳定状态下的实际利率。因此，对于资本生产者，在给定边际效用参数时，其最优化的目标是使得未来利润预期贴现的总和取得极大值。

2. 房地产生产商。房地产生产商向资本生产商租赁生产资本，进行住房生产，其设定与资本生产商类似，新资本 m_t 满足条件为 $m_t = \varphi_{o,t}[1 - f_o(i_{o,t}/i_{o,t-1})]i_{o,t}$，其中，$f_o(\tau) = \gamma_o(\tau - e^x)^2/2$，$\varphi_{o,t}$ 为房地产投资边际效率的冲击。房地产生产商面临的效用函数如下：

$$E_0 \sum_{t=0}^{\infty} \beta_p^t \eta_{p,t}(p_t^o m_t - p_t i_{o,t}) \tag{式 8-6}$$

3. 商品生产商。令商品中间生产商指数化后是一个 $i \in [0,1]$ 的连续统，特别是，设定每一家商品生产商生产的商品为 $y_t(i)$，则竞争性最终商品部门的产出 $y_t = \left[\int_0^1 y_t(i)^{1/(1+\iota)} di\right]^{1+\iota}$。与现有研究设定相一致，假定中间商生产函数服从 Cobb - Douglas 形式，假定耐心家庭和非耐心家庭劳动力分别为 $l_{n,t}$ 和 $l_{p,t}$，假定竞争市场的资本投入 k_t 同质，则生产函数可表述为：

$$y_t(i) = k_t^{\kappa}(i)\left[A_t(\lambda l_{n,t}(i))^{\upsilon}((1-\lambda)l_{p,t}(i))^{1-\upsilon}\right]^{1-\kappa} \quad (式8-7)$$

其中，A_t 为综合技术水平，κ 为资本产出弹性，非耐心家庭动力量 $\lambda l_{n,t}(i)$ 和耐心家庭劳动力量 $(1-\lambda)l_{p,t}(i)$ 分别以指数 υ 和 $1-\upsilon$ 加权平均得到劳动力总量。设定商品生产商的技术进步率为 $q_t \equiv \log(A_t/A_{t-1})$，且遵循均值为 x 的 AR（1）过程。结合上述设定，利用生产函数、平均可变成本和边际成本，可以将企业最优价格的目标函数重新改写为：

$$\begin{cases}\max\limits_{\{p_t(i)\}_t} E_t\left\{\sum_{s=0}^{\infty}\xi_p^s\dfrac{\beta_p^s\eta_{p,t+s}}{\eta_{p,t}}\left[(p_t(i)\Pi_{t,t+s}-mc_{t+s})y_{t,t+s}(i)\right]\right\} \\ st.\ y_{t,t+s}(i) = \left[p_t(i)\Pi_{t,t+s}/p_{t+s}\right]^{-\frac{1+\iota}{\iota}}y_{t+s}\end{cases} \quad (式8-8)$$

其中，ξ_p 为卡尔沃参数。由于商品价格设定为时变，因此，$\Pi_{t,t+s}$ 可看作为 t 期商品价格在 $t+s$ 期的价格转化率，$p_t(i)\Pi_{t,t+s}$ 则为 $t+s$ 期的商品价格。故此，企业利润按照指数化可设定为：$\Pi_{t,t+s} = (\pi_{t-1+s}^{u}\pi^{v})\Pi_{t,t-1+s}$，其中，$s = 1,\cdots,\infty$ 且 $\Pi_{t,t} = 1$，$\pi_t = p_t/p_{t-1}$ 是 t 期的总通胀率。t 期价格到 $t+s$ 期的价格转化率与到 $t-1+s$ 期的价格转化率相关，一部分是固定的通胀，还有一部分是 $t-1+s$ 期的通胀。通过上述设定，令商品生产商企业利润最大化，可求得最优的资本投入以及非耐心家庭和耐心家庭的劳动力投入。

三、政府部门和中央银行

在上述家庭和企业部门设定基础上，再设定政府部门和中央银行的政策规则，进一步考究政府部门和央行在维护宏观经济稳定和运行中的作用机制。

1. 政府部门。与现有研究相一致，假定政府支出等于政府收入，而政府收入是耐心家庭和非耐心家庭的税收总和。故此，设定政府部门的平衡预算约束条件为：$g_t = \lambda tax_{n,t} + (1-\lambda)tax_{p,t}$。其中，设定 $g_t = shareg \cdot y_t$，$shareg$ 表示政府支出占产出的比重。此外，假设借款人的总税收可表示为政府支出的某一恒定比例 θ，即满足 $\theta = \lambda tax_{n,t}/g_t$。

2. 中央银行。考虑到近年来中国货币政策主要围绕“稳增长”“防通胀”和“控风险”三大政策目标，因此，本章将“控风险”也作为货币政策的主要执行目标之一，并设定利率随产出、通胀目标和杠杆目标偏离稳态程度的变化而进行不同程度调整，货币政策规则可设定为：

$$\frac{r_t}{r} = \left(\frac{r_{t-1}}{r}\right)^{\rho_r} \left[\left(\frac{y_t}{y}\right)^{\rho_y} \left(\frac{\pi_t}{\pi}\right)^{\rho_\pi} \left(\frac{b_t}{b}\right)^{\rho_b}\right]^{1-\rho_r} \quad (式8-9)$$

其中，b 和 y 分别为债务和产出的稳态值，π_t/π 为盯住通货膨胀偏离稳态程度，ρ_r 为利率平滑系数，ρ_b 和 ρ_y 分别反映货币政策调控债务目标和熨平经济周期波动目标的政策偏好强度，ρ_π 表示利率盯住通胀目标偏好强度。而在后续研究中，还设定参数 $\rho_i(i = r, y, b, \pi)$ 是可变的，这样可进一步考究货币政策盯住不同政策目标强度对于模型系统动态均衡的影响效应。

四、市场出清

结合上述部门设定，本章对每一个部门作最优化求解，可得如下有关商品市场、资本市场、房地产市场和信贷市场出清时的动态均衡模型系统，各出清市场设定条件分别为：

$$\lambda c_{n,t} + (1-\lambda)c_{p,t} + i_{o,t} + i_{k,t} + g_t = y_t \quad (式8-10)$$

$$n_t = \lambda n_{n,t} + (1-\lambda)n_{p,t} \quad (式8-11)$$

$$k_t = \lambda k_{n,t} + (1-\lambda)k_{p,t} \quad (式8-12)$$

$$m_t = \lambda m_{n,t} + (1-\lambda)m_{p,t} \quad (式8-13)$$

$$0 = \lambda b_{n,t} + (1-\lambda)b_{p,t} \quad (式8-14)$$

五、外生冲击

为了进一步考察在动态均衡系统中外生冲击对模型系统均衡的影响效应，本章重点嵌入了六种外生冲击因素，即技术进步率 q_t 、投资边际效率 $\varphi_{o,t}$ 、贷款价值比 ϕ_t 、贷款偿还速度 ϖ_t 、住房效用偏好 α_t 和政府支出冲击 g_t，根据饶晓辉和刘方（2014）的研究，综合考虑冲击的预期因素和稳态水平，设定六种冲击因素的对数形式服从如下分布：

$$\ln q_t = \rho_q \ln q_{t-1} + (1-\rho_q)\ln q + \varepsilon_t^q,\ \varepsilon_t^q \sim N(0,\sigma_q^2) \quad (式8-15)$$

$$\ln\varphi_{o,t} = \rho_{\varphi_o}\ln\varphi_{o,t-1} + (1-\rho_{\varphi_o})\ln\varphi_o + \varepsilon_t^{\varphi_o},\ \varepsilon_t^{\varphi_o} \sim N(0,\sigma_{\varepsilon_{\varphi_o}}^2)$$

（式8-16）

$$\ln\phi_t = \rho_\phi \ln\phi_{t-1} + (1-\rho_\phi)\ln\phi + \varepsilon_t^\phi,\ \varepsilon_t^\phi \sim N(0,\sigma_{\varepsilon_\phi}^2) \quad (式8-17)$$

$$\ln\varpi_t = \rho_\varpi \ln\varpi_{t-1} + (1-\rho_\varpi)\ln\varpi + \varepsilon_t^\varpi,\ \varepsilon_t^\varpi \sim N(0,\sigma_{\varepsilon_\varpi}^2) \quad (式8-18)$$

$$\ln\alpha_t = \rho_\alpha \ln\alpha_{t-1} + (1-\rho_\alpha)\ln\alpha + \varepsilon_t^\alpha,\ \varepsilon_t^\alpha \sim N(0,\sigma_{\varepsilon_\alpha}^2) \quad (式8-19)$$

$$\ln g_t = \rho_g \ln g_{t-1} + (1-\rho_g)\ln g + \varepsilon_t^g,\ \varepsilon_t^g \sim N(0,\sigma_{\varepsilon_g}^2) \quad (式8-20)$$

其中，q、φ_o、ϕ、ϖ、α和g分别表示对应变量的均衡值。上述各式构成一个动态一般均衡模型系统，各经济主体在约束下进行最大化经济决策。本章先后对模型系统进行正规化、简约化以及求均衡的处理。最后，在模型系统基础上，结合2004—2018年中国实际LTV平均数据，动态刻画我国实施渐进式永久性信贷约束的宏观经济效应，并通过反事实模拟暂时性信贷约束收紧的政策效果，对比分析两种信贷约束的效果优劣。可见，本章构建的理论模型不仅有助于剖析长时期以来我国信贷约束持久性收紧这个典型事实的宏观经济效应，还能够为后续央行货币政策的改革与制定提供重要的理论基础与决策依据。

第四节 “货币政策+宏观审慎”的政策效果模拟

一、模型参数校准

结合2004年以来我国信贷约束的渐进动态演变规律，设置模型系统中初始贷款价值比ϕ_t为0.99，非耐心家庭贷款价值比的冲击方程式（8-17）中系数ρ_ϕ设定为0.91，以期使ϕ_t从初始的0.99渐进收敛于期末的0.60，符合中国实际，如图8-2（1）所示。此外，为了与永久性信贷约束对比，本章模拟了暂时性信贷约束收紧对模型系统均衡的影响效应，设定初始ϕ_t为0.99，按照实际数据走势特征设定在28期后下降至0.60，再上升至期末的0.99，并设定上升阶段的ρ_ϕ为0.93，使ϕ_t在期末足以收敛至0.99，如图8-3（1）所示。可见，永久性信贷约束是由初始宽松的信贷约束水平永久性收敛至期末紧缩的信贷约束水平，而暂时性信贷约束收紧是期末的信贷约束放宽恢复至初期水平，但期间经历了短暂的信贷约束收紧。同时，为了使模型符合中国实际，相关参数依据国内学者关于中国数据的研究结果进行设定，部分稳态值则选取中国2004—2018年的数据均值作为替代。与现有研究相一致，设定非耐心家庭的贷款偿还速度（ϖ）为0.003、

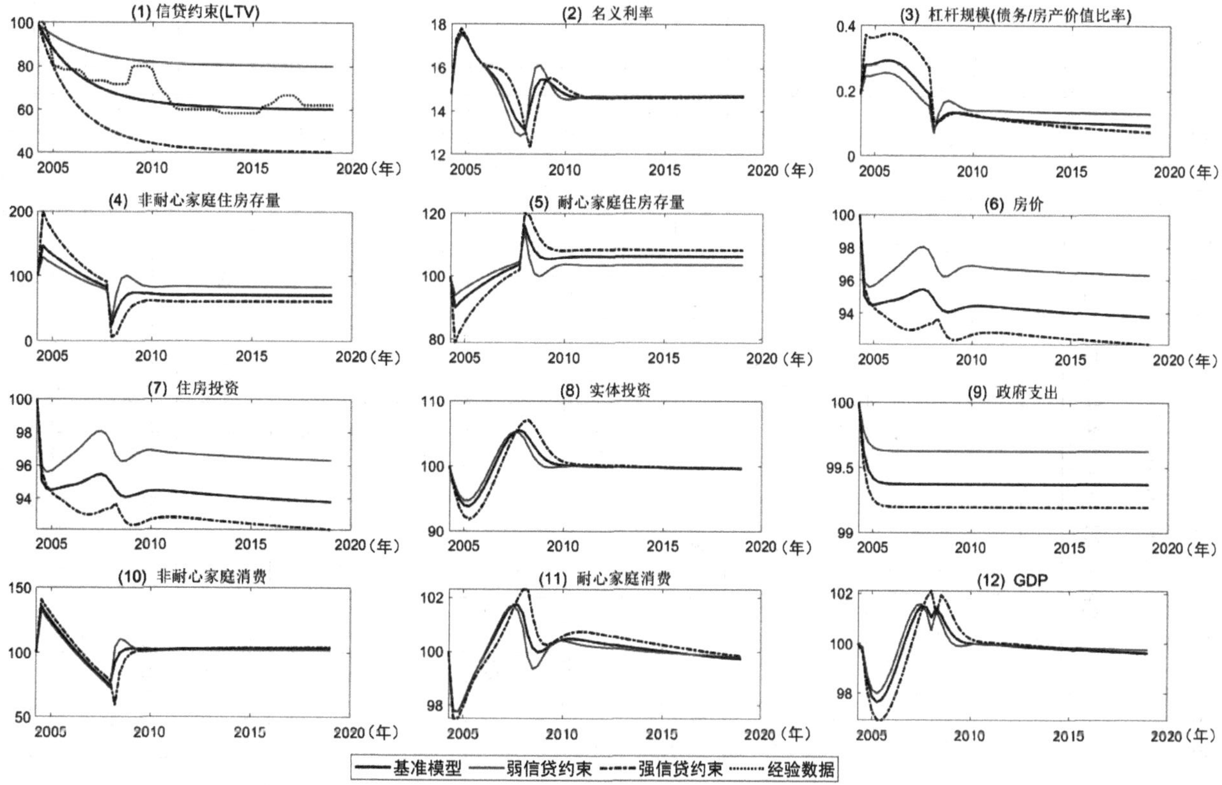

图 8-3 永久性信贷约束收紧的宏观经济效应

注：LTV 实际数据来源于国际货币基金组织的宏观审慎政策综合数据库（iMaPP），其中，（1）~（3）纵坐标含义为分图小标题，（1）和（2）单位为%；（3）无单位；（4）~（12）纵坐标含义为该变量相对初始值的比率，单位为%。下同。

房地产边际效率的惯性系数（ρ_{φ_h}）和住房效用偏好的惯性系数（ρ_α）均设定为0.85，投资边际效率（$\varphi_{k,t}$ 和 $\varphi_{o,t}$）均设定为1。此外，本章以季度为时间单位进行参数校准，所有参数满足 Blanchard - Kahn 条件，模型存在唯一稳定均衡解。其他参数赋值结果和依据如表 8 - 1 所示。

表 8 - 1　　动态一般均衡模型结构参数设定

部门	参数	含义	赋值	依据
家庭	λ	非耐心家庭人口比例	0.4300	参照徐海霞和吕守军（2019）的设定
	β_n	非耐心家庭效用贴现因子	0.9500	参照杨柳等（2016）的设定
	β_p	耐心家庭效用贴现因子	0.9940	参照杨柳等（2016）的设定
	α_n，α_p	住房效用占总效用比例	0.1000	参照杨柳等（2016）的设定
	φ	非耐心家庭贷款价值比	0.9900	在 iMaPP 数据库中，2004 年期初的 LTV 数值
	ϑ	劳动力供给弹性的倒数	1.0000	参照彭俞超和方意（2016）的设定
	χ	劳动偏好系数	1.0000	参照高然和龚六堂（2017）的设定
企业	δ_o	住房折旧率	0.0050	根据住房折旧计提年限为 50 年换算取值
	κ	资本产出弹性	0.5000	参照王频和侯成琪（2017）的设定
	θ	非耐心家庭税收/政府支出	0.5500	为了达到整体重新分配的适度水平
	$shareg$	政府支出占产出比率	0.2187	根据 2004—2018 年政府支出除以 GDP 的均值
	υ	非耐心家庭劳动力的贡献	0.3600	参照方意（2016）的设定
	δ_k	资本折旧率	0.0250	参照彭俞超和方意（2016）的设定
	γ_k	资本投资调整成本函数的二阶导数	2.0000	Eberly 等（2012）
	γ_o	住房投资调整成本函数的二阶导数	600	为了在均衡增长路径上强加一个固定的房屋供给，因此设置一个接近无穷大的数
	ι	商品生产商平均净加成率	0.2000	相关文献使用的中间值
	ξ_p	卡尔沃参数	0.7500	Nakamura 和 Steinsson（2008）

续表

部门	参数	含义	赋值	依据
政府	π	通胀率	1.0056	根据2004—2018年国家统计局CPI数据计算
	q	技术进步率	1.0231	参照简志宏等（2013）的设定
	ρ_r	利率平滑系数	0.8260	参照程方楠和孟卫东（2017）的估计
	ρ_y	盯住产出偏离稳态的系数	2.6306	参照程方楠和孟卫东（2017）的估计
	ρ_π	盯住通胀偏离稳态的系数	0.5159	参照程方楠和孟卫东（2017）的估计
	ρ_d	盯住杠杆偏离稳态的系数	0.0120	参照陈创练和戴明晓（2018）的设定
	ρ_q	技术进步平滑系数	0.3940	参照马勇（2015）贝叶斯估计的后验均值
	ρ_g	政府支出平滑系数	0.4162	参照王立勇和徐晓莉（2018）的设定

二、永久性信贷约束收紧的数值模拟结果

为了厘清信贷约束向房地产市场以及宏观经济的动态传导机制，本部分重点刻画渐进式信贷约束冲击下房地产市场波动及其对宏观经济变量的影响。图8-3报告了永久性信贷约束基准模型和反事实模拟的宏观经济效应。其中，在家庭部门中，当非耐心家庭贷款价值比LTV永久性下降，即信贷约束永久性收紧，根据上述TVAR模型下信贷约束的宏观经济效应实证结果可知，利率将上调且杠杆缺口下降。同时，由非耐心家庭面临的借贷约束条件可知，其最大可贷债务也会随LTV下降而减少。进一步地，本章分析LTV永久性下降影响其他宏观经济变量的传导机制如下。（1）房价。杠杆规模下降，信贷资金逃离房地产领域，贬低房价，使得房价永久性降低；住房存量的变化也影响着房价，住房总需求增加会拉动房价上涨。因此，在综合因素作用下，导致房价在整体下降的过程中，先经历短期小幅上涨。（2）家庭住房存量。房价下降和信贷规模下降都会降低非耐心家庭的购房需求，使得其累积住房存量永久性下降，而由总住房再分配效应可知，由此必将导致耐心家庭的住房存量实现永久性增加。（3）家庭消费。非耐心家庭债务水平的下降意味着该类家庭用于消费的资金短缺，进而缩减消费，即出现“挤出效应”，因此期初非耐心家庭消费急速下降；

同时由于非耐心家庭负债较低而需要偿债压力变小，因此后期可能会由于“财富效应”增大消费需求和提高消费水平。同时，房价下跌也能通过家庭财富的减值效应导致家庭削减消费规模，故此，综合来看非耐心家庭消费水平不变。此外，由总消费再分配效应可知，在永久性信贷约束时期，耐心家庭和非耐心家庭的消费变化方向此消彼长。特别是，由于耐心家庭住房存量增加和房价降低双向“财富效应”相抵，可能最终导致耐心家庭的消费长期上收敛于期初水平。（4）投资。房价下跌引发经济“脱虚向实”，投资房地产的收益率下降，房地产生产商对房地产投资缩减。由投资再分配效应导致实体投资短期增加，且短期名义利率提高，投资成本增加，进而减少实体投资，但长期而言，名义利率不变，实体投资也不受LTV冲击影响。由于住房投资与房价呈正相关，所以住房投资与房价趋势极为相似，也呈现出“下降后上升再下降”的走势。(5）政府支出。由家庭预算约束不等式可知，非耐心家庭贷款规模下降导致家庭总财富减值，进而税收减少，同时由政府部门预算平衡可知，政府支出随政府收入减少而永久性下降。(6）GDP。产出水平由总消费、总投资和政府消费共同决定，实体投资和耐心家庭消费经历“下降—上升—下降后平稳”的过程，由此也使得在信贷约束早期，GDP先经历了下降，但在投资和耐心家庭消费反弹过后，GDP也随之迅速回升。长期看，在投资和消费恢复至初始水平后，GDP也收敛于期初水平，因此，永久性信贷约束最终对产出的负向影响很小。综上所述，永久性信贷约束长期并不影响实体投资、家庭消费和GDP均衡值，但会永久性降低杠杆规模、非耐心家庭住房存量、房价、住房投资和政府支出均衡值，表明永久性信贷约束收紧能同时达到“降杠杆”和“稳增长”的政策效果。

为了进一步考究信贷约束政策工具与货币政策的有效搭配，基于反事实方法，本章模拟了不同强弱水平下永久性信贷约束收紧的宏观经济效应，其中，强弱信贷约束是模拟LTV永久性从99%分别稳步下调至40%和80%。结果可知，相对弱信贷约束，在2004—2008年，杠杆规模、非耐心家庭住房在强信贷约束情形下上涨更多，非耐心家庭住房存量、实体投资、房价、住房投资、政府支出和GDP均下降更多。但长期上利率、实体投资、家庭消费、GDP与基准模型基本无差别；而2011—2019年的强信贷约束下的杠杆规模、非耐心家庭的住房存量、房价、政府支出均低于初始水平和弱信贷约束下的结果，说明长期来说，永久性强信贷约束可以在不影响我国宏观经济的同时，更有利于抑制房地产市场过热，即采取永久性强信贷约束调控宏观经济时，“稳增长”和“降杠杆”两目标实现效果更优。

此外，本章还基于反事实方法模拟了不同货币政策盯住杠杆目标情形下，永久性信贷约束的宏观经济效应（限于篇幅，备索），其中，货币政策强盯住杠杆目标是指 ρ_D 设置为0.4，反之，如果将其设置与基准模型相一致，即 ρ_D 等于0.012，则表示为弱盯住杠杆目标。对比发现：当货币政策强盯住杠杆目标时，持久性信贷约束冲击长期并不改变家庭杠杆规模、住房存量、实体投资、政府支出和非耐心家庭消费新均衡状态；但对房价和住房投资抑制的幅度更大，且有一定程度的持久性；同时，GDP 虽然在短期下降幅度较大，但长期 GDP 逐渐收敛初始水平。因此，考虑盯住杠杆目标强弱的货币政策情形，整体并未改变永久性信贷冲击实现“稳增长”和“降杠杆”的政策效果，但必须注意到在强盯住杠杆目标下，信贷约束下降短期对产出的负面影响更大。

三、暂时性信贷约束收紧的数值模拟结果

在现实中，信贷约束有时也经常被当作暂时性调控宏观经济运行的政策工具，即在实行一段时间信贷约束后，若经济运行处于收缩状态，则政策当局为了刺激经济，偏向于采取宽松的货币政策，而此时信贷约束经历了先紧缩后宽松的过程，本章将此称之为暂时性信贷约束收紧。为了进一步考究暂时性信贷约束的宏观经济效应，本章模拟了贷款价值比从99%渐进式下降至60%，并再渐进式回升至99%，见图8－4（1）。然后基于DGE 理论模型进一步模拟了信贷约束在经历此过程中，主要宏观经济变量的动态演变情况。估计结果如图8－4所示。

从模拟结果看，在信贷约束收紧时期，各宏观变量的动态演变与永久性信贷约束情形相一致，不同的是在后续信贷约束放松阶段：图8－4（2）中的名义利率变化与永久性信贷约束的基准模型结果大体一致。在信贷约束渐进式收紧时期，图8－4（6）的房价先相对于初始房价从100%降至近94%，而在信贷政策渐进式放松时期，房价迅速反弹，并逐渐趋近于初始水平。该结果表明长期看暂时性信贷约束并不会有效抑制房价。图8－4（3）中家庭杠杆规模在2011年之前与永久性信贷约束冲击实验的结果相

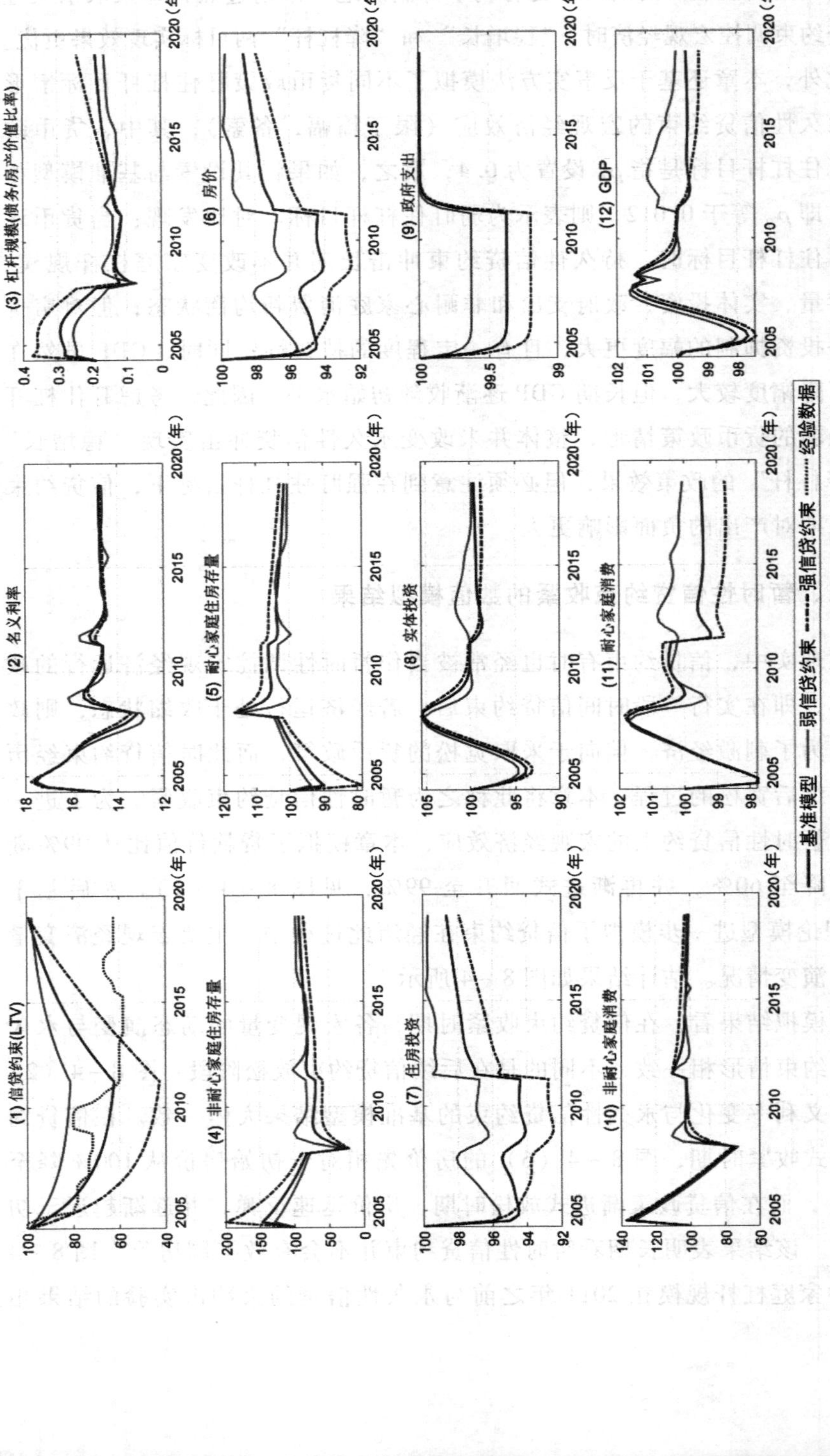

图 8-4 暂时性信贷约束收紧的宏观经济效应

同，不同的是，信贷约束放松导致杠杆规模缓慢回升并收敛于初始水平，其主要原因在于信贷约束放松可能刺激非耐心家庭住房需求，导致抬高房价的同时也促使杠杆规模攀升。图 8－4（4）和图 8－4（5）中非耐心家庭和耐心家庭的住房存量也是相反的方向对称调整，在暂时性信贷约束的模拟结果中，2011 年家庭住房存量逐渐恢复原值。图 8－4（7）中住房投资在抵押贷款比上升时，房地产投资回报率增加，进而带动房地产投资市场回暖；而图 8－4（8）中的实体投资先后经历"下降—上升—恢复"的过程，意味着家庭贷款约束收紧时，投资资金"脱虚向实"，而约束放松时，投资资金又回流至房地产市场。对于图 8－4（9）中的政府支出长期依然为 100%，说明长期看暂时性信贷约束并不影响政府支出。图 8－4（10）和图 8－4（11）中的非耐心家庭和耐心家庭消费演变走势基本相反，在 2011 年抵押贷款约束放松后，非耐心家庭消费没有上升，耐心家庭消费没有下降，而是比较平稳。此外，图 8－4（12）中的 GDP 在新均衡时略低于初始水平，表明暂时性信贷约束收紧长期看并不会导致 GDP 下滑。可见，在暂时性信贷约束放松后，产出基本不受影响，却导致杠杆反弹至初始水平。故此，暂时性信贷约束无法在长期上达到动态平衡稳增长和降杠杆的目的。

进一步地，本章基于反事实方法模拟了不同强弱水平下暂时性信贷约束的宏观经济效应，其中，强信贷约束和弱信贷约束分别是模拟贷款价值比永久性从 99% 分别稳步下调至 40% 和 80%，并在此后均又回升至 99%。对比可知，在信贷约束收紧时期，各宏观变量的动态演变与永久性信贷约束情形相一致，不同的是在后续信贷约束放宽阶段。此时，相对弱信贷约束，住房投资和房价迅速回升，杠杆规模以更快速度增加，且 GDP 在短期上升后又下降。换句话说，即使暂时性强信贷宽松也并未能在长期上永久性提高经济增速，反而导致杠杆规模的反弹回升。综上，采取不同暂时性信贷约束强度，依然不会改变基准研究结果，"稳增长"和"降杠杆"两大政策目标依然不可兼得。

此外，本章设置了货币政策强盯住杠杆目标（$\rho_D = 0.4$）和弱盯住杠杆目标（$\rho_D = 0.012$）两种情形，并由此分别估计了暂时性信贷约束与上述两种类型货币政策规则搭配的宏观经济效应（限于篇幅，备索）。对比弱盯住杠杆的货币政策规则，可以发现以下结论：当货币政策具有较强的盯住杠杆目标的偏好时，从新均衡状态看来，暂时性信贷约束并不会影响两类家庭的住房配置、实体投资和政府支出；杠杆、房价和住房投资上升的幅度相对较小，但“降杠杆”的政策效果不具不持久；GDP 在信贷收紧时短期下降幅度较大，然而，在随后信贷约束宽松冲击下也并未使得 GDP 呈现出更强的增长态势。因此，考虑盯住杠杆目标强弱的货币政策情形，实际也并未改变暂时性信贷冲击无法动态平衡“稳增长”和“降杠杆”的政策效果。

四、外生冲击与信贷约束的宏观经济效应

为了进一步考究在不同外生冲击下永久性和暂时性信贷约束收紧的宏观经济效应，相对于基准模拟，本章分别考虑了两种外生冲击：一是设定高技术进步，即模型参数 $q = 1.03$；二是设定高政府支出规模，即模型参数 $shareg = 0.26$。对比分析在上述两个外生冲击下，永久性和暂时性信贷约束宏观经济效应与基准模型的差异（结果备索），本章可得以下主要结论。第一，技术进步和政府支出两种外生冲击条件下，永久性信贷约束对宏观经济效应的影响变化均不大，在长期依然能兼顾“稳增长”和“降杠杆”两大政策目标。第二，若实施暂时性信贷约束，即使在技术进步和政府支出方面施加外生冲击调整，也无法实质性改变其长期以来不能兼顾“稳增长”和“降杠杆”的事实。结合我国实际情况来看，我国当前实施的 LTV 调整政策，即持久性信贷约束政策，考虑外生冲击时也不会影响其良好的“稳增长”和“降杠杆”长期政策效果，而且政府支出规模的选择要综合考虑对杠杆规模和房价的影响，若具有更紧迫的降杠杆目标，可采取适当扩大政府支出规模的措施，而若具有更紧迫降房价的目标，可采取适当减小政府支出规模的措施。

五、信贷约束与货币政策弹性空间

在上述永久性和暂时性信贷约束收紧的宏观经济效应估计基础上，思考的一个问题是，信贷约束是否会对未来的货币政策制定与实施产生冲击影响？为此，本章选择经济增长和杠杆规模作为货币政策调控的两大目标，基于 2004 年以来信贷约束的典型事实，分别模拟在信贷约束周期下，盯住经济增长（产出）目标和盯住杠杆目标偏好由弱变强的政策效果，以此探讨在永久性和暂时性信贷约束收紧时我国货币政策动态平衡“稳增

长”与“降杠杆”的可行弹性空间。

图8-5第一行汇报了永久性信贷约束下货币政策盯住产出和杠杆目标的弹性空间，可以得出以下两点结论。一是，由图8-5（1）和图8-5（3）可知，货币政策盯住产出目标的偏好强弱程度并不影响GDP和杠杆规模对信贷约束冲击的响应，当信贷约束处于（60%,70%）时，GDP增加且杠杆规模下降，意味着此时央行采取信贷约束调控产出和杠杆规模时，货币政策在盯住产出目标强度方面存在较大的政策弹性空间（0,1.5）。二是，由图8-5（2）和图8-5（4）可知，货币政策盯住杠杆目标的偏好其强弱程度影响了GDP和杠杆规模对信贷约束冲击的响应，具体来看，在信贷约束较紧缩时，随着货币政策盯住杠杆目标增强，GDP上升效果更明显。这意味着强信贷约束搭配强盯住杠杆目标的货币政策效果更好。同时，在LTV处于（70%,100%）区间，货币政策盯住杠杆目标强度处于0—0.6，都会造成GDP损失和杠杆规模增加，说明该范围内不利于实现“稳增长”和“防风险”。仅当LTV低于70%时，GDP才提高且杠杆规模下降，说明在信贷约束弹性空间为（60%，70%）时，货币政策盯住杠杆目标强度的弹性空间可处于（0，0.6）。

图8-5第二行汇报了暂时性信贷约束下货币政策盯住产出和杠杆目标的弹性空间，可得两点结论如下。一是，在暂时性信贷约束初始收紧阶段（68%,100%），由图8-5（5）和图8-5（7）可得，无论货币政策盯住产出目标强度如何，均造成GDP损失和杠杆规模上升同等幅度，不存在货币政策弹性空间；而当信贷约束收紧到（64%，68%）阶段，同时使得GDP上升且杠杆规模下降。图8-5（6）和图8-5（8）结果也是类似，只不过当盯住杠杆目标强度较大时，对产出促进的效果更佳。由此可知，在暂时性信贷约束收紧程度较强的短期阶段内，货币政策盯住产出和杠杆目标强度分别为（0,1.5）和（0,0.6）。二是，在暂时性信贷约束宽松阶段（64%,100%），虽然不会造成产出损失，但信贷约束对杠杆规模的抑制效果也在逐渐减小。由图8-5（5）可知，当货币政策盯住产出目标的强度较大时，信贷约束对产出的增长效果优于弱盯住产出目标的货币政策情形；但货币政策盯住杠杆目标强度变化并不会导致信贷约束对产出和杠杆规模的影响出现显著性差异。可见，若实施暂时性信贷约束，仅在短暂的强信贷约束时期，货币政策盯住产出和杠杆目标强度的可操作空间较大；

然而一旦信贷约束逐渐放松，货币政策可操作空间缩小，特别是在信贷约束完全放松时，货币政策可操作空间将不复存在。

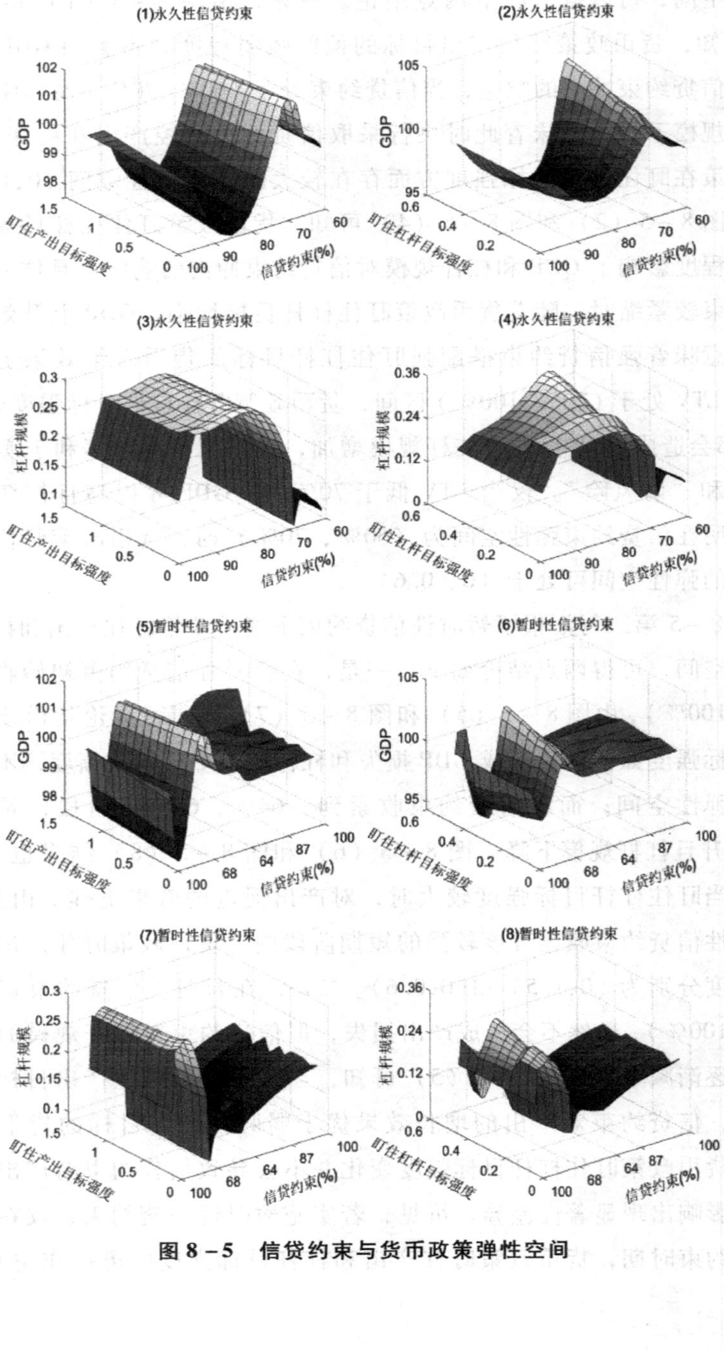

图 8－5　信贷约束与货币政策弹性空间

综上，暂时性信贷约束下的货币政策弹性空间小于永久性信贷约束下的货币政策弹性空间。同时，鉴于自2004年起我国实施了永久性强信贷约束，给货币政策调控经济增长目标带来很大的回旋空间，而且强信贷约束还需要搭配强盯住杠杆目标才能起到更好的动态地平衡“稳增长”与“降杠杆”的宏观经济效果。特别是，当前我国贷款价值比远低于70%，央行可以采取更强盯住杠杆目标的货币政策取向，但不宜在此后过度放宽信贷约束条件。因为若我国在经历较长时期信贷约束后逐渐放宽信贷约束，转而实施暂时性信贷约束，容易引发杠杆规模的快速反弹。更重要的是，在信贷约束逐渐宽松的过程中，无论盯住杠杆目标强度如何，均不会有效促进经济的长期增长，当且仅当货币政策盯住产出目标强度较大时，才能够长期促进经济增长，但此时降低杠杆规模的政策效果在不断减弱，由此说明在经历暂时性信贷约束后的宽松时期，动态平衡“稳增长”与“降杠杆”可行的货币政策弹性空间正在逐渐变小。

第五节　研究结论与政策启示

“稳增长”和“降杠杆”是近年来我国宏观调控锚定的两大政策目标，而如何在跨周期中有效动态平衡两者关系，以期在实现降杠杆的同时保持宏观经济平稳增长是对我国经济中长期高质量增长提出的最本质要求。为此，本章采用门限VAR模型在不同货币政策和信贷约束区制下，分别检验信贷约束和货币政策在调控经济周期和杠杆缺口上的非线性政策效果，以经验结论为基础构建一个包含家庭部门、企业部门、政府部门和中央银行的多部门动态一般均衡模型，考察永久性和暂时性信贷约束收紧的宏观经济效应，并通过反事实探究货币政策的可行弹性空间。

本章主要研究结论如下：（1）货币政策紧缩在短期内会降低产出缺口、通货膨胀、杠杆缺口，并使信贷约束收紧；信贷约束紧缩短期内也会降低产出、通货膨胀和杠杆缺口，并提高利率，但上述政策效果均不具有长期持久性。在不同区制时期的利率或信贷约束的宏观经济效应不同，特别是信贷约束和货币政策“双紧”能够增强双方的宏观政策效果。（2）基于 DGE 的估计结果表明，长期上永久性信贷约束不影响产出且降低杠杆规模，而暂时性信贷约束造成产出损失且无法持续降低杠杆规模，因此，永久性信贷约束能更优地实现“稳增长”和“控杠杆”目的。对比不同强弱程度的信贷约束，永久性强信贷约束可在不影响产出的同时显著降低杠杆，但暂时性弱信贷约束无法有效降杠杆，特别是，暂时性强信贷约束以牺牲产出为代价去实现降杠杆的目的，因此，永久性强信贷约束优于暂时性信贷约束以及永久性弱信贷约束。再通过对比不同货币政策规则发现，在货币政策强盯住杠杆目标下，永久性信贷约束降低房价的效果更好，也不会造成 GDP 过多损失。但对于暂时性信贷约束，虽然在货币政策强盯住杠杆目标下，短期内能更显著地降低杠杆率，但在后期宽松时期容易导致杠杆反弹，而且，也容易造成短期 GDP 损失过大。在考虑技术进步和政府支出外生冲击时，上述结论依然稳健。（3）基于货币政策的弹性空间研究表明，永久性信贷约束处于（60%，70%）时，货币政策盯住经济增长和杠杆目标的弹性空间较大，分别在（0，1.5）和（0，0.6）内均能实现“稳增长”和“控风险”的政策目标，同时，强信贷约束搭配强盯住杠杆目标的货币政策调控效果更佳；而暂时性信贷约束一旦宽松，即在后期 LTV 回复至初始水平，货币政策在同时实现“稳增长”和“控风险”上将不存在可行操作空间。故此，暂时性信贷约束的货币政策弹性空间远小于永久性信贷约束情形。

基于上述研究结论，本章提出如下三点政策建议。第一，从货币政策规则的宏观经济效应看，货币当局在关注通货膨胀与产出目标时，应该将杠杆规模作为货币政策目标的约束条件，而且强盯住杠杆目标对房价、住房投资的抑制效果更为显著。杠杆作为衡量金融风险的重要指标之一，货币当局在制定利率规则时，应该充分根据杠杆所包含的信息，密切关注贷款规模与房产价值的比率，针对不同房价、投资、产出等宏观经济状况，增强货币政策调控杠杆偏离稳态值的政策取向。第二，从信贷约束的宏观经济效应看，永久性信贷约束紧缩可以兼顾“稳增长”和“降杠杆”政策目的，但暂时性信贷紧缩不可兼顾，该结论在面临技术进步或政府支出外生冲击时亦是如此。这需要政策当局在调控房地产市场和杠杆率时，应该采取永久性信贷约束政策，因为暂时性信贷约束会在后续宽松时期导致信贷约束将杠杆的政策效果消失殆尽，而长期看却并未起来促进经济增长的效果。结合我国贷款价值比的经验数据可知，我国调控信贷约束的方向是永久性紧缩，此时货币政策盯住产出和杠杆目标强弱调整的弹性空间也很大，该政策切记要保持长期持久性，跨越传统应对经济短周期波动为主的逆周期政策框架，完善更有助于缓解经济长周期波动的跨周期调节机制。第三，从健全货币政策和宏观审慎政策的双支柱调控框架看，盯住杠杆目标强弱的弹性空间取决于信贷约束的强度。当贷款价值比较低，即经济行为主体面临较强信贷约束时，需要搭配货币政策强盯住杠杆目标，更有利于促进经济增长的同时降低杠杆风险；而在弱信贷约束环境中，货币政策采取弱盯住杠杆目标的搭配能够更增强信贷约束的政策效果。因此，央行在政策制定中，应该规避货币政策和信贷约束方向相反导致政策效果相抵。同时，货币政策盯住杠杆目标的强弱程度设定，应该根据经济发展阶段和宏观政策目标，灵活调整利率和信贷约束，确保货币政策和信贷约束的变动方向一致，以期熨平信贷约束收紧或货币政策紧缩对经济造成的损失影响，且达到有效降杠杆和防风险的政策目的。

第九章

中国经济内外均衡的宏观调控理论与实践

引言：实现经济内外均衡和防范爆发系统性金融风险是我国宏观调控的重要政策目标，也是宏观调控政策规则与制定的最终落脚点。本章在第八章的基础上，将财政政策、货币政策和以贷款价值比为代表的宏观审慎政策纳入统一框架内，构筑一个包含中美两国的开放 DSGE 模型，拓展考察国际冲击如何通过跨境投资渠道影响中国的宏观经济运行，由此衡量宏观政策的传导效应与政策抉择，并进一步探讨美国政策偏好对中国政策抉择的影响。本章研究的内容是政策当局如何适时调整政策规则并协调政策间的搭配，以期更好地平衡和实现中国经济内外均衡。可见本章是国家宏观调控政策规则制定与执行的最重要理论基础。

第一节　经济结构内外均衡背景

近年来，全球经济不确定性增加，外部环境扰动力度加剧，新冠疫情所触发的世界经济衰退与美国为抑制高通货膨胀的持续加息对我国经济造成不可忽视的影响，由此所引发的经济增长率低迷与系统性风险增加问题，为我国宏观调控政策的决策与实施提出了更高要求。从中央顶层设计有关宏观政策对风险防范化解效果的重视程度来看，2018 年中央经济工作会议强调“打好防范化解重大风险攻坚战”。央行也于同年成立国际金融风险跟踪组，旨在跟踪和研判三类风险：一是国内金融体系面临的外部冲击风险；二是美元升值造成新兴经济体货币贬值以及资本外流等巨大压力，中国面对的国际风险；三是国内在去杠杆和防范金融风险的关键时期所面对的债务违约风险和风险蔓延。特别是，2022 年，党的二十大提出“加强财政政策和货币政策协调配合，着力扩大内需，增强消费对经济发展的基础性作用和投资对优化供给结构的关键作用。健全现代预算制度，优化税制结构，完善财政转移支付体系，”“守住不发生系统性风险底线”。由此可见，如何精确构建货币政策与财政政策调控框架并兼顾中国经济内外均衡和防范爆发系统性金融风险，是新时代下实现我国经济可持续发展的关键。有鉴于此，本章将我国经济内外均衡风险具体化为宏观杠杆风险、房价风险与汇率风险，在动态随机一般均衡模型中纳入中国基于房地产抵押的居民信贷渠道与基于开放经济环境的汇率传导渠道，立足于多类冲击下我国信贷市场、住房市场与汇率市场的波动风险，从货币政策与财政政策的传导路径与搭配效果出发探讨有效的防范策略，为宏观调控如何实现经济内外均衡提供决策参考依据。

宏观调控政策的运作目标与实施效果一直备受学界关注。凯恩斯主义认为政府通过扩张财政支出与下调利率的主动干预手段能有效提振总需求并促进经济增长，其理论思想为一战后世界经济的复苏发挥重要作用，而 2008 年国际金融危机后，仅考虑经济增长与物价稳定的政策目标难以对金融市场的潜在风险与不稳定因素产生有效抵御与化解，越来越多学者在宏观调控政策规则中引入金融稳定目标，并深入探究宏观调控政策与金融风险之间的机制关联。现存文献所围绕的金融风险主要包括三方面：一是家庭、企业和政府相关的债务风险，高杠杆率会抑制经济增长、导致债务违约频发并触发金融危机（Schularick 等，2012；Rozendaal 等，2016）；二是资产价格暴跌风险，尤其是房价泡沫危机，具有抵押属性的住房类资产价格下跌会导致其流动性梗阻，驱动内生性风险传染与危机持续（Brunnermeier 等，2012；Geanakoplos 等，2014）；三是汇率波动风险，由其所致的货币危机通过自由化金融市场或高杠杆银行渠道导致金融危机发生，并基于房地产的投机属性放大跨境资本流动对住房市场的冲击，形成风险共振（Ghosh 等，2013；Eijffinger 等，2020；Levieuge 等，2021）。

针对以上风险因素，学界对宏观调控政策框架进行完善，结合货币、财政与汇率政策多视角分析调控效果与风险机制。已有研究表明，宽松的货币政策能够刺激有效需求，并经金融系统放大其对私人投资、房地产市场与经济总量的繁荣效应（Bernanke 等，1996；Zhu 等，2017），但亦通过利率传导渠道以及银行风险承担渠道对信贷规模、跨境资本流动和汇率产生扰动，进而造成金融市场波动与风险溢出（Angeloni 等，2015；Bruno 等，2015；JIN 等，2022）。过度关注通货膨胀但忽视金融失衡风险的货币政策规则可能会破坏房地产市场和实体经济的稳定性，因此利率调控应加入维护金融稳定的政策目标（Caruana 等，2016；Bekiros 等，2020）。积极财政政策有助于直接提振经济内需及增加私人资源利用率，与货币政策协调搭配可有效应对金融危机后的通货紧缩与产出衰退（Kliem 等，2014；Bossone，2015），同时，政府为信贷受限的私人部门提供定向财政干预可以缓解金融冲击所带来的不利影响，降低经济债务风险（Batini 等，2019）。有关汇率制度的研究通常与货币－财政框架相关联。部分学者结合蒙代尔三角理论对汇率稳定、货币政策独立性与资本自由流动的取舍进行探讨，发现浮动汇率制度可能会引发商业银行的道德风险进而衍生危机，放大跨境资本流动对本国信贷风险与住房需求的正相关效应（Mishkin，1996；Amri 等，2016），但过度关注汇率稳定的非独立性货币政策会造成较大的福利损失（Gali 等，2005）。另外，扩张性财政政策则引致本国货币升值与贸易支出恶化，将汇率不稳定性传染至信贷系统（Martinez，2009；Gabrisch，2015）。

我国学者对宏观调控政策如何兼顾稳增长与防风险目标进行大量研究，部分文献基于国内经济视角，深入分析政策运行对宏观杠杆与房价泡沫的作用机制。陈创练等（2018）根据时变参数结构式模型的检验表明，价格型货币政策针对杠杆周期与住房价格的调节作用短期较优，但缺乏数量型货币政策对相同变量所具有的长期持久效应，货币投放的严格管控是抑制债务风险与房价泡沫的关键。陈达飞等（2018）通过构建五部门存量－流量一致模型发现，紧缩的价格型货币政策可能导致企业与政府杠杆率反预期上升并增加家庭部门的债务偿还压力，去杠杆与稳增长的目标平衡需依靠积极的财政支出与减税措施。周菲等（2019）则认为压减政府支出和缩小财政赤字方可有效降低结构性高杠杆问题。另一部分文献基于国际经济视角，为宏观调控政策引入汇率影响因素与国际风险防范，徐雅婷等（2019）建立开放经济下的DSGE模型，发现浮动汇率制加剧了产出波动性与金融不稳定性，可能会触发人民币贬值冲击下房价与汇率风险共振的明斯基时刻与金融危机。石峰等（2022）等则认为我国汇率适度振荡有助于优化国际风险分担与提升社会福利，基于此目标的盯住PPI型货币政策效果更佳。邓晓兰等（2021）实证检验了我国货币、财政与汇率政策的异频次区制转换关系，三者的协调搭配对高杠杆率、汇率不稳定等问题至关重要。

以上研究表明，宏观调控政策是促进经济增长与防范化解金融风险的重要措施，且不同政策对于不同风险因素具有异质性调节效用。近年来，我国债务、房价与汇率等相关风险因素波动性渐增，特别是2008年金融危机后，居民杠杆率自2008年第四季度的18.8%攀升至2021年第四季度的62.2%，在此期间房价亦大幅拉升，房屋相关贷款上涨1172.5%，同时，随着新一轮汇率改革制度的实施，人民币汇率波动愈加频繁，放大了国际经济不稳定性对国内资本市场与资产价格的影响，并对信贷市场及房地产业造成风险溢出，我国宏观调控政策针对以上风险因素的相关研究具有必要性。已有研究对调控政策与风险因素虽有不同侧重，但未就具体政策的多风险渠道效应进行探讨，没有很好地统筹协调货币－财政－汇率政策框架对高杠杆风险、房价暴跌风险和汇率风险的调控作用以及三类风险因素在政策驱动期间的联动机制。本章的边际贡献主要包含三点：第一，建立一个包含中美两国的开放DSGE模型，拓展两国消费市场、投资市场和汇率市场的交互特征，同时将中国模型部分纳入基于住房抵押的信贷渠道，由此剖析政策作用下杠杆率、房价与汇率的动态机制与共振效应；第二，构建完整的货币－财政－汇率政策框架，统筹杠杆、房价和汇率三类风险因素，反事实模拟了异质性调控政策在规模变动下对产出与风险指标的动态脉冲，以构建宏观调控政策的协调机理与运行空间；第三，引入美国加息冲击和美国技术进步冲击，结合蒙代尔三角理论权衡我国货币政策独立性、汇率稳定与资本开放三者侧重程度对中国经济内外均衡目标的功效影响，基于国际视角探究国际风险传递机制与政策组合抵御作用，以期为我国的宏观调控政策工具选择与政策制定提供有效性建议。

第二节 中美两国的开放 DSGE 模型

本章在 Gali 等（2005）和 Iacoviello 等（2010）的模型基础上，构建了一个包含中美两国的开放 DSGE 模型，模型中存在中国与美国两类经济体，两国通过消费品流通与对外投资发生经济交互，并考虑资本利用率、投资调整成本以及价格黏性等市场摩擦。在中国模型部分，我们引入异质性家庭部门间基于房产抵押的信贷渠道，并纳入多种政策工具，包括以利率为调控手段的货币政策，以及由政府消费、政府投资、转移支付、政府债券、劳动税、资本税和消费税所构成的财政政策调控框架。同时，在美国模型中搭建由单一代表性家庭、企业、政府部门与政策规则所构成的完整经济系统与外部冲击。两国模型区别在于简化了美国的家庭部门与信贷渠道，而将研究重点置于中国的信贷抵押系统。由此，深入分析国际风险冲击、汇率变化与本国调控政策实施对国内居民债务和房价波动的影响，并充分探究我国宏观政策基于防范化解债务、房价与汇率三维度风险同时平衡经济增长目标的最优空间。此外，构建包括中美两国的开放经济 DSGE 模型，还可以进一步考察美国政策偏好对中国宏观调控政策抉择的影响效应。

一、开放经济 DSGE 模型框架：以中国为基准

1. 家庭部门。模型的中国部分与美国部分通过上标 c 与上标 u 进行区分，首先对中国部分进行介绍。假设中国经济体中存在耐心家庭与非耐心家庭两种异质性家庭部门，分别以下标 p 与 i 表示。耐心家庭与 Campbell 等（1989）所提出的李嘉图模式家庭相似，遵循生命周期最优决策规则，对当期收入与已有财富的跨期使用更具耐心；而非耐心家庭则更热衷于现期支出。两种家庭均通过选择消费、住房数量、实际货币余额和劳动供应来最大化自身效用，支出方式的区别在于耐心家庭的投资方式更为保守并偏向无风险利息的获取，非耐心家庭则通过抵押房产的信贷渠道从耐心家

庭中得到贷款。代表性耐心家庭的效用函数为：

$$E_0\sum_{t=0}^{\infty}(\beta_p^c)^t\left[\varepsilon_{c,t}^c\frac{(C_{p,t}^c)^{1-\sigma_c}}{1-\sigma_c}+\varepsilon_{h,t}^c\frac{(H_{p,t}^c)^{1-\sigma_h}}{1-\sigma_h}+\frac{\left(\frac{M_{p,t}^c}{P_t^c}\right)^{1-\sigma_m}}{1-\sigma_m}-\gamma_l\frac{(l_{p,t}^c)^{1+\sigma_l}}{1+\sigma_l}\right]$$

（式 9－1）

其中，β_p^c 为耐心家庭的折现因子，σ_c 为消费替代弹性倒数，σ_h 为住房偏好弹性倒数，σ_m 为货币偏好弹性倒数，σ_l 为劳动供给弹性倒数，γ_l 为休闲的效用比率。$\varepsilon_{c,t}^c$ 与 $\varepsilon_{h,t}^c$ 分别为中国家庭的消费偏好冲击与住房偏好冲击。

耐心家庭面临的预算约束为：

$$(1+\tau_{c,t}^c)C_{p,t}^c+I_{D,t}^c+I_{F,t}^c+B_{p,t}^c+B_{g,t}^c+Q_t^cH_{p,t}^c+\frac{M_{p,t}^c}{P_t^c}\leqslant((1-\tau_{k,t}^c)r_{D,k,t}^cu_{D,t}^c-\phi(u_{D,t}^c))k_{D,t-1}^c+e_{r,t}((1-\tau_{k,t}^u)r_{F,k,t}^uu_{F,t}^u-\phi(u_{F,t}^u))k_{F,t-1}^c+(1-\tau_{l,t}^c)w_{p,t}^cl_{p,t}^c+\frac{R_{t-1}^c(B_{p,t}^c+B_{g,t}^c)}{\pi_t^c}+Q_t^cH_{p,t-1}^c+\frac{M_{p,t-1}^c}{P_t^c}+\tau_{TR,p,t}^c$$

（式 9－2）

预算方程左端中，$(1+\tau_{c,t}^c)C_{p,t}^c$ 为耐心家庭的税前消费，$\tau_{c,t}^c$ 为消费税率，$I_{D,t}^c$ 为耐心家庭对国内投资，$I_{F,t}^c$ 为家庭以本国货币计价的对外国资本市场投资，$B_{p,t}^c$ 为耐心家庭通过居民信贷渠道所出借的资金，$B_{g,t}^c$ 为本国家庭所购买的本国政府债券，$H_{p,t}^c$ 为耐心家庭 t 期所持有的住房数量，Q_t^c 为房价，$M_{p,t}^c/P_t^c$ 为耐心家庭 t 期所持有的实际货币余额。预算方程右端中，$((1-\tau_{k,t}^c)r_{D,k,t}^cu_{D,t}^c-\phi(u_{D,t}^c))k_{D,t-1}^c$ 为耐心家庭对中国投资所获取的调整税后资本收益，$\tau_{k,t}^c$ 为中国资本税率，$r_{D,k,t}^c$ 与 $k_{D,t-1}^c$ 分别为该类投资的资本回报率与资本存量，$e_{r,t}((1-\tau_{k,t}^u)r_{F,k,t}^uu_{F,t}^u-\phi(u_{F,t}^u))k_{F,t-1}^c$ 为中国耐心家庭从外国资本市场获取并换算为本国货币后的回报，$e_{r,t}$ 为中国直接标价法下的实际汇率，由名义汇率 e_t 经两国物价调整后而得，即 $e_{r,t}=e_tP_t^u/P_t^c$，$\tau_{k,t}^u$ 为美国资本税率。参考 Mcmanus 等（2021）为家庭的资本收益设置调节性的资本利用率 u_t，其函数形式为 $\phi(u_t)=\bar{r}_k(1-\bar{\tau}^k)e^{(\sigma_u(u_t-1)-1)}/\sigma_u$，$\sigma_u$ 为资本利用成本参数。$(1-\tau_{l,t}^c)w_{p,t}^cl_{p,t}^c$ 为耐心家庭的税后劳动收入，$\tau_{l,t}^c$ 与 $w_{p,t}^c$ 分别为劳动税率与实际工资，$R_{t-1}^c(B_{p,t}^c+B_{g,t}^c)/\pi_t^c$ 为耐心家庭通过居民信贷渠道与持有政府债券所获取的实际利息收入，其中 R_{t-1}^c 为名义利率，$\pi_t^c=P_t^c/P_{t-1}^c$ 衡量国内整体通胀程度。$\tau_{TR,p,t}^c$ 为政府赋予耐心家庭的转移支付。耐心家庭对中国与外国投资的资本累积方程分别为：

$$k_{D,t-1}^{c} = (1-\delta_c)k_{D,t-1}^{c} + \varepsilon_{i,t}^{c}[1-\varphi(\Delta I_{D,t}^{c})]I_{D,t}^{c} \quad （式 9-3）$$

$$e_{r,t}k_{F,t-1}^{c} = (1-\delta_u)e_{r,t-1}k_{F,t-1}^{c} + \varepsilon_{i,t}^{u}[1-\varphi(\Delta I_{F,t}^{c})]I_{F,t}^{c} \quad （式 9-4）$$

其中，δ_c 与 δ_u 分别为中美两国投资市场的资本折旧率，$\varepsilon_{i,t}^{c}$ 与 $\varepsilon_{i,t}^{u}$ 为两国的投资需求冲击，参考 Kliem 等（2014）引入投资调整成本函数 $\varphi(\Delta I_t) = v(I_t/I_{t-1}-1)^2/2$，$v$ 为投资调整成本参数。

代表性非耐心家庭的效用函数为：

$$E_0\sum_{t=0}^{\infty}(\beta_i^c)^t\left[\varepsilon_{c,t}^{c}\frac{(C_{i,t}^{c})^{1-\sigma_c}}{1-\sigma_c}+\varepsilon_{h,t}^{c}\frac{(H_{i,t}^{c})^{1-\sigma_h}}{1-\sigma_h}+\frac{\left(\frac{M_{i,t}^{c}}{P_t^c}\right)^{1-\sigma_m}}{1-\sigma_m}-\gamma_l\frac{(l_{i,t}^{c})^{1+\sigma_l}}{1+\sigma_l}\right]$$

（式 9-5）

与 Mcmanus 等（2021）设定一致，非耐心家庭不参与跨期资本累积，仅以房地产作为其投资形式，其支出主要包括税前消费 $(1+\tau_{c,t}^{c})C_{i,t}^{c}$ 与支付贷款利息 $R_{t-1}^{c}B_{i,t-1}^{c}/\pi_t^c$，资金主要来源于税后劳动报酬 $(1-\tau_{l,t}^{c})w_{i,t}^{c}l_{i,t}^{c}$、贷款资金 $B_{i,t}^{c}$ 以及政府转移支付 $\tau_{TR,i,t}^{c}$。非耐心家庭预算方程为：

$$(1+\tau_{c,t}^{c})C_{i,t}^{c}+\frac{R_{t-1}^{c}B_{i,t-1}^{c}}{\pi_t^c}+Q_t^cH_{i,t}^{c}+\frac{M_{i,t}^{c}}{P_t^c}\leqslant(1-\tau_{l,t}^{c})w_{i,t}^{c}l_{i,t}^{c}+B_{i,t}^{c}+Q_t^cH_{i,t-1}^{c}+$$

$$\frac{M_{i,t-1}^{c}}{P_t^c}+\tau_{TR,i,t}^{c}$$

非耐心家庭基于房产抵押的信贷模式面临如下约束：

$$B_{i,t}^{c}\leqslant E_t\left(\frac{\kappa_{ltv}Q_{t+1}^{c}H_{i,t}^{c}\pi_{t+1}^{c}}{R_t^c}\right) \quad （式 9-6）$$

其中，κ_{ltv} 为贷款价值比，衡量了非耐心家庭的信贷约束强度。

中国最终总消费 C_t^c 是耐久家庭与非耐心家庭的消费总和，同时作为国内消费品 $C_{D,t}^{c}$ 与进口消费品 $C_{F,t}^{c}$ 的 CES 函数：

$$C_t^c = C_{p,t}^{c}+C_{i,t}^{c} = \left((1-\alpha)^{\frac{1}{\mu}}(C_{D,t}^{c})^{\frac{\mu-1}{\mu}}+\alpha^{\frac{1}{\mu}}(C_{F,t}^{c})^{\frac{\mu-1}{\mu}}\right)^{\frac{\mu}{\mu-1}} \quad （式 9-7）$$

其中 μ 表示中国消费品替代弹性，根据 Gali 等（2005）有如下规则：

$$C_{D,t}^{c} = (1-\alpha)\left(\frac{P_{D,t}^{c}}{P_t^c}\right)^{-\mu}C_t^c \quad （式 9-8）$$

$$C_{F,t}^{c} = \alpha\left(\frac{P_{F,t}^{c}}{P_t^c}\right)^{-\mu}C_t^c \quad （式 9-9）$$

将中国总体 CPI 定义为本国消费品价格与外国消费品价格的 CES 函数：

$$P_t^c = \left((1-\alpha)^{\frac{1}{\mu}}(P_{D,t}^c)^{\frac{\mu-1}{\mu}} + \alpha^{\frac{1}{\mu}}(P_{F,t}^c)^{\frac{\mu-1}{\mu}}\right)^{\frac{\mu}{\mu-1}} \quad (式 9-10)$$

同时，参考 Gali 等（2005）引入有效贸易条件 s_t：

$$\pi_t^c = \pi_{D,t}^c + \alpha(s_t - s_{t-1}) \quad (式 9-11)$$

其中，α 为本国经济开放程度。在本章构建的两国开放模型中，以美国的总体物价 P_t^u 作为 Gali 等（2005）所定义的世界物价 P_t^*，有效贸易条件与名义有效汇率的运动方程为：

$$s_t = e_t + P_t^* - P_{D,t}^c \quad (式 9-12)$$

2. 企业部门。国内企业部门包含最终品厂商与中间品厂商。假设经济中最终品厂商面临完全竞争，并采用 Dixit – Stiglitz Aggregator 生产函数进行最终品 y_t 的生产：

$$y_t^c = \left[\int_0^1 y_t^c(j)^{\frac{\theta_p-1}{\theta_p}} dj\right]^{\frac{\theta_p}{\theta_p-1}} \quad (式 9-13)$$

其中，y_t^c 为最终产品，$y_t^c(j)$ 为第 j 个中间品厂商投入生产的中间品，θ_p 为中间品替代弹性。最终品厂商所面临的利润最大化问题为：

$$\max_{y_t(j)} P_t^c y_t^c - \int_0^1 P_t^c(j) y_t^c(j) dj \quad (式 9-14)$$

$$s.t.\ y_t^c = \left[\int_0^1 y_t^c(j)^{\frac{\theta_p-1}{\theta_p}} dj\right]^{\frac{\theta_p}{\theta_p-1}} \quad (式 9-15)$$

其中，$P_t^c(j)$ 为中间品 $y_t^c(j)$ 的价格水平，利润最优情况下得到中间品 $y_t^c(j)$ 的需求函数为 $y_t^c(j) = \left(\frac{P_t^c(j)}{P_t^c}\right)^{-\theta_p} y_t^c$，最终品价格指数为 $P_t^c = \left(\int_0^1 P_t^c(j)^{1-\theta_p} dj\right)^{1-\theta_p}$。

一系列垄断竞争企业 $j \in [0,1]$ 将进行中间品生产，假设外国资本可进入本国金融市场，参与本国企业投融资等经济活动，本国企业中间品生产函数如下：

$$y_t = (G_{I,t-1}^c)^{\alpha_g}\left[(u_{D,t}^c k_{D,t-1}^c)^{1-\theta_f}(u_{F,t}^c k_{F,t-1}^u)^{\theta_f}\right]^{\alpha_k}\left[(l_{p,t}^c)^{\theta_l}(l_{i,t}^c)^{1-\theta_l}\varepsilon_{A,t}^c\right]^{1-\alpha_k-\alpha_g} - \Phi \quad (式 9-16)$$

其中，$G_{I,t-1}^c$ 为政府投资，$k_{D,t-1}^c$ 为本国资本市场上的国内资本，$k_{F,t-1}^u$ 为

本国资本市场上以本币计价的外国资本。α_g 为公共资本对产出弹性，α_k 为国内资本对本国产出弹性，θ_f 为外资占中国资本市场比重。$\varepsilon^c_{A,t}$ 为技术进步冲击。Φ 为生产固定成本。

3. 政府部门。中国政府税收政策包括所收取的劳动税、资本税与消费税：

$$x^c_t = \tau^c_{l,t}(w^c_{p,t}l^c_{p,t} + w^c_{i,t}l^c_{i,t}) + \tau^c_{k,t}(r^c_{D,k,t}u^c_{D,t}k^c_{D,t-1} + r^c_{F,k,t}u^c_{F,t}k^u_{F,t-1}) + \tau^c_{c,t}C^c_t \quad (式 9-17)$$

政府收支平衡为：

$$G^c_{C,t} + G^c_{I,t} + \tau^c_{TR,t} + \frac{R^c_{t-1}B^c_{g,t}}{\pi^c_t} = x^c_t + \frac{M^c_t - M^c_{t-1}}{P^n_t} + B^c_{g,t} \quad (式 9-18)$$

中国财政政策服从一阶自回归过程，其反馈规则如下：

$$\hat{g}^c_t = \rho_g \hat{g}^c_{t-1} + \hat{\varsigma}^c_{g,t} \quad (式 9-19)$$

其中，ρ_g 为财政政策平滑系数，$\hat{\varsigma}^c_{g,t}$ 为外生财政政策冲击，$\hat{g}^c_t$ 为各类财政政策对数线性化后的偏离率，包括政府消费、政府投资、转移支付、政府债券、劳动税、资本税和消费税，即 $g^c_t = \{G^c_{C,t}, G^c_{I,t}, \tau^c_{TR,t}, B^c_{g,t}, \tau^c_{l,t}, \tau^c_{k,t}, \tau^c_{c,t}\}$。

货币部门方面，假设中央政府以名义利率作为调控工具，采取如下形式货币政策：

$$\hat{R}^c_t = \rho_r \hat{R}^c_{t-1} + (1-\rho_r)(\rho^r_\pi \hat{\pi}^c_t + \rho^r_y \hat{y}^c_{gdp,t} + \rho^r_e \hat{e}_t) + \zeta^c_{r,t} \quad (式 9-20)$$

其中，ρ_r 分别为利率平滑系数，ρ^r_π 为利率对通货膨胀的反应系数，ρ^r_y 为利率对产出的反应系数，ρ^r_e 为利率对名义汇率的反应系数，$\zeta^c_{r,t}$ 为货币政策冲击。

4. 经济均衡与冲击。中国总需求为国内总消费、国内投资、折算为本币计价的外资以及两种政府支出的总和：

$$y^c_t = C^c_t + I^c_{D,t} + e_t I^u_{F,t} + G^c_{C,t} + G^c_{I,t} \quad (式 9-21)$$

经资本利用成本调整后的中国 GDP 以 $y^c_{GDP,t}$ 表示：

$$y^c_{GDP,t} = y^c_t - \phi(u^c_{D,t})k^c_{D,t-1} - \phi(u^u_{F,t})k^c_{F,t-1} \quad (式 9-22)$$

我国跨境资本流动特征采用外资流入价值与内资流出价值的比率进行刻画，用 f_I 表示：

$$f_I = \frac{e_t I^u_{F,t}}{I^c_{D,t}} \quad (式 9-23)$$

其余外生冲击包括投资需求冲击与技术进步冲击，均服从一阶自回归过程。

$$\hat{\varepsilon}_t = \rho_\varepsilon \hat{\varepsilon}_{t-1} + \hat{\zeta}_{\varepsilon,t}, \varepsilon_t = \{\varepsilon^c_{i,t}, \varepsilon^c_{z,t}\} \quad \text{（式 9-24）}$$

在后续的模型校准中，我们以上述设定模型框架，考察了包括货币政策、财政支出政策、财政税收政策、政府融资政策和汇率政策等在内的宏观调控政策在实现金融防风险与经济稳增长双重目标上的政策效果。

二、开放经济 DSGE 模型框架：美国政策偏好对中国政策抉择的影响

1. 家庭部门。本章旨在构建中国基于住房抵押的信贷渠道与基于开放经济环境下的汇率波动对我国宏观调控政策效果进行分析，在此研究基础上，我们简化了美国经济体的复杂程度，作为外部扰动因素的美国模型与 Kliem 等（2014）所构建的类似，假设美国只存在一种家庭部门，代表性家庭的效用函数为：

$$E_0 \sum_{t=0}^{\infty} \beta_u^t \left[\frac{(C_t^u)^{1-\sigma_c}}{1-\sigma_c} + \frac{(M_t^u/P_t^u)^{1-\sigma_m}}{1-\sigma_m} - \gamma_l \frac{(l_t^u)^{1+\sigma_l}}{1+\sigma_l} \right] \quad \text{（式 9-25）}$$

其家庭预算约束为：

$$(1+\tau_t^u)C_t^u + I_{D,t}^u + I_{F,t}^u + \frac{M_t^u}{P_t^u} + B_{g,t}^u \leqslant \left((1-\tau_{k,t}^u) r_{D,k,t}^u u_{D,t}^u - \phi(u_{D,t}^u) \right) k_{D,t-1}^u + \left((1-\tau_{k,t}^c) r_{F,k,t}^c u_{F,t}^c - \varphi(u_{F,t}^c) \right) \frac{k_{F,t-1}^u}{e_t} + (1-\tau_{l,t}^u) w_{p,t}^u l_{p,t}^u + \frac{R_{t-1}^u B_{g,t}^u}{\pi_t^u} + \frac{M_{t-1}^u}{P_t^u} + T_t^u$$

（式 9-26）

其中，$I_{D,t}^u$ 与 $I_{F,t}^u$ 为美国家庭分别对本国与中国投资，均以本国货币计价。$B_{g,t}^u$ 为本国家庭所购买的本国政府债券，$\left((1-\tau_{k,t}^*) r_{k,t}^* u_t^* - \phi_t(u_t^*) \right) k_{t-1}^*/e_t$ 为从外国金融市场获取并换算为本国货币后的回报。T_t^u 为美国政府平衡财政预算后对家庭所赋予的一次性转移支付或一次性税负。美国的资本累积形式与中国相同。

2. 企业部门。美国最终品厂商的设定形式与中国一致。两国企业部门区别在于美国中间品厂商中劳动供应由一种家庭提供，美国的生产函数为：

$$y_t = (G_{I,t-1}^u)^{\alpha_g} \left[(u_{D,t}^u k_{D,t-1}^u)^{1-\theta_f} (u_{F,t}^u k_{F,t-1}^c)^{\theta_f} \right]^{\alpha_k} \left[l_t^u \varepsilon_{z,t}^u \right]^{1-\alpha_k-\alpha_g} - \Phi$$

（式 9-27）

3. 政府部门。美国政府税收包含劳动税、资本税与消费税，其中资本

税所征收对象包括美国国内资本 $k^u_{D,t-1}$ 与中国出境资本 $k^c_{F,t-1}$。

$$x^u_t = \tau^u_{l,t} w^u_t l^u_t + \tau^u_{k,t}(r^u_{D,k,t} u^u_{D,t} k^u_{D,t-1} + r^u_{F,k,t} u^u_{F,t} k^c_{F,t-1}) + \tau^u_{c,t} C^u_t \quad (式 9-28)$$

美国财政政策服从一阶自回归过程，其反馈规则如下：

$$\hat{g}^u_t = \rho_g \hat{g}^u_{t-1} + \hat{\varsigma}^u_{g,t} \quad (式 9-29)$$

其中，美国财政政策包括政府消费、政府投资、政府债券、劳动税、资本税和消费税，即 $g_t = \{G^u_{C,t}, G^u_{I,t}, B^u_{g,t}, \tau^u_{l,t}, \tau^u_{k,t}, \tau^u_{c,t}\}$。

美国采取泰勒规则形式的货币政策：

$$\hat{R}^u_t = \rho_r \hat{R}^u_{t-1} + (1-\rho_r)(\rho^r_\pi \hat{\pi}^u_t + \rho^r_y \hat{y}^u_{gdp,t}) + \zeta^u_{r,t} \quad (式 9-30)$$

其中，$\zeta^u_{r,t}$ 为美国加息冲击。

4. 经济均衡与冲击。美国总需求由总消费、国内投资、折算为美元计价的中国外资以及两种政府支出所构成：

$$y^u_t = C^u_t + I^u_{D,t} + I^c_{F,t}/e_t + G^u_{C,t} + G^u_{I,t} \quad (式 9-31)$$

经资本利用成本调整后的美国 GDP 为：

$$y^u_{GDP,t} = y^u_t - \phi(u^u_{D,t}) k^u_{D,t-1} - \phi(u^c_{F,t}) k^u_{F,t-1} \quad (式 9-32)$$

美国其余外生冲击与中国相同，包括投资需求冲击与技术进步冲击，均服从一阶自回归过程。以上美国模型与外生冲击的构建，一方面可以延展开放经济系统的完整性，以更好地模拟国际视角下中美两国的扰动机制与交互效应，且与单一中国模型相比，更能刻画出中国内外部风险在国际经济大循环中的多种溢出渠道；另一方面，能够拟合现实美国经济形势变化或政策偏好转变情况下我国宏观经济变量所受到的波动影响，进而为我国宏观调控政策抵御海外风险冲击的运行效果提供有效识别。

第三节　DSGE 模型参数校准

家庭部门方面，参考陈创练等（2022）将中国耐心家庭折现因子取值为0.994，参考徐雅婷等（2019）将中国非耐心家庭折现因子取值为0.98；参考 Mcmanus 等（2021）将美国家庭折现因子取值为0.995。参考邓红亮等（2019）、Mcmanus 等（2021）设定两国的消费跨期替代弹性倒数 σ_c 为

2。参考 Iacoviello 等（2010）设定中国住房偏好弹性倒数 σ_h 为 1.5。参考卞志村等（2019）设定两国货币偏好弹性倒数 σ_m 为 3。参考黄志刚（2009）、Guerrieri 等（2017）设定两国劳动供给弹性倒数为 1。参考陈创练等（2022）将中国耐心家庭人口比例 θ_l 取值为 0.57。根据 Nier 等（2019）所建立的 iMaPP 数据库将中国贷款价值比 η_{ltv} 设置为 0.62。参考 Gali 等（2005）的研究方法，将本国开放程度 α 根据 2004—2021 年中国进口额占 GDP 比重的数据均值进行校准，取值为 0.2046。参考王立勇（2019）将开放条件下中国消费品替代弹性 μ 设定为 1。

企业部门方面，参考陈创练等（2019）将中国私人资本生产弹性 α_k、政府投资生产弹性 α_g 分别设置为 0.326 与 0.135；参考 Leeper 等（2017）与 Mcmanus 等（2021）将美国的同类参数分别设置为 0.33 与 0.02。根据 2004—2021 年实际数据测算得到美国对华投资占中国国内投资总额比重为 0.2%，中国对美投资占美国国内投资总额比重为 0.4%，分别将其作为中国与美国的资本市场外资占比 θ_k 取值。参考许志伟等（2019）将两国的私人资本折旧率设定为 0.025，对应年度折旧率为 10%。参考 Kliem 等（2014）将两国的资本利用成本 σ_u 设定为 1.8；参考许志伟等（2019）将两国的投资调整成本 v 设定为 3.5，模型内生路径对该参数的敏感性较弱。参考王立勇等（2018）、邓红亮等（2019）将中国的价格加成 θ_p 与价格黏性 γ_p 分别设定为 6 与 0.690，参考 Kliem 等（2014）将美国的同类参数分别设定为 6 与 0.684。

货币部门方面，参考卞志村等（2019）将中国的利率平滑系数取值为 0.2280，利率对通胀反应系数为 2.0562，利率对产出反应系数为 0.7222。将基准模型中利率对名义汇率反应系数取值为 0，以考察汇率完全浮动与货币政策独立的情况，第四章中对此数值作了反事实调节与对比分析。参考 Mcmanus 等（2021）将美国的利率平滑系数取值为 0.5509，利率对通胀反应系数为 1.7196，利率对产出反应系数为 0.0944。根据 2004—2021 年中美两国的银行间同业拆借利率月度数据均值，将中国稳态季度名义利率校准为 1.0082，即对应年度利率为 3.31%；将美国稳态季度名义利率校准为 1.0036，对应年度利率为 1.44%。参考卞志村等（2019）的测算结果，将价格型货币政策比重设置为 0.7。财政部门方面，参考许志伟等（2019）估计财政政策 AR（1）过程，采用 2004—2021 年中美两国政府消费、政府投资、转移支付、政府债券、劳动税、资本税、消费税季度数据，将原始数据进行价格因素剔除（选取2003年商品零售价格指数为基期）、季节调整与对数处理后对模型中所包含的各类财政政策进行自相关系数估测，详细校准所得结果列示于表9－1中。同时，依据中国数据测算出政府消费占产出比重、政府投资占产出比重、转移支付占产出比重和政府债务占产出比重分别为0.156、0.034、0.074和0.338，劳动税率、资本税率和消费税率分别为0.137、0.192、0.150；依据美国数据测算出政府消费占产出比重、政府投资占产出比重和政府债务占产出比重分别为0.150、0.038和0.716，劳动税率、资本税率和消费税率分别为0.169、0.233、0.164。其余外生冲击则参考孟宪春等（2018）、王振霞等（2020）与尹雷等（2022）将中国的投资需求冲击平滑系数 ρ_i 和技术进步平滑系数 ρ_z 分别取值为0.9656和0.9297；参考Kliem等（2014）将美国的投资需求冲击平滑系数 ρ_i 和技术进步平滑系数 ρ_z 分别取值为0.8630和0.9710。上述参数校准结果如表9－1所示。

表9－1　　DSGE基准模型参数校准

部门	参数	参数含义	校准值		校准值依据
			中国	美国	
家庭	β_p	耐心家庭折现因子	0.994	0.995	参考陈创练等（2022）、Mcmanus等（2021）的设定
	β_i	非耐心家庭折现因子	0.980	/	参考徐雅婷等（2019）的设定
	σ_c	消费跨期替代弹性倒数	2	2	参考邓红亮等（2019）、Mcmanus等（2021）的设定
	σ_h	住房偏好弹性倒数	1.5	/	参考Iacoviello等（2010）的设定
	σ_m	货币偏好弹性倒数	3	3	参考卞志村等（2019）的设定
	σ_l	劳动供给弹性倒数	1	1	参考黄志刚（2009）、Guerrieri等（2017）的设定
	θ_l	耐心家庭人口比例	0.57	/	参考陈创练等（2022）的设定
	η_{ltv}	贷款价值比	0.62	/	参考Nier等（2019）中iMaPP数据库
	α	中国开放程度	0.2046	/	根据2004—2021年数据估计
	μ	消费品替代弹性	1	/	参考王立勇（2019）的设定

续表

部门	参数	参数含义	校准值		校准值依据
			中国	美国	
企业	α_k	私人资本生产弹性	0.326	0.330	参考陈创练等（2019）、Leeper 等（2017）的设定
	a_g	政府投资生产弹性	0.135	0.020	参考陈创练等（2019）、Mcmanus 等（2021）的设定
	θ_k	资本市场外资占比	0.2%	0.4%	根据 2004—2021 年数据估计
	δ_c	私人资本折旧率	0.025	0.025	参考许志伟等（2019）的设定
	σ_u	资本利用成本	1.8	1.8	参考 Kliem 等（2014）的设定
	v	投资调整成本	3.5	3.5	参考许志伟等（2019）的设定
	θ_p	价格加成	6	6	参考王立勇等（2018）、Kliem 等（2014）的设定
	γ_p	价格黏性	0.690	0.684	参考邓红亮等（2019）、Kliem 等（2014）的设定
货币	ρ_r	利率平滑系数	0.2280	0.5509	参考卞志村等（2019）、Mcmanus 等（2021）的设定
	ρ_π^r	利率对通胀反应系数	2.0562	1.7196	参考卞志村等（2019）、Mcmanus 等（2021）的设定
	ρ_y^r	利率对产出反应系数	0.7222	0.0944	参考卞志村等（2019）、Mcmanus 等（2021）的设定
	ρ_e^r	利率对汇率反应系数	0	/	基准模型中赋值为 0
	$\overline{R}$	稳态季度名义利率	1.0082	1.0036	根据 2004—2021 年数据估计
财政	ρ_{G_C}	政府消费平滑系数	0.9626	0.9666	根据 2004—2021 年数据估计
	ρ_{G_I}	政府投资平滑系数	0.9539	0.9633	根据 2004—2021 年数据估计
	$\rho_{\tau TR}$	转移支付平滑系数	0.9817	/	根据 2004—2021 年数据估计
	ρ_{B_g}	政府债券平滑系数	0.9821	0.9887	根据 2004—2021 年数据估计
	ρ_{τ_l}	劳动税率平滑系数	0.9804	0.9818	根据 2004—2021 年数据估计
	ρ_{τ_k}	资本税率平滑系数	0.9724	0.9185	根据 2004—2021 年数据估计
	ρ_{τ_c}	消费税率平滑系数	0.9858	0.9871	根据 2004—2021 年数据估计
	$\overline{G_C}/\overline{y}$	稳态政府消费占产出比重	0.156	0.150	根据 2004—2021 年数据估计
	$\overline{G_I}/\overline{y}$	稳态政府投资占产出比重	0.034	0.038	根据 2004—2021 年数据估计
	$\overline{\tau}_{TR}/\overline{y}$	稳态转移支付占产出比重	0.074	/	根据 2004—2021 年数据估计

续表

部门	参数	参数含义	校准值		校准值依据
			中国	美国	
财政	$\overline{B}_g/\overline{y}$	稳态政府债务占产出比重	0.338	0.716	根据2004—2021年数据估计
	$\overline{\tau}_l$	稳态劳动税税率	0.137	0.169	根据2004—2021年数据估计
	$\overline{\tau}_k$	稳态资本税税率	0.192	0.233	根据2004—2021年数据估计
	$\overline{\tau}_c$	稳态消费税税率	0.150	0.164	根据2004—2021年数据估计
其余冲击	ρ_i	投资需求冲击平滑系数	0.9656	0.8630	参考王振霞等（2020）、Kliem 等（2014）的设定
	ρ_z	技术进步平滑系数	0.9297	0.9710	参考王振霞等（2020）、Kliem 等（2014）的设定

第四节　DSGE 模型数值模拟及分析

本章以上述模型设定为基础结合中国和美国实际数据，动态模拟包括货币政策、财政支出政策、财政税收政策、政府融资政策和汇率政策等在内的宏观调控政策在实现金融防风险与经济稳增长双重目标上的政策效果，并探讨宏观调控实现经济内外均衡的政策抉择，然后基于中美不同汇率制度下的政策效果差异对比，进一步探讨美国政策偏好对中国宏观调控的政策抉择的影响。

一、货币政策运行区间与效果分析

有关利率运行区间的研究向来备受学界关注。20世纪80年代，日本为对抗日元升值所带来的不利影响，开启低利率与积极财政政策并行的大规模宽松时代，导致资金疯狂流入房地产与股市，成为日本泡沫经济的导火索。由此可见，利率的运行区间与汇率、房市、财政政策等息息相关，并对经济产生重大影响。我国银行间同业拆借利率曾于1996年第一月度的12.58%下降至2005年第十二月度的0.44%，随后在2006—2021年运行于[1%,7%]的调控区间内，为分析利率变化情况下货币政策的调控效果变化，我们对基准模型中所设定稳态年度利率3.31%作出反事实变更，调节其至2%和1%（对应模型中设定的稳态季度利率 $\overline{R}$ 分别为1.0050和1.0025），在基准模型与两种反事实设定下模拟央行进行相同幅度（0.25bp）的降息操作，并进行三者效果的对比分析，以期深入探究我国利率调整空间与政策效果。

我国降息冲击的脉冲响应结果如图9-1所示，从经济增长角度来看，降息刺激了私人投资与总消费意愿，扩张了市场的资金流动性，对产出的短期刺激作用十分显著，并且随着名义利率的下调，相同幅度的降息对经济增长更为强劲；从风险防范化解的角度来看，利率下降使得非耐心家庭的融资成本降低，致使其加杠杆意愿加强，从而推高了居民杠杆率，使得家庭部门债务风险上升。并且家庭部门基于住房抵押渠道的信贷流动性提升在一定程度上提振房地产行业，推动房价上涨。同时，利率下降会使人民币面临贬值风险。我国在采取宽松货币政策以促进经济增长时，应提防国内债务风险与人民币过快贬值风险，特别是，低利率区间下运行宽松货币政策会使居民杠杆率、房价、汇率波动程度更大。以上结果表明，我国目前基于利率调控的价格型工具在到达零利率或负利率的非常规情况前仍具备较大调控空间，在低利率区间内货币政策通过提振国内投资市场与房地产市场以刺激总产出的效果更好，但同时对居民债务端的推动较为明显，开放经济下人民币受相同降息幅度的贬值效应亦更大，即低利率时的降息操作更易带来信贷市场与汇率市场的不稳定性。

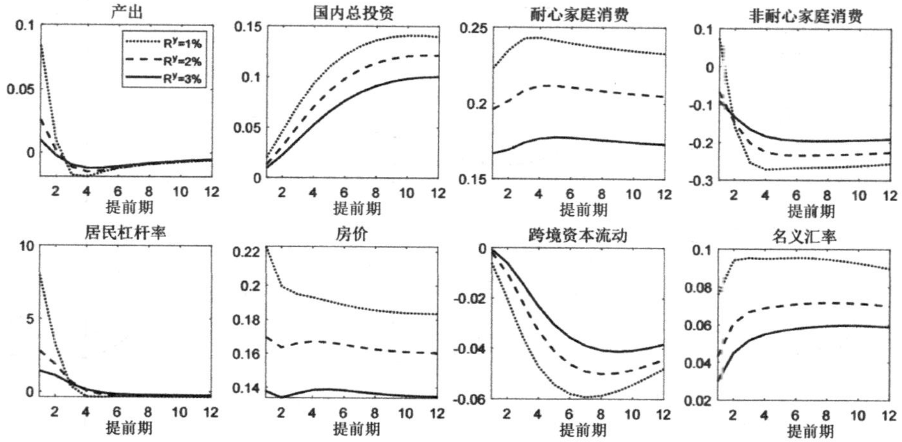

图9-1　中国降息冲击对各经济变量的脉冲响应

二、财政支出政策空间与效果分析

基准模型所构建的财政支出框架包含政府消费、政府投资与转移支付三类，为分析不同财政支出政策在规模变更情况下的调控效果变化，我们分别对三类财政支出稳态比重作出反事实上升模拟，并赋予其相同幅度的支出扩张冲击，以获取性质与规模差异对积极财政支出政策的效果影响。我们首先对基准模型中稳态政府消费规模 0.156 作出反事实变更，调节其至 0.166 和 0.176，并赋予三种状态相同程度（1% 稳态 GDP 大小）的政府消费正向冲击。政府消费正向冲击结果如图 9－2 所示。积极政府消费政策通过增加总需求以推动产出上涨，但在直接扩大经济内需的同时对耐心家庭支出产生挤出效应，因此削弱了扩张性政府消费下经济繁荣效应的持续性，使得产出脉冲在政策冲击后从最高点不断下降。在此过程中，政府消费对两种家庭的住房持有意愿产生了异质性作用，耐心程度更大的家庭倾向于在过热的经济中抛售房产以获取未来跨期更大的效用，而贴现因子更低的非耐心家庭在积极财政政策的影响下更愿意将财富消耗在当期，因此扩大其消费支出与住房购入数量，并通过房地产抵押的信贷渠道获取更多资金来源，从而推动居民杠杆率上升。同时，由于我国泰勒规则中名义利率盯住产出与通胀的程度较高，政府消费可能会引发名义利率的上涨从而降低居民债务上升幅度以及削弱房地产的价格，表现为脉冲结果中居

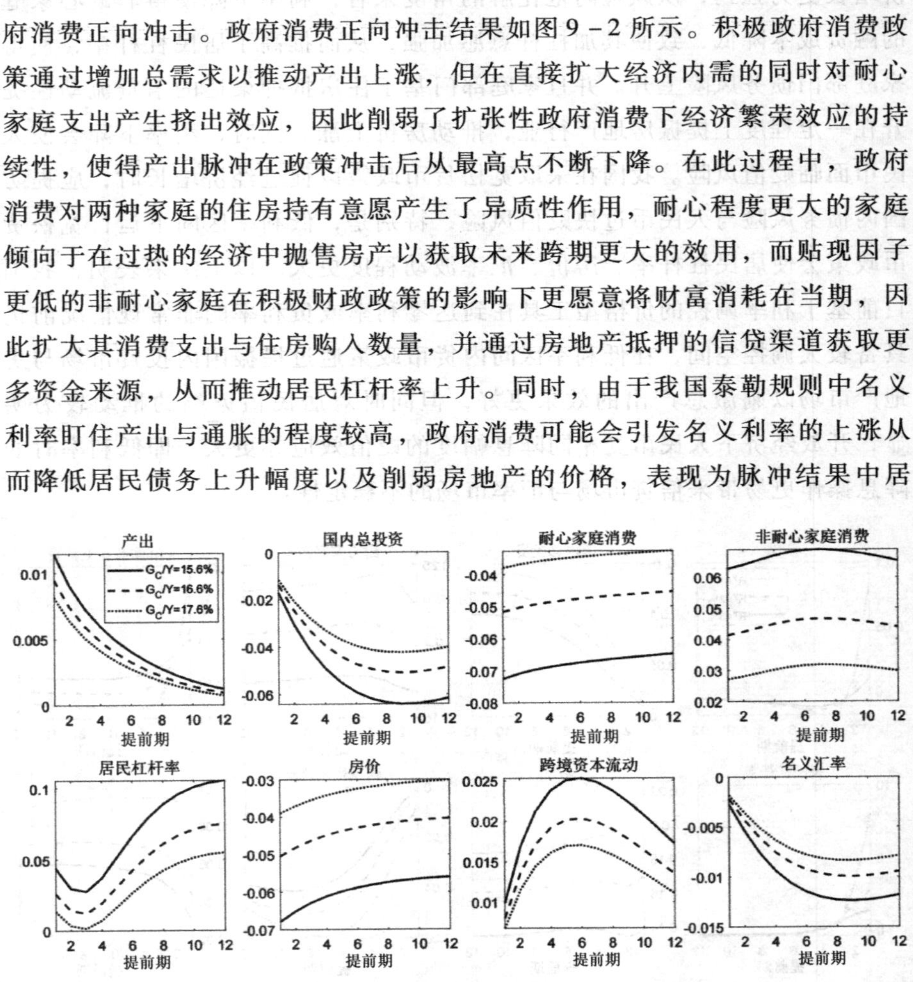

图 9－2 政府消费正向冲击对各经济变量的脉冲响应

民负债率较低程度上升，而住房价格则在供需平衡与利率机制作用下有所降低。此外，政府消费扩张对人民币产生了升值效果，表明积极的财政政策有助于提振国际市场对中国经济的信心，同时货币政策中名义利率的跟随产出效应亦增加了市场对人民币的需求。从政府消费的规模效应来看，相同程度政策冲击对经济变量的脉冲幅度均随着政府消费规模的扩大而下降，持续扩张政府消费会降低其稳增长效果。

接着，我们对稳态政府投资规模 0.034 作出反事实变更，调节其至 0.044 和 0.054，并赋予相同程度（1%稳态 GDP 大小）的政府投资正向冲击，以模拟政府投资规模扩张情况下的政策效果差异。如图 9－3 所示，政府投资正向冲击使得产出呈现驼峰型上涨趋势，其稳增长效果在 4 季度达到高峰，随后开始减弱，表明政府投资除通过总需求路径刺激经济外，亦会对企业生产有积极效果并通过供给端刺激产出，即政府投资的经济增长作用会在政策实施后逐渐释放。从政府投资对居民部门的结果来看，一方面，由于政府投资挤占了企业的私人资本需求，因此对私人投资具有挤出效应，另一方面，政府投资基于供需端对经济的促进作用提振了消费市场与住房市场信心，较大程度提升了居民的整体消费水平与购房意愿。由于耐心家庭倾向于减少储蓄以扩张消费与购房支出，导致经济中的可贷资金下降，同时非耐心家庭在积极政府投资政策下对房产数量与贷款资金的需求未有减少，此时仅基于家庭部门的信贷流动资金未能满足经济需求，债务扩张程度低于产出上涨程度，使得居民杠杆率有所降低，而两种家庭部门对住房需求的增加会推动房价持续上升。结合前文所分析降息对信贷市场流动性的扩张效应，政府投资搭配宽松货币政策可达到更优的经济刺激效果。从政府投资对汇率市场的结果来看，政府投资对汇率的影响程度要大于政府消费，其基于房价上涨与经济增长等因素提高了人民币在国际市场的吸引力，人民币大幅升值会通过吸引外资流入与提升资产价格的路径为房价的上涨提供更充足动力，即政府投资可能会引发房地产与汇率联动共振。从政府投资的规模效应来看，低规模下的积极政府投资政策在未引发高杠杆和人民币贬值等风险的同时具有更好的稳增长效应，而政府投资规模上升会较大程度减弱其调控效果，因此财政部门需警惕政府投资增速过快所带来的乘数效应骤减与调控效果渐弱现象。

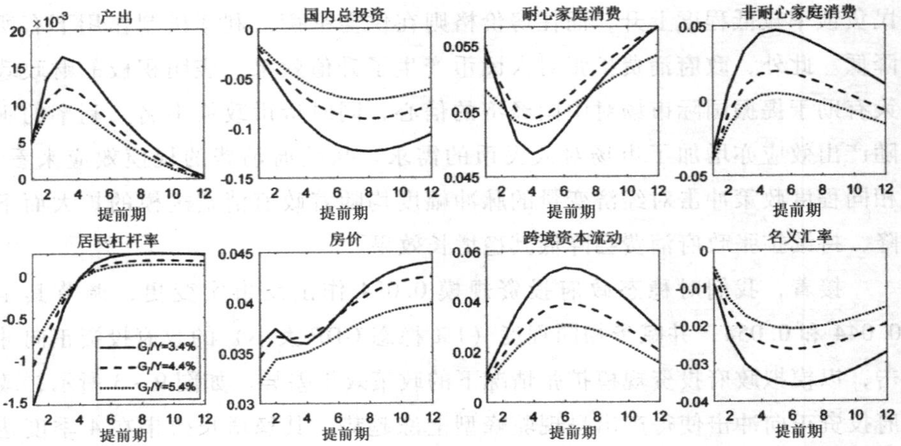

图 9－3 政府投资正向冲击对各经济变量的脉冲响应

最后，我们对稳态转移支付规模 0.074 作出反事实变更，分别调节其至 0.084 和 0.094，并赋予相同程度（1% 稳态 GDP 大小）的转移支付正向冲击，结果如图 9－4 所示。从脉冲趋势上来看，转移支付政策对经济的作用与政府消费相似，但产出提升幅度与人民币升值程度更小。政策对居民部门的影响更大，原因在于转移支付不能直接刺激总需求，而是在当期以财富的形式给予家庭进行支出，社会财富增加同样导致了通货膨胀波动与实际利率上升，引发了异质性家庭的不同选择。由于耐心家庭对财富的跨期效用要高于非耐心家庭，并且考虑到政府一次性转移支付可能会在未来以税收或增发货币的形式所收取，因此耐心家庭更倾向于在当期提高储蓄、抛售房产使得房价下跌，其决策可能是李嘉图等价的；与此相反，非耐心家庭在积极财政政策影响下扩张了支出与债务，从而推高了居民杠杆率，即对财富耐心程度较小的家庭的决策是非李嘉图等价的，更易被财政政策所引导。由于转移支付并未对总需求与总供给产生直接作用，而是更多地影响家庭的分配问题，因此基于利率渠道与产出效应对汇率的影响相对其他两种政府支出手段而言更小，在汇率风险防范化解问题上转移支付的作用最弱。规模上升同样引起了转移支付政策效果的减弱，但对产出影响的递减程度更低。

总体而言，三类政府支出都具有较好的稳增长效果，其中政府投资效果最优但随规模扩大而递减更快。从针对信贷市场、住房市场与汇率市场的调控作用来看，一方面，政府投资促进了异质性家庭的资金需求与住房

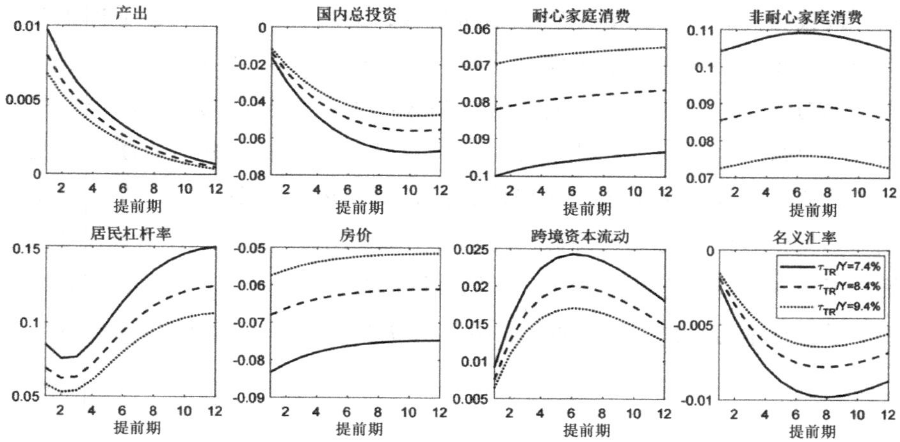

图 9－4　转移支付正向冲击对各经济变量的脉冲响应

需求，为投资额与房价提供较好的上涨动力，同时降低耐心家庭的储蓄意愿，此时搭配降息政策可释放更多资金流动性以推动经济繁荣。另一方面，政府消费与转移支付的作用类似，驱使作为信贷资金提供方的耐心家庭产生李嘉图式决策，同时刺激非耐心家庭的支出意愿，在风险端刺激居民杠杆率但未有推高房价趋势，若利率规则跟随产出上调力度过高可能会进一步削弱耐心家庭的支出偏好，对房价产生不利影响，因此积极的政府支出政策可搭配宽松货币政策以获取更优的经济刺激效果，但仍需警惕经济过热所引致的过高宏观杠杆率与汇率波动风险因素。

三、财政税收政策空间与效果分析

基准模型对财政税收进行三类区分，分别为劳动税、资本税与消费税，为厘清不同税收政策在税率调整下的异质性经济效应，我们分别对基准模型中三类税收作出税率反事实下降模拟，并赋予其相同的税率负向冲击幅度（税率下降 0.01），以获取降税政策对经济增长与风险变量的影响，同时探讨我国在积极降税过程中是否发生了政策空间的收缩。

首先，模拟基准模型中劳动税率从 0.13 降低至 0.12 和 0.11，进行同幅度降税冲击，结果如图 9－5 所示。劳动税率负向冲击降低了税收对居民可支配收入的挤占程度，对家庭部门的整体消费水平有促进作用，从而通过扩大经济内需以推动产出上涨。从异质性家庭部门的反应来看，积极的减税政策虽然提升了家庭部门的劳动收入，但所引致的财政赤字扩张与经济繁荣使得耐心家庭增加了储蓄意愿，为金融中介提供更多的信贷资金来源，同时减弱其边际消费倾向并减少高风险性住房资产的持有。而非耐心家庭则呈现反向效应，因此经济中的信贷资产从耐心家庭向非耐心家庭流动，扩张了居民债务但未造成房价过高，金融风险更多地暴露在居民债务端而非房地产泡沫方面。除此之外，由于减税操作对经济的促进作用小幅度推升了利率并吸引跨境资本流入，人民币呈现贬值态势但其变化幅度远要低于居民杠杆率与房价的波动率，表明劳动税率调整对汇率影响相对较小。

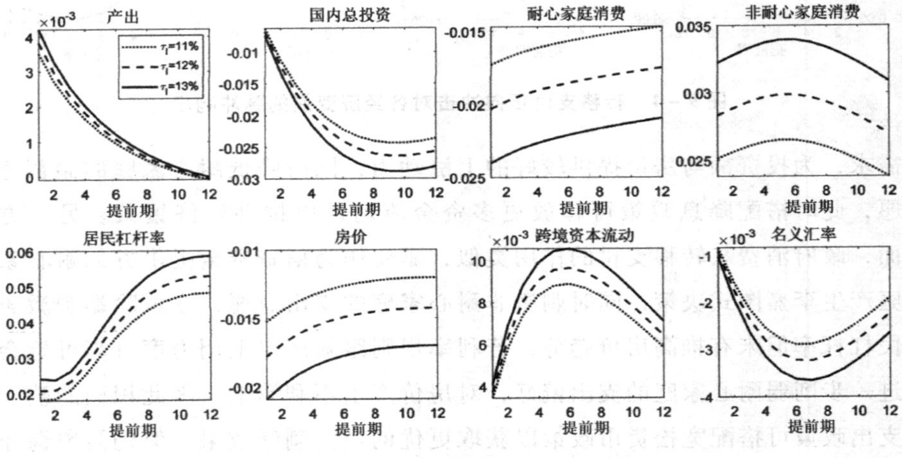

图 9－5　劳动税率正向冲击对各经济变量的脉冲响应

其次，模拟基准模型中资本税率从 0.19 降低至 0.18 和 0.17 进行冲击，结果如图 9－6 所示。资本税率负向冲击对总产出、居民杠杆、房价和汇率等经济变量所造成的脉冲方向与劳动税率负向冲击相似，但幅度更小，两种税收政策的主要差别在于资本税减税操作更大程度地刺激了国际资本对华投资，尽管耐心家庭仍然发生了“李嘉图式”的储蓄偏好与消费、投资支出下降，但跨境资本净流入极大地缓解了该行为所导致的经济内需下降，因此资本税政策更多作用在资本市场，其引起国内信贷市场、住房市场的波动要更小。

最后，模拟消费税率从 0.15 降低至 0.14 与 0.13 并给予冲击。如图 9－7 所示，消费税率负向冲击基于开放经济与信贷渠道对宏观变量的影响要大于劳动税与资本税的，针对消费市场的降税政策有助于扩大整体内

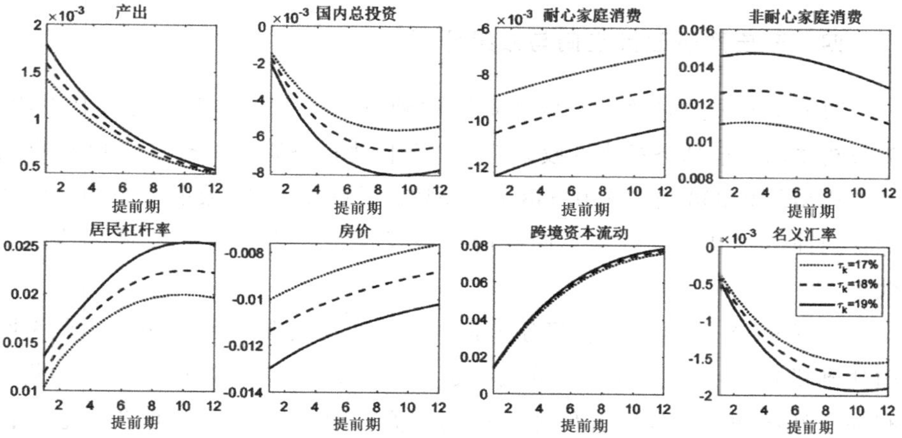

图 9－6　资本税率正向冲击对各经济变量的脉冲响应

需以刺激经济增长，同时更大程度地促使非耐心家庭增加支出与借贷力度，可能导致家庭部门的债务风险增加。整体而言，三类降税政策的稳增长效果显著，但均伴随一定程度的居民杠杆上升风险与房价下探波动。并且，税收降低可吸引跨境资本流入以推动人民币升值，其对汇率市场的影响程度相较于国内信贷市场和住房市场两类市场要更低。随着稳态税率的下降，相同幅度的税率调整会导致更弱的经济变量波动，考虑到低税率环境下私人可支配资源被挤占程度显著下降，其对应的降税操作空间亦明显收缩。

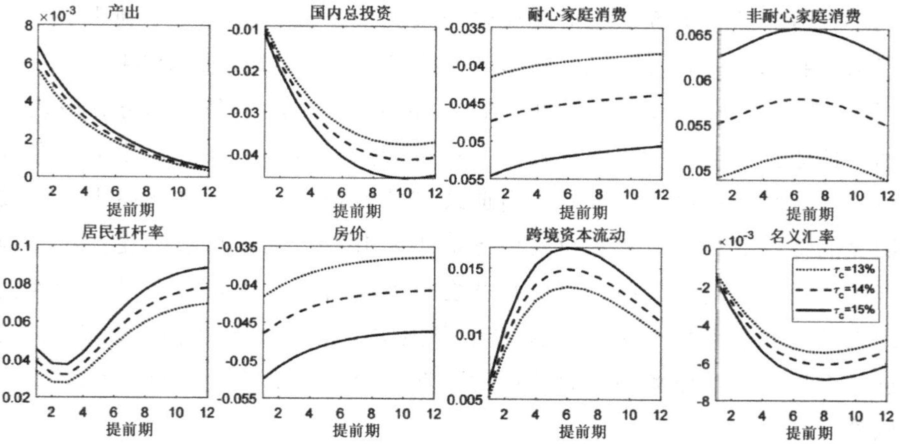

图 9－7　消费税率正向冲击对各经济变量的脉冲响应

四、政府融资政策空间与效果分析

政府债券发行是政府获取融资以达到财政收支结构平衡的重要手段，为分析中国政府债务扩张的政策效果，我们将稳态政府债务占 GDP 比重从基准模型的 0.338 模拟至 0.348 和 0.358，并赋予 0.01 数值大小的政府债券正向冲击，以期分析在不同政府债务规模下政府通过发债融资的政策效果。

如图 9 - 8 所示，政府债务扩张会使产出呈现驼峰形脉冲，并在 4 期前达到增长率峰值，随后政策效果迅速收缩，表明近年来中国债务发行有助于经济增长。但随着债务规模的上升，政府债券扩张冲击的稳增长效果显著弱化。究其原因，政府债务扩张意味着未来财政支出上升，由此对经济产生增长效应，但同时挤占了家庭与企业的未来可支配财富预期。因此过高的债务规模及过快的债务扩张会迅速缩紧社会资源并侵蚀市场资金流动性，最终挤压政府债务发行的政策空间。从风险角度来看，由于无风险政府债券对社会储蓄的虹吸降低了家庭部门的整体支出意愿，使得社会投资发生大幅下降且信贷市场活跃性走弱，居民杠杆率与房价均呈现下降态势。与此同时，政府债券的大量发行会增大人民币需求量，推动利率上升并吸引跨境资本流入，以致人民币升值。因此政府债务扩张会使经济债务发生由家庭端向政府端的转移，降低了居民部门的杠杆风险，但伴随着房价承压下跌风险与人民币升值对出口的不利影响。近年来，我国中央政府部门杠杆率呈现扩张态势，其数值自 2004 年第一季度的 27% 上升至 2021 年第四季度的 46.8%。相较于公共债务，较高的私人债务会导致更深的经济衰退（Batini 等，2019），因此适度的债务发行为经济增长作出一定贡献。当前政府债券规模对我国经济尚未显现较明显的抑制效应，但随着政府债务的不断升高，其依靠财政支出拉动经济的作用势必遭到削弱，而对社会资源的挤占效应以及对资产流动性的约束问题亦会愈发凸显。因此需结合现实经济形势稳住债务发行速率，通过保持合理的债务融资政策区间来防范财政预算失衡与资产价格下跌风险。

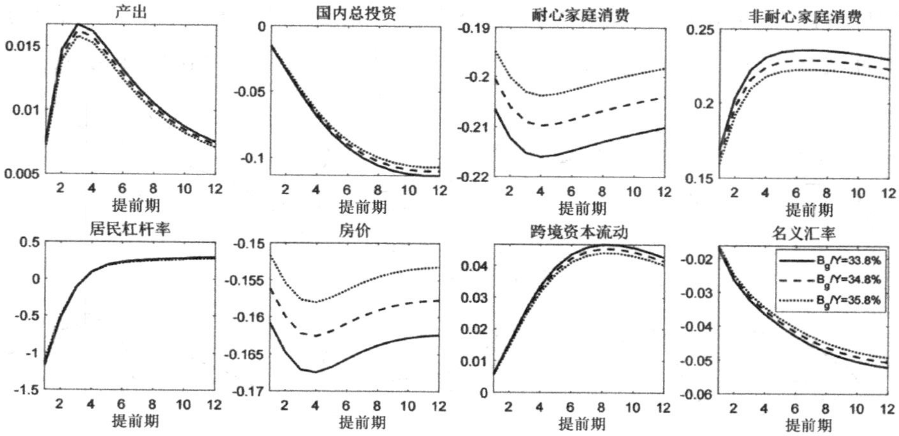

图 9－8　政府债券扩张冲击对各经济变量的脉冲响应

五、汇率政策空间与效果分析

中国自 21 世纪加入世界贸易组织以来，稳步推进汇率市场化改革与资本账户开放，随着跨境资本频繁流动与金融市场复杂性加深，人民币汇率波动加剧并扰动国内信贷市场与住房市场。虽有研究表明汇率的浮动特征有利于我国维持货币政策独立性与优化国际收支结构，但汇率波动性过强会在增长端削弱企业出口意愿进而抑制经济活动，同时在风险端引发房地产危机与系统性风险累积（徐雅婷等，2019；王孝松等，2022；石峰等 2022）。新冠疫情后，世界经济呈现衰退态势，美国所启动的激进加息周期与针对中国的科技封锁造成我国汇率市场与资本市场的剧烈波动，并可能导致金融风险由海外向国内延展，基于此背景衡量我国汇率调控与宏观审慎政策的“防风险”与“稳增长”效果具有重大的实践意义。

因此，本书模拟美国加息冲击与美国技术进步冲击两种外部扰动，基于反事实视角衡量我国汇率调控与宏观审慎强度变更下国内金融体系应对国际金融周期的有效性。在汇率调控方面，本书构建了汇率稳定性的关注指标，我们模拟利率对汇率反应系数 ρ_e^r 由基准模型中的 0 值调节至 0.1 与 0.2，以模拟汇率稳定程度的上升。在宏观审慎方面，本书研究资本市场开放管束与贷款价值比工具两种调控指标，将中国资本市场外资占比 θ_k 由基准模型的 0.2% 调节至 0.4% 与 0.6% 以模拟资本开放程度的提高；将贷

款价值比 *ltv* 由 0.62 调节至 0.7 与 0.8 以模拟信贷约束宽松。图 9-9 显示了三种调节状态下一单位标准差美国加息冲击所引致的国内经济脉冲响应。

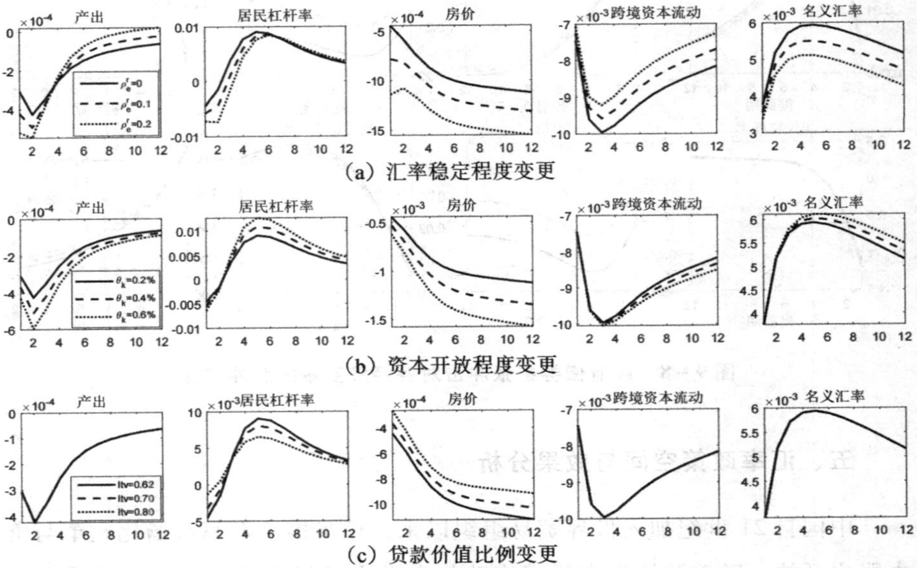

（a）汇率稳定程度变更

（b）资本开放程度变更

（c）贷款价值比例变更

图 9-9　美国加息冲击对我国各经济变量的脉冲响应

首先，分析基准状态下美国加息冲击对中国的影响，从国际视角来看，美国利率上升将推动美元强势升值，吸引国际资本回流美国，导致我国出现较大程度的跨境资本流出现象，人民币呈现贬值态势，汇率不稳定性加剧。同时，国内总投资额下降将从供需两端削弱我国总产出，致使我国 GDP 在受冲击初期发生较大程度下跌，即美国加息冲击会通过资本市场与汇率市场对中国经济产生紧缩效应，引发汇率风险。在国内视角下，从信贷市场与住房市场的受影响程度来看，资本流出与人民币贬值所引致的资产价格下降会减弱市场预期，进一步削弱居民的资产持有信心。更为谨慎的耐心家庭倾向于抛售房产，导致我国房价持续下跌；居民信贷需求在美国加息冲击初期走弱，但在 2 期后，非耐心家庭工资下滑与偿债能力减弱引发了其非经济推动型的债务累积，经济下行时期伴随居民杠杆率上升极大地增加了金融风险。以上表明美国加息冲击将对我国的经济增长与风险防范造成不利影响，可能引发汇率市场、信贷市场与住房市场三者的风险共振，尽管汇率贬值对出口的促进作用缓解了产出下滑程度，但汇率风险、债务风险与房价暴跌风险仍处在高位。

图 9－9（a）表明货币政策对汇率的盯住程度上升能有效降低汇率波动性与跨境资本流出幅度，从而使得汇率市场与资本市场的风险暴露有所下降，但同时加剧了产出波动幅度。在信贷市场与住房市场上，由于利率为对抗人民币贬值而发生的上升提高了私人融资成本，居民杠杆率的振幅亦有所收缩，但信贷市场活跃度走弱引发了住房价格的进一步下跌。考虑到我国房价已处于历史较高点位，在本轮美国加息周期下过度关注汇率波动可能导致房价暴跌危机，维持货币政策独立性与汇率的适度浮动对于协调稳增长与防风险双目标仍具备重要作用。图 9－9（b）表明当资本开放程度增大时，美国加息会使得国内资本流失更为严重，所引致的汇率市场、信贷市场与住房市场波动更为剧烈，产出下降程度亦更高，因此在面临美国加息冲击时，加强资本流动的宏观审慎有助于抑制汇率风险向国内市场的传递。最后，图 9－9（c）表明基于居民贷款价值比的宏观审慎宽松对产出与汇率造成的影响较小，但能有效地调节居民杠杆率与房价受美国加息冲击的影响，在美国加息周期下的信贷约束收紧可能会导致居民获取资金的能力进一步受限，非耐心家庭偿债能力的减少会使得经济衰退态势下居民债务波动率增加，房价下跌幅度更大。

图 9－10 显示了一单位标准差的美国技术进步冲击对我国各经济变量的脉冲响应。首先，美国生产率提高会吸引国际投资，引发我国跨境资本流出与人民币贬值，导致我国产出在短期内发生下降。随着美国技术进步对其经济刺激作用向世界的正向溢出，国际经济形势有所好转，我国出口额在人民币贬值情况下有所增加，使得我国产出在受冲击衰退后快速回升，并在 12 期内保持一定的增长程度。虽然美国技术进步对我国的汇率市场造成了扰动，但未引发居民高杠杆风险与房价暴跌风险，因此该冲击基于汇率市场与资本市场向国内信贷市场与住房市场的风险传递相较于美国加息冲击而言更为温和。其次，如图 9－10（a）所示，货币政策对汇率波动盯住力度上升能够降低我国汇率市场波动与跨境资本流出幅度，由于汇率稳定性增强在一定程度上缓解了资本流出倾向与资产价格波动，因此虽然产出与居民杠杆率的振幅未有明显差异，但住房价格在汇率更稳定情况下有显著提高，即在美国技术进步冲击下，我国汇率稳定程度提升有助于房价维持上升态势。最后，如图 9－10（b）所示，资本开放程度增大加剧

了所有变量的波动性，其中跨境资本流动与汇率的脉冲差异较为微弱，而居民杠杆率与房价的变化更为强烈，表明在美国技术进步冲击下，我国资本开放程度的调控需重点关注信贷市场与住房市场的风险防范目标达成。最后，如图 9－10（c）所示，基于贷款价值比的居民信贷约束强度调节能够实现对房价与居民杠杆率的精准调控，而对产出与汇率的作用微乎其微，在面对美国技术进步冲击时，信贷约束适当收紧有助于居民杠杆率在 6 期后下降更多，从而在更大程度减少宏观债务风险，但同时亦导致非耐心家庭资金收缩以及耐心家庭对房产的偏好提升，造成房价虚高。总体而言，货币政策对汇率波动的关注度上升能够显著减少汇率市场与资本市场的风险暴露，而基于资本开放管束与贷款价值比的宏观审慎政策则能够有效调控居民杠杆与房价。

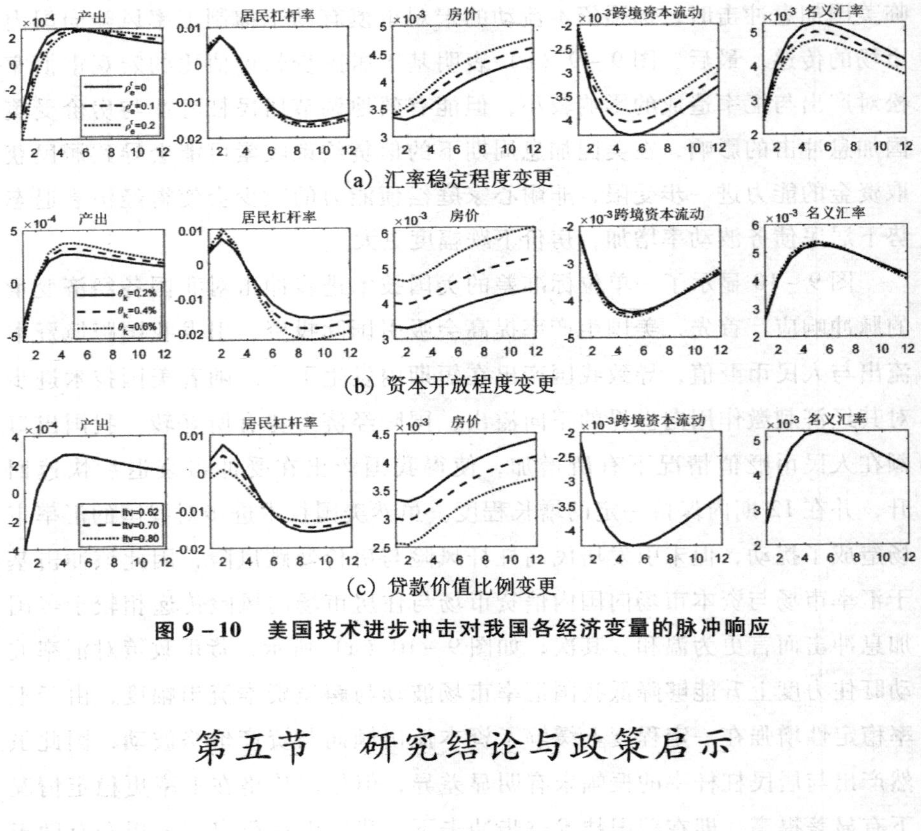

（a）汇率稳定程度变更

（b）资本开放程度变更

（c）贷款价值比例变更

图 9－10　美国技术进步冲击对我国各经济变量的脉冲响应

第五节　研究结论与政策启示

我国宏观调控政策实现经济内外均衡，对实现跨周期调节与高质量发展具有本质意义，有助于中国在新冠疫情影响与国际风险冲击之下走出阴霾并引领世界经济。由此，本章拓展一个包含中美两国的开放 DSGE 模型：建立基于货币、财政和汇率政策的宏观调控框架以及由居民高杠杆风险、房价暴跌风险及汇率波动风险组成的系统性风险评估体系，纳入中国居民的抵押信贷渠道与跨境投资路径，并延展美国加息与技术进步两种海外冲击，以期探讨美国政策偏好对中国政策抉择的影响，并进一步探究我国货币政策、财政政策与汇率政策的传导机制与实施空间以及不同类型政策的经济增长效应与异质性风险调节作用。

本章研究表明：（1）基于利率调控的货币政策对产出具有较强的短期效应，降息操作基于提升本国流动性偏好与增强私人投资动机促成了信贷市场与住房交易市场的高活跃性，同时利率降低会使得本国货币吸引力下降、跨境资本流出，引致本币贬值。随着名义利率向零靠近，同等力度的降息操作显示出更强调控作用，但所引起的高杠杆风险与人民币贬值效应也更大。（2）积极财政支出扩张与减税政策均显著促进产出上涨，但由于作用对象与传导机制的不同导致了多类财政政策之间的效果差异，具体而言，政府消费与转移支付主要通过扩张总需求起作用，而对耐心家庭的支出与房产持有产生了挤出效应，从而削弱住房市场稳定性；政府投资通过参与企业生产进入总供给，基于供需两端刺激经济繁荣与房价上升；三类减税政策在刺激经济的同时均可能导致居民杠杆率上升风险，但程度有所不同；政府债券融资意味扩张未来财政支出以拉动经济，其对社会资源的挤占效应致使杠杆率与房价下降。此外，财政政策作用空间会随着其支出规模上升或税率下降而收缩，特别是，政府投资具有明显的规模递减效应。（3）美国加息会显著抑制我国产出，且可能引发汇率市场、信贷市场与住房市场三者的风险共振。我国跟随加息操作能够有效缓解资本流出与汇率波动，减少宏观杠杆率振幅，但可能导致更大的房价暴跌风险。相比之下，美国技术进步对我国的影响较为温和，仅造成汇率市场波动但未抬升居民杠杆与拉低房价。同时，反事实模拟结果表明，资本开放程度增大会放大所有外生冲击对我国造成的经济波动与风险累积。

基于以上研究结论，本章提出如下三点政策建议。第一，基于不同政策的异质性特征，优化货币政策与财政政策结构性组合。一方面，单一政策的作用空间可能受自身规模与程度变更而发生收缩，进而弱化该政策的调控效果，以财政政策为例，政府投资释放与政府债务扩张速率不宜过快，否则会使其正向效益迅速衰减；另一方面，单一政策的调控空间有限，特别是，价格型货币政策的短期效应更强，且在低利率区间作用下引发的宏观变量不稳定性加剧，但对流动性偏好的促升能力较好，与财政政策合理搭配方可有效应对经济衰退或风险溢出。第二，充分发挥财政职能作用，稳步推进供给侧结构性改革，优化市场要素配置。基于供给侧推动型的财政政策对经济增长有明显成效，同时有助于维护信贷市场与住房市场的稳定发展，引导经济良好循环以降低系统性风险，政府当局应适当考虑财政支出向供给端倾斜，以政府投资引导私人资本向新型基础设施建设与高精尖产业流动，同时为有利于经济发展的中小企业提供积极财政干预与融资扶持。第三，适时调整汇率制度并协调货币与财政框架。维持货币政策独立性与汇率的适度浮动有利于应对美国激进加息对我国经济造成的不利冲击，搭配资本流动管控相关的宏观审慎政策可以有效缓冲汇率不稳定性对国内信贷市场与住房市场的风险传染，而合理提高汇率稳定程度亦能基于平滑跨境资本流动的作用渠道以降低海外冲击对我国资产价格的影响。因此，在我国渐进推进资本账户开放与汇率市场化改革的大方向下，政府当局仍需根据国际经济形势与内外部风险冲击的不同特征，加强宏观审慎与金融监管，及时调整汇率调控手段，并搭配多类型货币与财政政策，构建具有前瞻性和灵活性的宏观调控政策以期实现中国经济内外均衡。

参考文献

[1] Adjemian S, Darracq Pariès M, Smets F, 2008, "A Quantitative Perspective on Optimal Monetary Policy Cooperation between the US and the Euro Area", Social Science Electronic Publishing, Vol. (3), 256-258.

[2] Afonso, A. and F. S. Leal, 2019, "Fiscal Stimulus in a Monetary Union: Evidence from U. S. Region", Applied Economics, Vol. 51 (51), 5577-5593.

[3] Ahmad, S., 2016, "A multiple threshold analysis of the Fed's balancing act during the Great Moderation", Economic Modelling, Vol. 55, 343-358.

[4] Akinci O, Olmstead-Rumsey J, 2015, "How Effective are Macroprudential Policies? An Empirical Investigation", International Finance Discussion Papers, Vol. (1136).

[5] Akram, Q. F, Bärdsen, G. and Øyvind, Eitrheim, 2010, "Monetary Policy and Asset Prices: to Respond or Not?", International Journal of Finance & Economics, Vol. 11 (3), 279-292.

[6] Aktas, Z., Kaya, N. and Özlale Ü, 2010, "Coordination between Monetary Policy and Fiscal Policy for an Inflation Targeting Emerging Market.", Journal of International Money & Finance, Vol. 29 (1), 123-138.

[7] Alesina, A., C. Favero, and F. Giavazzi, 2015, "The Output Effect of Fiscal Consolidation Plans", Journal of International Economics, Vol. (96), 19-42.

[8] Algozhina Aliya, 2022, "Monetary policy rule, exchange rate re-

gime, and fiscal policy cyclicality in a developing oil economy", Energy Economics, Vol. (112).

[9] Alice Albonico, Lorenza Rossi, 2017, "Inflation bias and markup shocks in a LAMP model with strategic interaction of monetary and fiscal policy", Journal of Macroeconomics, Vol. (52), 39 - 55.

[10] Alpanda, S., and S. Zubairy, 2017, "Addressing Household Indebtedness: Monetary, Fiscal or Macroprudential Policy?", European Economic Review, Vol. (92), 47 - 73.

[11] Amano, R. A., Coletti, D. and Macklem, T., 1999, "Monetary Rules when Economic Behaviour Changes", Working Papers from Bank of Canada, Vol. (8).

[12] Amato J. and T. Laubach, 1999, "The value of interest rate smoothing: how the private sector helps the Federal Reserve", Economic Review, Vol. (84), 47 - 64.

[13] Amri, P., Richey, G., Willett, T. 2016 "Capital Surges and Credit Booms: How Tight is the Relationship?". Open Economies Revie, Vol. 27 (4), 637 - 670.

[14] Anaya P, Hachula M, Offermanns C J., 2017, "Spillovers of U. S. Unconventional Monetary Policy to Emerging Markets: The Role of Capital Flows". Journal of International Money and Finance, Vol. (73), 275 - 295.

[15] Andrew Filardo, Paul Hubert, Phurichai Rungcharoenkitkul. 2022, "Monetary policy reaction function and the financial cycle". Journal of Banking & Finance, Vol. (142).

[16] Angelini, P., S. Neri, and F. Panetta, 2014, "The Interaction Between Capital Requirements and Monetary Policy", Journal of Money, Credit and Banking, Vol. 46 (6), 1073 - 1112.

[17] Angeloni I, Faia E, 2013, "Capital regulation and monetary policy with fragile banks", Journal of Monetary Economics", Vol. 60 (3), 311 - 324.

[18] Angeloni, I., E. Faia, M. L. Duca. 2015, "Monetary Policy and Risk Taking", Journal of Economic Dynamics and Control, Vol. (52), 285 - 307.

[19] Ansgar Belke, Jens Klose. 2011, "Does the ECB rely on a Taylor

rule during the financial crisis? Comparing ex – post and real – time data with real – time forecasts", Economic Analysis & Policy, Vol. 41 (2), 147 – 171.

[20] Antonakakis N, Chatziantoniou I, 2013, "Filis G. Dynamic co – movements of stock market returns, implied volatility and policy uncertainty", Economics Letters, Vol. 120 (1), 87 – 92.

[21] Aoki, K., J. Proudma and G. Vlieghe, 2004, "House Prices, Consumption and Monetary Policy: A Financial Accelerator Approach", Journal of Financial Intermediation, Vol. 13 (4), 414 – 435.

[22] Auerbach, A. J., and Y. Gorodnichenko, 2012, "Measuring the Output Responses to Fiscal Policy", American Economic Journal: Economic Policy, Vol. 4 (2), 1 – 27.

[23] Azad N F, Serletis A. 2020, "Monetary Policy Spillovers in Emerging Economies". International Journal of Finance & Economics, Vol. (25), 664 – 683.

[24] Bachmann, R., and E. R. Sims, 2012, "Confidence and the Transmission of Government Spending Shocks", Journal of Monetary Economics, Vol. 59 (3), 235 – 249.

[25] Balke, N., S. 2000, "Credit And Economic Activity: Credit Regimes and Nonlinear Propagation Of Shocks", Review of Economics and Statistics, Vol. 82 (2), 344 – 349.

[26] Basto, R., S. Gomes, D. Lima, et al., 2019, "Exploring the Implications of Different Loan – to – value Macroprudential Policy Designs", Journal of Policy Modeling, Vol. 41 (1): 66 – 83.

[27] Batini, N., Melina, G., 2019, "Villa, S. Fiscal Buffers, Private Debt and Recession: The Good, the Bad and the Ugly", Journal of Macroeconomics, Vol. (62).

[28] Bec, F., M. B. Salem, and F. Collard, 2002, "Asymmetries in Monetary Policy Reaction Function: Evidence for the U. S. French and German Central Banks", Studies in Nonlinear Dynamics and Econometrics, Vol. 6 (2), 1 – 22.

[29] Bekiros, S., R. Nilavongse, G. S. 2020, "Uddin. Expectation – Driv-

en House Prices and Debt Defaults: The Effectiveness of Monetary and Macroprudential Policies", Journal of Financial Stability, Vol. (49), 100760.

[30] Belomestny D, Krymova E, Polbin A. 2021, "Bayesian TVP - VARX Models with Time Invariant Long - run Multipliers", Economic Modelling, Vol. (101), 105531.

[31] Bernanke, B., Gertler, M., Gilchrist, S. 1996, "The Financial Accelerator and the Flight to Quality", The Review of Economics and Statistics, Vol. 78 (1), 1 - 15.

[32] Bi H, Kumhof M. 2011, "Jointly optimal monetary and fiscal policy rules under liquidity constraints", Journal of Macroeconomics, Vol. 33 (3), 373 - 389.

[33] Bian Zhicun, Yang Yuanyuan, 2017, "Structural Fiscal Regulation and Choice of Instruments in the New Normal", China Economist, Vol. 12 (05), 22 - 38.

[34] Bianchi F, Ilut C. 2017, "Monetary/fiscal policy mix and agents' beliefs", Review of economic Dynamics, Vol. 26, 113 - 139.

[35] Blanchard, O. J., and D. Leigh, 2013, "Growth Forecast Errors and Fiscal Multipliers", American Economic Review, Vol. 103 (3), 117 - 120.

[36] Blanchard, O. J., and R. Perotti, 2002, "An Empirical Characterization of the Dynamic Effects of Changes in Government Spending and Taxes on Output", Quarterly Journal of Economics, Vol. 117 (4), 1329 - 1368.

[37] Blinder A S., 1982, "Issues in the coordination of monetary and fiscal policy", National Bureau of Economic Research, Vol. 66 (1), 143 - 168.

[38] Boivin, J. and M. P. Giannoni., 2006, "Has Monetary Policy Become More Effective?", The Review of Economics and Statistics, Vol. 88 (3), 445 - 462.

[39] Boivin, J., 2006, "Has U. S. Monetary Policy Changed? Evidence from Drifting Coefficients and Real - time Data", Journal of Money, Credit, and Banking, Vol. 38 (5), 1149 - 1179.

[40] Bossone, B., 2015, "Macroeconomic policy coordination and central bank independence after the crisis", Financial Market Research, Vol. 42

(11), 134 - 137.

[41] Britta FÃ ¶rster and Hayo B., 2018, "Monetary and Fiscal Policy in Times of Crisis: A New Keynesian Perspective in Continuous Time", Manchester School, Vol. 86 (1), 21 - 48.

[42] Brunnermeier, M. K. and Yuliy Sannikov, 2014, "Macroeconomic Model with a Financial Sector", American Economic Review, Vol. 104 (2), 379 - 421.

[43] Bruno, V. and H. S. Shin, 2015, "Capital Flows and the Risk - Taking Channel of Monetary Policy", Journal of Monetary Economics, Vol. 71 (2), 119 - 132.

[44] Buiter W H and Marston R C, 1985, "International Economic Policy Coordination", Willem Buiter, Vol. (1), 93 - 100.

[45] Bush, G., T. Gómez, A. Jara, D. Moreno, K, Styrin, and Y. Ushakova, 2021, "Macroprudential Policy and the Inward Transmission of Monetary Policy: The Case of Chile, Mexico, and Russia", Review of International Economics, Vol. 29 (1), 37 - 60.

[46] Caggiano, G., E. Castelnuovo, V. Colombo, and G. Nodari, 2015, "Estimating Fiscal Multipliers: News from a Nonlinear World", Economic Journal, Vol. 125 (584), 746 - 776.

[47] Caglayan, M., Jehan, Z., and Mouratidis, K., 2016, "Asymmetric monetary policy rules for an open economy: evidence from Canada and the UK", International Journal of Finance & Economics, Vol. 21 (3), 279 - 293.

[48] Calvo, G. A., 1983, "Staggered Prices in a Utility - Maximizing Framework", Journal of Monetary Economics, Vol. 12 (3), 383 - 398.

[49] Campbell, J. R., and Z. Hercowitz, 2009, "Welfare Implications of the Transition to High Household Debt", Journal of Monetary Economics, Vol. 56 (1), 1 - 16.

[50] Campbell, J. Y, and N. G. Mankiw, 1990, "Permanent Income, Current Income, and Consumption", Journal of Business & Economic Statistics, Vol. 8 (3), 265 - 279.

[51] Candelon, B., and L. Lieb, 2013, "Fiscal Policy in Good and Bad

Times", Journal of Economic Dynamics and Control, Vol. 37 (12), 2679 – 2694.

[52] Canzoneri M B., 2007, "Coordination of Monetart and Fiscal Policy in a Monetary Uniom: Policy Issues Analytical Models", Manchester School, Vol. 75 (s1), 21 – 43.

[53] Canzoneri, M., F. Collard, H. Dellas, and B. Diba, 2016, "Fiscal Multipliers in Recessions", Economic Journal, Vol. 126 (590), 75 – 108.

[54] Cao, J. V. Dinger, A. Grodecka – Messi, R. Juelsrud, and X. Zhang, 2021, "The Interaction Between Macroprudential and Monetary Policies: The Cases of Norway and Sweden", Review of International Economics, Vol. 29 (1), 87 – 116.

[55] Caporale G. M. et al., 2018, "Monetary policy rules in emerging countries: Is there an augmented nonlinear taylor rule?", Economic Modelling, Vol. 72, 306 – 319.

[56] Carmen D R, 2004, "International Monetary Policy Coordination under Asymmetric Shocks", International Advances in Economic Research, Vol. 10 (1), 72 – 82.

[57] Cassou S. P., Scott C. P., and Vázquez J, 2012, "Optimal monetary policy with asymmetric preferences for output", Economics Letters, Vol. 117 (3), 654 – 656.

[58] Castelnuovo E., 2007, "Taylor Rules Smoothing in the Euro Area", The Manchester School, Vol. 75 (1), 1 – 16.

[59] Castro, V., 2011, "Can central banks' monetary policy be described by a linear (augmented) Taylor rule or by a nonlinear rule?", Journal of Financial Stability, Vol. 7 (4), 228 – 246.

[60] Cekin S E, Geremew M S, and Marfatia H., 2019, "Monetary Policy Co – movement and Spillover of Shocks among BRICS Economies", Applied Economics Letters, Vol. 26 (15), 1253 – 1263.

[61] Chang – Jin Kim and Charles R. Nelson, 2006, "Estimation of a Forward – Looking Monetary Policy Rule: A Time – Varying Parameter Model Using Ex Post Data", Journal of Monetary Economics, Vol. 53 (8), 1949 – 1966.

[62] Chari V V, Christiano L J, and Kehoe P J, 1991, "Optimal fiscal

and monetary policy: Some recent results", Journal of Money, Credit and Banking, Vol. 23 (3), 519 - 539.

[63] Chen C. L., G. J. Chen, and S. J. Yao, 2012, "Do Imports Crowd out Domestic Consumption? A Comparative Study of China, Japan and Korea", China Economic Review, Vol. 23 (4), 1036 - 1050.

[64] Chesang L. K. and R. Naraidoo, 2016, "Parameter uncertainty and inflation dynamics in a model with asymmetric central bank preferences", Economic Modelling, Vol. 56, 1 - 10.

[65] Christiano, L., M. Eichenbaum, and S. Rebelo, 2011, "When Is the Government Spending Multiplier Large?", Journal of Political Economy, Vol. 119 (1), 78 - 121.

[66] Christiano, L. J., Eichenbaum, M., and Evans, C. L, 1999, "Monetary Policy Shocks: What Have We Learned and to What End?", Handbook of Macroeconomics, Vol. 1 (chapter 2), 65 - 148.

[67] Christina Kinghan, Yvonne McCarthy, and Conor O'Tool, 2022, "How do macroprudential loan - to - value restrictions impact first time home buyers? A quasi - experimental approach", Journal of Banking & Finance, Vol. 138, 1056 - 1078.

[68] Clarida C. and Gali J., 2000, "Gertler M. Monetary policy rules and macroeconomic stability: evidence and some theory" Quarterly Journal of Economics, Vol. 115 (1), 147 - 180.

[69] Clarida R, Gali J., and Gertler M., 1999, "The science of monetary policy: a New Keynesian Perspective", Journal of Economic Literature, Vol. 37 (4), 1661 - 1707.

[70] Clarida R, 2019, "The Global Factor in Neutral Policy Rates: Some Implications for Exchange Rates, Monetary Policy, and Policy Coordination", International Finance, Vol. 22 (1), 2 - 19.

[71] Clarida, C., Gali, J., and Gertler, M., 2000, "Monetary Policy Rules and Macroeconomic Stability: Evidence and Some Theory", Quarterly Journal of Economics, Vol. 115 (1), 147 - 180.

[72] Clarida, C., Gali J., and Gertler M, 1999, "The Science of Mo-

netary Policy: a New Keynesian Perspective." Journal of Economic Literature, Vol. 37 (4), 1661 - 1707.

[73] Clarida, R. H., J. Galí, and M. Gertler, 2000, "Monetary Policy Rules and Macroeconomic Stability: Evidence and Some Theory", The Quarterly Journal of Economics, Vol. 115 (1), 147 - 180.

[74] Clarida, R., Gali, J., and Gertler, M., 1998, "Monetary policy rules in practice: some international evidence", . European Economic Review, Vol. 42 (6), 1033 - 1067.

[75] Coenen, G., C. Erceg, C. Freedman, D. Furceri, M. Kumhof, R. Lalonde, D. Laxton, J. Lindé, A. Mourougane, D. Muir, S. Mursula, C. Resende, J. Roberts, W. Roeger, S. Snudden, M, Trabandt, and J. Veld, 2012, "Effects of Fiscal Stimulus in Structural Models", American Economic Journal: Macroeconomics, Vol. 4 (1), 22 - 68.

[76] Cogley T. and Sargent T., 2005, "Drifts and volatilities: monetary policies and outcomes in the post WWII". Review of Economic Dynamics, Vol. 8 (2): 262 - 302.

[77] Cogley, T. and Sargent, T., 2001, "Evolving Post World War Ⅱ U. S. Inflation", NBER Macroeconomics Annual, Vol. 16, 331 - 373.

[78] Cogley, T. and Sargent, T., 2005, "Drifts and Volatilities: Monetary Policies and Outcomes in the Post WWII", Review of Economic Dynamics, Vol. 8 (2), 262 - 302.

[79] Corsetti G. and Pesenti P., 2005, "International Dimensions of Optimal Monetary Policy". Journal of Monetary Economics, Vol. (2): 281 - 305.

[80] Corsetti, G., A. Meier, and G. J. Müller, 2012, "What Determines Government Spending Multipliers?", Economic Policy, Vol. 27 (72), 521 - 565.

[81] Cukierman A. and S. Gerlach, 2003, "The Inflation Bias Revisited: Theory and some International Evidence", The Manchester School, Vol. 71 (5), 541 - 565.

[82] Davig, T., 2004, "Regime - Switching Debt and Taxation." Journal of Monetary Economics, Vol. 51 (4), 837 - 859.

[83] Davis, M. A. and J. Heathcote, 2005, "Housing and the Business Cycle", International Economic Review, Vol. 46 (3): 751 - 784.

[84] Dennis R., 2006, "The policy preference of the US Federal Reserve", Journal of Applied Econometrics", Vol. 21 (1), 55 - 77.

[85] Diebold F X and Yilmaz K., 2009, "Measuring Financial Asset Return and Volatility Spillovers, with Application to Global Equity Markets", The Economic Journal, Vol. 119 (534), 158 - 171.

[86] Diebold F X and Yilmaz K., 2014, "On the Network Topology of Variance Decompositions: Measuring the Connectedness of Financial Firms", Journal of Econometrics, Vol. 182 (1): 119 - 134.

[87] Dieter Gerdesmeier and Barbrara Roffia, 2004, "Empirical estimates of reaction functions for the Euro area", Schweizerische Zeitschrift für Volkswirtschaft und Statistik, Vol. 140 (1): 37 - 66.

[88] Dixit A and Lambertini L, 2003, "Interactions of commitment and discretion in monetary and fiscal policies", American economic review, Vol. 93 (5): 1522 - 1542.

[89] Dolado, J. J., Mara - Dolores, R., and Naveira, M., 2005, "Are monetary - policy reaction functions asymmetric: the role of nonlinearity in the Phillips curve", European Economic Review, Vol. 49 (2), 485 - 503.

[90] Doornik, J., 2006, "Ox: Object Oriented Matrix Programming", London: Timberlake Consultants Press.

[91] Dupaigne, M. and P. Fève, 2016, "Persistent Government Spending and Fiscal Multipliers: The Investment - Channel", European Economic Review, Vol. 89, 425 - 453.

[92] Eberly, J., S. Rebelo, and N. Vincent, 2012, "What Explains the Lagged - investment Effect?", Journal of Monetary Economics, Vol. 59 (4): 370 - 380.

[93] Edilean Kleber da Silva Bejarano Aragón, Gabriela Bezerra de Medeiros, 2015, "Monetary Policy in Brazil: Evidence of a Reaction Function with Time - Varying Parameters and Endogenous Regressors", Empirical Economics, Vol. 48, 557 - 575.

[94] Eggertsson, G. B. , 2011, "What Fiscal Policy Is Effective at Zero Interest Rates?", NBER Macroeconomics Annual, Vol. 25 (1), 59 - 112.

[95] Ehrmann M. and Smets F. , 2003, "Uncertain potential output: implications for monetary policy", Journal of Economic Dynamics and Control, Vol. 27 (9), 1611 - 1638.

[96] Eijffinger, S. and Karata, B. , 2020, "Together or apart? The Relationship between Currency and Banking Crises", Journal of Banking & Finance, Vol. (119), 105631.

[97] Enrique Martínez - García, Valerie Grossman, and Adrienne Mack, 2015, "A Contribution to the Chronology of Turning Points in Global Economic Activity (1980 - 2012)", Journal of Macroeconomics, Vol. 46, 170 - 185.

[98] Evans G W, Guse E, and Honkapohja S. , 2008, "Liquidity traps, learning and stagnation", European Economic Review, Vol. 52 (8), 1438 - 1463.

[99] Evans G W and Honkapohja S. , 2010, "11 Expectations, deflation traps and macroeconomic policy", Twenty Years of Inflation Targeting: Lessons Learned and Future Prospects, Vol. 232.

[100] Everett, M. , J. Haan, D. J. Jansen, P. McQuade, and A. Samarina, 2021, "Mortgage Lending, Monetary Policy, and Prudential Measures in Small Euro - area Economies: Evidence from Ireland and the Netherlands", Review of International Economics, Vol. 29 (1), 117 - 143.

[101] Falagiarda, M. and A. Saia, 2017, "Credit, Endogenous Collateral and Risky Assets: A DSGE Model", International Review of Economics and Finance, Vol. 49 (5): 125 - 148.

[102] Favero, C. and Monacelli T. , 2005, "Fiscal Policy Rules and Regime (In) Stability: Evidence from the U. S. " NBER Working Paper Series, Vol. 282, 1 - 30.

[103] Favero, C. , F. Giavazzi, and J. Perego, 2011, "Country Heterogeneity and the International Evidence on the Effects of Fiscal Policy", IMF Economic Review, Vol. 59 (4), 652 - 682.

[104] Fève, P. , and J. G. Sahuc, 2015, "On the Size of the Govern-

ment Spending Multiplier in the Euro Area", Oxford Economic Papers, Vol. 67 (3), 531 -552.

[105] Flotho, S. , 2018, "Interaction of Fiscal and Monetary Policy in a Monetary Union under the Zero Lower Bound Constraint", Annals of Operations Research, Vol. 260 (1 -2), 1 -38.

[106] Foresti P. 2015, "Monetary and Debt - concerned Fiscal Policies Interaction in Monetary Unions. ", International Economics & Economic Policy, Vol. 12 (4), 541 -552.

[107] Forni, L. , Monteforte, L. and Sessa, L. , 2009, "The General Equilibrium Effects of Fiscal Policy: Estimates for the Euro Area", Journal of Public Economics, Vol. 93 (3), 559 -585.

[108] Funke M, Kirkby R, and Mihaylovski P, 2018, "House prices and macroprudential policy in an estimated DSGE model of New Zealand", Journal of Macroeconomics, Vol. 56, 152 -171.

[109] Funke M, Paetz M, 2013, "Housing prices and the business cycle: An empirical application to Hong Kong", Journal of Housing Economics, Vol. 22 (1), 62 -76.

[110] Furlanetto F, Gelain P, and Sanjani M T, 2014, "Output Gap in Presence of Financial Frictions and Monetary Policy Trade - offs", IMF Working Papers, Vol. 14 (128).

[111] Gabrisch, H, 2015, "On the Twin Deficits Hypothesis and the Import Propensity in Transition Countries", International Economics and Economic Policy, Vol. 12, 205 -220.

[112] Gali, J. , Monacelli, T. , 2005, "Monetary Policy and Exchange Rate Volatility in a Small Open Economy", Review of Economic Studies, Vol. 72 (3), 707 -734.

[113] Geanakoplos, J. , W. R. Zame, 2014, "Collateral Equilibrium, I: a Basic Framework", Economic Theory, Vol. 56 (3), 443 -492.

[114] Gelain P, Lansing K J, and Mendicino C, 2012, "House Prices, Credit Growth, and Excess Volatility: Implications for Monetary and Macroprudential Policy", Dynare Working Papers, Vol. 9 (2), 219 -276.

[115] Georgiadis G, 2016, "Determinants of Global Spillovers from US Monetary Policy", Journal of International Money and Finance, Vol. 67, 41 - 61.

[116] Gerberding C., Worms A., and Seitz F, 2005, "How the Bundesbank really conducted monetary policy: an analysis based on real - time data", The North American Journal of Economics and Finance, Vol. 16 (3), 277 - 292.

[117] Gertler, M. and P. Karadi, 2011, "A Model of Unconventional Monetary Policy", Journal of Monetary Economics, Vol. 58 (1), 17 - 34.

[118] Ghatak, S., Moore, T., 2011, "Monetary policy rules for transition economies: an empirical analysis", Review of Development Economics, Vol. 15 (4), 714 - 728.

[119] Ghosh, S., Reitz, S., 2013, "Capital Flows, Financial Asset Prices and Real Financial Market Exchange Rate: A Case Study for an Emerging Market, India", Journal of Reviews on Global Economics, Vol. 2 (2), 158 - 171.

[120] Ghulam S. and W. S. Malik, 2017, "Estimating Monetary Policy Reaction of State Bank of Pakistan", Pakistan Economic and Social Review, Vol. 55 (1), 119 - 157.

[121] Gonzalez, A. M., 2018, "Identifying the Stance of Monetary Policy at the Zero Lower Bound: A Markov - Switching Estimation Exploiting Monetary - Fiscal Policy Interdependence.", Journal of Money Credit & Banking, Vol. 50 (1), 115 - 154.

[122] Goodfriend, M., and B. T. McCallum, 2007, "Banking and Interest Rates in Monetary Policy Analysis: A Quantitative Exploration", Journal of Monetary Economics, Vol. 54 (5), 1480 - 1507.

[123] Guerrieri, L., and Iacoviello, M., 2017, "Collateral Constraints and Macroeconomic Asymmetries", Journal of Monetary Economics, Vol. 90, 28 - 49.

[124] Harvey, A. C., Ruiz, E. and Sentana, E., 1992, "Unobserved Component Time Series Models with ARCH Disturbances", Journal of Econometrics, Vol. 52 (1 - 2), 129 - 157.

[125] Ho S W, Zhang J, and Zhou H, 2018, "Hot Money and Quantitative Easing: The Spillover Effects of U. S. Monetary Policy on the Chinese Economy", Journal of Money Credit and Banking, Vol. 50 (7), 1543 - 1569.

[126] Ho, T. W., 2001, "The Government Spending and Private Consumption: a Panel Co - integration analysis", International Review of Economics and Finance, Vol. 10 (1), 95 - 108.

[127] Iacoviello, M. 2005, "House Prices, Borrowing Constraints and Monetary Policy in the Business Cycle", American Economic Review, Vol. 95 (3), 739 - 764.

[128] Iacoviello, M., 2015, "Financial Business Cycles", Review of Economic Dynamics, Vol. 18 (1), 140 - 163.

[129] Iacoviello, M., Neri, S., 2010, "Housing Market Spillovers: Evidence from an Estimated DSGE Model", American Economic Journal: Macroeconomics, Vol. 2 (2), 125 - 164.

[130] Ikeda, T., 2010, "Asymmetric Preferences for Monetary Policy Rules in the Visegrad Four and the Financial Crisis", Economic Bulletin, Vol. 30 (3), 2160 - 2188.

[131] Ilzetzki, E., E. G. Mendoza, and C. A. Végh, 2013, "How Big (Small?) are Fiscal Multipliers?", Journal of Monetary Economics, Vol. 60 (2), 239 - 254.

[132] JC Fuhrer and GR Moore, 1995, "Monetary Policy Trade - offs and the Correlation between Nominal Interest Rates and Real Output", American Economic Review, Vol. 85 (1), 219 - 239.

[133] Jean - Pascal Bénassy., 2003, "Fiscal policy and optimal monetary rules in a non - Ricardian economy", Review of Economic Dynamics, Vol. 6 (3), 498 - 512.

[134] JIN Cao, Valeriya Dinger., 2022, "Financial Globalization and Bank Lending: The Limits of Domestic Monetary Policy", Journal of Financial and Quantitative Analysis, Vol. 57 (8), 3223 - 3251.

[135] John Y. Campbell, N. Gregory Mankiw., 1989, "Consumption, Income, and Interest Rates: Reinterpreting the Time Series Evidence", NBER

Macroeconomics Annual, Vol. 4, 185 – 216.

[136] Jose D. Garcia Revelo, Grégory Levieuge., 2022, "When could Macroprudential and Monetary Policies be in Conflict", Journal of Banking & Finance, Vol. 139, 106484.

[137] Judd, J. P., Rudebusch, G. D., 1998, "Taylor's Rule and the Fed: 1970 – 1997", FRB of San Francisco, Economic Review, Vol. 26, 3 – 16.

[138] Justiniano, A., G. E. Primiceri, and A. Tambalotti, 2011, "Investment Shocks and the Relative Price of Investment", Review of Economic Dynamics, Vol. 14 (1), 102 – 121.

[139] Justiniano, A., G. E. Primiceri, and A. Tambalotti., 2015, "Household Leveraging and Deleveraging", Review of Economic Dynamics, Vol. 18 (1), 3 – 20.

[140] Kameda, T., R. Namba and T. Tsuruga, 2021, "Decomposing Local Fiscal Multipliers: Evidence from Japan", Japan and the World Economy, Vol. 57, 101053.

[141] Kandil, M., 1995, "Asymmetric Nominal Flexibility and Economic Fluctuations", Southern Economic Journal, Vol. 61, 674 – 695.

[142] Kannan, P., P. Rabanal, and A. M. Scott, 2012, "Monetary and Macroprudential Policy Rules in a Model with House Price Booms", The BE Journal of Macroeconomics, Vol. 12 (1), 544 – 553.

[143] Kim C. J., Nelson C. R., 2006, "Estimation of a Forward – looking Monetary Policy Rule: A Time – varying Parameter Model Using Expost Data", Journal of Monetary Economics, Vol. 53 (8), 1949 – 1966.

[144] Kim Jeong – Yoo and Choi Hyung Sun. 2023, "Monetary policy, fiscal policy and cross signal jamming", Journal of Macroeconomics, Vol. 75, 1 – 19.

[145] Kim S. 2001, "International Transmission of U. S. Monetary Policy Shocks: Evidence from VAR's", Journal of Monetary Economics, Vol. 48 (2), 339 – 372.

[146] Kirsanova, T., C Leith and S. Wren – Lewis, 2010, "Monetary and Fiscal Policy Interaction: The Current Consensus Assignment in the Light of

Recent Developments", SSRN Electronic Journal.

[147] Kiyotaki, N., and J. Moore, 1997, "Credit Cycle", Journal of Political Economy, Vol. 105 (20), 211 -248.

[148] Kliem, M. and A. Kriwoluzky, 2014, "Toward a Taylor rule for fiscal policy", Review of Economic Dynamics, Vol. 17 (2), 294 -302.

[149] Kocherlakota Narayana R.. 2022, "Stabilization with fiscal policy", Journal of Monetary Economics, Vol. 131, 1 -14.

[150] Komlan F., 2013, "The asymmetric reaction of monetary policy to inflation and the output gap: Evidence from Canada", Economic Modelling, Vol. 30, 911 -923.

[151] Koop G and Korobilis D. 2013, "Large time - varying Parameter VARs" Journal of Econometrics, Vol. 177 (2), 185 -198.

[152] Krus, L. and I. Woroniecka - Leciejewicz, 2018, "Assessment of the Historical Policy Mixes for Poland Using the Game Approach", Control and Cybernetics, Vol. 47 (3), 277 -300.

[153] Kumhof, M., D. Muir, S. Mursula, S. Snudden, M. Kortelainen, D. Anderson, B. Hunt and D. Laxton, 2013, "Getting to Know GIMF: The Simulation Properties of the Global Integrated Monetary and Fiscal Model", IMF Working Papers, 055.

[154] Kurmas A. S., 2015, "Asymmetric Behaviour of Inflation around the Target in Inflation - Targeting Countries", Journal of Political Economy, Vol. 62 (5), 486 -504.

[155] Le Vo Phuong Mai, Matthews Kent, Meenagh David, Minford Patrick, Xiao Zhiguo. 2021, "Shadow banks, banking policies and China's macroeconomic fluctuations", Journal of International Money and Finance, Vol. 116.

[156] Leeper E M, Leith C. 2016, "Understanding Inflation as a Joint Monetary "Fiscal Phenomenon", Handbook of Macroeconomics, Vol. 2.

[157] Leeper, E. M. 1991, "Equilibria under 'Active' and 'Passive' Monetary and Fiscal Policies", Journal of Monetary Economics, Vol. 27 (1), 129 -147.

[158] Leeper, E. M., M. Plante and N. Traum, 2010, "Dynamics of

Fiscal Financing in the United States", Journal of Econometrics, Vol. 156 (2), 304 – 321.

[159] Leeper, E. M., Traum, N., Walker, T. B. 2017, "Clearing Up the Fiscal Multiplier Morass", American Economic Review, Vol. 107 (8): 2409 – 2454.

[160] Lei H., Han J. Y., and Zhang Q., 2018, "The Impact of Monetary and Fiscal Policy Shocks on Stock Markets: Evidence from China", Emerging Markets Finance and Trade, Vol. 54 (8), 1856 – 1871.

[161] Levieuge, G., Lucotte, Y., Pradines – Jobetc, F. 2021, "The Cost of Banking Crises: Does the Policy Framework Matter", Journal of International Money and Finance, Vol. 110 (1), 102209.

[162] Liu, Dayu, Xu, Ning, Zhao, Tingting and Song, Yang, 2018, "Identifying the nonlinear correlation between business cycle and monetary policy rule: Evidence from China and the U. S.", Economic Modelling, Vol. 73, 45 – 54.

[163] Liu Ding, Sun Weihong, Chang Long., 2021, "Monetary – fiscal policy regime and macroeconomic dynamics in China", Economic Modelling, Vol. 95, 121 – 135.

[164] Liu, Z, P. Wang and T. Zha, 2013, "Land – Price Dynamics and Macroeconomic Fluctuations", Econometrica, Vol. 81 (3), 1147 – 1184.

[165] Lombardo, G. and Sutherland, A. 2004, "Monetary and Fiscal Interactions in Open Economies", Journal of Macroeconomics, Vol. 26 (2), 319 – 347.

[166] Lucas Jr R E, Stokey N L. 1983, "Optimal fiscal and monetary policy in an economy without capita", Journal of monetary Economics, Vol. 12 (1): 55 – 93.

[167] Mahmoudinia, D., R. B. Dastjerdi, and S. Jafari, 2018, "Extraction of Optimal Fiscal and Monetary Policy Rules in Framework of Game Theory: Application of Dynamic Stochastic General Equilibrium Model", Quarterly Journal of Applied Theories of Economics, Vol. 4 (4), 143 – 174.

[168] Markus K. Brunnermeier and Lasse Heje Pedersen. 2009, "Market

Liquidity and Funding Liquidity", The Review of Financial Studies, Vol. 22 (6).

[169] Martin C., Milas C. 2004, "Modelling monetary policy: Inflation targeting in practice", Economica, Vol. 71 (281), 209 - 221.

[170] Martin Kliem, Alexander Kriwoluzky, and Samad Sarferaz. 2016, "Monetary - fiscal policy interaction and fiscal inflation: A tale of three countries", European Economic Review, Vol. 88, 158 - 184.

[171] Martin Mandler. 2012, "Decomposing federal funds rate forecast uncertainty using time - varying Taylor rules and real - time data", North American Journal of Economics and Finance, Vol. 23, 228 - 245.

[172] Martinez - Miera, D., and R. Repullo, 2019, "Monetary Policy, Macroprudential Policy, and Financial Stability", Annual Review of Economics, Vol. 11 (1), 809 - 832.

[173] Mbodja Mougoue, Armand Gilbert Noula, and Richard A. Ajayi, 2008, "Maturities, Nonlinearities, and the International Transmission of Short - Term Interest Rates", International Review of Applied Economics, Vol. 4, 93 - 112.

[174] McCallum, B. and Nelson, E., 1999, "Performance of Operational Policy Rules in an Estimated Semi - Classical Structural Model", University of Chicago Press, Vol. 15 - 56.

[175] McLeod, A. I. and Li, W. K., 1983, "Diagnostic Checking ARMA Time Series Models Using Squared - Residual Autocorrelations", Journal of Time Series Analysis, Vol. 4, 269 - 273.

[176] Mcmanus, R., Ozkan, F. G., Cowell, F., Ellingsen, T., and Manning, A., 2021, "Why Are Fiscal Multipliers Asymmetric? The Role of Credit Constraints", Economica, Vol. 88 (349), 32 - 69.

[177] Mendoza, E. G., 2010, "Sudden Stops, Financial Crises, and Leverage", American Economic Review, Vol. 100 (5), 1941 - 1966.

[178] Mendoza, E. G., and K. A. Smith, 2006, "Quantitative Implications of a Debt - deflation Theory of Sudden Stops and Asset Prices", Journal of International Economics, Vol. 70 (1), 82 - 114.

[179] Mertens, K. R. S. M. , and M. O. Ravn, 2014, "Fiscal Policy in an Expectations – Driven Liquidity Trap", Review Economic Studies, Vol. 81 (4), 1637 – 1667.

[180] Miller, D. , 2016, "Commitment versus Discretion in a Political Economy Model of Fiscal and Monetary Policy Interaction", Journal of Monetary Economics, Vol. 84, 17 – 29.

[181] Morgan, D. , 1993, "Asymmetric Effects of Monetary Policy", Federal Reserve Bank of Kansas City Economic Review, Vol. 78 (2), 21 – 33.

[182] Mountford, A. and H. Uhlig, 2009, "What are the effects of fiscal policy shocks?", Journal of Applied Econometrics, Vol. 24 (6), 960 – 992.

[183] Nakajima, J. , Kasuya, M. , and Watanabe, T. , 2011, "Bayesian Analysis of Time – varying Parameter Vector Autoregressive Model For The Japanese Economy And Monetary Policy", Journal of the Japanese and International Economies, Vol. 25 (3), 225 – 245.

[184] Nakajima, J. , 2011, "Time – Varying Parameter VAR Model with Stochastic Volatility: An Over – view of Methodology and Empirical Applications", Monetary and Economic Studies, Vol. 29, 107 – 142.

[185] Nakamura, E. , and J. Steinsson, 2008, "Five Facts About Prices: A Reevaluation of Menu Cost Models", The Quarterly Journal of Economics, Vol. 123 (4), 1415 – 1464.

[186] Naraidoo, R. and G. Rangan, 2010, "Modeling Monetary Policy In South Africa: Focus On Inflation Targeting Era Using A Simple Learning Rule", The International Business & Economics Research Journal, Vol. 9 (12), 89 – 98.

[187] Neih, C. C. , and T. W. Ho. , 2006, "Does the Expansionary Government Spending Crowd out the Private Consumption? Cointegration Analysis in Panel Data", Quarterly Review of Economics and Finance, Vol. 46, 133 – 148.

[188] Nier E. , Kang H. , 2016, "Monetary and Macroprudential Policies – Exploring Interactions", Bis Papers Chapters, 86.

[189] Alam, Z. , Alter, A. , Eiseman, J. , Gelos, G. , & Wang, N. (2019). Digging deeper—evidence on the effects of macroprudential policies

from a new database. IMF Staff Papers (WP/19/66).(百度学术)

[190] Nobay A. R. and Peel, A. D., 2003, "Optimal Discretionary Monetary Policy in a Model of Asymmetric Central Bank Preferences", Journal of Economics, Vol. 113, 659-665.

[191] Nsafoa D and Serletis A, 2018, "International Monetary Policy Spillovers", Open Economies Review, Vol (1), 87-104.

[192] Oliver, H. and R. Horst, 2022, "Euro Area Periphery Countries' Fiscal Policy and Monetary Policy Surprises", Oxford Bulletin of Economics and Statistics, Vol. 84 (3), 544-568.

[193] Olivier C. and Yuriy G., 2012, "Why Are Target Interest Rate Changes so Persistent?", American Economic Journal. Macroeconomics, Vol. 4 (4), 126-162.

[194] Orphanides A, 2003, "Historical Monetary Policy Analysis and the Taylor Rule", Journal of Monetary Economics, Vol. 50, 983-1022.

[195] Orphanides A, 2001, "Monetary Policy Rules based on Real-time Data", The American Economic Review, Vol. 91 (4), 964-985.

[196] Orphanides, A., 2004, "Monetary Policy Rules, Macroeconomic Stability and Inflation: A View from the Trenches", Journal of Money, Credit, and Banking, Vol. 36 (2), 151-175.

[197] Owyang, M. T., V. A. Ramey, and S. Zubairy, 2013, "Are Government Spending Multipliers Greater during Periods of Slack? Evidence from 20th Century Historical Data", American Economic Review, Vol. 103 (3), 129-134.

[198] Perotti, R., 1999, "Fiscal Policy in Good Times and Bad", Quarterly Journal of Economics, Vol. 114 (4), 1399-1436.

[199] Catte, P., Cova, P., Pagano, P., and Visco, I., 2011, "The Role of Macroeconomic Policies in the Global Crisis", Journal of Policy Modeling, Vol. 33 (6), 787-803.

[200] Kannan, P., Rabanal, P., and Scott, A. M., 2012, "Monetary and Macroprudential Policy Rules in a Model with House Price Booms", The B. E. Journal of Macroeconomics, Vol. 12 (1), 544-553.

［201］ Primiceri, G. E. , 2005, "Time Varying Structural Vector Auto – regressions and Monetary Policy", Review of Economic Studies, Vol. 72 (3), 821 – 852.

［202］ Qingwang Guo, Junxue Jia, Yongjie Zhang and Zhiyun Zhao, 2011, "Mix of Fiscal and Monetary Policy Rules and Inflation Dynamics in China", China & World Economy, Vol. 19 (5), 47 – 66.

［203］ Rabanal, P. , 2004, "Monetary Policy Rules and the US Business Cycle: Evidence and Implications", IMF Working Paper. Vol. 19 (5), 47 – 66.

［204］ Ramey, V. A. , 2011, "Identifying Government Spending Shocks: It's all in the Timing", The Quarterly Journal of Economics, Vol. 126 (1), 1 – 50.

［205］ Ramsey and J. B. , 1969, "Tests for Specification Errors in Classical Linear Least Squares Regression Analysis", Journal of the Royal Statistical Society Series, Vol. 31 (2), 350 – 371.

［206］ Rane, A. , and E. Ackermann, 2015, "Fiscal Policies and Credit Regimes: A TVAR Approach", Journal of Applied Econometrics, Vol. 30 (7), 1047 – 1072.

［207］ Robert Kelly, Fergal McCann and Conor O'Toole. , 2018, "Credit Conditions, Macroprudential Policy and House Prices", Journal of Housing Economics, Vol. 41 (9), 153 – 167.

［208］ Robert – Nobay, A. , Peel and D. A. , 2003, "Optimal discretionary monetary policy in a model of asymmetric central bank preferences". The Economics Journal, Vol. 113 (489), 657 – 665.

［209］ Rodrigode Sá and M. S. Portugal, 2015, "Central bank and asymmetric preferences: An application of sieve estimators to the U. S. and Brazil", Economic Modelling, Vol. 51, 72 – 83.

［210］ Rodríguez Gabriel, Vassallo Renato and Castillo B. Paul. , 2023, "Effects of external shocks on macroeconomic fluctuations in Pacific Alliance countries", Economic Modelling, Vol. 124 (12),

［211］ Rossanto Dwi HANDOYO, Mansor JUSOH, Mohd and Azlan SHAH

ZAIDI, 2015, "Impact of Monetary Policy and Fiscal Policy on Indonesian Stock Market", Expert Journal of Economics, Vol. 3 (2), 113 - 126.

[212] Rudebusch G., 2002, "Term structure evidence on interest - rate smoothing and monetary policy inertia", Journal of Monetary Economics, Vol. 49 (6), 1161 - 1187.

[213] Ruge - Murcia F. J., 2003, "Inflation Targeting under Asymmetric Preference", Journal of Money, Vol. 35 (5), 763 - 785.

[214] Ruge - Murcia, J. F., 2004, "The Inflation Bias When the Central Banker Targets the Natural Rate of Unemployment", European Economic Review, Vol. 48 (1), 91 - 107.

[215] Ruge - Murcia, J. F., 2002, "A prudent Central Banker", IMF Staff Papers, Vol. 2002 (4), 456 - 469.

[216] Ruge - Murcia, J. F., 2003, "Does the Barro - Gordon model explain the behavior of U. S. Inflation, a Reexamination of the Empirical evidence", Journal of Monetary Economics, Vol. 50 (6), 1375 - 1390.

[217] Santoro E. et al., 2014, "Loss aversion and the asymmetric transmission of monetary policy", Journal of Monetary Economics, Vol. 68, 19 - 36.

[218] Sargent T J and Wallace N., 1981, "Some unpleasant monetarist arithmetic", Federal reserve bank of minneapolis quarterly review, Vol. 5 (3), 1 - 17.

[219] Saulo, H., L. Rêgo and J. A. Divino, 2013, "Fiscal and Monetary Policy Interactions: a Game Theory Approach", Annals of Operations Research, Vol. 206 (1), 341 - 366.

[220] Sbia, R., Shahbaz, M. and Hamdi, H, 2014, "A Contribution of Foreign Direct Investment, Clean Energy, Trade Openness, Carbon Emissions and Economic Growth to Energy Demand in UAE", Economic Modelling, Vol. 36 (C), 191 - 197.

[221] Schleer, F., and W. Semmler, 2015, "Financial Sector and Output Dynamics in the Euro Area: Non - linearities Reconsidered", Journal of Macroeconomics, Vol. 46 (C), 235 - 263.

[222] Schularick, M. and Taylor, A. M., 2012, "Credit Booms Gone

Bust: Monetary Policy, Leverage Cycles and Financial Crises", The American Economic Review, Vol. 102 (2), 1029 - 1061.

[223] Scott C. P., 2016, "Asymmetric preferences and monetary policy deviations", Journal of Macroeconomics, Vol. 50 (C), 325 - 334.

[224] Sebnem Kalemli - Ozcan, Bent Sorensen and Sevcan Yesiltas, 2012, "Leverage across firms, banks, and countries" Journal of International Economics, Vol. 88 (2), 284 - 198.

[225] Shawn C. L. and S. Jeffrey, 2006, "Asymmetric Monetary Policy in Australia", The Economic Record, Vol. 82 (1), 85 - 96.

[226] Shortland, A. and Stasavage, D., 2004, "What determines monetary policy in the Franc zone? Estimating a reaction function for the BCEAO", Journal of African Economics, Vol. 13 (4), 518 - 535.

[227] Sims C A., 1994, "A simple model for study of the determination of the price level and the interaction of monetary and fiscal policy", Economic theory, Vol. 4 (3), 381 - 399.

[228] Sims C. A., "Stability and instability in US monetary policy behavior", Working Paper, 2001.

[229] Sims C. A. and Zha T, 2006, "Were there regime switching in U. S. monetary policy rule?", American Economic Review, Vol. 96 (1), 54 - 81.

[230] Smets F and Wouters R, 2007, "Shocks and Frictions in US Business Cycles: A Bayesian DSGE Approach", American Economic Review, Vol. 97 (3), 586 - 606.

[231] Stefan Gerlach and John Lewis, 2014, "Zero Lower Bound, ECB Interest Rate Policy and the Financial Crisis", Empirical Economics, Vol. 46 (3), 865 - 886.

[232] Stefano Neri and Tiziano Ropele., 2012, "Imperfect information, real - time data and monetary policy in the Euro area", The Economic Journal, Vol. 122 (561), 651 - 674.

[233] Stein, J. C. 2012, "Monetary Policy as Financial Stability Regulation", Quarterly Journal of Economics, Vol. 127 (1), 57 - 95.

[234] Sungmin Park and Young - Han Kim., 2023, "The impact of mac-

roprudential policy on inequality and implications for inclusive financial stability", Journal of Banking & Finance, Vol. 146 (3), 106716.

[235] Surico P., 2007, "The Fed's Monetary Policy Rule and U. S. Inflation: The Case of Asymmetric Preferences", Journal of Economic Dynamics and Control, Vol. 31 (1), 305 - 324.

[236] Svensson, L. E. O., 1999, "Inflation targeting as a monetary policy rule", Journal of Monetary Economic, Vol. 43 (3), 607 - 654.

[237] Tanya Molodtsova, Alex Nikolsko - Rzhevskyy and David H. Papell, 2008, "Taylor rules with real - time data: a tale of two countries and one exchange rate", Journal of Monetary Economics, Vol. 55 (55), 63 - 79.

[238] Tawadros, G. B, 2016, "Asymmetric monetary policy rules in Australia", Applied Economics, Vol. 48 (49), 47 - 58.

[239] Tayler, W., and R. Zilberman, 2016, "Macroprudential Regulation, Credit Spreads and the Role of Monetary Policy", Journal of Financial Stability, Vol. 26 (26), 144 - 158.

[240] Taylor J B, 2012, "Wieland V. Surprising Comparative Properties of Monetary Models: Results from a New Model Database", Review of Economics & Statistics, Vol. 3 (3), 800 - 816.

[241] Taylor J. B., 1993, "Discretion Versus Policy Rules in Practice", Carnegie - Rochester Conference Series on Public Policy, Vol. 39 (1), 195 - 214.

[242] Taylor, J. B., 2009, "The financial crisis and the policy responses: an empirical analysis of what went wrong", SSRN Electronic Journal, Vol. 1 (1), 1 - 30.

[243] Tilak Abeysinghe, and Gulasekaran Rajaguru., 2004, "Quarterly Real GDP Estimates for China and ASEAN 4 with a Forecast Evaluation," Journal of Forecasting, Vol. 23, 431 - 447.

[244] Tillmann P., 2016, "Unconventional Monetary Policy and The Spillovers to Emerging Markets," Journal of International Money and Finance, Vol. 66, 136 - 156.

[245] Tom Bernhardsen, Øyvind Eitrheim, Anne SofieJore, et al.,

2005, "Real - time data for Norway: challenges for monetary policy," The North American Journal of Economics and Finance, Vol. 16 (3), 333 - 349.

[246] Tomislav Ćorić, Hrvoje Šimović, Milan Deskar - Škrbić, 2005, "Monetary and fiscal policy mix in a small open economy: the case of Croatia", Economic Research - Ekonomska Istraživanja, Vol. 28 (1), 407 - 421.

[247] Troy Davig, Eric M. Leeper., 2011, "Monetary - fiscal policy interactions and fiscal stimulus", European Economic Review, Vol. 55 (2), 211 - 227.

[248] Uribe M, Yue V Z, 2006, "Country Spreads and Emerging Countries: Who Drives Whom?", Journal of International Economics, Vol. 69 (1), 6 - 36.

[249] William A. Brock, Pedro J. F. de Lima, 1996, "Nonlinear Time Deries, Complexity Theory, and Finance", Handbook of Statistics, Vol. 14, 317 - 361.

[250] William M. and S. Samuel, 2014, "Is Monetary Policy Non - linear in Latin Americs? A Quantile Regression Approach to Brazil, Chile, Mexico and Peru", The Journal of Developing Area, Vol. 48 (2), 169 - 183.

[251] Woodford Michael, Xie Yinxi. 2022, "Fiscal and monetary stabilization policy at the zero lower bound: Consequences of limited foresight." Journal of Monetary Economics, Vol. 125 - Jan.

[252] Woodford, M. 2012, "Inflation Targeting and Financial Stability." Riksbank Economic Review, Vol. 1, 7 - 32.

[253] Woodford, M. 1995, "Price - level Determination without Control of a Monetary Aggregate." Carnegie - Rochester Conference Series on Public Policy, Vol. 43, 1 - 46.

[254] Yusho Kagraokaa, Zakaria Moussab, 2013, "Quantitative Easing, Credibility and the Time - Varying Dynamics of the Term Structure of Interest Rate in Japan", Journal of International Financial Markets, Institutions and Money, Vol. 25, 181 - 201.

[255] Zakir N. and W. S. Malik, 2013, "Are the effects of monetary policy on output asymmetric in Pakistan?", Economic Modelling, Vol. 32, 1 - 9.

[256] Zhang, W., 2009, "China's Monetary Policy: Quantity Versus Price Rules", Journal of Macroeconomics, Vol. 31 (3), 473 – 484.

[257] Zhu Y. and H. Chen, 2017, "The asymmetry of U. S. monetary policy: Evidence from a threshold Taylor rule with time – varying threshold values", Physica A, Vol. 473, 522 – 535.

[258] Zhu, B., Betzinger, M., Sebastian, 2017, "S. Housing Market Stability, Mortgage Market Structure, and Monetary Policy: Evidence from the Euro Area", Journal of Housing Economics, Vol. 37, 1 – 21.

[259] 卞志村．泰勒规则的实证问题及在中国的检验［J］．金融研究，2006（8）.

[260] 卞志村、赵亮、丁慧．货币政策调控框架转型、财政乘数非线性变动与新时代财政工具选择［J］．经济研究，2019（9）.

[261] 卜永祥、靳炎．中国实际经济周期：一个基本解释和理论扩展［J］．世界经济，2002（8）.

[262] 曹伟、冯颖姣、余晨阳、万谍．人民币汇率变动、企业创新与制造业全要素生产率［J］．经济研究，2022（3）.

[263] 曹玮．中国公共外交有效吗——基于2005—2012年六国民众好感度的时间序列分析［J］．国际政治科学，2015（3）.

[264] 陈创练、郑挺国、姚树洁．时变参数泰勒规则及央行货币政策取向研究［J］．经济研究，2016（8）.

[265] 陈创练、蒋海、单敬群．中国货币政策的非对称性偏好调控模式及其演变研究［J］．统计研究，2019（7）.

[266] 陈创练、郑挺国．数据修订、实时估计与时变参数货币政策规则抉择［J］．统计研究，2018（8）.

[267] 陈创练、王浩楠、单敬群．美联储政策对全球经济的溢出效应与国际货币政策协调机制研究［J］．统计研究，2023（6）.

[268] 陈创练、林玉婷．财政政策反应函数与宏观调控政策取向研究［J］．世界经济，2019（2）.

[269] 陈创练、郑挺国、姚树洁．时变乘数效应与改革开放以来中国财政政策效果测定［J］．经济研究，2019（12）.

[270] 陈创练、单敬群、刘晓彬．信贷流动性约束、宏观经济效应与

货币政策弹性空间 [J]. 经济研究，2022 (6).

[271] 陈创练、戴明晓. 货币政策、杠杆周期与房地产市场价格波动 [J]. 经济研究，2018 (9).

[272] 陈创练、高锡蓉、刘晓彬."稳增长"与"防风险"双目标的宏观调控政策抉择 [J]. 金融研究，2022 (1).

[273] 陈达飞、邵宇、杨小海. 再平衡：去杠杆与稳增长——基于存量-流量一致模型的分析 [J]. 财经研究，2018 (10).

[274] 陈师、郑欢、郭丽丽. 中国货币政策规则、最优单一规则与宏观效应 [J]. 统计研究，2015 (1).

[275] 陈诗一、陈登科. 经济周期视角下的中国财政支出乘数研究 [J]. 中国社会科学，2019 (8).

[276] 陈小亮、马啸."债务-通缩"风险与货币政策财政政策协调 [J]. 经济研究，2016 (8).

[277] 陈彦斌. 中国新凯恩斯菲利普斯曲线研究 [J]. 经济研究，2008 (12).

[278] 陈彦斌、刘哲希、陈伟泽. 经济增速放缓下的资产泡沫研究——基于含有高债务特征的动态一般均衡模型 [J]. 经济研究，2018 (10).

[279] 程方楠、孟卫东. 宏观审慎政策与货币政策的协调搭配——基于贝叶斯估计的 DSGE 模型 [J]. 中国管理科学，2017 (1).

[280] 邓创、席旭文. 中美货币政策外溢效应的时变特征研究 [J]. 国际金融研究，2013 (9).

[281] 邓红亮、陈乐一. 劳动生产率冲击、工资黏性与中国实际经济周期 [J]. 中国工业经济，2019 (1).

[282] 邓晓兰、孙长鹏. 财政、货币与汇率政策协调配合的路径选择——基于对价格决定作用的分析 [J]. 财经科学，2021 (8).

[283] 方意. 宏观审慎政策有效性研究 [J]. 世界经济，2016 (8).

[284] 方意、张瀚文、荆中博."双支柱"框架下中国式宏观审慎政策有效性评估 [J]. 经济学（季刊），2022 (5).

[285] 方意、王晏如、黄丽灵、和文佳. 宏观审慎与货币政策双支柱框架研究——基于系统性风险视角 [J]. 金融研究，2019 (12).

[286] 高然、陈忱、曾辉、龚六堂. 信贷约束、影子银行与货币政策

传导［J］. 经济研究，2018（12）.

［287］高然、龚六堂. 土地财政、房地产需求冲击与经济波动［J］. 金融研究，2017（4）.

［288］高铁梅、李晓芳、赵昕东. 我国财政政策乘数效应的动态分析［J］. 财贸经济，2002（2）.

［289］郭步超、王博. 政府债务与经济增长：基于资本回报率的门槛效应分析［J］. 世界经济，2014（9）.

［290］郭长林. 财政政策扩张、异质性企业与中国城镇就业［J］. 经济研究，2018（5）.

［291］郭庆旺、吕冰洋、何乘材. 积极财政政策的乘数效应［J］. 财政研究，2004（8）.

［292］郭文轩、周雄飞、云伟宏、李利英. 积极财政政策执行效果及隐忧问题研究［J］. 经济研究，2003（4）.

［293］何国华、谭炯. 国际货币政策协调理论研究的新进展［J］. 国际金融研究，2014（11）.

［294］何青、钱宗鑫、郭俊杰. 房地产驱动了中国经济周期吗？［J］. 经济研究，2015（12）.

［295］胡志鹏. "稳增长"与"控杠杆"双重目标下的货币当局最优政策设定［J］. 经济研究，2014（12）.

［296］黄群慧、陈创练. 新发展格局下需求侧管理与供给侧结构性改革的动态协同［J］. 改革，2021（3）.

［297］黄志刚、许伟. 住房市场波动与宏观经济政策的有效性［J］. 经济研究，2017（5）.

［298］黄志刚. 加工贸易经济中的汇率传递：一个 DSGE 模型分析［J］. 金融研究，2009（11）.

［299］贾俊雪、郭庆旺. 财政规则、经济增长与政府债务规模［J］. 世界经济，2011（1）.

［300］贾俊雪、秦聪、张静. 财政政策、货币政策与资产价格稳定［J］. 世界经济，2014（12）.

［301］简志宏、刘静一、朱柏松. 非平稳技术冲击、时变通胀目标与中国经济波动［J］. 管理工程学报，2013（3）.

[302] 江春、向丽锦、肖祖沔．货币政策、收入分配及经济福利——基于 DSGE 模型的贝叶斯估计 [J]．财贸经济，2018 (3).

[303] 姜富伟、郭鹏、郭豫媚．美联储货币政策对我国资产价格的影响 [J]．金融研究，2019 (5).

[304] 李永友．市场主体信心与财政乘数效应的非线性特征 [J]．管理世界，2012 (1).

[305] 刘达禹、刘金全、赵婷婷．经济周期与规则型货币政策的动态关联机制研究——基于中国典型经济波动阶段的经验证据 [J]．经济评论，2017 (2).

[306] 刘金全、陈德凯．理解中国货币政策调控模式："稳杠杆"还是"降杠杆"——基于 TVP - VAR 模型的实证研究 [J]．西安交通大学学报（社会科学版），2017 (6).

[307] 刘金全、刘达禹、徐宁．中国通货磨胀成本的非对称性与货币政策动调控模式研究 [J]．数量经济技术经济研究，2015 (12).

[308] 刘金全、张小宇．时变参数"泰勒规则"在我国货币政策操作中的实证研究 [J]．管理世界，2012 (7).

[309] 刘溶沧、马拴友．赤字、国债与经济增长关系的实证分析 [J]．经济研究，2001 (2).

[310] 刘溶沧、马拴友．论税收与经济增长——对中国劳动、资本和消费征税的效应分析 [J]．中国社会科学，2002 (1).

[311] 刘少云．美联储货币政策对中国通货膨胀溢出效应的再审视 [J]．财贸经济，2016 (7).

[312] 刘哲希、陈小亮、陈彦斌．2022 年宏观政策"三策合一"指数与 2023 年宏观政策展望 [J]．光明日报，2023 - 2 - 6.

[313] 陆军、钟丹．泰勒规则在中国的协整检验 [J]．经济研究，2003 (8).

[314] 罗娜、程方楠．房价波动的宏观审慎政策与货币政策协调效应分析——基于新凯恩斯主义的 DSGE 模型 [J]．国际金融研究，2017 (1).

[315] 马草原、李宇淼．宏观审慎政策工具 LTV 调控房地产市场的有效性分析 [J]．南开经济研究，2020 (6).

[316] 马理、文程浩．美国利率调整和税率调整的影响与我国应对措

施研究［J］．经济研究，2021（1）．

［317］马理、范伟．促进“房住不炒”的货币政策与宏观审慎“双支柱”调控研究［J］．中国工业经济，2021（3）．

［318］马勇．中国的货币财政政策组合范式及其稳定效应研究［J］．经济学（季刊），2015（10）．

［319］马勇、吕琳．货币、财政和宏观审慎政策的协调搭配研究［J］．金融研究，2022（1）．

［320］马勇、付莉．“双支柱”调控、政策协调搭配与宏观稳定效应［J］．金融研究，2020（8）．

［321］马勇、吕琳．“双支柱”政策、政府债务与财政政策效果［J］．经济研究，2021（11）．

［322］孟宪春、张屹山、李天宇．有效调控房地产市场的最优宏观审慎政策与经济“脱虚向实”［J］．中国工业经济，2018（6）．

［323］孟宪春、张屹山、张鹤、冯叶．预算软约束、宏观杠杆率与全要素生产率［J］．管理世界，2020（8）．

［324］欧阳志刚、王世杰．我国货币政策对通货膨胀与产出的非对称反应［J］．经济研究，2009（9）．

［325］彭俞超、方意．结构性货币政策、产业结构升级与经济稳定［J］．经济研究，2016（7）．

［326］饶晓辉、刘方．政府生产性支出与中国的实际经济波动［J］．经济研究，2014（11）．

［327］盛朝晖．中国货币政策传导渠道效应分析：1994—2004［J］．金融研究，2004（7）．

［328］石峰、王忏、龚六堂．人民币国际流动性约束与货币政策选择［J］．经济学（季刊），2022（5）．

［329］谭小芬、李源、苟琴．美国货币政策推升了新兴市场国家非金融企业杠杆率吗？［J］．金融研究，2019（8）．

［330］唐婧婧、韩廷春．社会融资规模与实体经济增长的倒U形关系［J］．公共管理评论，2016（2）．

［331］唐琳、王云清、胡海鸥．开放经济下中国汇率政策的选择——基于 Bayesian DSGE 模型的分析［J］．数量经济技术经济研究，2016（2）．

[332] 汪川．政府基建投资的财政乘数：基于 DSGE 模型的分析 [J]．财贸经济，2020（10）．

[333] 王爱俭、王璟怡．宏观审慎政策效应及其与货币政策关系研究 [J]．经济研究，2014（4）．

[334] 王国静、田国强．政府支出乘数 [J]．经济研究，2014（9）．

[335] 王晋斌、刘婧蓉．中国货币政策是偏好多目标制还是偏好单一目标制——基于开放条件下非对称损失偏好函数的实证研究 [J]．金融研究，2015（6）．

[336] 王晋斌、刘婧蓉．中国货币政策是偏好多目标制还是偏好单一目标制 [J]．金融研究，2015（6）．

[337] 王立勇、纪尧．财政政策波动性与财政规则——基于开放条件 DSGE 模型的分析 [J]．经济研究，2019（6）．

[338] 王立勇、徐晓莉．纳入企业异质性与金融摩擦特征的政府支出乘数研究 [J]．经济研究，2018（8）．

[339] 王立勇、徐晓莉．财政政策信息摩擦与财政支出乘数——基于 DSGE 模型的分析 [J]．财政研究，2019（1）．

[340] 王频、侯成琪．预期冲击、房价波动与经济波动 [J]．经济研究，2017（4）．

[341] 王去非、易振华、陈一稀．我国货币政策非对称效应下调控工具的选择与搭配 [J]．金融研究，2015（6）．

[342] 王胜、周上尧．零利率下限、汇率传递与货币政策 [J]．统计研究，2018（12）．

[343] 王孝松、陈金至、武皖、闫帅．汇率波动、全球价值链嵌入与中国企业出口 [J]．中国工业经济，2022（10）．

[344] 王妍．金融摩擦会影响政府财政支出乘数吗？[J]．中国管理科学，2015（1）．

[345] 王义中、郑博文、邬介然．不确定性冲击、信贷资源错配与货币财政政策效果 [J]．世界经济，2023（2）．

[346] 王云清、朱启贵、谈正达．中国房地产市场波动研究——基于贝叶斯估计的两部门 DSGE 模型 [J]．金融研究，2013（3）．

[347] 王振霞、吴芳．零利率下限、政策不确定性与中国宏观经济波

动［J］. 南方金融，2020（8）.

［348］王志刚、朱慧. 中国财政政策乘数效应分析［J］. 财政科学，2021（2）.

［349］魏巍贤. 人民币升值的宏观经济影响评价［J］. 经济研究，2006（4）.

［350］谢平、罗雄. 泰勒规则及其在中国货币政策中的检验［J］. 经济研究，2002（3）.

［351］熊海芳、王志强. 利率平滑与央行政策偏好的非对称性——中国的证据［J］. 金融研究，2013（11）.

［352］徐海霞、吕守军. 我国货币政策与宏观审慎监管的协调效应研究［J］. 财贸经济，2019（3）.

［353］徐雅、刘一楠. 房地产抵押、汇率冲击与资本账户开放——一个开放经济条件下的 DSGE 分析框架［J］. 国际贸易问题，2019（5）.

［354］许志伟、王文甫. 经济政策不确定性对宏观经济的影响——基于实证与理论的动态分析［J］. 经济学（季刊），2019（1）.

［355］闫先东、张炎涛. 价格与数量型工具相互支撑的货币政策框架研究［J］. 财贸经济，2016（10）.

［356］杨柳、李力、吴婷. 预期冲击与中国房地产市场波动异象［J］. 经济学（季刊），2016（10）.

［357］杨源源、于津平. 新常态下中国最优货币调控范式选择——基于财政货币政策互动视角［J］. 世界经济文汇，2017（2）.

［358］杨源源、于津平、尹雷. 中国财政货币政策协调配合范式选择［J］. 财贸经济，2019（1）.

［359］尹雷、吴静、丁烨. 开放经济条件下零利率下限约束情形的货币政策外溢效应与调控［J］. 当代经济科学，2022（1）.

［360］张杰平、刘晓光. 价格结构性上涨——货币、物价和房价［J］. 经济评论，2016（6）.

［361］张小宇、刘金全. 货币政策非对称性与惰性区域的识别和检验［J］. 管理科学，2012（2）.

［362］张小宇、刘金全. 规则型货币政策与经济周期的非线性关联机制研究［J］. 世界经济，2013（11）.

[363] 张晓晶. 宏观杠杆率与跨周期调节 [J]. 中国金融，2021 (5).

[364] 张屹山、张代强. 包含货币因素的利率规则及其在我国的实证检验 [J]. 经济研究，2008 (12).

[365] 张佐敏. 中国存在财政规则吗？[J]. 管理世界，2014 (5).

[366] 赵扶扬、陈斌开、刘守英. 宏观调控、地方政府与中国经济发展模式转型——土地供给的视角 [J]. 经济研究，2021 (7).

[367] 赵进文、黄彦. 中国货币政策与通货膨胀关系的模型实证研究 [J]. 中国社会科学，2006 (2).

[368] 赵进文、闵捷. 央行货币政策操作效果非对称性实证研究 [J]. 经济研究，2005 (2).

[369] 郑挺国、王霞. 泰勒规则的实时分析及其在我国货币政策中的适用性 [J]. 金融研究，2011 (8).

[370] 郑挺国、王霞. 中国产出缺口的实时估计及其可靠性研究 [J]. 经济研究，2010 (10).

[371] 郑挺国、刘金全. 区制转移形式的泰勒规则及其在中国货币政策中的应用 [J]. 经济研究，2010 (3).

[372] 中国人民银行营业管理部课题组. 非线性泰勒规则在我国货币政策操作中的实证研究 [J]. 金融研究，2009 (12).

[373] 周波. 中国财政政策规则及其体制稳定性分析 [J]. 数量经济技术经济研究，2012 (2).

[374] 周菲、赵亮、尹雷. 去杠杆的路径选择：财政去杠杆还是金融去杠杆——基于企业部门的分析 [J]. 财政研究，2019 (2).

[375] 朱军、李建强、张淑翠. 财政整顿、“双支柱”政策与最优政策选择 [J]. 中国工业经济，2018 (8).

后　记

2016年以来，本人开始关注货币政策和财政政策，主要思考的问题是中国的宏观经济是怎样运行的、应该怎么运行、政策应该怎么调控，由此形成了系列论文陆续发表在《经济研究》《世界经济》《统计研究》等国内权威期刊上，这些论文是本书的重要组成部分。

国家宏观调控涉及的问题是国家层面如何合理运用财政政策、货币政策、宏观审慎政策、产业政策等政策工具，高效协同调节宏观经济运行。当然在调控的过程中需要根据宏观经济运行的重要性和关键性问题不断调整主要的政策目标，在理论上，这被称为“目标优化”。由于产业政策涉及更多微观企业层面的数据，本书并未涉猎，故此，本书着重探讨“财政政策+货币政策+宏观审慎政策”如何协同配合调控，包括“经济增长、通胀、杠杆风险、汇率波动”等多重目标，其中，本人与合作者不断思考三个政策工具单独、两两协同或者三者协同的政策效果，主要内容为：对于不同的政策目标，到底是采取单一的政策工具进行调控，还是双重或者多重政策工具进行协调配合调控效果更佳。为了使我们的研究结果更有启示意义，本书构建了多种前沿计量方法，包括逆推的时变参数结构式向量自回归模型、两阶段卡尔曼滤波方法、动态随机一般均衡模型（DSGE）和动态一般均衡模型（DGE）。其中，前两种方法能够有效识别长时期以来中国货币政策和财政政策取向的历史演变，能够让我们窥视转轨时期中国的宏观调控政策取向变迁；后两者方法则能够用于构建符合中国实际的理论模型，并通过动态模拟的方式考察最优的多重政策工具搭配。特别是，从理论上讲，DSGE 模型更多考察的是宏观经济处于稳态时，一旦面临外部冲击，内生变量会出现偏离均衡，而经过一段时间的修整会回复初始的均衡状态，在此过程中，我们可以考察面临外部冲击时，内生变量的动态演变路径。本书用该方法考察了政策工具冲击对于包括产出等内生变量的影响效应。从这个角度看，该方法更适用于成熟的经济体，也就是适用于本身即处于均衡状态的经济体。在转轨时期，中国进行了诸多的经济体制改革。譬如宏观慎重政策是一个从无到有的过程，而货币政策调控也逐渐从数量型转型价格型，这些更多地是从一个制度变迁至另一个制度，因此，从模型构建的角度看，应该是从一个均衡跳跃至另外一个均衡。故此，采用 DSGE 模型并不太适用于转轨时期的中国宏观调控政策的取向变迁。基于以上考虑，本书构建了 DGE 模型，考察了制度变迁即模型从一个均衡变迁至另外一个均衡时，外生冲击对内生变量的动态影响效应，并在此基础上考虑最优的宏观调控政策及其搭配。本书撰写的初衷是以后凯恩斯主义理论为指导，采用科学、更符合中国实际的模型和计量方法识别中国的政策取向及其宏观调控政策的高效协同问题。这也是书名《国家宏观调控导论》的由来。

当然，该书的撰写离不开本人的诸多合作者，他们分别是姚树洁、郑挺国、蒋海、单敬群、王浩楠、刘晓彬、林玉婷、徐锦辉，虽然本人作为主要贡献者和第一作者从事上述研究，但是离开他们的合作和支持定然会使该书黯然失色。在此我对上述的合作者表示衷心的感谢！此外，本书受到国家社科基金重大项目（22ZDA050）和广东省人文社科重点研究基地——金融研究所的经费支持，在此表示感谢！最后必须指出的是，由于作者的水平有限，本书还存在诸多不足，甚至是错误之处，恳请读者不吝啬赐教，多批评指正！

邮箱：chenchuanglian@ aliyun. com

陈创练

2023 年 8 月 21 日